KB175207

기업집단의 주주 보호

기업집단의 주주 보호

김신영 지음

景仁文化社

서문

여러 회사가 기업집단을 이루어 운영되고 이러한 기업집단이 하나의 경제적 행동 단위로 인식되고 있는 것이 현실이다. 그럼에도 불구하고 한국 상법은 독립한 법인격을 가진 개별 회사를 단위로 법률관계를 정하고 있고, 몇몇 조문을 제외하고는 기업집단에 관한 규정을 두고 있지 않다. 이러한 상황에서는 기업집단에 문제가 발생하더라도 합리적으로 대처하기가 어렵기 때문에, 결국 이해관계자들의 이익을 제대로 보호하기 힘들게 된다.

이 책은 기업집단을 바라보는 현행 상법의 태도는 극복되어야 함을 주장한다. 이를 위해 기업집단에 대한 이념형으로서 하나의 종속회사와 이 회사를 지배하고 있는 하나의 지배회사를 연구의 대상으로 하여, 지배·종속관계에 있는 회사들의 법률관계는 개별 회사에서의 법률관계와는 다르다는 점을 고찰한다. 특히 지배·종속회사의 주주 보호에 초점을 맞추어, 지배·종속회사의 운영과정에서 발생할 수 있는 주주의 이해와 관련한 특유의 쟁점들을 찾아내어 분석하고, 비교법적 검토를 통한 해결책을 강구한다. 이 과정에서 기존 회사법에 대한 새로운 해석론 또는 입법론을 제시한다.

문제 상황은 크게 종속회사 이사에 의한 종속회사 가치 감소 행위가 1) 지배회사나 그룹이익의 추구와 무관하게 이루어진 경우와 2) 지배회사나 그룹의 이익을 추구하는 과정에서 이루어진 경우로 나누어 살펴본다. 1)의 상황은 종속회사 가치 감소가 지배회사의 가치 감소로 이어질 수 있으므로 종속회사의 가치 감소 방지나 회복 등을 통해 지배회사 주주를 보호할 필요가 있음을 피력한다. 2)의 상황은 종속회사 소수주주의 이익이 침해될 수 있는 가능성이 있음을 의미하므로, 종속회사 소수주주 이익 보호의 관점에서 종속회사 이사, 지배회사 이사 및 지배회사의 종속회사에 대한 의무와 책임을 논한다.

이 책은 저자의 2017년 서울대학교 박사학위논문을 수정·보완한 것이다. 논문 발표 이후 시간이 많이 흘러 총서를 발간하는 것이 망설여진 것도 사실이다. 그렇지만 끝을 맺어야 새로운 시작을 할 수 있기에 한편으로 미뤄뒀던 고된 여정의 결실을 맺고 싶었다. 무엇보다 기업집단 운영과 관련하여 발생하는 문제에 대한 회사법적 규율은 학계에서 주요 관심사가 아니다 보니 여전히 논의의 진전을 이루지 못하고 있다. 기업집단에 관한 회사법적 논의에 조금이나마 관심을 불러일으켰으면 하는 바람을 담아 이 책을 출간하기로 결심하였다.

이 책이 나오기까지 많은 분들의 도움이 있었다. 먼저 대학원 박사과정에 입학해서 지금까지 부족한 제자를 늘 기다려주시고, 다독여주시며, 자신감을 북돋아 주시는 송옥렬 지도교수님께 깊은 감사의 말씀을 드린다. 존경하는 교수님과 학문적 교류와 인간적인 교감을 나눌 수 있다는 것은 너무나도 큰 영광이자 기쁨이다. 논문 전체의 본문은 물론 각주까지 하나하나 꼼꼼하게 코멘트를 달아주시고, 깊은 통찰로 논문의 수준과 완성도를 높여주신 심사위원장 박준 교수님께도 진심을 담아 감사의 말씀을 전한다. 항상 저자를 진심으로 걱정하고 응원해주시는 닮고 싶은 선배이자 스승인 심사위원 최문희 교수님께도 특별히 감사의 마음을 전하고 싶다. 다양한 아이디어를 주시고 격려를 아끼지 않으신 심사위원 천경훈 교수님, 한쪽 방향으로 치우치지 않도록 균형 있는 시각을 제공해 주셨던 심사위원 권재열 교수님께도 깊이 감사드린다. 학자로 성장할 수 있도록 많은 가르침과 깨우침을 주신 김건식 교수님, 노혁준 교수님께도 감사드린다. 힘든 대학원 생활에 든든한 조력자가 되어주신 정순섭 교수님께도 감사의 마음을 전한다. 저자가 법학자로서 첫발을 내딛을 수 있도록 이끌어주신 석사 지도교수이신 이형규 교수님께도 감사의 인사를 올린다. 오랜 시간 기다려준 서울대학교 법학연구소와 경인문화사에도 감사드린다.

한 평생 헌신과 사랑으로 보살펴주신 나의 부모님, 그리고 오빠와 내동생. 우리 가족이 없었다면 여기까지 오지 못했을 것이다. 그 고마움은 표현할 길이 없다. 항상 바쁜 며느리에게 타박 대신 성원과 지지를 보내시는 시부모님께도 머리 숙여 감사드린다.

마지막으로 쉽지 않은 길을 함께 발맞추어 걸어주고 한결같은 믿음으로 지지해 주는 나의 멋진 남편 김성호, 그리고 삶을 기쁨과 희망으로 채워주는 나의 성령에게, 무한한 사랑과 감사의 마음을 담아 이 책을 바친다.

2024년 1월

김신영

목차

제1장

서 론

제1절 연구의 배경 및 목적

한국 상법 체계는 독립한 법인격을 가진 개별 회사를 단위로 법률관계를 정하고 있다. 즉, 개별 회사가 권리의무의 주체가 되고, 의사결정도 그 회사 내에서 이루어진다. 또한 회사의 기관도 자신이 속한 회사에 대하여 권한과 책임을 지는 것을 전제로 하고 있다.

그러나 현실의 기업 경영에서는 독립한 개별 회사가 아닌 기업집단이 하나의 경제적 행동 단위로 인식되고, 기업집단 차원의 의사결정이 이루어지고 있는 것이 세계적인 추세임은 부인할 수 없는 사실이다.[1] 한국도 마찬가지로 여러 회사가 기업집단을 이루어 사업을 수행하는 것이 보편화되어 있다.

상법상 모자회사에 관한 규정(제342조의2 제1항), 주식의 포괄적 교환(제360조의2)과 주식의 포괄적 이전(제360조의15)제도 등 기업집단의 형성을 전제로 한 규정들이 마련되었고, 관련 규정들도 더욱 정교해지고 다양해지면서 그룹관계의 형성은 과거보다 매우 용이해졌다. 그럼에도 불구하고 기업집단의 운영·관리라는 측면에 관해서는 몇 개의 예외적인 조문을 제외하고는[2] 법인격이 다른 개별 회사를 상정하여 규정하고 있을 뿐, 그룹관계를 규율하는 실체적 규정을 거의 두지 않고 이에 대해서는 무관심하다. 이는 기존의 회사법 테두리 안에서 그룹운영을 하여야 한다는 것을 의미한다.

---

1) Hopt(2015), p. 2; Langenbucher(2016), p. 1.

2) 예외적인 조항으로는 자회사에 의한 모회사 주식 취득금지(제342조의2), 자회사의 업무와 재산상태 조사권(제412조의5 제1항), 모회사의 이사와 자회사간의 자기거래금지(제398조 제1항), 회사기회유용금지(제397조의2), 업무집행지시자 등의 책임(제401조의2), 다중대표소송(제406조의2), 상장회사의 이해관계인 거래특칙(제542조의9)이 있다.

그러나 이렇게 될 경우, 기업집단 차원에서 이루어지는 각종 의사결정에 대해서 그 권한과 책임을 명확히 정리하지 못하게 되고, 이로 인해 주주나 채권자 등 이해관계자의 보호가 미흡해지는 문제가 발생한다.

회사법 영역에서 손을 놓고 있는 사이 그 역할을 대신해 준 영역이 공정거래법 분야와 형법 분야이다. 공정거래법의 목적에서도 알 수 있듯이,[3] 어디에도 이해관계자 보호라는 문구는 없다. 그럼에도 불구하고 부당지원행위[독점규제 및 공정거래에 관한 법률(이하 "공정거래법") 제23조 제1항 제7호], 특수관계인 이익제공(제23조의2), 상호출자금지(제9조 제1항, 제2항) 등에서 이해관계자 보호라는 역할을 수행해 왔고, 형법에서는 업무상 배임죄(형법 제356조)를 통해 그 역할을 수행해 왔다. 한국에서는 소수의 대기업집단이 국민 경제에서 차지하는 비중이 매우 높아(일반집중), 소위 재벌 문제가 기업집단 문제의 핵심이 되어 왔고, 재벌의 경제적 집중 문제와 재벌 총수 또는 경영진의 행위 규제를 한꺼번에 다루려다 보니 공정거래법과 형법에 의지하는 경향이 컸던 것도 사실이다. 따라서 지배주주의 사적이익 편취를 방지하는 측면에서는 공정거래법과 형법이 기여한 바가 크다. 그러나 공정거래법과 형법은 규제의 측면에 초점이 맞추어져 있기 때문에, 기업집단 내에서 각 구성원의 권한과 의무를 책정하고 이해관계자의 이익을 조정하는 근본적인 역할을 수행하지 못한다. 결국 이것은 회사법에서 해결할 성질의 문제이다.

기업집단 차원의 의사결정이 이루어지면, 그에 따라 기업집단 내 이해관계자들의 이익도 달라진다. 따라서 이러한 이해관계를 적절하게 조절하는 것이 회사법상 중요한 과제가 된다.

---

3) 공정거래법 제1조에서는 "이 법은 사업자의 시장지배적지위의 남용과 과도한 경제력의 집중을 방지하고, 부당한 공동행위 및 불공정거래행위를 규제하여 공정하고 자유로운 경쟁을 촉진함으로써 창의적인 기업활동을 조장하고 소비자를 보호함과 아울러 국민경제의 균형 있는 발전을 도모함을 목적으로 한다."라고 규정하고 있다.

이 책에서는 이사의 의무와 책임, 지배회사 및 종속회사의 이해관계자 보호와 같은 회사법적 쟁점 중 개별 회사를 전제로 한 현행 회사법 체제로는 해결이 어려운 지배·종속회사 관계에만 발생하는 특유의 문제점을 찾아내어 쟁점별로 이를 분석하고 그에 대한 해결책을 제시하는 것을 목표로 한다. 즉, 우리 회사법 중 지배·종속회사의 운영이라는 현실이 고려되어야 함에도 이에 무관심한 부분을 찾아내어, 현행법의 해석으로 해결이 가능한 경우에는 그 해석방안을, 현행법의 해석으로는 해결이 불가능한 경우에는 입법론을 제시하는 것을 목적으로 한다.

제2절 연구 방법과 연구 범위

이 책은 기업집단에 특유한 회사법적 쟁점을 파악하고, 각 쟁점별로 한국 상법 및 판례의 태도를 정리하여 그 문제점을 파악한 다음, 다른 나라의 입법례를 통해 한국 상법의 해석 또는 입법 방향을 제시하기로 한다. 주로 미국, 독일, 일본의 논의를 위주로 정리하고, 필요한 경우 이탈리아, 영국, 호주, 2017년 유럽모범회사법(Euoropean Model Company Act 2017: 이하 EMCA) 등도 함께 살펴보기로 한다.

실제 기업집단의 모습은 매우 다양하고 복잡하지만, 기업집단에서 문제가 되는 회사법적 쟁점을 쉽게 파악하기 위하여 기업집단에 대한 이념형으로서 하나의 지배회사와 이 지배회사의 지배 아래에 있는 하나의 종속회사를 연구 대상으로 한다. 한국의 기업집단 구조는 순환출자, 피라미드출자 등으로 매우 복잡하게 얽혀 있어, 한국에서 일어나는 기업집단에 관한 모든 현상들을 설명하기에는 한계가 있다. 그러나 한국의 기업집단 구조도 지주회사 구조 등으로 점차 단순화되어 가는 모습을 보이고 있으므로, 이 책에서는 이러한 단순화된 구조의 가장 기본형을 살펴보는 것에 의의를 둔다. 따라서 별도의 언급이 없는 한 이 책에서 사용하는 기업집단 또는 그룹이라는 용어는 단순한 지배·종속회사를 의미한다.

기업집단에 관한 회사법적 쟁점은 기업집단의 형성, 운영, 소멸의 전 과정에서 나타날 수 있다. 그러나 이해관계자의 대립이 가장 다양하고 복잡하게 나타나는 것은 기업집단을 운영할 때이므로, 이 시기에 초점을 맞추어 논의를 진행한다.

기업집단 운영 과정에서 등장하는 이해관계자는 주주, 채권자, 종업원 등 매우 다양하다. 그 중 특히 중요한 이해관계자는 주주와 채권자가 될 것인데, 이 책은 주주만을 대상으로 한다. 채권자 보호가 문제가 되는 상황은 주로 회사가 도산 상태에 들어가거나 도산에 거의 임박했을 때인데, 이는 다른 도산법적인 쟁점과 함께 논의되어야 하기 때문이다.

제3절 연구 내용

제2장에서는 지배·종속회사에 관한 논의를 위한 기초적인 고찰을 시도한다. 지배·종속회사를 바로 다루기에 앞서 문제의식의 출발점이 된 기업집단에 관하여 간략하게 살펴본다. 기업집단의 정의, 기업집단 경영이 보편화된 배경, 한국의 기업집단 현황 등을 확인한다.

논의의 대상이 되는 지배회사·종속회사가 무엇인지에 관해 정의를 내린다. 지배·종속회사를 다루는 법제들은 어떠한 입법 방식을 취하는지, 주로 어떠한 쟁점들에 관심을 가지고 접근하고 있는지에 관한 비교법적 검토를 한다.

이 책에서 논의의 대상이 되어야 하는 부분을 표로 나타내면 다음과 같다.

〈표 1〉 이 책의 논의 대상

<table>
<tr><td colspan="2" rowspan="2"></td><td colspan="2">지배회사(P)</td><td colspan="2">종속회사(S)</td></tr>
<tr><td>지배주주</td><td>소수주주</td><td>지배주주</td><td>소수주주</td></tr>
<tr><td rowspan="2">종속회사의 가치 감소가 지배회사 또는 그룹이익 추구로 인한 것인가?[4]</td><td>아니오</td><td colspan="2">ⓐ지배회사 주주 보호
(제3장, 제4장)</td><td colspan="2">ⓒ일반적인 이사의 책임</td></tr>
<tr><td>예</td><td colspan="2">ⓑ손해 없음</td><td>ⓓ손해 없음</td><td>ⓔ종속회사 소수주주 보호(제5장)</td></tr>
</table>

4) 종속회사의 가치 감소의 경우만 문제가 되는 이유는 지배회사 가치 감소의 경우, 즉 지배회사 이사가 그룹 전체의 이익을 위해 지배회사를 희생시키는 행위를 한 경우에는 장기적으로 종속회사 주식가치 상승분만큼 지배회사 이익희생분이 상쇄된다면 지배회사 이사의 행위는 합리화될 수 있기 때문이다.

제3장에서는 종속회사의 가치 감소가 지배회사나 그룹이익 추구와 무관하게 이루어진 경우의 문제를 다룬다. 지배회사 주주들의 이익에 영향을 미치는 행위가 종속회사 단계에서도 발생할 수 있음을 밝히고, 종속회사의 가치 감소 방지나 회복 등을 통해 지배회사 주주의 이익을 보호할 필요가 있음을 지적하고 그 방안을 고찰한다.

종속회사 단계에서 이루어지는 행위의 결과로부터 지배회사 주주를 보호할 방안은 지배회사 단계에서 종속회사의 관리와 운영에 대해 관여하는 것인데, 가장 먼저 생각할 수 있는 것은 지배회사가 종속회사에 대해 대표소송권 같은 권리를 행사하는 것이다. 그런데 지배회사의 권리를 실제로 행사하는 주체는 지배회사의 이사이므로, 지배회사 이사로 하여금 종속회사 가치 감소 방지나 회복을 위해 지배회사의 권리를 행사할 의무를 부담시키고 이를 위반한 경우 의무 위반 책임을 묻는 방안을 고려할 수 있다.

그렇다면 권리의 주체인 지배회사는 자신의 권리를 행사할 의무를 부담하지 않음에도 지배회사 이사에게는 지배회사의 권리를 행사할 의무를 부담시키는 이유는 무엇인지, 지배회사 이사가 행사하여야 하는 지배회사의 권리는 무엇인지를 밝혀야 한다. 또한 지배회사 이사는 지배회사가 종속회사의 지배주주로서 가지는 지배력도 행사하여야 하는데 사실상의 영향력 행사에 불과한 관리감독 내지 시정조치를, 그것도 법인격이 다른 종속회사에 대하여 행사할 의무를 지배회사 이사에게 부과할 수 있는 것인지, 그렇다면 그 근거가 무엇인지도 밝혀야 한다. 이를 통해 지배회사 이사의 지배회사에 대한 종속회사 관리감독의무를 도출해 본다. 이와 더불어, 지배회사 이사가 부담하는 종속회사 관리감독의무의 구체적 내용이 무엇인지도 함께 검토한다.

지배회사 이사가 관리감독의무를 잘 수행하기 위해서 지배회사 이사에게 인정되어야 할 중요한 권한으로는 종속회사에 대한 지시권, 종속회사에 관한 정보수집권, 지배회사 감사에 의한 종속회사에 대한 조사권을 생각해볼 수 있다. 이러한 권한을 인정하는 근거, 지배회사 이사는 그 권한을 지배회사가 가지는 권한 이상으로 행사할 수 있는지, 권한 행사 시 종속회사 이사를 구속할 수 있는지 등이 쟁점이 될 수 있다. 이에 관하여 각각 연구하고, 필요한 경우 입법론을 제시한다.

제4장에서도 제3장에 이어서 지배회사 주주 이익 보호 방안을 다룬다. 지배회사 이사들이 의무의 이행을 게을리하거나 지배회사 주주의 이익과는 무관하게 행위를 함으로써 대리문제를 유발할 가능성이 있다는 점을 들어 지배회사 이사의 의무를 통한 지배회사 주주 이익 보호의 한계를 지적한다. 그 대안으로 지배회사 주주가 직접 지배회사가 종속회사에 대해 가지는 권리를 행사할 수 있도록 하는 방안을 제시한다. 지배회사 주주가 행사할 수 있는 지배회사의 권리가 무엇인지 확인하고, 그 중에서 지배회사 주주가 종속회사의 의사결정에 관한 사항에 대하여 의결권을 행사하는 방법, 지배회사 주주가 종속회사 이사에 대하여 책임을 추궁하기 위해 대표소송을 제기하는 방법, 지배회사 이사가 종속회사에 대하여 회계장부열람청구권을 행사하는 방법을 연구한다.

제5장에서는 종속회사의 가치 감소가 지배회사나 그룹의 이익을 추구하는 과정에서 이루어진 경우에 있어 종속회사 소수주주 보호 문제를 다룬다. 먼저, 종속회사 이사가 지배회사 이사의 지시에 따라 지배회사 또는 그룹 전체의 이익을 위해 종속회사에 불이익한 행위를 한 경우에 있어 종속회사 이사, 지배회사 이사 및 지배회사의 종속회사에 대한 의무와 책임을 고찰한다. 종속회사 이사는 지배회사 이사의 지시에 따라 지배회사 또는 그룹 전체의 이익을 추구할 의무가 있는지 아니면 종속회사의 이익을 우선해야 하는지를 밝힌다. 자신이 속한 종속회사의 이익만을 추구해야 하는 종속회사 이사가 지시에 따라 행위를 한 결과 종속회사에 손해가 발생한 경우, 종속회사 소수주주는 행위를 한 종속회사 이사 뿐 아니라 지시를 한 지배회사 이사 및 지배회사에도 책임 추궁을 할 수 있는지를 연구한다. 종속회사 단계에서 발생한 손해에 대하여 책

임의 주체를 법인격이 다른 지배회사 단계로 확장하기 위해 다른 나라에서는 어떠한 법리를 적용하는지 고찰해 본다. 이와 관련하여 한국에 마련되어 있는 업무집행지시자 등의 책임을 검토한 후, 관련 규정의 개정 방안을 탐색한다.

다음, 당장은 종속회사에 손해가 나더라도 장기적인 관점에서 봤을 때는 지배회사 또는 그룹 전체의 이익을 추구하는 것이 효율적인 경우가 있음에도 한국 회사법이 지배회사나 종속회사 등 그룹을 구성하는 회사들을 각각 독립적인 법적 실체로만 봄으로써 경제적 실질에 대한 고려를 하고 있지 않음을 비판한다. 소수주주를 보호할 필요가 없거나 소수주주를 보호할 다른 장치가 마련되어 있다면, 종속회사 이사, 지배회사 이사 및 지배회사가 그룹이익추구행위를 하더라도 예외적으로 책임이 성립되지 않을 수 있음을 비교법적 고찰을 통해 확인하고, 그러한 요건들에 관하여 자세히 분석한다.

제6장에서는 논의를 요약하고 마무리한다.

제2장

기초적 고찰

제1절 논의의 전제로서 기업집단

Ⅰ. 기업집단의 정의

1. 제정법상 기업집단의 정의

기업집단의 정의에 관하여 상법에는 그 규정이 없다. 한편 공정거래법은 이에 관한 규정을 두고 있는데, 제2조 제2호에서 기업집단이란 "동일인이 사실상 그 사업내용을 지배하는 회사의 집단"이라고 정의한다. 동일인은 기업집단을 사실상 지배하는 자로서 자연인과 법인 모두 가능하므로, 기업집단이란 동일인이 ⅰ) 회사인 경우 해당 회사와 그 회사가 지배하는 하나 이상의 회사의 집단을, ⅱ) 회사가 아닌 경우 그 동일인이 지배하는 2 이상의 회사의 집단을 의미한다.[1] 그리고 "2 이상의 회사가 동일한 기업집단에 속하는 경우에 이들 회사는 서로 상대방의 계열회사"라고 한다(공정거래법 제2조 제3호).

2. 강학상 기업집단의 정의

강학상 기업집단에 관해서는 주로 다음과 같이 정의하고 있다. 먼저 기업집단이 형성되는 모습을 통해 일반적인 정의를 해보자면, 기업집단이란 한 회사(지배회사, 모회사 또는 지주회사)가 지분의 소유, 임직원 파견, 경영 관련 계약 등을 통해 다른 회사(종속회사 또는 자회사)에 영향력을 행사하는 관계에 있을 경우 그러한 관계에 있는 회사들의 집합

---

1) 기업집단 범위 획정의 핵심요소인 사업내용의 지배 여부에 관해서는 본 장 제2절에서 후술한다.

체를 의미한다고 할 수 있다.[2] 한편 기업집단이 운영되는 모습을 살펴보면, 법적·형식적으로는 별개의 법인격을 가지는 독립한 복수의 회사들이 경제적·실질적으로는 지배주주나 지배회사의 통합적 경영 하에 하나의 기업처럼 운영되고 있음을 알 수 있다. 이 점에 착안하여 간단하게는 "다른 회사의 공동 지배하에 있으며 하나의 통합된 사업체로 경영되는 회사 집단"이라고 정의하거나[3] "법적으로는 상호 독립한 별개의 회사이지만 지배·종속관계를 근거로 해 경제적으로는 하나의 기업과 같이 운영되는 복수의 회사로 이루어진 집단"이라고 정의[4]할 수 있다.

요컨대, 기업집단이란 ⅰ) 지배·종속관계의 존재, ⅱ) 소속회사의 법적 독립성, ⅲ) 경제적 단일체라는 개념 요소들을 특징으로 하는 복수의 회사로 이루어진 집단이다.

이 책에서 논의의 대상으로서 기업집단은 강학상 기업집단을 의미하는 것으로, 이하에서는 "공정거래법상 기업집단"이라는 특별한 언급이 없는 한 "기업집단", "기업그룹", "그룹" 등은 강학상 기업집단을 의미하는 것으로 한다.

Ⅱ. 기업집단 형성 배경

기업집단이 형성된 동기와 유인은 다양하다. 첫째, 기업집단 차원에서 주식회사의 유한책임제도를 활용하기 위함이다. 예를 들어, 고위험 사업은 자산 가치가 떨어지는 계열회사가 영위하도록 하고, 전망 좋은 사업이나 가치 있는 자산은 비상장 계열회사로 분리해 유한책임 수준을 조정함으로써 기업집단 전체의 법적 책임의 위험을 낮출 수 있게 된다.[5]

---

2) 김건식 외(2008), 21면.

3) 김건식 외(2014), 164면.

4) 김건식(2011a), 359면; Cahn/Donald(2010), p. 681.

5) Companies and Securities Advisory Committee(2000), p. 3; Harris/Hargovan(2010),

둘째, 다각화의 이익을 누리기 위함이다. 기업가적 동기나 시장수요의 변화에 대응하기 위해 기업들은 새로운 사업을 찾는 다각화(diversification)를 추진하게 되는데, 이때 신사업 부문을 기존 회사의 사업부서가 아닌 별개의 자회사나 계열회사를 설립하여 영위함으로써, 규모의 경제(economies of scale), 범위의 경제(economies of scope)를 달성하고, 위험을 분산(risk sharing)시킬 수 있다.[6)]

셋째, 기업집단은 외부자금조달시장이 낙후되어 있는 경우 거래비용을 줄이기 위해 이용된다.[7)] 여기서 기업집단은 내부자금조달시장 역할을 한다. 즉, 기업집단을 형성하여 그룹 내 계열회사 간 자금이동을 통해 자체적으로 자금 조달이 가능하게 함으로써, 자금조달의 어려움이 완화되어 거래비용을 절감할 수 있게 된다.[8)]

넷째, 조세 혜택의 이점을 누리기 위해 활용된다. 조세 우대 혜택이 주어지는 세계 여러 나라에 별도의 법인을 설립하여 운영함으로써 비용 절감 효과를 누릴 수 있다.[9)]

다섯째, 어떤 회사에 대한 지배권을 잃지 않으면서도 자본조달을 해야할 경우 활용될 수 있다. 즉, 당해 회사는 그대로 두고 해당 사업을 수행하기 위한 별도의 법인을 설립하여 외부 주주를 모집함으로써 두 가지 목적을 모두 달성할 수 있게 된다.[10)]

그밖에 경제의 글로벌화 등 변화하는 경영환경에 대응하여 경쟁에서 우위를 점하기 위해 개별 기업으로서가 아니라 기업집단을 형성하여 맞

---

p. 725.

6) Companies and Securities Advisory Committee(2000), p. 3; Harris/Hargovan(2010), p. 725.

7) Kim et al.(2004), pp. 27-28.

8) Kim et al.(2004), pp. 27-28.

9) Harris/Hargovan(2010), p. 725.

10) Companies and Securities Advisory Committee(2000), p. 3; Harris/Hargovan(2010), p. 725.

서게 된다.[11]

이처럼 다양한 유인으로 기업집단을 형성하여 경영의 기동성과 그룹 전체의 효율화를 도모하고, 그룹 본사기구(지배회사)를 중심으로 지휘명령 체계를 강화·통일하거나 상호지원 또는 보완을 통해 그룹 경영을 추진하게 된 것이다.[12]

Ⅲ. 한국 기업집단의 현실

1. 기업집단 단위의 사업 수행 및 의사결정

한국에서도 여러 회사가 그룹을 이루어 사업을 수행하는 것이 보편화되고 있다. 따라서 기업들의 의사결정도 개별 회사 단위가 아닌 기업집단 차원에서 이루어지고 있다. 예컨대 투자전략, 신사업 진출, 경영진의 인사, 기업구조개편 등 중요한 의사결정 사항이 그룹 차원에서 이루어지는 경우가 많다. 이 과정에서 가령 지배회사에 중요한 영향을 미치는 행위가 종속회사를 통해 이루어지도록 의사결정을 하기도 하고, 계열회사 지원과 같이 종속회사의 이해관계에 영향을 미치는 의사결정이 그룹 전체 차원에서 이루어지기도 한다.

한국 기업집단 구조에서 특징적인 점은 실제 그룹 내 경영·인적·재무 자원을 조정하고 관리하는 역할을 그룹 총수 또는 총수를 보좌하는 그룹총괄조직이 수행하고 있다는 것이다.[13] 미래전략실, 경영전략실, 수펙스추구협의회, 정책본부, 가치경영실, 구조조정실, 비서실 등 그룹별로 다양한 이름을 가지고 있으면서, 각 계열사에서 파견된 임직원들로 구성되어 그룹의 비전과 전략을 제시하고, 계열회사 경영지원, 경영평가, 인

---

11) 河合正二(2012), 4면.
12) 河合正二(2012), 4면.
13) 천경훈(2015), 45-46면; 이수희 외(2005), 68면.

사지원, 법무, 홍보관리 등을 총괄하는 기업집단의 콘트롤타워로서 역할을 한다. 계열회사 간 이해관계가 대립할 수 있는 신사업 수행 주체 선정이나 기업구조조정에 관한 의사결정도 그룹총괄조직에서 수행한다. 예컨대, 한화그룹 판결 1심에서는 한화그룹 경영기획실과 경영기획실 재무팀의 업무와 역할에 대해 판시하고 있는데, "경영기획실은 위와 같이 한화그룹 회장에 대한 보좌 역할 및 그룹 계열사 간의 관리·조정 역할을 담당하면서 그룹 전체에 대한 회장의 의사결정 및 지시 사항을 각 계열사에 전달하는 영향력 있는 기구이고, 각 계열사는 사실상 경영기획실의 지시에 따라야 하는 입장에 있다. 또한, 경영기획실 재무팀은 경영기획실 내에서도 그룹 각 계열사에 그룹 재무와 관련된 회장의 의사결정 및 지시 사항을 전달하는 위치에 있어서 계열사에 대한 영향력이 막강하다"고 한다.[14)]

그런데 그룹총괄조직은 회사법에 근거하지 않은 기관 또는 조직으로서 법적 실체가 없기 때문에 총수의 지시나 의중에 따라 그룹 전체의 경영을 총괄하는 권한을 행사함에도 그에 상응하는 의무와 책임을 묻는데는 한계가 존재한다. 직원들도 실질적으로는 총수의 피용자로서 그룹 전체의 이익을 위하여 일하였음에도 불구하고, 형식적으로는 계열회사가 파견한 직원 신분을 유지하고 이사 등 임원의 지위에 있지 않아 그 권한 행사에 따르는 법적 책임을 추궁하기 곤란하게 된다.

특히 한국에서 그룹총괄조직은 그룹 총수의 경영권 강화와 사익추구를 위해서라면 계열회사 간 부당내부거래를 지시하거나 그보다 더한 위법행위에 대한 지시도 불사하는 조직이라는 부정적 인식이 존재한다.[15)]

---

14) 서울서부지방법원 2012. 8. 16. 선고 2011고합25, 74(병합) 판결.

15) 그 단적인 예가 삼성 그룹 미래전략실에 관한 것인데, 2016년 국회에서 열린 '박근혜 정부의 최순실 등 민간인에 의한 국정농단 의혹 사건 진상 규명을 위한 국정조사 특별위원회'에서 삼성물산 합병, 정유라에 대한 지원이 삼성그룹 미래전략실의 총괄하에 이루어진 것이 아니냐는 큰 비판에 직면하였고, 그룹 총괄조직에 대한 부정적 인식이 극에 달하여 결국 삼성그룹은 미래전략실을

2. 높은 내부거래비중

2020년 11월 공정거래위원회가 발표한 2019년 1월 1일부터 12월 31일까지 공시대상기업집단(이하 "대기업집단")의 계열회사 간 상품·용역거래 현황을 분석한 자료에 따르면, 총매출액 기준 내부거래비중[16]은 12.2%이며, 내부거래 금액은 196.7조원이다.[17] 전체 계열사(1,955개) 중 내부거래가 있는 회사는 1,527개 사(78.1%)로 계열회사 간 거래가 상당히 많이 이루어지고 있음을 알 수 있다.[18]

그룹 전체 차원에서의 의사결정이 이루어지고 있는 상황에서는 계열회사 간 거래에 대하여 어느 한 계열회사에는 유리하고 다른 계열회사에는 불리한 지시가 이루어질 수 있는데, 내부거래비중이 높다는 것은 그만큼 계열회사 간 이익이 충돌할 가능성이 높다는 것을 의미한다.

그 예로는 두 회사 사이에 시중금리보다 높거나 낮은 이율로 자금을 대여하거나 차입하는 자금제공거래, 자산이나 상품을 무상으로 또는 정상가격보다 높거나 낮은 가격으로 제공하는 자산·상품제공거래, 정상급여보다 낮은 수준의 급여를 조건으로 하는 인력제공거래 등이 이루어지는 경우를 생각해 볼 수 있다.

3. 형사책임에 의한 해결

위와 같은 회사법상 이익충돌이 발생한 경우 민사적으로는 업무를

해체하기에 이르렀다. "이재용 '삼성 미래전략실 없애겠다'", 2016. 12. 6.자 한겨레 신문 인터넷 기사; "삼성그룹 컨트롤타워 해체 4년…옥중 총수에 여전히 비상 상황", 2021. 2. 28.자 연합뉴스 인터넷 기사 참조.

16) 동일 집단 내 다른 국내계열사에 대한 매출액(내부거래 금액)이 전체 매출액에서 차지하는 비중을 말한다. 공정거래위원회, 내부거래 현황(2020), 2면.

17) 공정거래위원회, 내부거래 현황(2020), 2면.

18) 공정거래위원회, 내부거래 현황(2020), 4면.

지시하거나 집행한 이사(총수 연대 책임)가 회사에 대하여 손해배상책임을 부담하게 된다. 한편 그러한 업무에 관여한 자들에 대하여 형사적으로 형법 제356조의 업무상 배임죄의 죄책을 물을 수도 있는데,[19] 실제 지배회사와 종속회사 간(계열회사 간)의 이익충돌이 극명하게 나타날 수 있는 부실계열회사에 대한 지원행위의 경우, 소송에서 민사책임을 추궁되는 사례보다 형사책임을 추궁되는 사례가 훨씬 많다.[20]

그런데 회사법상 이익충돌의 문제를 형사적으로 해결할 경우, 이사의 책임의 범위가 더 넓어질 우려가 있다.[21] 회사에 대한 민사책임은 회사의 손해라는 결과의 발생을 요건으로 함에 반해, 배임죄는 현실적 손해 발생뿐 아니라 재산상 실해 발생의 위험을 초래한 경우에도 책임을 인정하고 있기 때문이다.[22] 예를 들어, 이사의 부실 계열회사 지원 결정이 경영판단으로 보호받지 못하는 비합리적인 것이라 하더라도 회사에 손해가 발생하지 않았다면 이사는 회사에 대한 민사적 책임을 면하게 되는 반면, 이 경우에도 배임죄의 성립은 인정된다.[23]

이처럼 기업집단에 관한 문제가 형사적 접근방법에 의해 해결되는 경향이 두드러지는 이유로는 주주대표소송과 같은 민사적 구제절차가

---

19) 제355조(횡령, 배임) ② 타인의 사무를 처리하는 자가 그 임무에 위배하는 행위로써 재산상의 이익을 취득하거나 제삼자로 하여금 이를 취득하게 하여 본인에게 손해를 가한 때에도 전항의 형과 같다.
제356조(업무상의 횡령과 배임) 업무상의 임무에 위배하여 제355조의 죄를 범한 자는 10년 이하의 징역 또는 3천만원 이하의 벌금에 처한다.

20) 문호준/김성민(2013), 62-63면에서 부실계열회사 지원 관련 이사의 책임에 관하여 정리한 표에 따르면, 민사사건은 10건이고 형사사건은 17건으로 형사책임을 추궁하는 경우가 더 많음을 알 수 있다.

21) 서정(2016), 68면.

22) 대법원 2007.3.15. 선고 2004도5742 판결; 대법원 2004. 7. 22. 선고 2002도4229 판결; 대법원 2010. 10. 28. 선고 2009도1149 판결.

23) 서정(2016), 67-68면에서는 부실 계열사 지원에 따른 이사의 민형사상 책임의 성부를 이해하기 쉽게 표로서 설명하고 있다. 이사의 민사상 손해배상책임은 부정되지만, 업무상 배임의 형사책임이 인정되는 C부분이 존재함을 알 수 있다.

활성화되지 못하였음을 들 수 있다.[24] 주주대표소송에서 이사의 위법행위 및 손해에 대한 증명책임은 소를 제기한 원고가 부담하여야 함에도 원고가 이사회의 구체적인 내부정보에 접근할 길이 사실상 차단되어 있어 형사 재판과는 달리 증거수집에 한계가 존재한다. 따라서 주주대표소송은 대부분 확정된 형사 판결이나 공정거래위원회의 결정을 통한 입증을 활용할 수밖에 없기 때문에 형사판결의 후속 조치로서의 성격을 강하게 가지게 되고, 민사적 구제절차가 활성화되는 대신에 형사적 방법에 의존하는 경향이 나타나게 된다.[25] 그 밖에 업무집행지시자 등의 책임과 같이 행위를 지시한 자에 대한 민사 책임의 근거 규정이 마련되어 있음에도 그 자체가 잘 활용되지 못하고 있다는 점도 기업집단에 관한 문제를 형사적으로 접근하게 되는 이유이다.[26]

〈표 2〉 부실 계열사 지원에 따른 이사의 민형사상 책임의 성부

		지원 주체에 대한 결과	
		손해 미발생	손해 발생
지원 여부의 결정 과정	합리적 결정	A 민형사 책임 불성립	B 민형사 책임 불성립
	비합리적 결정	C 민사 책임 불성립 형사 책임 성립	D 민형사 책임 인정

24) 1997년부터 2013년까지 제기된 주주대표소송은 서울중앙지방법원을 기준으로 보면 총 38건(최문희(2015), 22면)이고, 법원 전체적 보더라도 약 70건밖에 되지 않는다(황현영(2013), 9면).

25) 설민수(2011), 266면; 서정(2016), 68면.

26) 그룹에 관한 문제가 형사적 접근방법에 의해 해결되는 이유에 관한 자세한 설명은 설민수(2011), 259-285면 참조.

제2절 지배회사·종속회사의 의의

Ⅰ. 개관

보편화된 기업집단 운영의 현실 속에서 기업집단에서 발생하는 다양한 법적 문제들을 파악해볼 필요가 있다. 그런데 한국의 기업집단 구조는 비록 지주회사가 많이 증가하였지만,[27] 아직도 순환출자, 피라미드출자 등 매우 복잡한 구조로 되어 있어 여기서 발생하는 문제들을 한 번에 파악하기는 쉽지 않다. 따라서 연구범위를 기업집단의 가장 기본형이라고 할 수 있는 지배회사와 이 지배회사의 지배 아래에 있는 하나의 종속회사로 이루어진 지배·종속회사 관계로 좁혀서, 지배·종속회사 관계에서 발생하는 문제들을 위주로 살펴보고자 한다. 그렇다면 먼저 지배회사와 종속회사가 무엇인지를 밝혀야 한다.

Ⅱ. 지배회사·종속회사의 정의

1. 지배·종속관계의 기준

앞서 정의한 기업집단은 ⅰ) 지배·종속관계의 존재, ⅱ) 소속회사의 법적 독립성, ⅲ) 경제적 단일체라는 특징적 개념으로 요약해 볼 수 있었다. 여기서 중요한 것은 지배·종속관계를 밝히는 것이다. 이 책의 논의의 대상인 지배회사와 종속회사가 무엇인지를 정의하는데 핵심요소가 되기 때문이다. 지배·종속관계는 그룹 구성회사들이 모두 대등한 지위

27) 2020년 9월 말 현재 지주회사 수는 167개이다. 공정거래위원회, 지주회사 현황(2020), 1면.

를 갖는 단순한 연합체가 아니라 종속회사가 지배회사의 소유와 경영을 통한 통제 또는 지배 아래에 놓이는 구조로 이루어져 있음을 의미한다.[28)]

이때 지배여부 판단기준으로는 지분율 기준과 실질적인 지배적 영향력 기준을 생각해 볼 수 있다.[29)] 지분율 기준은 다른 회사에 대하여 보유하고 있는 주식의 소유비율을 기준으로 하는 것이다. 회사를 지배하기 위해서는 이사회와 주주총회 장악에 필요한 의결권을 확보해야 하므로 의결권 보유 비율을 객관적 지배의 기준으로 삼는 것이다.[30)] 다음은 그러한 객관적인 지분율에는 미치지 않더라도 사실상 어떤 회사의 중요한 의사 결정권을 보유하는 등 지배적인 영향력을 행사하고 있다고 볼 수 있는 일정한 경우에는 실질적 지배 기준을 적용하는 것이다. 그렇게 되면 객관적인 의결권 보유기준에 미달하더라도 지배회사가 된다.

2. 비교법적 고찰

미국 판례와 ALI원칙, 독일 주식법(Aktiengesetz), 일본 회사법, 이탈리아 민법, EU의 EMCA의 지배·종속관계의 기준에 관한 방식을 살펴본다.

(가) 미국

미국은 지배·종속회사 관계에만 적용되는 특유한 입법을 마련하고 있지 않다. 따라서 하나의 회사 내에서 지배주주와 회사 또는 소수주주 간의 관계를 규율하는 법리가 지배·종속회사 관계에도 그대로 적용된다. 즉, 지배회사는 기본적으로 지배주주와 다를 바 없다고 보는 것이다. 미국에서 지배주주와 회사 또는 소수주주 간의 관계는 지배주주의 신인의무라는 법리로서 전개되는데, 이는 판례를 통하여 인정되고 있다.[31)]

---

28) 김건식(2011a), 359면.
29) 김대연(2002), 10면.
30) 김대연(2002), 10면.

따라서 지배주주의 개념도 판례를 통하여 형성되었다.

다음에서는 미국 판례상 지배주주의 개념과 미국법률협회(American Law Institute, 이하 "ALI")의 1994년 회사지배구조의 원칙(Principles of Corporate Governance; Analysis and Recommendations, 이하 "ALI 원칙")[32]에 규정된 지배주주의 개념을 살펴본다.

(1) 판례

미국 델라웨어주 법원은 지배주주의 판단 기준으로 지분율 기준과 실질적인 지배적 영향력 기준을 모두 채택한다. 먼저, 지분율 기준으로서 주주가 회사의 의결권 있는 발행주식총수의 50%를 초과하여 보유하고 있다면 지배주주로 인정된다.[33]

또한 실질적 지배 기준으로서 과반수보다 적은 지분을 보유하고 있더라도 이사회 구성원과의 관계나 거래조건에 영향력을 미친 정도 등 사실관계를 종합적으로 고려하여 실제 지배력 행사가 있는 것으로 볼 수 있으면 지배주주가 된다.[34] 지배력 행사의 가능성만 가지고 있는 경우는 지배주주로 인정되기 어렵고, 실제(actual) 지배력의 행사가 있어야 한다.[35] 주주가 이사회의 의사결정을 지배하고 있었는지 여부는 지배를 입증하는 중요한 요소가 될 수 있다.[36] 따라서 In re Tri-Star Pictures, Inc.,

31) 이에 관해서는 제5장에서 상술한다.

32) 미국의 각 주법과 판례법에 산재해 있는 회사 지배에 관한 주요 문제의 입법, 판례, 학설을 비판적으로 검토하여 이상적인 안을 제시하고자 발표한 원칙이다(김건식(2010a), 358면).

33) Kaplan v. Centex Corp., 284 A.2d 119, 123(Del. Ch. 1971); Weinstein Enterprises, Inc. v. Orloff, 870 A.2d 499, 507 (Del. 2005); Welch et al.(2015), GCL-470-471; Rosenberg/Lewis- Reisen(2017), p. 3.

34) Welch et al.(2015), GCL-470-471; Rosenberg/Lewis-Reisen (2017), pp. 2-3.

35) Welch et al.(2015), GCL-470-471.

36) Corwin v. KKR Fin. Holdings LLC 판결에서는 지배주주가 되기 위해서는 실제로 과반수의 주식을 보유하지 않고도 이사회를 효율적으로 통제할 수 있는 강력

Litigation 판결에서와같이 이사의 대부분을 특정 주주가 사실상 지명한 경우 지배를 인정한다.[37]

한편 이사를 지명할 수 있다는 단순한 사실의 존재만으로는 지배주주의 요건을 충족할 수는 없고, "종속회사의 행위를 지시"한다거나 "특정 거래가 지배적 당사자에 의해 일방적으로 유도"되는 등 개별적이고 구체적인 행위를 통해 지배회사가 종속회사에 영향력을 행사하는 것이 필요하다는 것이 법원의 입장이다.[38] Kahn v. Lynch communication System, Inc. 판결에서는 종속회사에 대하여 실제 지배력을 행사하고 있는 발행주식총수의 43.3%를 보유한 주주를 지배주주로 보았다.[39] In re Zhongpin Inc. S'holders Litig. 판결에서는 회사 주식 17.3%를 보유한 것에 불과하더라도 이사 선임, 합병에 관한 거래, 정관 개정 등에 있어 중요한 영향력을 행사하는 자를 지배주주라고 보았다.[40] Essex Universal Corp. v. Yates 판결에서도 공개회사에서 발행주식총수의 28.3%를 보유하는 경우 지배주주임을 인정하였다.[41] 지배관계의 증입책임은 원고가 부담한다.[42]

지배회사가 종속회사 주식의 과반수를 소유하고 있는지는 지배·종속관계를 판단하는 데 필수요건이 되는 것은 아니고, 종속회사의 경영에

한 의결권과 경영 지배가 필요하다고 한다(Corwin v. KKR Fin. Holdings LLC, No. 629, 2014, p. 4(Del. Oct. 2, 2015)); In re PBN Holding Co. S'holders Litig., 2006 WL 2403999, p. 9(Del. Ch. Aug. 18, 2006).

37) 발행주식총수의 36.8%를 보유하고 있지만, 당해 주주가 이사 10명 중 3명을 지명하고, 나머지 이사 중 5명도 당해 주주와 밀접한 관계를 맺고 있는 경우, 당해 주주는 지배주주가 된다고 한다(In re Tri-Star Pictures, Inc., Litigation, 634 A.2d 319, 328(Del. 1993)); In re Primedia Inc. Derivative Litigation, 910 A.2d 248 (Del. Ch. 2006).

38) Harriman v. E.I. DuPont de Nemours & Co., 411 F. Supp. 133(D. Del. 1975).

39) Kahn v. Lynch communication System, Inc., 638 A. 2d 1110, 1114 (Del. 1994).

40) In re Zhongpin Inc. S'holders Litig., C.A. No. 7393-VCN, 2014 WL 6735457, pp. 7-9 (Del. Ch. Nov. 26, 2014).

41) Essex Universal Corp. v. Yates, 305 F.2d 572(2d Cir. 1962).

42) Kaplan v. Centex Corp., 284 A.2d 119, 122(Del. Ch. 1971).

대하여 종속회사 이사가 독립적으로 결정을 하였는지, 그렇지 않고 그 역할을 박탈당한 채 지배회사의 의사에 따랐는지 여부가 중요한 판단기준이 됨을 알 수 있다.[43]

(2) ALI 원칙

ALI 원칙 § 1.10는 지배주주에 관한 정의 규정을 두고 있다. 이에 따르면 지배주주란 단독으로 또는 1인 이상의 타인과의 약정에 따라 의결권 있는 주식의 50%를 초과하여 보유하고 있는 자 또는 주주의 지위에 기하여 회사의 경영 또는 정책에 관하여 혹은 문제 된 거래나 행위에 관하여 지배적 영향력을 행사할 수 있는 자를 의미한다(ALI 원칙 § 1. 10(a)). 단독으로 또는 1인 이상의 타인과의 약정에 따라 25%를 초과하는 의결권을 가지고 있으면 회사의 경영 또는 정책에 관하여 지배적 영향력을 행사하는 것으로 추정하되, 다만 다른 자가 단독으로 또는 1인 이상의 타인과의 약정에 따라 더 많은 의결권을 가지고 있는 경우에는 그러하지 아니하다(ALI 원칙 § 1.10(b)). 이처럼 ALI 원칙도 지분율 기준과 지배력 기준을 모두를 사용하여 지배종속 개념을 정의하고 있음을 알 수 있다.

(나) 독일

독일 주식법(Aktiengesetz)은 제15조에서 기업집단을 "결합기업(verbundene Unternehmen)"이라는 용어를 사용하여 5가지 유형의 기업간 관계로 나누어 규정하고 있다.[44] 여기에서 먼저, 지배·종속관계는 과

43) Siegel(1999), pp. 35-36.

44) 결합기업은 법률상 독립된 기업이면서 상호 과반수 피참가기업과 과반수 참가기업(제16조), 종속기업과 지배기업(제17조), 콘체른기업(제18조), 상호참가기업(제19조) 또는 기업계약의 계약당사자(제291조, 제292조)인 관계에 있는 기업이다(독일 주식법 제15조).

반수 피참가기업과 과반수 참가기업 사이에 존재하는데, 과반수 지분 보유관계는 법적으로 독립된 기업의 지분 또는 의결권의 과반수를 다른 기업이 보유하는 경우를 말한다(제16조 제1항).[45]

더 나아가 지배·종속관계는 과반수 지분 보유관계가 존재하지 않더라도 법적으로 독립된 종속기업(abhängige Unternehmen)에 대하여 독립된 다른 기업, 즉 지배기업(herrschende Unternehmen)이 직접 또는 간접적으로 "지배적 영향력(beherrschender Einfluβ)"을 행사하는 경우에도 성립한다(제17조 제1항). 과반수 지분 보유관계가 존재하면 지배·종속관계가 성립되는 것으로 추정한다(제17조 제2항). 또한 지배기업과 1개 이상의 종속기업이 지배기업의 통일적 관리(einheitliche Leitung)[46] 아래에 결합한 경우 그 기업들은 콘체른을 형성하는데(제18조 제1항 제1문), 종속기업은 지배기업과 콘체른을 형성하는 것으로 추정한다(제18조 제1항 제3문).

독일 주식법도 콘체른법의 핵심 개념인 지배·종속관계에 대해서 의결권 과반수라는 지분율 기준과 지배적 영향력이라는 실질적 기준을 채택하고 있음을 알 수 있다. 따라서 과반수 참가를 당한 기업이라 할지라도 참가에 의하여 지배되는 상태에 있지 않다는 사실을 증명하면 지배·종속관계의 추정이 번복될 수 있고, 반대로 과반수에 미치지 못하는 참가를 하더라도 주주가 지배적인 영향력을 행사할 경우에는 지배·종속관계가 성립한다. 다만 지배적 영향력이라는 개념은 법적으로 명확하게 정의된 개념이 아니어서 해석이 필요한데, 이 영향력은 실제로 행사되어야 하는 것은 아니고 영향력 행사의 가능성이 있는 것으로 충분하다.[47]

---

45) 과반수 참가기업이 보유하는 지분에는 그 기업의 종속기업이 보유하는 지분, 다른 기업이 과반수 참가기업 또는 그 종속기업의 계산으로 보유하는 지분과 과반수 참가기업의 소유자가 개인인 경우 그 소유자의 다른 재산인 지분도 합산된다(제16조 제4항).

46) "Leitung"은 관리·경영(management)이라고 해석되므로, 상황에 따라 적절하게 관리 또는 경영이라고 번역한다.

47) 송옥렬/최문희(2012), 15면.

그 행사의 가능성이 반드시 법적 권리에 근거할 필요는 없다.[48] 이러한 지배적 영향력은 기업의 의사결정 과정 그 자체에 행사되는 기업 내부적 영향력(unternehmensinterner Einfluβ)만이 인정된다.[49] 다시 말해, 다른 회사의 주주총회 또는 이사회 등의 기관에서 행사할 수 있는 영향력만을 의미한다.[50]

(다) 일본

일본 회사법은 제1편 총칙 제2조에서 정의 규정을 마련하고 있는데, 여기에 모회사와 자회사에 관한 정의규정도 두고 있다. 일본 회사법에서 모회사란 "자회사 의결권의 과반수를 보유하고 있거나 자회사의 경영을 지배하고 있는 법인으로서 법무성령이 정하는 것"을 말한다고 규정함으로써(일본 회사법 제2조 제3호, 제4호),[51] 지분율 기준과 실질적 지배적 영향력 기준 모두 채택하고 있다.

일본 회사법 시행규칙은 자회사의 경영을 지배한다는 것은 자회사의 재무 및 사업 방침의 결정을 지배하고 있는 경우를 말한다고 하면서, 실질적인 지배의 기준에 대해 상세히 밝히고 있다(일본 회사법 시행규칙 제3조 제2항). 구체적으로는 모회사의 자회사에 대한 의결권이 과반수에 미치지 못하더라도 자회사 의결권의 40%를 보유함과 동시에 이사 과반수의 지배, 자회사의 중요한 재무 및 사업방침의 결정을 지배하는 계약의 존재, 자회사의 자금조달액의 총액에 대한 50%를 초과한 융자액의 존재, 기타 자회사의 재무 및 사업방침의 결정을 지배하고 있다는 것이 추

48) 송옥렬/최문희(2012), 15면.

49) 신용, 임금, 투자재 가격, 원료 가격 등 기업경영의 단순한 여건(Umweltbedingungen)에 불과한 외부적 영향력과 구별된다.

50) 송옥렬/최문희(2012), 15면.

51) 의결권 계산에는 모회사가 자회사 주식을 전혀 보유하지 않더라도 모회사가 지배하는 다른 자회사가 해당 자회사의 의결권의 과반수를 보유한 경우도 포함한다(일본 회사법 시행규칙 제3조 제3항 제1호).

측되는 사실의 존재와 같은 사정이 하나라도 존재하면 모자회사관계가 존재한다고 규정하고 있다(일본 회사법 시행규칙 제3조 제3항).

(라) 이탈리아

이탈리아 민법은 지배회사·종속회사에 관한 정의 규정을 두고 있다. 이탈리아도 위에서 살펴본 나라들과 마찬가지로 지배회사와 종속회사의 정의 기준으로 의결권의 절대다수라는 지분율 기준과 그에 미치지 못하더라도 지배적 영향력이 미치는 경우 지배·종속관계가 성립하는 실질적 지배 기준을 모두 사용하고 있다.

이탈리아 민법 제2359조는 지배·종속 관계는 회사가 1) 다른 회사의 주주총회에서 의결권의 절대다수를 가지는 경우, 2) 다른 회사의 주주총회에서 의결권 행사를 통해 지배적 영향력을 행사하는 경우(상대적 의결 다수), 3) 계약상 구속력을 근거로 해 다른 회사에 지배적 영향력을 미치는 경우 인정된다고 규정하고 있다.[52)]

(마) 유럽 모범회사법 초안

유럽은 미국 모범사업회사법[53)]을 벤치마킹한 유럽 모범회사법(EMCA)

---

52) Art. 2359(Societa' controllate e societa' collegate). Sono considerate societa' controllate: 1) le societa' in cui un'altra societa' dispone della maggioranza dei voti esercitabili nell'assemblea ordinaria; 2) le societa' in cui un'altra societa' dispone di voti sufficienti per esercitare un'influenza dominante nell'assemblea ordinaria; 3) le societa' che sono sotto influenza dominante di un'altra societa' in virtu' di particolari vincoli contrattuali con essa.

53) 미국 각 주는 주의회(state legislature)가 제정한 독자적인 회사법을 가지고 있는데, 이 때문에 각 주 사이의 거래에 있어 곤란한 문제가 생기자 주회사법들을 통일하려는 움직임이 대두되었다. 따라서 미국변호사협회(American Bar Association, 이하 "ABA")는 1933년 일리노이주 회사법을 모델로 하여 작성한 모범사업회사법을 1950년에 정식으로 공포하였다. MBCA는 각 주에서 선발된 위원들에 의하여 주가 회사법을 제정 또는 개정할 때의 모범으로 삼기 위하여 제정한 것으로,

을 만들어 독립된 일반 회사법 조문들을 제시하고 각 회원국이 전체 또는 일부를 적절히 선택해서 사용하는 방식으로 활용할 수 있도록 하는 작업이 진행되었다. 2007년 작업이 시작된 후 오랜 논의 끝에 2015년 9월 초안이 발표되었고, 2017년 9월 초판이 발표되었다.

EU의 EMCA는 기업집단에 관한 제15장(Chapter 15) Part 1에서 기업집단, 지배회사·종속회사, 지배·종속관계 등에 대해서 정의하고 있다. 먼저 "지배회사와 종속회사로 이루어진 집단을 기업집단이라고 한다"는 명시적 정의 규정을 둔다(제1조). 지배회사는 종속회사를 직접 또는 간접적으로 지배하는 회사를 말하는데(제2조), 여기서 지배는 단독으로 또는 다른 주주 함께 종속회사의 재무 정책과 영업 정책을 결정할 수 있는 능력을 의미한다고 하면서, 지배의 의미를 밝히고 있다(제4조). 지배는 법률상의 지배(de jure control)와 사실상의 지배(de facto control)로 나누어 규정한다. 지배의 기준에 대해 지분율 기준은 법률상의 지배라는 표현을, 지배적 영향력 기준은 사실상의 지배라는 표현을 사용하여 두 기준을 모두 택하고 있다. 한 회사가 다른 회사의 의결권 과반수를 직접 또는 간접적으로 보유한 경우를 법률상의 지배라고 하고(제5조), 이처럼 한 회사가 다른 회사의 의결권 과반수를 보유하지 못하더라도 일정한 경우[54] 사실상의 지배를 할 수 있다고 규정한다(제6조).[55]

오늘날에 이르기까지 수차례의 개정이 이루어지고 있다. MBCA는 많은 주가 회사법 제·개정시 그 내용을 상당 부분 반영하여 왔기 때문에 많은 영향력을 미쳤고, 연방법원과 주 법원도 법리해석에 중요한 기준으로 삼고 있으므로 미국의 회사법을 연구하는데 중요한 가장 자료 중의 하나가 되고 있다. 그러나 MBCA는 문자 그대로 각 주의 회사법의 모범(model)으로서 제시된 것일 뿐 강제력이 있는 규범은 아니다. 그렇다고 하더라도 MBCA는 각 주법의 우수한 점을 요약·정리하고 있으며, 주법의 운용 및 개정에 관하여 중요한 지침서로서의 역할을 하고 있는 것은 틀림없다(권재열(2002), 7면; 임재연(2009), 21-22면 참조).

54) 구체적으로는 다른 투자자와의 합의로써 과반수의 의결권을 행사할 권한을 가지는 경우(제1호),

특이한 점은 사실상의 지배를 추정할 수 있는 규정을 두고 있다는 것이다. 어떤 회사가 다른 회사의 이사회 구성원 과반수를 연속 2영업연도 동안 선임하였을 경우, 어떤 회사의 다른 회사에 대한 지배는 추정된다(제4호 제2문). 연속 2영업연도 동안 의결권의 비율을 40% 이상 유지하는 경우, 그리고 그 이상의 비율을 직간접적으로 보유한 다른 주주가 존재하지 않는 경우 그러한 선임은 어떤 회사가 한 것으로 추정한다(제4호 제3문). 이 규정은 프랑스법 L233-16에서 유래한 것으로, 실제 이러한 추정규정은 지배의 존재를 부인하려는 회사들에 대하여 사실상 지배의 존재를 밝히는 데 있어 중요한 역할을 한다.[56]

(바) 시사점

다른 나라에서의 지배·종속관계의 기준을 살펴본 결과, 다른 회사에 대하여 보유하고 있는 주식의 소유비율만을 기준으로 하지 않고, 객관적인 지분율에는 미치지 못하더라도 사실상 어떤 회사에 지배적인 영향력을 행사하고 있다고 볼 수 있는 일정한 경우에는 지배·종속관계가 존재한다고 보는 실질적 기준을 적용하고 있음을 알 수 있다. 지배적인 영향력을 행사의 범위는 나라마다 다르다는 것을 알 수 있는데, 지배적 영향력 행사의 가능성만으로도 지배를 인정하는 독일 주식법이 가장 범위가 넓고, 미

정관 또는 계약에 따라 회사의 재무 및 영업 정책을 지배할 권한을 가지는 경우(제2호),
이사회 구성원의 과반수를 선임하거나 해임할 수 있는 권한을 가지는 경우(제3호), 또는
주주총회에서 사실상 과반수 의결권을 행사할 수 있는 권한을 가지는 경우(제4호 제1문) 사실상의 지배가 존재한다.

55) 지배의 기준에 대한 인식을 쉽게 하기 위해서 지배의 개념을 2개의 조항으로 나누어 규정하고 있다(EMCA(2017), p. 377).

56) 지배의 증명책임은 지배의 존재를 주장하는 자가 부담하는 것이 원칙인데, 사실상 지배가 존재하지 않음을 지배회사 측에서 입증해야 하는 증명책임이 전환되는 효과가 있다(EMCA(2017), p. 377).

국, EMCA, 이탈리아는 실질적 기준을 적용하고 있으면서도 어느 정도 실제 지배력이 행사되어야 함을 전제로 하는 것으로 보인다. 일본은 실질적 기준을 적용하더라도 자회사 의결권의 40%를 보유하여야 한다고 하는 등 다른 나라에 비해 지배의 인정 기준이 가장 협소하다.

3. 한국

한국의 현행법은 지배·종속의 개념을 어떻게 정의하고 있는지 살펴볼 필요가 있다. 상법, 공정거래법, 주식회사의 외부감사에 관한 법률(이하 "외부감사법")에서 지배·종속의 개념을 찾아볼 수 있다.

(가) 상법상 모회사·자회사

우선 상법에서 지배·종속 개념은 모자회사관계를 규율하고 있는 제342조의2 제1항은 다른 회사의 발행주식 총수의 100분의 50을 초과하는 주식을 가진 회사를 모회사, 그 다른 회사를 자회사라고 정의한다. 즉, 과반수 지분 보유라는 지분율 기준에 따라 모자회사관계를 정의하고 있다. 한편 자회사가 다른 회사의 발행주식 총수의 100분의 50을 초과하는 주식을 갖거나 모회사와 자회사가 가진 다른 회사의 주식을 합산하여 100분의 50을 초과하게 되면, 그 다른 회사를 모회사의 자회사로 보는데, 편의상 '손자회사' 또는 '손회사'라 부르기도 한다(제342조의2 제3항). 이러한 상법상 모·자·손회사 개념은 뒤에서 보는 다른 개념에 비해 그 범위가 가장 협소하다.

(나) 공정거래법상 계열회사

앞서 공정거래법은 기업집단에 관한 정의 규정을 두고 있고, 기업집단이란 동일인이 사실상 그 "사업내용을 지배"하는 회사의 집단임을 살펴보았다. 공정거래법 시행령은 기업집단 범위 획정의 핵심요소인 사업내용의 지배여부 즉, 지배·종속의 개념에 관하여 상세하게 규정하고 있다.

먼저 동일인이 단독으로 또는 동일인관련자[57]와 합하여 당해 회사의 발행주식 총수의 100분의 30 이상을 소유하는 경우로서 최다출자자인 회사를 의미한다고 규정함으로써(공정거래법 시행령 제3조 제1호), 지분율 기준을 직접적으로 규정하고 있다.

또한 실질적 기준에 따라 동일인이 회사의 경영에 대하여 지배적인 영향력을 행사하고 있는 경우에도 사실상 사업 내용을 지배하는 회사로 보고 있다. 대표이사의 임면권, 50% 이상의 임원선임권, 주요 의사결정이나 업무집행에 대한 지배적인 영향력 행사, 임원 겸직을 포함한 인사교류, 통상적인 범위를 초과하여 동일인 또는 동일인관련자와 자금·자산·상품·용역 등의 거래 또는 채무보증을 하거나 채무보증을 받고 있거나 동일인의 기업집단의 계열회사로 인정될 수 있는 영업상의 표시행위를 하는 등 사회통념상 경제적 동일체로 인정되는 등의 경우에 지배·종속관계가 인정될 수 있다(공정거래법 시행령 제3조 제2호).[58] 공정거래

57) 동일인 관련자라 함은 가. 배우자, 6촌 이내의 혈족, 4촌 이내의 인척(이하 "친족"이라 한다) 나. 동일인이 단독으로 또는 동일인관련자와 합하여 총출연금액의 100분의 30이상을 출연한 경우로서 최다출연자가 되거나 동일인 및 동일인관련자중 1인이 설립자인 비영리법인 또는 단체(법인격이 없는 사단 또는 재단을 말한다. 이하 같다) 다. 동일인이 직접 또는 동일인관련자를 통하여 임원의 구성이나 사업운용 등에 대하여 지배적인 영향력을 행사하고 있는 비영리법인 또는 단체 라. 동일인이 이 호 또는 제2호의 규정에 의하여 사실상 사업내용을 지배하는 회사 마. 동일인 및 동일인과 나목 내지 라목의 관계에 해당하는 자의 사용인(법인인 경우에는 임원, 개인인 경우에는 상업사용인 및 고용계약에 의한 피용인을 말한다) 중 어느 하나에 해당하는 자를 말한다(공정거래법 시행령 제3조 제1호).

58) 가. 동일인이 다른 주요 주주와의 계약 또는 합의에 의하여 대표이사를 임면하거나 임원의 100분의 50 이상을 선임하거나 선임할 수 있는 회사, 나. 동일인이 직접 또는 동일인 관련자를 통하여 당해 회사의 조직변경 또는 신규사업에의 투자 등 주요 의사결정이나 업무집행에 지배적인영향력을 행사하고 있는

법상 지배·종속관계는 지분율 기준과 지배적 영향력 기준 모두를 사용하여 판단하고 있고, 그 인정 범위 또한 매우 넓음을 알 수 있다.

두 개 이상의 회사가 동일한 기업집단에 속하는 경우에 이들 회사는 서로 상대방의 계열회사가 되므로, 동일한 기업집단을 형성하는 지배회사와 종속회사는 서로 계열회사 관계가 된다.

(다) 외부감사법상 지배회사·종속회사

상법 제447조 제3항은 연결재무제표 작성에 관한 근거 규정을 두고 있고, 연결재무제표 작성의무 대상과 범위는 상법 시행령을 통해 주식회사의 외부감사에 관한 법률(이하 "외부감사법")에 의한 지배회사로 하고 있다(상법 시행령 제16조 제2항). 외부감사법은 지배·종속관계를 정의하고 있는데, "주식회사가 경제활동에서 효용과 이익을 얻기 위하여 다른 회사의 재무정책과 영업정책을 결정할 수 있는 능력을 가지는 경우로서 그 주식회사(이하 "지배회사"라 한다)와 그 다른 회사(이하 "종속회사"라 한다)의 관계를 말한다"고 한다(외부감사법 시행령 제1조의3). 실질적인 지배적 영향력 기준에 따른 정의를 하고 있음을 알 수 있다.

지배·종속의 관계는 외부감사법 제13조 제1항 제1호에 따른 회계처리기준(이하 "한국채택국제회계기준") 또는 외부감사법 제13조 제1항 제

회사, 다. 동일인이 지배하는 회사와 당해 회사 간에 임원의 겸임이 있는 경우, 동일인이 지배하는 회사의 임·직원이 당해 회사의 임원으로 임명되었다가 동일인이 지배하는 회사로 복직하는 경우(동일인이 지배하는 회사 중 당초의 회사가 아닌 회사로 복직하는 경우를 포함한다), 당해 회사의 임원이 동일인이 지배하는 회사의 임·직원으로 임명되었다가 당해 회사 또는 당해 회사의 계열회사로 복직하는 경우 등 인사교류가 있는 회사, 라. 통상적인 범위를 초과하여 동일인 또는 동일인 관련자와 자금·자산·상품·용역 등의 거래를 하고 있거나 채무보증을 하거나 채무보증을 받고 있는 회사, 기타 당해 회사가 동일인의 기업집단의 계열회사로 인정될 수 있는 영업상의 표시행위를 하는 등 사회통념상 경제적 동일체로 인정되는 회사를 말한다.

2호에 따른 회계처리기준에 따라 판단하도록 하고 있는데, 한국채택국제회계기준에 따르면, 지배력의 평가는 투자자가 1) 피투자자에 대한 힘이 있고, 2) 피투자자에 관여함에 따라 변동이익에 노출되거나 변동이익에 대한 권리가 있으며, 3) 투자자의 이익금액에 영향을 미치기 위하여 피투자자에 대한 자신의 힘을 사용하는 능력이 있는 경우 피투자자를 지배하는 것으로 한다(기업회계기준서 제1110호 연결재무제표 7). 이때 하나 이상의 기업을 지배하는 기업을 지배기업, 다른 기업의 지배를 받고 있는 기업을 종속기업이라 한다(기업회계기준서 제1110호 연결재무제표 부록 A. 용어의 정의).[59]

III. 논의 대상으로서 지배회사·종속회사

1. 현행법상 지배·종속 개념 적용의 한계

이 책의 논의의 대상인 지배회사와 종속회사가 무엇인지를 정의하기 위해 사용할 수 있는 가장 쉬운 방법은 위에서 살펴본 한국의 현행법상 지배·종속 개념 중 하나를 채택하는 것이다. 그러나 현행법상 지배·종속 개념을 이 책의 논의를 위해 적용하기에는 다음과 같은 한계가 있다.

(가) 상법상 모자회사 개념

한국 상법상 모자회사 개념은 지배·종속에 관하여 지분율 기준으로만 판단하고 있다. 어떤 회사가 다른 회사의 지분을 어느 정도 소유하고 있을 때 지배·종속관계가 성립하는지는 각각의 회사에 따라 상당한 차이가 있기 때문에 일률적으로 결정하기란 쉽지 않은데, 지배·종속의 기

---

59) 기업회계기준서 제1110호 연결재무제표부록 B. 적용지침은 지배력의 평가에 대한 지침을 구체적인 사례와 함께 설명하고 있다.

준을 발행주식총수의 과반수 보유라는 지분율 기준만으로 하는 경우, 지배·종속관계를 간명하고 쉽게 파악할 수 있다는 장점이 있다.

그러나 현실에서는 종속회사가 상장회사인 경우 주식이 널리 분산되어 있고, 대부분의 소수주주는 회사 경영권에는 별로 관심이 없는 경우가 많아, 회사는 적은 지분을 소유하고도 다른 회사를 지배할 수 있다. 이처럼 50%에 훨씬 미달한 주식을 가지고도 회사 사이에 지배·종속관계를 형성 및 유지할 수 있는 상황에서 과반수의 주식 소유라는 지분율 기준을 고집한다면, 많은 경우 지배·종속회사에 관한 규정들이 잠탈될 우려가 있다. 비상장회사의 경우에도 가족 등 특수관계인들을 통해 주식을 분산시킴으로써 지배·종속회사에 관한 규정을 쉽게 벗어날 수 있으므로, 실제 경제 현실을 제대로 반영하지 못하게 되는 문제가 발생한다.[60]

그 해결 방법으로 모회사 지분율 요건을 낮추는 것을 생각해 볼 수 있다. 상법의 해석을 통해 그 합리적 기준으로 생각해 볼 수 있는 것이 이사회나 주주총회에 대한 지배를 위한 최소한의 지분율이다. 상법 제391조는 "이사회의 결의는 이사과반수의 출석과 출석이사의 과반수로 하여야 한다"고 규정하고 있다. 그런데 부재중인 이사도 상법 제391조 제2항에 따라 동영상 등 통신수단에 의하여 이사회 결의에 참석할 수 있으므로 특히 중요하고 민감한 사안과 관련한 이사회에는 실제로 대부분의 이사가 참석한다고 보아야 할 것이고, 이 경우 이사 총수의 과반수로 의사결정이 이루어진다고 보는 것이 합리적이다. 그렇다면 지배회사가 지배적 영향력을 행사하기 위해서는 종속회사 이사 총수의 과반수를 선임하는데 충분한 주식을 보유하여야 하는 것으로 해석할 수 있다.[61]

또한 주주총회의 의사결정을 지배하거나 위 이사의 과반수를 선임하기 위해서는 최소한 보통결의 요건인 출석의결권의 과반수와 발행주식총수의 4분의 1 이상의 찬성(상법 제368조 제1항)이 필요하다. 1995년 개

60) 최준선(2006), 60면.

61) 이준보/고재종(2012), 21면; 김원희(2009), 123면.

정으로 의사 정족수 요건이 폐지됨으로 인해,[62] 출석주주 전원이 찬성하는 것을 전제로 한다면 보통결의는 발행주식총수의 4분의 1의 출석만 만족하면 성립할 수 있게 된다. 즉, 25%의 지분을 보유하는 최대주주라면 다른 주주의 협조를 구하지 않고 단독으로 결의가 가능하게 되는 것이다.[63] 어떤 회사가 최대주주로서 종속회사의 발행주식 총수의 25% 이상을 확보하면 그 종속회사를 지배할 수 있다는 것을 의미한다. 따라서 이사회나 주주총회에 대한 지배를 위한 최소한의 지분율인 최대주주로서 발행주식 총수의 25% 이상 보유 요건을 지배적 영향력 판단을 위한 기준으로 상정해 볼 수 있다.[64]

그러나 이처럼 모자회사를 25%라는 주식소유비율을 기준으로 획일적으로 규정할 경우 법률 적용의 융통성이 없게 된다는 문제는 여전히 남게 된다.[65] 또한 지배회사의 주식소유비율을 낮춘다고 하더라도 특수관계인이나 관계회사를 이용하여 이를 얼마든지 회피할 수 있으므로 지분율 기준을 채택하는 것은 일정한 한계가 있다.[66]

---

62) 1995년 12월 29일 상법 개정 이전에는 의사정족수와 의결정족수를 규정하고 있었다. 주주총회와 관련해서는 발행주식총수의 과반수가 주주총회에 참석하고 참석 주식의 과반수로 의안의 가부를 결정하였다. 그러나 정부가 정책적으로 주식의 분포를 유도하였고, 또 시장 개방으로 주주가 외국에 거주하는 경우도 있어 주주총회에 발행주식총수의 과반수가 참석하는 것이 어렵게 되었다. 이러한 현실을 감안하여 적법한 주주총회 성립을 위한 형식적 요건, 즉, 의사정족수 조항을 삭제하였다(김원희(2009), 123면).

63) 송옥렬(2023), 950면.

64) 에가시라 교수도 일본의 신회사법이 제정되기 이전에 작성한 것이지만, 기업결합에 관한 입법론을 제시하면서 지배회사란 다른 주식회사 또는 유한회사의 이사의 과반수를 선임하는데 충분한 주식 또는 지분을 소유하는 회사를 말하고, 다른 주식회사의 발행주식 총수의 4분의 1을 넘는 주식을 소유하는 경우에는, 그 주식회사의 이사의 과반수를 선임하는데 충분한 주식을 소유하는 것으로 추정한다고 하고 있다.(江頭憲治郎(1995), 329면).

65) 최준선(2006), 60면.

66) 김대연(2002), 11면; 최준선(2006), 60면.

(나) 공정거래법상 지배 개념

그렇다면 지분율 기준 외에 실질적 지배 기준을 통해 지배·종속관계를 결정하는 방법을 모색해 보아야 한다. 공정거래법상 "지배" 개념을 통해 지배·종속관계를 정하는 방법이 있다. 공정거래법 시행령 제3조 제2호에서 보는 바와 같이, 공정거래법상 지배 개념은 상법상 모자회사 개념과는 달리 한 회사가 다른 회사 지분을 일정 비율 이상 보유하고 있지 않더라도 임원 겸직을 포함한 인사교류나 기업집단의 계열회사로 인정될 수 있는 영업상의 표시행위를 하는 등의 경우에도 지배·종속관계가 성립될 수 있으므로,[67] 다른 개념에 비해 그 인정 범위가 매우 넓다. 이에 따르면 순환출자 등을 통해 아주 적은 지분으로 느슨한 연합체를 구성하고 있는 경우까지도 지배·종속관계가 인정되게 되는데, 지배회사에 종속회사에 대한 지배에 따른 권한과 책임을 부여함으로써 지배회사와 종속회사의 이해관계자 보호 수단 마련이라는 목적을 달성하려는 이 책의 취지와는 맞지 않는다.

(다) 외부감사법상의 "연결" 개념

외부감사법상의 "연결" 개념을 사용하는 방법이 있다. i) 연결재무제표는 기업집단에 관한 기초적인 공시자료로서 역할을 하고 있으므로 회사법과 회계상의 기업집단의 범위를 일치시킴으로써 비용을 줄일 수 있으며,[68] ii) 국제적 회계기준으로 많은 나라가 시행하고 있으므로 국제적 정합성이 높고, 사례가 풍부하게 축적되어있어 예측가능성을 확보할 수 있다는 점,[69] iii) 실제 재무제표가 작성되는 기준에 따라 법적 권리의

---

67) 임원겸임이 이루어지고 있는 경우나 동일 브랜드 로고를 사용하고 있는 등의 경우에도 한 회사가 다른 회사의 경영에 대하여 지배적인 영향력을 행사하고 있다고 인정되면 지배·종속관계가 성립된다.

68) 천경훈(2016), 36면; 이창기(2013), 15면; 김상조(2012), 88면.

69) 천경훈(2016), 36면; 이창기(2013), 15면; 김상조(2012), 88면.

무를 부여함으로써 정보공시를 통한 권리행사의 실효성을 높일 수 있다는 점,[70] iv) 기업 입장에서 보더라도 준법 프로그램을 통한 자율적 준수 및 내부감시가 용이해질 수 있다는 점[71]이 그 채택 이유가 될 수 있다. 실제 유럽에서의 기업집단에 관한 논의에서도 지배의 개념을 회계상 기준에 맞추는 것이 추세이기도 하다.[72]

그러나 외부감사법상의 "연결" 개념은 회계상의 기준으로서 다른 회사의 재무정책과 영업정책을 결정할 수 있다고 하는 사실적 내지는 사회적 측면에서 접근하는 개념인데, 이때의 지배력이 무엇인지에 관해서는 다시 규범적 측면에서의 해석이 필요하게 된다는 논리적 모순이 있다. 즉, 법학적 차원에서의 지배 개념을 정의하기에는 한계가 있다.

2. 이 책의 정의

이처럼 현행 상법, 공정거래법, 외부감사법상의 지배·종속 개념은 각각 장점도 있지만 한계도 분명히 존재하므로, 이 책에서는 이 중 어느 하나의 개념 정의에 따르기보다는 연구의 취지에 맞게 개념적 요소들을 통한 나름의 정의를 내려 보고자 한다.

먼저 지배·종속관계의 판단에 있어 모자회사 판단 기준인 과반수 지분 보유라는 지분율 기준은 그 범위가 매우 협소하므로, 다른 나라들처럼 지분율 기준 외에 "지배적 영향력"이라는 개념을 도입하여 실질적인 기준을 적용한다. 어떠한 경우에 지배적 영향력이 있다고 볼 수 있는지에 관해서는 "다른 회사의 주요 경영사항에 대하여 사실상의 영향력을 행사하는 때"를 의미한다고 본다. 그렇다고 공정거래법상의 "지배" 개념처럼 그 범위를 확대할 수는 없으므로, 구체적인 범위를 정할 필요가 있

70) 천경훈(2016), 36면.
71) 천경훈(2016), 36면.
72) 예: EMCA 제15장 제6조.

다. 한국 상법하에서 회사의 중요한 의사결정은 이사회와 주주총회를 통해서 이루어지므로, 이사회나 주주총회에 대한 지배가 있을 때 경영을 지배하고 있다고 할 수 있다. 그 밖에 종속회사의 경영을 결정을 지배하는 계약이 존재한다거나 기타 종속회사의 경영 사항에 관한 결정을 지배하고 있다는 것이 추측되는 사실이 존재하는 경우 지배적 영향력이 있다고 볼 수 있다.73)

요컨대, 이 책에서는 지배·종속회사를 다음의 어느 하나에 해당하는 경우로 정의한다. 어느 회사가 다른 회사의 의결권 있는 주식의 과반수를 소유하고 있거나 다른 회사의 주요 경영사항에 지배적 영향력을 행사하고 있는 경우 두 회사 사이에는 지배·종속관계가 성립한다. 다른 회사의 경영에 지배적 영향력을 행사하고 있는 때란 ⅰ) 이사회나 주주총회에 대한 지배가 있을 때, ⅱ) 종속회사의 경영을 결정을 지배하는 계약이 존재한다거나 기타 종속회사의 경영 사항에 관한 결정을 지배하고 있다는 것이 추측되는 사실이 존재하는 때를 말한다. 이 경우 다른 회사를 지배하는 회사를 지배회사라 하고, 지배당하는 회사를 종속회사라 한다.

다만 지배·종속회사에 관한 개별 제도의 논의에서는 구체적인 제도에 따라 합리적인 범위 내에서 그 적용 범위가 달리 설정될 수 있다. 가령 종속회사의 중요사항에 관한 의결권 행사 시 지배회사 주주의 승인이 필요한 지배·종속회사의 범위와 다중대표소송이 인정되는 지배·종속회사의 범위는 제도의 구체적 취지, 종속회사에 미치는 영향 등에 따라 달라질 수 있다.

---

73) 참고로 상법 제542조의8 제2항 제6호는 주요주주를 정의하면서 "누구의 명의로 하든지 자기의 계산으로 의결권 없는 주식을 제외한 발행주식총수의 100분의 10 이상의 주식을 소유하거나 이사·집행임원·감사의 선임과 해임 등 상장회사의 주요 경영사항에 대하여 사실상의 영향력을 행사하는 주주"라는 개념을 사용하고 있다.

제3절 각국의 지배·종속회사법제

Ⅰ. 서

각국의 지배·종속회사법제들은 지배·종속회사에 관한 별도의 법률을 만들거나 회사법에 별도의 장을 마련하여 포괄적인 입법을 하거나, 기존 회사법에 부분적 입법을 하기도 하고, 판례법을 통해 규율하기도 하며, 아예 어떠한 규율도 하지 않고 기존 일반 회사법 원칙을 통한 해결을 하기도 한다.

Ⅱ. 지배·종속회사에 관한 입법 방식

1. 포괄적 입법

경제 현실을 반영하여 지배·종속관계를 이루어 운영되는 회사의 형태를 인정하고 이를 법의 테두리 내에서 규율하기 위해 지배·종속회사에 관한 포괄적인 입법을 하는 방식이다. 법적으로 독립된 개별 회사를 경제적으로 단일한 회사처럼 취급하기 위한 근거 규정을 마련하는 것을 특징으로 하는데, 그 대표적인 입법례가 독일 콘체른법과 EMCA 제15장이다.[74]

(가) 독일

독일 주식법은 기업집단에 대하여 "결합기업(verbundene Unternehmen)"이라는 용어를 사용하는데, 결합기업에 관한 내용은 제15조부터 제22조까지의 총칙규정, 제291조부터 제328조까지의 각칙규정에 존재한다. 제1

---

74) 송옥렬/최문희(2012), 29면.

편 제15조부터 제22조까지는 결합기업의 개념을 정의하고, 콘체른을 비롯한 다양한 결합기업의 형태를 열거하면서 그 법률관계를 개별적으로 규율하고 있다. 제3편 제291조부터 제328조는 결합기업에 관한 각칙규정으로, 그 결합의 형태 및 정도에 따라 계약상 콘체른(Vertragskonzern)과 사실상 콘체른(Faktischer Konzern)을 규정한다. 계약상 콘체른이란 콘체른을 형성하기로 하는 계약, 즉 지배계약에 의하여 결합이 이루어진 것을 말한다. 사실상 콘체른이란 지배계약이 없이, 사실상의 지배관계에 기초한 결합기업을 의미한다.[75]

독일 주식법은 기업집단의 형태를 유형화하고 법정화하여 사전에(ex ante) 법에서 정해진 일정한 요건과 절차를 충족하는 경우에 한 해 자동적으로 지배회사의 종속회사에 대한 권한과 책임을 인정하는 방식을 취한다(rule based approach).[76] 즉, 지배회사가 종속회사로 하여금 종속회사 또는 그 소수주주에게 손해가 발생하더라도 그룹 전체의 이익을 추구하도록 지시할 수 있기 위해서는 미리 정해진 지배권 행사에 관한 요건과 절차를 만족시켜야 한다는 것이다. 지배계약의 여부에 따라 지배권한과 책임의 범위가 달라진다는 점에서 "dualist approach"라고 부르기도 한다.[77]

(나) EMCA

EMCA는 제15장 기업집단(Group of Companies)에 관한 장을 따로 마

---

75) Hopt(2015), p. 10.

76) 천경훈(2015), 54면.

77) Antunes(1994), p. 313. 독일의 이중적 접근은 기업집단의 다양한 형태를 계약상 콘체른과 사실상 콘체른이라는 두 가지의 법률적 개념으로 단순화하여 사전에 법에서 정해진 일정한 요건과 절차를 충족하는 경우에 한해 자동적으로 지배회사의 종속회사에 대한 권한과 책임을 인정함으로써, 너무 경직적이고, 그 사이에 존재하는 수많은 변태적 기업집단 유형들을 규율하는 데는 어려움이 따른 비판이 존재한다(Club des Juristes(2015), p. 16 참조).

련하여 지배·종속회사를 규율하고 있다. Part 1 정의 규정, Part 2 지배·종속회사 운영, Part 3 지배회사 주주보호, Part 4 종속회사 소수주주와 채권자 보호라는 제목 아래 총 17개 조문을 마련하였다. 이 장은 전체적으로 Rozenblum 원칙에 영향을 많이 받았고, 그 외의 독일법, 덴마크법, 이탈리아법, 영국 회사법 등 다양한 나라의 법에 영향을 받았다.78)

2. 부분적 입법

기존 회사법에 특칙의 형식으로 지배·종속회사에 관한 내용에 관하여 부분적 입법을 하는 방식이다. 이탈리아 민법과 일본 회사법이 그 대표적인 예이다.

(가) 이탈리아

이탈리아에서도 많은 기업이 지배·종속회사를 형성하여 운영되고 있음에도 법이 이를 반영하지 못하고 있다는 인식하에, 2003년 이탈리아 회사법의 대개정이 이루어지게 되었다. 이탈리아의 회사법은 민법(CODICE CIVILE) 제5편 제5장에 규정되어 있는데, 지배·종속회사에 대한 회사법상의 규율도 그해 개정으로 민법 제5편 제5장 제9절 "회사의 지시와 조정(Capo IX Direzione e coordinamento di societa')"으로 도입되었다. 따라서 기업 그룹에 관한 규제가 2004년 1월 1일에 발효한 이탈리아 개정 민법으로 이루어지게 된 것이다.

(나) 일본

일본에는 한때 회사법에 지배·종속회사에 관한 규율이 거의 존재하지 않았으나, 회사법이 제정되기 이전인 구 상법 시절부터 기업 운영의

78) Conac(2016), p. 301.

현실을 반영한 입법이 필요하다는 목소리가 꾸준히 있었고,[79] 2014년 이를 반영한 입법이 드디어 이루어졌다. 이에 따라 다중대표소송, 구주주에 의한 책임 추궁의 소, 지배회사 이사의 기업집단 내부통제시스템구축·운용의무 등이 기존 회사법에 특칙의 형식으로 들어가게 되었다.[80]

3. 판례법에 의한 규율

판례법에 의한 규율은 지배·종속회사의 기본적 특성인 법인격의 독립성과 경제적 일체성을 모두 고려하면서도 느슨한 연합체의 모습을 취하거나 혹은 중앙집권적 단일체의 모습을 취하거나 또는 그 중간의 어느 형태의 모습을 취하건 간에 각각의 사안마다 지배회사의 종속회사에 대한 지배의 정도를 파악하고 그에 따라 종속회사에 발생한 손해에 대해 책임을 부담시키는 접근 방식이다. 즉, 종속회사에 발생한 손해의 원인이 지배회사의 지배권 행사로 인한 것인지 아니면 종속회사의 이사회나 경영진 자체의 의사결정으로 인한 것인지는 사안마다 다를 수밖에 없으므로 지배회사의 책임은 사후에 법원의 판단을 통해 결정되어야 하고, 이때 지배회사의 지배 정도가 책임 판단의 기준으로 작용한다는 것이다. 따라서 판례법의 형성과 발전이 중요하게 된다.

이러한 접근 방식은 그룹의 실체를 인정하여 지배회사가 그룹이익을 위해 종속회사에 불이익한 지시를 하는 것도 가능하게 한다.[81] 그 대표적인 예가 프랑스의 Rozenblum 판결이다. 어떠한 조건을 충족할 경우에 개별회사의 손익을 넘어선 정당한 그룹이익이 인정되고 종속회사에 손해가 발생하더라도 지배회사 지시의 적법성이 인정되어 책임을 면하게 되는지는 사안마다 다르다. 즉, 불이익한 그룹이익 추구행위가 정당화될

---

79) 예를 들어, 江頭憲治郎(1995), 宮島司(1989) 참조.
80) 상세는 제3장, 제4장 참조.
81) 이에 관한 자세한 내용은 제5장 참조.

수 있는 기준은 개별 사안마다 다르고, 이는 판례법의 형성을 통해 일응의 기준이 제시될 수 있다. 이 방식은 사전에 포괄적인 규정을 마련해 놓는 것이 아니고 사후(ex post)에 법원의 판단을 받게 되었을 때의 면책기준으로 작용한다는 데 특징이 있다(standard based approach).[82)]

4. 별도의 규율이 없는 경우

지배·종속회사에 특유한 입법이 존재하지 않고, 개별 기업에 적용되는 일반 회사법 원칙을 상황에 따라 지배·종속회사에 관한 규율에 있어서도 적용하는 방식이다.[83)] 앞 절에서 미국[84)]에 관해서는 언급한바 있고, 같은 영미법계 국가인 영국,[85)] 호주[86)] 등도 견지하고 있는 입장이다.

III. EU의 지배·종속회사에 관한 논의[87)]

지배·종속회사에 관한 전반적인 논의의 방향, 지배·종속회사의 운영에 관한 회사법적 쟁점과 그 해결을 위한 노력을 이해하기 위해서는 유럽의 회사법 조화를 추진하는 과정에서 이루어진 지배·종속회사 법제에 관한 논의을 파악하는 것이 많은 도움이 된다. 지배·종속회사에 관한 입법방향, 즉 독일 주식법처럼 지배·종속회사에 관한 포괄적인 입법을 할 것인지, 아니면 쟁점별로 개별적인 접근을 할 것인지부터, 지배회사 혹

---

82) 천경훈(2015), 54면.

83) Hopt(2015), pp. 8-9.

84) Antunes(1994), pp. 237-238.

85) Hopt(2015), p. 9; Adams v Cape Industries plc [1991] 1 All ER 929.

86) Mescher/Bondfield(2013), p. 3; Briggs v James Hardie & Co Pty Ltd [1989] 7 ACLC 841; Australasian Annuities Pty Ltd (in liq) v Rowley Super Fund Pty Ltd [2015] VSCA 9.

87) 지배·종속회사뿐 아니라 더욱 다양한 기업집단을 전제로 한 논의이기는 하나, 지배·종속회사를 당연히 포함하는 논의이므로 여기서 소개한다.

은 지배·종속회사 전체의 이익과 자회사의 이익과의 균형을 어떻게 맞추어 나갈 것인지, 그리고 그 과정에서 지배·종속회사 소속회사의 소수주주 등 이해관계자의 이익은 어떻게 보호할 것인지 등에 관한 다양한 논의 전개를 엿볼 수 있다.

1. 제9지침안

초기에 유럽위원회는 독일 주식법을 모델로 하여 유럽 전체 차원의 지배·종속회사법제를 도입하려고 하였으나, 오랜 기간의 거듭된 논의에도 불구하고 회원국의 지지를 얻지 못하고 폐기되었다.[88]

2. 유럽 그룹법제 포럼 보고서

유럽 그룹법제 포럼 보고서는 유럽집행위원회 차원의 공식 보고서는 아니지만, 유럽의 지배·종속회사법 논의에서 새로운 방향을 제시한 최초의 문서이고, 이후 유럽 전체 차원의 또는 각 회원국 차원의 지배·종속회사법제 논의에서 핵심을 이루는 제안들이 망라되어 있다.[89] 그 주

88) 그 원인은 무엇보다 각 회원국 간의 경제법상의 전통과 철학이 당초 생각했던 것보다 크게 달랐던 데다 회원국의 증가로 회사법의 조화를 위한 작업이 장기화되고 어렵게 된 점을 들 수 있다.

89) 유럽 그룹법제 포럼(Forum Europaeum Corporate Group Law, Forum Europaeum Konzernrecht, Forum europaeum sur le droit des groupes de sociétés)은 1992년 Tyssen Foundation의 재정적 지원 아래 Peter Hommelhoff, Klaus J. Hopt, Marcus Lutter, Peter Doralt, Jean Nicolas Druey, Eddy Wymeersch 등 6명의 회사법 전문가들이 중심이 되어 구성한 연구그룹이다. 이들은 오랜 기간에 걸쳐 유럽 각국의 전문가들과 협의한 결과를 바탕으로 1998년에 그룹법제에 대한 새로운 발상의 제안을 담은 보고서를 발간하였다. 독일 회사법(특히 콘체른법)의 대가 외에, 오스트리아, 스위스 및 네덜란드의 연구자로 구성되었고, 그 성과인 보고서의 거의 모든 기안을 위 3명의 독일 연구자가 하는 등 독일색이 강한 단

요 내용은 다음과 같다.

첫째, 지배·종속회사법제를 하나의 특별 성문법규에 담으려는 독일법 모델이 받아들여지지 않았던 EU 제9지침 초안을 대신하여, 지배·종속회사법의 핵심 원리를 각 회원국의 특수한 사정에 맞게 일반 회사법에 부분적으로 수용하면서, 세법·금융법·경쟁법·노동법 등에도 이와 보조를 맞추어 지배·종속회사에 관한 특별 규정들을 도입하도록 하였다.90)

둘째, 지배·종속회사에 관한 공시(group publicity)의 중요성을 강조하였다.91)

셋째, 기존의 지배·종속회사법제에 관한 논의가 종속회사의 소수주주 및 채권자의 보호에 집중되었던 것과는 달리, 지배·종속회사 경영의 편익을 고려하는 것도 지배·종속회사법제의 주요 목적 중 하나로 명확히 제시하였다. 이는 이후 지배·종속회사법제 논의에서 빠질 수 없는 요소로 자리 잡게 된다.

이 보고서의 가장 핵심적인 부분인 "지배·종속회사 경영의 법적 인정"에서는 "실제 역내 시장에서 존재하는 지배·종속회사를 법적으로 승인할 것"과 "지배·종속회사가 더욱 확실한 법적 기초에 근거해서 경영될 수 있도록 할 것"이란 두 가지를 목적으로 하고, 프랑스의 Rozenblum 원칙을 채택하여 일정한 요건을 만족한 경우에는 종속회사의 이사가 지배·종속회사 전체의 이익을 추구하더라도 종속회사에 대한 의무 위반이 되지 않는다고 밝히고 있다.92)

넷째, 종속회사의 소수주주 보호 장치를 마련하였다. 먼저, 소수주주에게 지배·종속회사로 편입 시에 탈퇴권을 부여하였다.93) 아울러 소수

체 혹은 보고서인 것은 흥미롭다(Forum Europaeum (2000), p. 184).

90) Forum Europaeum(2000), p. 184.

91) 지배·종속회사 전체의 연결 재무정보는 물론 관계회사의 명단, 출자 관계, 거래 내용, 지배구조 등의 비재무 정보까지를 포함하는 광범위한 공시를 요구한다(Forum Europaeum(2000), pp. 191-194).

92) Forum Europaeum(2000), pp. 206-207.

주주에 대한 축출(sqeeze-out)제도를 마련하였다.[94]

또한 소수주주의 정보권을 강화하면서 사후 구제수단의 유효성을 제고하기 위한 수단으로서 기업집단 차원의 특별조사권(special investigation) 제도의 도입을 제안하였다.

다섯째, 종속회사의 채권자 보호와 관련해서는 영국이 1986년 도산법(Insolvency Act of 1986)에 도입한 wrongful trading 원리에 주목하였다.[95]

여섯째, 지배회사가 종속회사의 정관을 변경하는데 필요한 수준 이상의 지분을 보유한 경우에 지배회사의 주주총회 결의를 통한 일방적 '선언'(group declaration)으로 지배·종속회사를 형성할 수도 있도록 하는 방안을 제시하였다.[96]

3. 회사법 전문가 그룹 보고서

회사법 전문가 그룹 보고서는 기업집단에 관한 문제를 다룬 제5장(Chapter V. Groups and Pyramids)에서 포괄적인 지배·종속회사 관련법 제정을 위한 제안은 절대 시도되지 않을 것임을 분명히 하였다.[97] 지배·종속회사과 관련하여 다음 세 가지 이슈로만 논의 대상을 한정하여 검

---

93) Forum Europaeum(2000), pp. 217-225. 다른 회사의 지분을 일정 기준 이상 신규 취득하면 반드시 나머지 주주의 잔존주식 전부에 대해 공개매수를 제안하도록 의무화(mandatory offer)하였다.

94) Forum Europaeum(2000), pp. 225-232.

95) 부도가 현실화된 이후의 채권자 보호 장치는 실효성을 갖기 어려우며, 종속회사와 지배회사가 동시에 부실해지는 경우가 많은데 이때 종속회사에 과도한 채무 부담을 지움으로써 종속회사의 채권자에게 비용을 전가하는 지배회사의 기회주의적 행동의 가능성이 높아지기 때문에 부도에 근접한 시점(vicinity of insolvency)에서 지배회사의 행위를 통제하는 것이 현실적으로 가장 중요하기 때문이다(Forum Europaeum(2000), pp. 245-257).

96) Forum Europaeum(2000), pp. 232-234.

97) High Level Group(2002), p. 94.

토하였다.[98)]

첫째, 지배·종속회사의 구조 및 관계에 대한 투명성(transparency of group structure and relations)의 제고이다.[99)]

둘째, 지배·종속회사 전체의 이익과 종속회사의 이익 간의 충돌(tensions between the interests of the group and its parts)을 조정하는 문제를 다룬다.[100)] 지배·종속회사의 합법성을 인정하는 한 종속회사의 이사가 오직 당해 회사의 이익만을 추구해야 한다는 전통적 회사법의 원칙이 그대로 적용될 수 없음을 강조하면서, 지배·종속회사 형태의 경영 현실을 고려함과 동시에 지배·종속회사 전체의 정책 추구를 위하여 종속회사의 소수주주와 채권자의 이익이 침해되지 않도록 하는 조치가 함께 필요하다고 지적한다.[101)]

4. EU 회사법 미래에 관한 보고서

EU 회사법 미래에 관한 보고서의 제4장(Chapter 4. Groups of companies)은 지배·종속회사와 관련하여 크게 지배·종속회사 공통의 이익, 1인 주주 회사(single member company)에 대한 특례, 지배·종속회사의 투명성 제고라는 세 가지 이슈를 다루고 있다.[102)]

---

98) High Level Group(2002), p. 94.

99) 지배·종속회사의 문제를 원칙적으로 일반 회사법의 체계 내에서 다루기 위해서는 정보 공시의 범위 및 내용을 개선하는 것이 필수적인 전제조건이라는 것이다. 이에 따라 제7지침의 연결회계 등 재무정보의 질을 제고하는 것은 물론, 기업집단의 구조, 지배·종속회사 차원의 의사결정 시스템, 지시권한의 행사자 및 이행절차, 관계회사 간 내부거래의 내용 등과 같은 비재무정보에 대해서도 추가로 공시가 이루어져야 하며, 특히 이러한 비재무정보는 일반인들도 이해할 수 있도록 평이하게 서술되어야 한다는 것을 강조하였다(High Level Group(2002), pp. 95-96).

100) High Level Group(2002), pp. 96-98.

101) High Level Group(2002), pp. 96-98.

첫째, 지배·종속회사 공통의 이익을 인정한다. 지배·종속회사에 관한 EU 차원의 입법을 하는 목표는 "국제비즈니스 활동에서 지배·종속회사 경영의 유연성을 유지하고 증진하는" 것에 두어야 한다고 한다.[103] 제안의 구체적인 내용은 "그룹이익(interest of the group)"이라는 개념을 인정하는 방향으로 나아가야 하고, 이로써 지배회사에는 지배·종속회사 전체의 이익에 따라 그룹과 그 소속 회사들을 경영(관리)할 권리와 의무를 부여하고, 종속회사의 이사에게는 그룹이익을 고려하는 것을 허용하겠다는 것이다.[104]

둘째, 기업집단의 투명성을 확보하는 관점에서 지배·종속회사의 형성, 구조 및 기능·운영관리 등에 관한 투명성 확보 방안을 검토한다.[105]

셋째, 주주가 1인인 회사에 대해서는 거래비용 및 불필요한 절차를 줄일 필요가 있다고 한다. 즉, 주주총회·이사회·회계정보 공시 증의 의무를 면제하는 형태의 가이드라인을 EU 차원에서 제공할 필요가 있으며, 지배·종속회사를 구성하는 1인 회사에 대해서는 이해관계자 및 채권자의 이익을 보호하는 장치의 마련을 제안하였다.[106]

---

102) 2008년 글로벌 금융위기 이후 2005년부터 규제 체계의 개선이라는 명분 아래 진행된 회사법 규제 완화 기조에 대한 반성이 제기되면서 유럽위원회는 2010년 10월 각 회원국의 회사법 전문가로 구성된 Reflection Group을 설립하여 유럽 회사법의 현황 및 과제를 점검하게 하였다. Reflection Group은 2011.5.16-17일간 브뤼셀에서 개최된 컨퍼런스에서 "EU 회사법 미래에 관한 보고서"를 발표하였는데, 그 기본적인 내용은 이전의 2002년 보고서, 2003년 실행계획과 크게 다르지 않다.

103) Reflection Group(2011), p. 59.

104) Reflection Group(2011), p. 60.

105) Reflection Group(2011), pp. 68-75

106) Reflection Group(2011), p. 70.

5. 이후의 움직임

Reflection Group이 제시한 그룹이익 인정에 관한 제안은 2012년 12월 12일 유럽위원회의 "Action Plan: European company law and corporate governance-a modern legal framework for more engaged shareholders and sustainable companie"(이하 "2012년 실천계획")에도 포함되어, 유럽위원회가 2014년도에 그룹이익 개념의 인정에 대한 제안을 선언하기에 이르렀다.[107] 그룹이익 인정에 관해서는 그 이후에도 2015년 Forum Europaeum on Company Groups의 지침(directive)을 통한 유럽 차원의 그룹이익 인정,[108] 2015년 Le Club des Juristes의 권고안(recommendation)을 통한 유럽 차원의 그룹이익 인정[109] 등의 제안이 이어지고 있다.[110]

IV. 검토

각국의 지배·종속회사에 관한 입법 방식을 살펴보면, 기업집단의 특성인 법인격의 독립성과 경제적 일체성을 고려하면서, 지배 내지 권한과 책임의 일치를 시도하려는 노력을 엿볼 수 있다. 기본적으로는 각 회사는 개별 법인격을 가진 독립체라는 인식에서 시작하여 각 나라의 문화와 특성 등을 고려함과 동시에 경제적 실질을 어떻게 얼마만큼 반영할 것인지에 따라 다양한 선택지가 주어질 수 있음을 알 수 있다.

또한 EU의 지배·종속회사법제에 관한 논의의 흐름을 살펴보면 몇 가지 특징적인 점을 다음과 같이 요약할 수 있다.

---

107) Action Plan(2012), p. 13.

108) Forum Europaeum(2015).

109) Club des Juristes(2015).

110) 1998년 보고서 이후 Rozenblum 원칙의 적용에 기반을 둔 그룹이익 인정의 기조가 계속되고 있음을 알 수 있다. Conac(2013), p. 304.

첫째, 지배·종속회사법제의 도입과 관련해서는 독일의 콘체른법을 모델로 한 초기의 포괄적 입법방식을 포기하고, 관련 쟁점을 중심으로 부분적 입법을 시도하거나 판례법을 통한 해결을 시도하고 있다는 점을 알 수 있다.

둘째, 그룹이익의 개념을 적극적으로 인정하는 것이 지배·종속회사 법제 논의의 핵심 사안 중 하나로 등장하였다. EU에서 초기의 논의가 종속회사 소수주주 보호에 초점을 두고 지배회사나 종속회사 이사의 책임을 강화하는 것에 치중하고 있었다면, 2000년대에 들어와서는 그룹이익을 위한 지배회사의 지시에 따른 종속회사 이사 또는 그러한 지시를 한 지배회사 이사의 면책이라는 관점을 중시하는 것으로 발상의 전환이 이루어지고 있다.

셋째, 그룹이익 개념을 인정하면서도 소수주주 보호라는 중요한 법익은 잊지 않는다는 점이다.

제3장

지배회사 이사의
관리감독의무와 권한

제1절 서

지배·종속관계에 있는 회사들을 운영할 때에 개별 회사를 운영할 때와는 다른 특유의 쟁점들이 발생하는지, 그리고 그 쟁점이 무엇인지에 관하여 주주 보호의 관점에서 살펴본다. 지배·종속회사 관계에서 문제가 될 수 있는 상황은 종속회사 이사가 종속회사에 손해를 초래하는 행위를 하였을 때 발생하는데, 이때에도 그 행위가 지배회사나 그룹의 이익을 추구하는 과정에서 이루어졌는지 아니면 이와는 무관하게 이루어졌는지에 따라 논의의 대상이 달라진다.

제3장과 제4장에서는 예컨대, 종속회사 이사가 분식회계 등 위법행위를 범하였다거나 종속회사의 유망한 영업의 일부를 양도하려고 하는 경우와 같이, 종속회사 이사의 종속회사 가치 감소 행위가 지배회사 또는 그룹 전체의 이익을 추구하기 위해 행해진 것이 아닌 경우를 다룬다. 지배회사와 종속회사 각각의 단계에서 주주를 보호할 필요가 있는지를 살펴보고, 기존의 개별 회사를 전제로 한 제도와 법리만으로 해결이 가능하다면 여기서 별도로 논의할 의미가 없지만, 그것이 가능하지 않다면 지배·종속관계를 전제로 한 새로운 제도나 법리의 구성을 통해 주주 보호 수단을 강구하여야 한다.[1)]

먼저 종속회사 단계를 살펴보면, 종속회사에 손해가 발생하였으므로 당연히 종속회사 주주를 보호할 필요성이 생긴다(제1장 서론의 [표 1] ⓒ 부분). 그러나 이때에는 종속회사 이사의 자기가 속한 회사에 대한 책임이 문제가 되므로 일반 회사법상 이사의 의무와 책임의 문제로 해결하면 된다.

---

1) 본 장과 관련하여서는 저자의 박사 논문을 심화·발전시킨 김신영(2018a), 169-205면을 참조하기 바란다.

그러나 여기서 좀 더 비중을 두어 살펴볼 것은 지배회사 단계에서의 지배회사 주주 보호의 필요성과 그 보호 수단에 관한 것이다(제1장 서론의 [표 1] ⓐ 부분). 종속회사 단계에서 발생하는 가치감소 행위의 결과가 법인격을 달리하는 지배회사 단계에 미치게 되는 경우에는 기존의 개별회사를 전제로 한 제도와 법리만으로 지배회사 주주 보호 문제의 해결이 어렵기 때문이다.

Ⅰ. 지배회사 주주 보호의 필요성

회사가 유망한 사업에 진출하려는 경우, 회사 내 새로운 부서를 만드는 방법도 있겠지만, 제2장 제1절에서와 같은 다양한 동기로 종속회사를 설립하여 이를 영위하기도 한다. 이 경우 지배회사의 주주는 지배회사를 통하여 간접적으로 종속회사에 투자하고 있는 셈이고, 지배회사의 실질적인 사업 활동이 종속회사를 통해 이루어지므로, 지배회사 주주는 종속회사의 사업 활동으로부터 발생하는 수익을 재원으로 하여 배당을 받는다. 이는 종속회사의 현금흐름에 대한 실질적인 권리를 지배회사 주주가 가진다는 것을 의미한다.

한편 종속회사가 수익이 유망한 자사의 영업 일부를 타사에 양도하려 하거나 종속회사 이사의 부실경영 등으로 종속회사의 가치가 감소하면 그것은 지배회사의 가치 감소로 이어지게 된다. 종속회사의 행위로 인하여 지배회사의 장래 수익력의 현저한 악화가 우려되거나 지배회사에 손해가 발생하게 되면 지배회사 주주의 회사로부터 경제적 이익을 받을 권리가 침해되는 것이므로, 종속회사 가치 감소 방지나 회복 등을 통해 지배회사 주주를 보호할 필요가 있다.

II. 지배회사 주주 보호의 방안

1. 지배회사 이사에게 지배회사의 권리 행사 의무 부여

종속회사 단계에서 이루어지는 행위의 결과로부터 지배회사 주주를 보호할 방안은 지배회사 단계에서 종속회사의 관리와 운영에 대하여 관여하는 구조를 만드는 것이다. 이를 위해 가장 먼저 지배회사가 대표소송권과 같은 종속회사 주주로서의 권리를 종속회사에 대하여 행사함으로써 종속회사 가치 감소 방지나 회복 등을 꾀하는 것을 생각해 볼 수 있다.

그런데 지배회사의 권리를 실제로 행사하는 주체는 지배회사의 이사이다. 그러므로 지배회사 이사로 하여금 종속회사 가치 감소 방지나 회복을 위해 지배회사의 권리를 행사할 의무를 부담하도록 하여 지배회사 이사의 업무의 적정성을 확보하는 방법으로 지배회사 주주 보호의 목적을 달성하여야 한다. 즉, 지배회사 이사에게 지배회사에 대한 관계에서 법인격이 다른 종속회사에 관여할 의무를 부여하고, 이를 위반한 경우 의무 위반 책임을 부담시키는 것이다.

2. 지배회사 이사가 행사할 수 있는 지배회사의 권리

지배회사 이사가 행사할 수 있는 권한은 지배회사가 보유하는 종속회사 주주로서의 권리로부터 나오는 것이므로, 먼저 지배회사의 권리가 무엇인지를 명확히 확인할 필요가 있다.

(가) 일반 주주로서의 지위

(1) 자익권

출자자로서 주주는 회사에 대하여 다양한 권리를 가진다. 주주의 권리는 권리행사의 목적에 따라 자익권과 공익권으로 나뉜다. 자익권이란 주주가 회사로부터 직접 경제적 이익을 받을 권리를 말하는데, 이익배당청구권(상법 제462조)이 대표적이다. 신주인수권(동법 제418조), 회사의 양도 승인 거부나 합병과 같은 중요한 조직변경에서 인정되는 주식매수청구권(동법 제335조의2, 제374조의2) 등이 있다.[2] 자익권의 행사효과는 그 권리를 행사한 주주에게만 귀속한다.[3]

(2) 공익권

공익권은 자익권을 확보하기 위한 권리로서 주로 회사의 경영에 참여하거나 이를 감독하는 권리를 말한다.[4] 경영참여는 주주총회를 통하여 이루어지므로 주주총회에서의 의결권(동법 제369조)을 중심으로 주주제안권(동법 제363조의2, 제542조의6 제2항), 집중투표청구권(동법 제382조의2, 제542조의7) 등이 있다.

경영의 감독을 위한 권리로는 대표소송 제기권(동법 제403조, 제542조의6 제6항) 등 각종 소의 제기권, 이사·감사의 해임청구권(동법 제385조 2항, 제415조, 제542조의6 제3항), 해산판결청구권(동법 제520조), 회계장부열람청구권(동법 제466조, 제542조의6 제4항), 위법행위유지청구권(동법 제402조, 제542조의6 제5항) 등이 있다. 공익권의 행사효과는 회사와 주주 전체에 귀속한다.[5]

여기서 문제가 되는 것은 종속회사에 가치 감소를 유발하는 행위에 대하여 지배회사 이사가 지배회사의 종속회사에 대한 경영 참여 또는 감독권을 대신 행사할 수 있는지에 관한 것이므로 공익권만이 그 대상이 된다.[6]

---

2) 김건식 외(2023), 262면; 송옥렬(2023), 819면.
3) 이철송(2023), 314면.
4) 김건식 외(2023), 262면; 송옥렬(2023), 819면.
5) 이철송(2023), 314면.
6) 그렇다고 지배회사 이사에게 지배회사가 종속회사에 대해 가지는 자익권을 행

(나) 지배주주로서의 지위

지배회사는 지배주주로서 회사지배력을 가진다. 회사지배력이란 회사에 대하여 최종적 의사결정을 내릴 수 있는 힘 또는 최고의 영향력을 행사할 수 있는 사실상의 지위를 의미한다.[7] 이러한 힘은 회사의 이사를 선임할 수 있는 인사권을 배경으로 하여[8] 회사의 경영에 결정적 영향을 미치는 사실상의 지배력이다.[9]

지배·종속관계에서는 이러한 지배력을 근거로 해 지배회사는 종속회사 이사의 행위로 인해 손해가 발생하기 전이라도 미리 개입하여 종속회사 이사의 업무집행을 저지하는 등 적절한 시정조치 내지는 관리감독을 하는 것도 가능하게 된다.

3. 논의의 방향

지배회사 이사는 종속회사에 대하여 지배회사가 일반 주주로서 가지는 공익권을 행사할 의무를 지배회사에 대한 관계에서 부담한다. 이는 지배회사가 보유한 재산의 선량한 관리자로서의 의무에 기인한다.

그런데 지배회사가 지배주주로서 가지는 종속회사에 대한 사실상의 지배력에 대해서도 지배회사 이사가 행사할 의무를 부담하는지가 문제

사할 의무가 없다는 의미가 아니다. 당연히 지배회사 이사의 선관주의의무의 내용으로서 자익권을 행사할 의무가 포함된다. 다만 여기서의 논의의 대상으로 하지 않는다.

7) 이러한 힘이 지배주주에게 속하는 이유는 지배주주가 다른 소액주주들에 비하여 보다 많은 투자를 행한 위험부담에 대한 대가를 부여함으로써 기업가 정신을 고무하고 주식회사에 대한 투자를 활성화하고자 하는 입법정책에 기한 것이다(송호신(2008), 260면).

8) 인사권을 직접 행사하는 것이 아니라 회사의 이사가 지배주주의 의사에 따르지 않을 경우에는 해임될 수 있는 가능성 때문에 사실상 따르게 될 수밖에 없게 되는 상황을 의미한다.

9) 송호신(2008), 260면.

된다. 사실상의 영향력 행사에 불과한 관리감독 내지 시정조치를, 그것도 법인격이 다른 종속회사에 대하여 행사할 의무를 지배회사 이사에게 부과할 수 있는 것인지에 관해서는 논의가 필요하다.[10]

개별 회사에서 지배적 영향력을 행사할 수 있을 정도로 출자를 하고 있는 개인은 회사에 대하여 일반주주로서 가지는 권리는 물론 지배주주로서 사실상 지위를 이용하여 경영을 관리하거나 감독할 수도 있는 반면, 단순히 배당을 받는 것에 만족하는 소극적인 태도를 취할 수도 있다. 즉, 주주는 회사를 관리감독할 특별한 의무를 부담하지 않는다.[11] 이는 지배·종속회사 관계에도 마찬가지이다. 지배회사는 종속회사의 주주에 불과하고, 지배회사가 종속회사의 업무집행을 감시할 의무는 없다.[12] 설사 지배회사가 종속회사의 업무집행지시자로서 종속회사에 대하여 어떠한 의무 또는 책임을 부담하게 되더라도 그것은 종속회사 및 종속회사 주주와의 관계에 관한 것일 뿐이다.[13]

그런데 이처럼 지배회사는 자신의 권리와 지위를 이용하여야 하거나 종속회사를 관리감독하여야할 의무를 부담하지 않는 반면에, 지배회사 이사는 지배회사와의 관계에서 종속회사를 관리감독할 의무를 부담한다는 것인데,[14] 그 근거를 살펴보아야 한다.

본 장에서는 종속회사 단계에서 발생하는 가치 감소 행위로부터 지배회사 주주를 보호하기 위한 방안으로서, 지배회사 이사에게 종속회사 관리감독의무가 있는지, 있다면 그 근거와 내용은 무엇인지 확인한다.

---

10) 회사가 가진 권리를 이사가 회사를 위해 행사하는 것은 이사의 선관주의의무의 내용으로서 당연한 것이나, 그럼에도 불구하고 지배회사 이사에게 관리감독의무가 있는지를 논하는 이유는, 법인격이 다른 종속회사에 대한 경영 간섭을 근거 지운다는 데에 의의가 있기 때문이다.

11) 노혁준(2005), 32면.

12) 齊藤眞紀(2015), 20면; 노혁준(2005), 32면.

13) 齊藤眞紀(2015), 20면.

14) 齊藤眞紀(2015), 20면; 노혁준(2005), 32면.

그리고 지배회사 이사가 관리감독의무 이행을 위해 종속회사에 대하여 행사할 수 있는 권한이 무엇인지도 함께 검토한다.

제2절 지배회사 이사의 관리감독의무

Ⅰ. 개관

지배회사 이사가 종속회사 이사의 부정행위를 발각했다고 하자. 지배회사 이사로서는 즉시 종속회사 이사에 대하여 적극적으로 개입하여 시정조치를 행할 의무가 있는지가 문제 된다.

하급심 판례 중 지배회사 주주가 이러한 주장을 제기한 사례가 있다.[15] A회사는 B회사의 발행주식총수의 약 99.75%를 소유하고 있고, 甲은 지배회사인 A회사의 주주이다. B회사는 제3자로부터 매입한 무보증사채를 시세(750억원)보다 턱없이 모자란 200억원에 환매(이하 "이 사건 환매행위")하였다. 이에 甲은 A회사의 이사 乙에 대하여 마땅히 지배회사의 이사로서 종속회사 이사 丁의 이 사건 환매행위를 저지하였어야 함에도 B회사에 대한 감독의무를 불이행함으로써 그 임무를 해태하여 결과적으로 A회사에 엄청난 손해를 입게 하였고, 乙이 丁의 업무집행을 저지하지 못하였다면 사후에라도 丁을 상대로 손해배상청구를 하였어야 함에도 아무런 조치를 취하지 아니하였으므로, 乙은 丁과 연대하여 손해를 배상할 책임이 있다고 주장하였다.

이에 법원은 A회사와 B회사가 별개의 법인격을 가지고 있는 이상 지배회사 이사인 乙이 종속회사 이사인 丁의 업무집행에 관하여 이를 감독할 의무가 있다고 볼 수 없다고 판시하였다.[16] 법원은 법인격 독립의 원칙을 들어 지배회사 이사의 의무가 종속회사 이사의 업무집행을 감독할 의무로까지 확대되는 것을 인정하지 않음을 알 수 있다.

그러나 지배·종속관계라는 특수한 사정으로 인하여, 종속회사 관리

15) 서울남부지방법원 2003. 9. 19. 선고 2003가합1749 판결.
16) 서울남부지방법원 2003. 9. 19. 선고 2003가합1749 판결.

를 잘못할 경우 지배회사에 다양한 손실이 발생하고 나아가 이것이 지배회사 주주의 손실로 이어질 가능성이 있으므로, 지배회사 주주 보호의 관점에서 지배회사 이사가 종속회사 이사의 업무집행에 개입을 해야 하는 상황이 발생하기도 한다. 그리고 지배회사 이사가 그러한 개입의무를 제대로 이행하지 않을 경우 지배회사 또는 지배회사 주주는 지배회사 이사에 대하여 책임을 물을 수 있어야 한다.

지배회사 이사는 자신이 속한 회사에 대한 선관주의의무·충실의무의 하나로 종속회사에 대한 관리감독의무를 부담하는지, 그렇다면 그 근거를 어디서 찾을 수 있는지를 독일과 일본의 논의를 통해 살펴보고, 한국에서도 지배회사 이사에게 종속회사 관리감독의무를 부담시킬 수 있는 근거를 탐색해 본다.

II. 비교법적 고찰

1. 미국

미국에서 지배회사 이사가 종속회사를 관리할 의무와 권리를 가짐으로써 지배회사 및 지배회사 주주를 보호한다는 논의는 찾기 힘들다. 추측건대, 그 이유는 미국에서 지배·종속관계는 주로 종속회사 주주의 이익보호의 관점에서 지배주주의 신인의무의 문제로 다루어졌기 때문에,[17] 주로 지배회사의 종속회사에 대한 지배력 행사에 주목하였고, 지배회사의 이사는 지배회사를 위하여 종속회사에 개입할 수 있는지 또는 지배회사 이사의 관리의무가 미치는 범위는 어디까지인지 등의 논의는 정면으로 다루어지지 않은 것으로 보인다.[18] 또한 다중대표소송이 인정되어[19] 지배회사 주주가 종속회사의 이사에 대하여 직접 책임추궁을 하

17) 제5장 제2절 참조.
18) 송옥렬/최문희(2012), 76-77면.

는 방식을 통한 보호를 꾀할 수 있으므로, 지배회사 이사를 통한 지배회사 및 지배회사 주주 보호방식에 대한 논의의 필요성은 상대적으로 적었을 가능성도 있다.

지배회사 이사의 지배회사에 대한 의무가 직접적인 쟁점은 아니었지만,[20] 지배회사의 이사가 지배회사의 재산으로서의 종속회사 주식의 관리에 관한 의무를 부담함으로써 지배회사 및 지배회사 주주를 보호한다는 취지의 판시를 한 오래된 판례가 존재한다. 1915년 뉴욕주의 General Rubber Co. v. Benedict 판결[21]이다.

P회사(General Rubber Co.)의 종속회사(발행주식총수 3,000주 중 2,982주를 P회사가 보유)인 S회사(General Rubber Co. of Brazil)의 대표이사 B는 P회사의 이사인 피고 A(Benedict)가 25% 이상을 출자하고 있는 소외 Q회사에게 S회사의 자금을 위법하게 대여하여 주었으나, Q회사의 지급불능으로 S회사는 18만 5,000달러의 손실을 보게 되었다. A는 이러한 사실을 알고 있었으면서도 P회사의 이사회에 보고하지 않고 이를 묵인하였다. P회사는 A가 보고를 하였다면 B로 하여금 대출 실행을 하지 못하게 하였을 것이고, S회사가 입은 손실도 피할 수 있었을 것이라는 이유로, A에 대하여 손해배상을 청구한 사건이다.

이 사안의 판결은 법원이 지배회사 이사는 지배회사의 재산으로서의 종속회사 주식을 "평균인이 자신의 소유물에 대해 기울이는 정도와 동일한 주의"를 가지고 관리하고 보전해야 한다"고 판시함으로써 지배회사 이사의 출자관리의무를 밝히고 있다는데 그 의의가 있다.[22] 그러나 이후 이 판결이 특별한 주목을 받지는 못하였다.[23]

---

19) 제4장 제3절 참조.

20) 주주가 자신이 보유한 주식의 가치를 감소시킨 원인을 제공한 자(이사)에 대하여 직접 회복을 청구할 수 있는지에 대한 것이 주요 쟁점인 사안이다.

21) General Rubber Co. v. Benedict, 215 N.Y. 18(1915).

22) General Rubber Co. v. Benedict, 215 N.Y. 18, 21-23(1915).

23) 이 법리를 부정하였다기보다는 당연한 것으로 받아들였기 때문이다(송옥렬/최

2. 독일

독일은 주식법에 기업집단에 관한 규율을 하고 있지만, 지배회사의 이사가 종속회사 관리감독의무를 부담하는지에 관한 명문 규정을 두고 있지는 않다. 이에 관한 이론적 논의는 1982년 Hommelhoff의 "콘체른관리의무(Konzernleitungspflicht)" 개념을 시작으로 전개되었다.[24)]

Hommelhoff는 지배회사의 이사에게는 지배회사가 종속회사에 출자한 재산에 대한 지배적 영향력을 기업가적으로(unternehmerische) 행사해야 할 의무가 존재하고, 이 의무를 인정한 결과 지배회사 이사에게는 콘체른을 지휘할 의무가 발생한다고 하였다.[25)]

그 논리적 근거는 다음과 같다. 지배회사의 업무집행기관인 지배회사의 이사는 자신이 이용할 수 있는 권한이나 자원을 모두 투하하여 기업가적으로 회사의 목적을 추구하고 실현해야 하는데, 여기서 투하되어야 하는 자원 중에는 종속회사에 대한 영향력도 포함된다.[26)] 따라서 지배회사의 이사는 종속회사에 대한 지배적 영향력을 적절하게 행사하여 지배회사의 이익을 추구할 의무를 부담한다.[27)] 이는 독일 주식법 제76조 제1항 및 제93조 제1항에 따른 자기책임 하에 회사를 정상적이고 성실하게 지휘하여야 할 이사의 의무로부터 발생하고, 이러한 의무로부터 지배회사 이사는 기업가적 판단에 따라 법의 범위 내에서 두 회사의 활동을 통합하여 통일적 관리(einheitliche Leitung)[28)]하에 두어야 하는 포괄

문희(2012), 77면).

24) 본 절에서의 독일의 논의는 船津浩司(2010), 125-128면의 내용을 참조하여, 관련 독일 문헌들을 직접 찾아서 번역하였다.

25) Hommelhoff(1982), S. 54; 船津浩司(2010), 126면; 콘체른관리의무에 관한 국내문헌으로는 노일석(1992), 120-142면 참조.

26) Hommelhoff(1982), S. 54; 船津浩司(2010), 127면.

27) Hommelhoff(1982), S. 54: 船津浩司(2010), 127면.

28) 독일 주식법 제18조는 통일적 관리에 관한 정의를 하고 있지 않다. 지배회사가 콘체른 경영을 위해 회사의 영업정책과 영업활동의 근본문제를 결정하는 경

적인(umfassend) 콘체른관리의무까지 부담하게 된다.[29] 이때 Hommelhoff가 말하는 포괄적인 콘체른지휘의무라는 것은 종속회사를 지배회사의 영업부문과 동일한 정도로 중앙집권적으로 지휘하는 것을 의미한다.[30]

그 후의 많은 학자들도 지배회사의 이사는 지배회사의 업무집행자로서 종속회사에 대한 지분 참여로부터 발생하는 영향력을 정상적이고 성실하게 행사할 의무를 이행하여 회사의 이익, 특히 회사의 수익성을 보전하여야 한다고 하면서, 지배회사 이사의 "출자재산의 기업가적 활용의무"를 인정하고 있다.[31] 다만, 종속회사를 단순한 자산투자의 대상으로만 여기지 않는 이상 필요한 경우에 통일적인 관리하에 통합할 것은 요청되지만, 그렇다고 하여 모든 지휘기능을 통합하여 중앙집권적으로 콘체른을 지휘하여야 하거나 지시권을 상시로 행사하여야 하는 것은 아니고, 지배회사의 이사가 콘체른 전체를 얼마나 집중적 또는 집약적으로 지휘할 것인지는 지배회사 이사의 재량에 맡겨져 있다고 하면서 Hommelhoff가 주장하는 정도의 강력한 콘체른지휘의무를 부정하고 있다.[32]

우, 통일적 관리가 있다고 본다(Emmerich(2019), § 18 Rn. 12). 지배회사가 종속회사의 인사정책에 사실상 영향력을 행사하는 경우도 통일적 관리가 있다고 한다(Emmerich(2019), § 18 Rn. 14). "통일적 관리"는 제17조의 "지배적 영향력"(beherrschenden Einfluβ)과 다르지 않다고 보는데, 지배적 영향력도 정의되어 있지 않다. 판례에 의하면, 종속회사 이사가 지배회사의 의사에 따르지 않고 경영하는 경우에 지배회사가 종속회사 이사에 대하여 지시에 따르라고 위협할 수 있고 그 결과 종속회사가 지배회사의 영향력에서 벗어날 수 없는 경우에는 지배적 영향력이 있다고 한다(송옥렬/최문희(2013), 16면). 콘체른법의 핵심개념인 지배·종속관계(Abhängigkeit)는 지배회사가 종속회사에 대해 직접 또는 간접적으로 지배적 영향력을 행사할 수 있는 경우에 인정되는데, 과반수 지분 보유관계가 존재하면 지배·종속관계가 성립되는 것으로 추정된다(제17조 제2항)(송옥렬/최문희(2013), 15-16면).

29) Hommelhoff(1982), S. 54, 76-77.

30) Hommelhoff(1982), S. 54, 76-78.

31) Spindler(2023), § 76 Rn. 42; Semler(2004), S. 655; Habersack(2019), § 311 Rn. 11.

32) Spindler(2023), § 76 Rn. 42; Semler(2004), S. 655; Habersack(2019), § 311 Rn. 11.

주의할 것은 중앙집권적으로 콘체른을 지휘하지 않는다고 하여 지배회사 이사에게 지배회사에 대한 관계에서 종속회사에 대한 어떠한 관여도 인정하지 않는다는 것을 의미하는 것이 아니라는 점이다.[33] 지배회사 이사의 출자재산의 기업가적 활용의무를 인정하고 있는 이상, 그 의무의 내용으로서 법상 영향력이 행사 가능한 범위[34]에서 콘체른 전체 전략·콘체른 기관과 구조·재정계획 등을 설정하고, 신뢰할만한 유능한 종속회사 경영진을 선임하거나 자회사의 업무집행 및 계획에 대하여 비판적으로 감시 내지 관여할 것 등이 요청되고 있다.[35]

요컨대, 독일은, 종속회사에 대한 지휘의 강도에 대한 견해의 다툼은 존재하지만, 출자재산을 활용하여 지배회사의 가치 증대 혹은 가치 감소 방지를 위해 노력할 의무인 "출자재산의 기업가적 활용의무" 내지 "지배력 행사의무"를 근거로 하여 지배회사 이사의 종속회사 관리감독의무를 인정하고 있다.

3. 일본

(가) 학설

지배회사 이사의 종속회사 관리감독의무를 부정하는 입장과 긍정하는 입장이 대립하고 있다.

(1) 부정설

종래에 일본에서는 지주회사 이사가 자회사 관리감독의무를 부담하는

33) Spindler(2023), § 76 Rn. 45.

34) 계약상 콘체른에서는 제308조의 법상의 지휘권한의 범위, 계약상 콘체른에서는 제311조에 따른 영향력 행사의 한계를 의미한다(Spindler(2023), § 76 Rn. 46).

35) Spindler(2023), § 76 Rn. 42; Gotz(1998), S. 535ff.; Lobbe(2003), S. 78 ff.; Habersack (2019), § 311 Rn. 11.

지에 대해서 부정적인 시각이 많았다. 그 이유로는 다음과 같은 점을 든다.

첫째, 지배·종속회사 관계라 하더라도 각각의 회사는 다른 법인격을 가지고 있고, 지배회사 이사와 종속회사 이사도 각각 독립적인 업무권한을 가지고 있으므로, 지배회사 이사는 종속회사의 경영에 관해서 아무런 의무를 부담하지 않는다는 점이다.[36)]

둘째, 지배회사는 종속회사의 주주에 불과할 뿐 지배회사의 종속회사에 대한 사실상 영향력은 법률상 인정되는 권리가 아니므로, 사실상 지배력의 불행사에 대한 책임을 법적으로 묻는 것은 곤란하다고 주장한다.[37)]

셋째, 지배회사는 종속회사의 주주의 지위에 있고 회사법의 일반원칙상 주주가 자신의 주주권을 행사할지 여부는 주주의 자유이다. 이 일반원칙에서 보면 지배회사가 이사가 종속회사에 대해서 주주권을 행사할지 여부도 지배회사 이사의 선택에 맡겨야 한다는 것이다. 따라서 지배회사의 이사가 지배회사가 가지는 종속회사 지배권을 행사하지 않는다고 하여 지배회사에 대한 책임이 발생하는 것은 아니라고 한다.[38)]

(2) 긍정설

최근의 경향은 지배회사 이사의 종속회사 관리감독의무를 인정하는 방향으로 기울고 있다. 그 근거로는 다음과 같은 점을 든다.

첫째, 지배회사 이사는 지배회사의 업무집행자로서, 종속회사의 관리감독을 위해 종속회사에 대하여 지배회사의 주주권(지배권)을 행사하는 것은 지배회사 이사의 당연한 임무에 해당한다고 한다. 따라서 지배회사 이사가 그 주주권을 행사하지 않아 지배회사에 손해가 발생한 경우, 지배회사 이사는 지배회사에 대하여 임무해태 책임을 부담하여야 한다는 것이다.[39)]

---

36) 志谷匡史(2002), 126면; 柴田和史(1997), 70면.
37) 江頭憲治郎(1995), 197면 이하; 柴田和史(1997), 3면.
38) 志谷匡史(2002), 126면.
39) 前田重行(2012), 127면; 山下友信(2006), 31면; 河合正二(2012), 26면.

둘째, 지배회사 이사는 기업집단의 내부통제시스템 정비에 관한 의무를 부담하며, 내부통제시스템 구축의 미비로 종속회사에 부정·비리 등의 문제가 발생하면 지배회사 이사의 책임이 발생하므로, 지배회사 이사에게 종속회사 관리감독의무가 있다는 입장이다.[40)]

셋째, 지배·종속회사는 연결재무제표를 작성하여야 하는 등 연결경영이 중시되고 있는 상황에서 종속회사에 문제가 생기면 그룹 전체의 신용 실추 내지는 기업 가치의 손실을 초래할 수 있으므로 지배회사 이사는 종속회사 관리감독의무를 부담한다고 한다.[41)]

넷째, 가장 유력하게 주장되는 근거는 지배회사에는 종속회사의 주식도 자산인바, 그 자산을 다양한 형태로 활용하여 지배회사의 이익 증대를 도모하는 것은 기계설비·부동산 그 외 자신이 보유하는 다른 자산을 활용하는 것만큼 중요하다는 것이다. 그러므로 지배회사가 보유한 자산인 종속회사 주식을 활용함으로써 그 가치를 높이거나 감가를 막는 출자관리의무도 지배회사 이사의 의무로서 인정되어야 한다고 한다. 즉, 지배회사의 경제적 가치라는 관점에 착안하여 지배회사는 종속회사에 대해서 관리감독의무를 부담하고 있다는 것이다.[42)]

(나) 판례

(1) 노무라증권(野村證券) 주주대표소송 판결

2001년 동경지방재판소 노무라증권 주주대표소송 판결[43)]에서는 "지배회사와 종속회사는 별개의 법인으로, 종속회사에 대하여 법인격 부인의 법리를 적용해야 하는 경우 외에는 재산의 귀속도 별개로 이루어지

40) 長谷川俊明(2009), 40면; 小林秀之(2007), 15면; 森田多惠子(2016), 29면.

41) 渡邊邦廣/草原敦夫(2018), 34면.

42) 船津浩司(2010), 155-156면, 230면; 岩原紳作(2012a, 7-9면; 森田多惠子(2016), 31면; 部會第20回會議議事錄(2012), 19면, [田中幹事 발언 부분]; 部會第20回會議議事錄(2012), 20-21면, [杉村委員 발언부분]; 神作裕之(2013), 101-102면.

43) 東京地裁 2001. 1. 24. 판결, 判時 제1760호, 144면.

고, 업무집행기관과 감사기관도 각각 독자적으로 존재하는 것이기 때문에, 종속회사의 경영에 관한 결정·업무집행은 종속회사의 이사가 행하는 것이고, 지배회사 이사는 특별한 사정이 존재하지 않는 한, 지배회사 이사의 업무집행의 결과가 종속회사에서 발생하여 특히 지배회사에 손해를 준 경우라고 하더라도 바로 지배회사에 대하여 임무해태의 책임을 부담하는 것은 아니다"고 하여 지배회사 이사의 종속회사 관리감독의무를 부정하는 판시를 한 바 있다.

그러나 이 판결에서 주목할 것은 "특단의 사정"을 언급한 부분이다. "지배회사와 종속회사의 특수한 자본관계에 비추어 지배회사의 이사가 종속회사에 대하여 지시를 하는 등 종속회사의 의사결정을 실질적으로 지배하고 있다고 평가되는 경우 혹은 지배회사 이사의 지시가 지배회사에 대한 선관주의 의무나 법령을 위반하는 경우를 상정할 수 있다"고 하면서, 지배회사 이사가 종속회사 이사의 비리 행위에 대하여 적극적으로 관여한 경우에는 지배회사에 대한 책임을 인정하여 지배회사 이사의 관리감독의무를 매우 제한적으로 인정하고 있다.

이 판결은 일본에서 지주회사화가 별로 진행되지 않았을 때에 관한 것으로, 지주회사화가 많이 진행된 현재에는 그 해석론이 그대로 유지될 수 없다.[44]

(2) 후쿠오카 어시장(福岡魚市場) 주주대표소송 판결

한편 2014년 지배회사 이사의 종속회사 관리감독의무를 최초로 인정한 최고재판소 판결이 등장하였는데, 이것이 바로 후쿠오카 어시장 주주대표소송 판결[45]이다.[46]

---

44) 部會第20回會議議事錄(2012), 25-26면, [藤田幹事 발언부분]; 塚本英巨(2014), 27-28면.

45) 最高裁 2014. 1. 30. 판결, 判例時報 제2213호, 123면.

46) 神吉正三(2013), 1527면; 赤崎雄作(2012), 7면; 堀田佳文(2016), 121면.

1) 사실관계

사실관계를 간략하게 정리하면 다음과 같다. 완전종속회사인 B회사는 지배회사 A회사와 일정한 보관기간 동안 물건(수산물)이 팔리지 않을 경우 다시 매수하기로 하는 계약[47]을 체결한 후, 기간이 만료하면 일단 팔리지 않은 재고를 B회사가 매수하고 다시 A회사와 해당 재고에 대하여 댐 거래를 체결하는 것을 반복하였는데,[48] 그 거래로 인하여 불량재고 문제가 축적되어 B회사가 결국 경영파탄 상황에 이르게 되었다.[49] B회사의 이사를 겸임하고 있던 A회사의 이사들은 이러한 문제들을 애초부터 인식하고 있었고 회계법인의 지적을 받았음에도 특별한 조사를 취하지 않고 있다가, B회사의 파산 직전 해당 문제를 조사하여 구제금융 차원의 대출을 실행하였다. 그러나 경영악화가 지속되자 A회사는 B회사에 대한 대출채권을 포기하였고, 결국 A회사는 18억 8,000만 엔의 손해를 입게 되었다. 이에 A회사 주주는 A회사 이사 Y 등을 상대로 주주대표소송을 제기하였다.

2) 재판소의 판단

1심 재판소[50]는 "회계법인의 재고 증가 문제에 대해 지적을 받았던 시점에 Y 등은 A회사의 대표이사 및 이사회 구성원이었으므로 늦어도 이 시기에는 A회사와 B회사의 재고 증가에 대한 원인 규명을 위해 자체

47) 이를 "ダム(댐)"거래라 한다.

48) 이를 "ぐるぐる回し(순환)"거래라 한다.

49) 해당 거래의 목적은 B회사가 제조·판매하는 수산물은 출하시기에 대량으로 구매할 필요가 있는데, 자금력이 부족한 B회사 대신 자금이 풍부한 A회사가 이를 구입하고, B회사는 상품의 제조시기에 맞추어 A회사로부터 물건을 매수하기 위한 것이었는데, 수산물의 특성상 판매되지 못한 재고는 시간이 거듭될수록 상품가치가 없는 불량재고가 될 수밖에 없었다(본 판례에 관한 사실 관계는 伊藤靖史(2014a), 5-8면; 齊藤眞紀(2016), 83면; 松尾剛行(2013), 65-66면; 土岐薫(2014), 28-29면).

50) 福岡地裁 2011. 1. 26. 판결, 金融·商事判例 제1367호, 41면.

적으로 각 거래계약을 확인하고 재고를 조사하거나 혹은 A회사 및 B회사의 담당자로부터 청취 등을 통해 사안에 관한 구체적이고 세밀한 조사를 하거나 이에 관한 명령을 내릴 의무가 있었다"고 판시하였다. 즉, Y 등은 늦어도 재고 문제가 지적된 시점에는 사안의 원인을 규명하여 지배회사의 손해를 방지할 의무가 있었음에도 이를 하지 않았음을 이유로 종속회사의 관리감독에 관한 의무 위반 책임이 인정되었다.[51)]

3) 판결의 평석

본 판결에서 문제가 된 점은 지배회사 이사에게 종속회사 관리감독 의무가 있는지에 관한 것인데, 이때의 지배회사 이사의 관리감독 의무는 지배회사의 다른 이사의 부정행위 시정이 아닌 종속회사 이사의 부정행위 시정에 관한 것이다. 원고는 지배회사 이사가 종속회사의 부정행위를 조기에 발견하지 못한 점, 종속회사의 부정 징후를 발견했으면서도 충분히 조사하지 않고 대출 등의 지원 결정을 하였다는 점 때문에 종속회사 관리감독의무 위반이 되고, 이로써 지배회사 이사는 지배회사에 대한 임무 해태 책임을 부담해야 한다고 주장하였다.

반면, 피고는 원래 지배회사 이사에게는 종속회사를 관리감독의무가 없고, 만약 관리감독의무가 지배회사 이사에게 있다고 하더라도 종속회사라는 별개 법인의 부정 징후를 조기 발견하는 것은 불가능하므로, 그때그때 충분한 조사를 벌인 뒤 대출 등의 지원 결정을 한 것이므로 의무 위반은 없다고 반박하였다. 그러나 피고의 이러한 주장은 받아들여지지 않았다.

1심 재판소의 판지를 보면, 재판소는 ① A회사와 B회사는 완전종속회사 관계에 있었다는 점, ② A회사의 이사들은 B회사의 이사를 겸임하고 있으면서 B회사의 불량재고 문제들을 애초부터 인식하고 있었다는 점,

51) 神吉正三(2013), 1527면.

③ A회사의 이사들은 감사를 시행한 회계법인으로부터 B회사를 포함하여 재고관리를 철저히 하도록 지적을 받았다는 점을 들어 지배회사 이사들의 종속회사 관리감독의무 위반 책임을 인정한다.[52]

이에 대하여 지배회사 이사들이 설사 종속회사의 부정 징후를 파악하고 있었다고 하더라도, 지배회사 이사로 하여금 종속회사 담당자들의 보고를 의심하고 계약 서류 확인 등 더 세밀한 조사를 하도록 하는 것은 지배회사 이사들에게 상당히 고도의 주의의무를 부과하는 것이 된다는 이유로 재판소의 판지를 비판하기도 한다.[53]

그러나 ①-③의 사정에 비추어 보면, 종속회사의 불량재고 문제의 해결이 지배회사 이사들에게 매우 중요한 과제임을 알 수 있고, "이상 징후"가 나타나고 있으므로, 지배회사 이사들은 평상시보다 더 주의를 기울여 심도 있는 조사를 하고 손해를 방지하여야 할 의무를 부담하는 것은 당연하다고 하면서 재판소의 판지 내용을 지지하는 견해들이 많다.[54] 이에 따르면, 지배회사 이사의 종속회사 관리감독의무의 구체적인 내용은 종속회사의 이사가 부정 또는 불법 거래를 하고 있는지 조사하고, 만약 부정 또는 불법 거래가 이루어지고 있거나 그럴 우려가 있는 경우에는 종속회사에 대하여 이를 시정하도록 지시·명령을 하는 것이다.[55]

다만, 본 사안에서는 ①-③에서처럼 A회사와 B회사가 완전지배·종속관계에 있었고, A회사의 이사들이 B회사 이사를 겸하고 있었으므로 해당 문제를 인식하고 있었으며, 감사기관의 지적을 받았다는 특수한 사정이 존재한다.[56] 따라서 A회사 이사들은 종속회사의 경영 상황에 대한 조사를 쉽게 할 수 있는 지위에 있음에도 이를 게을리하였다는 점이 재

52) 福岡地裁 2011. 1. 26. 판결, 金融·商事判例 제1367호, 41면.

53) 清水眞(2013), 92면.

54) 大杉謙一(2014), 107면; 山口利昭(2014), 46면; 河合正二(2016), 32면; 高橋均(2015), 196면.

55) 河合正二(2016), 32면.

56) 河合正二(2016), 32-33면; 森田多惠子(2016), 32면.

판소에서 조사의무 위반 책임을 인정하는 데 있어 매우 중요한 판단 요소가 된 것으로 보고,[57] 위 판결이 지배회사 이사의 종속회사 관리감독의무를 인정한 것은 맞지만, 재판소가 아직 ①-③과 같은 특수한 사정이 존재하지 않는 일반적인 지배·종속회사 관계에서의 지배회사 이사의 종속회사 조사의무·관리감독의무까지를 인정한 것이라고 보기는 어렵다는 지적도 있다.[58]

그러나 부분지배·종속관계에 있다거나 겸임하지 않는다고 해서 지배회사 이사의 종속회사 관리감독 책임이 인정되지 않는 것이 아니다. 완전지배·종속관계 또는 겸직이사의 존재 여부는 의무 내지는 책임이 인정되느냐라는 법률적 문제라기보다는 지배회사 이사가 종속회사의 부정행위를 알기 쉬운 지위에 있었다고 하는 사실의 문제에 불과하다.[59] 또한 앞서 언급한 바와 같이 지배회사 이사의 종속회사 관리감독의무를 인정하는 것이 현재 일본의 다수의 견해라는 점, 2014년 회사법 개정에 관한 회사법제부회의 논의에서도 이에 관하여 부정하는 견해는 없었다는 점,[60] 본 판결이 회사법 개정 논의가 한창일 때 나온 것이라는 점 등에 비추어 보면, 일반적인 지배·종속회사 관계에서도 지배회사 이사의 종속회사 조사의무·관리감독의무를 인정하는 판시도 충분히 가능하다고 생각된다.

4) 판결의 의의

본 판결은 지배회사 이사의 의무의 구체적 내용으로서 종속회사에 대한 관리감독의무를 인정하였다는 점에서 큰 의미를 가진다. 비록 항소

57) 河合正二(2016), 32-33면; 森田多恵子(2016), 32면.
58) 河合正二(2016), 32면; 森田多恵子(2016), 32면; 秋坂朝則(2013), 134면; 重田麻紀子(2012), 133면.
59) 松尾剛行(2013), 73면; 久保田安彦(2011), 88면.
60) 塚本英巨(2014), 28면; 河合正二(2016), 27면.

심[61]과 최고재판소[62]에서는 지배회사 이사의 관리감독의무에 관한 직접적인 언급은 하지 않았지만, 원심의 입장을 유지하고 있는 것으로 보아, 본 판결은 일본 내에서 처음으로 지배회사 이사의 종속회사 관리감독의무를 표면화시키고 이를 인정한 판결이라는 점에서 그 의의가 있다.[63]

지배·종속회사 관련 법률이 어떤 방향으로 나아가야 하는지를 고민하는 데도 중요한 의미를 가진다. 즉, 종속회사 이사의 부정행위로 지배회사가 손해를 입었을 때는 지배회사 주주가 지배회사 이사에 대하여 임무 해태 책임을 추궁하여 손해를 배상시킬 수 있다는 것이 이 판례를 통해서 분명해졌다는 점이다.[64] 또한 지배회사 이사가 종속회사의 비리를 알았음에도 이를 무시하고 대출을 실행한 경우는 물론 조사 또는 감시·감독이 불충분한 채로 대출을 실행한 경우에도 의무 위반이 된다는 것을 밝힌 점도 그 의의가 크다.[65] 향후, 지배회사 이사는 관리감독의무 위반이 두려워서라도 종속회사에 대하여 법령을 철저하게 준수할 것을 지시·감독할 것이 기대되므로, 지배·종속회사의 지배 구조를 향상시키는 판결이라고 평가할 수 있다.[66]

더 나아가 지배회사 이사에게 종속회사 비리 의혹 규명을 위한 작위의무(종속회사에 대한 면밀한 조사 등)가 있다고 한다면, 어느 시점에, 어느 정도의 작위 의무가 존재하느냐는 점에서도 참고가 되는 판례이다.

---

61) 福岡高裁 2012. 4. 13. 판결, 金融·商事判例 제1399호, 24면. "B회사의 불량재고 문제의 실체를 규명하지 않은 채 단순히 종속회사의 재건을 구실로 진실한 경영상황을 외부에 은폐하였다"고 하면서 1심의 입장을 유지하였다.

62) 지배회사 이사의 의무에 관한 직접적인 언급은 하지 않고, Y 등의 항소를 기각하였다.

63) 神吉正三(2013), 1527면; 赤崎雄作(2012), 7면; 高橋英治(2015), 71면. 후쿠오카 어시장 판결에 관해 평석을 하고 있는 국내 문헌으로는 김영주(2014), 서성호/박미정(2015)가 있다.

64) 土岐薫(2014), 29-30면; 三菱UFJ信託銀行(2016), 2-3면.

65) 土岐薫(2014), 30면.

66) 土岐薫(2014), 30면.

즉, 지배회사 이사는 공인 회계사나 변호사 같은 전문가는 아니므로 일상적으로는 이상 징후를 발견하는 정도의 의무가 있지만,[67] 이상 징후를 알게 된 다음에는 자신의 권한을 이용하여 사안에 대한 구체적이고 세밀한 조사를 하거나 조사를 명하여 비리의 내용을 밝히는 동시에 그 손실을 최소화할 의무가 있다고 할 수 있을 것이다.[68]

(다) 입법론

(1) 지배회사 이사의 관리감독책임 규정의 명문화 시도

2014년 회사법 개정 시 다중대표소송을 도입하지 않는 것을 전제로 하여, 지배회사 주주의 보호 수단으로 지배회사 이사에 의한 종속회사 이사의 업무집행 감독의무에 관한 명문 규정을 마련하자는 논의가 있었다.[69] 다중대표소송이 도입되지 않을 경우의 대체 방안으로 논의가 된 이유는 다중대표소송의 도입에 소극적인 의견의 중 하나가 종속회사의 이사의 임무 해태로 종속회사에 손해가 생겼을 경우에는 종속회사 관리

67) 이때에는 후술하는 기업집단 전체의 내부통제시스템 구축·운용의무를 이행하면 된다(松尾剛行(2013), 72면).

68) 松尾剛行(2013), 72-73면; 齊藤眞紀(2016), 87면; 河合正二(2016), 33-34면.

69) 논의 당시 요강안에는 다음과 같은 내용들을 담고 있었다.

① 이사회는 그 직무로서 자회사 이사의 업무집행을 감독한다는 취지의 명문 규정을 마련한다(일본 회사법 제362조 제2항 등 참조).

② 자회사 이사 등의 책임의 원인사실에 의해 자회사에 손해가 발생한 경우, 모회사가 그 책임을 추궁하기 위해 필요한 조치를 취하지 않는 때에는 모회사의 이사는 그 임무를 해태한 것으로 추정한다.

③ 모회사 주주는 자회사 이사 등의 책임의 원인사실이 존재한다고 의심할만한 충분한 사유가 있는 때에는 모회사에 대하여 책임추궁에 관한 대응 및 이유 등을 자신에게 통지할 것을 청구할 수 있는 것으로 한다.

④ 의결권의 100분의 3 이상을 보유한 모회사 주주 등은 자회사의 업무집행에 있어 부정행위 등이 존재한다고 의심할만한 충분한 사유가 있는 때에는 자회사의 업무 및 재산 상황을 조사하기 위하여 법원에 대해 검사인의 선임을 신청할 수 있다.

감독에 관한 지배회사 이사의 책임을 물으면 족하다는 것이었다. 그러나 다중대표소송을 받아들임으로써 지배회사 이사의 감독의무에 관한 명문의 규정은 도입되지 않았다.[70]

(2) 회사법상 기업집단의 내부통제시스템 구축·운용의무 규정

1) 지배회사 이사의 기업집단 내부통제시스템 구축·운용의무

지배회사 이사의 종속회사 관리감독의무가 해석상 인정된다고 하더라도, 구체적으로 어떠한 경우에 의무를 이행한 것으로 볼 수 있을지의 문제가 남는다. 일본은 지배회사 이사의 기업집단 내부통제시스템 구축·운용의무를 회사법에 명문화하여 추상적인 종속회사 관리감독의무에 대한 평상시의 구체적 수행기준을 마련함으로써 이를 해결하고 있다.[71]

일본 회사법 제362조 제4항 제6호는 내부통제시스템에 관하여 "주식회사의 업무 및 당해 주식회사와 그 자회사로 구성된 기업집단의 업무의 적정을 확보하기 위한 체제의 정비"라고 규정하고 있다. 이 문구에서 알 수 있듯이, 회사법은 개별 회사의 내부통제시스템뿐 아니라 "기업집단" 차원의 내부통제시스템 구축도 당연하게 상정하고 있다.[72]

지배회사 이사의 기업집단 내부통제시스템 구축·운용의무가 새로운 개념은 아니고, 기존에 회사법 시행규칙에 있던 "기업집단의 업무의 적정을 확보하기 위한 체제의 정비"라는 문구가 회사법의 내용으로 격상

---

70) '감독'이라는 문구에 따라 종속회사의 자율성이 훼손될 우려가 있고 기업집단과 같은 그룹 경영 자체에 대한 위축이 우려된다는 경제계의 강한 반대로 입법은 다음으로 미루어졌다(河合正二(2015), 7-8면).

71) 일본에서는 종속회사에서 발생한 문제들이 지배회사 경영에 큰 타격을 입히는 일들이 빈번하게 발생함으로써 지배·종속회사 전체의 지배구조를 어떻게 강화할 것인지가 중대한 관심사이자 매우 중요한 과제가 되어왔고, 이는 기업집단 전체의 내부통제시스템 구축·운용의무 강화라는 모습으로 나타났다(商事法務 座談會(2016), 7면, [石井裕介 발언 부분]).

72) 石井裕介/金村公樹(2018), 5면.

된 것에 불과하다.[73] 그 내용이 법률로 격상됨으로써 지배회사 이사의 내부통제시스템 구축·운용의무가 인정되게 되었고, 그 속에는 종속회사 이사에 대한 관리감독의무가 포함된다고 하는 견해가 있다.[74] 반면, 이미 지배회사 이사는 기업집단의 내부통제시스템 구축·운용의무를 선관주의의무의 한 내용으로서 부담하고 있었고, 자산의 관리로서 지배회사 이사의 종속회사에 대한 관리감독의무도 있었으므로, 격상으로 실질적 내용에 변화가 있는 것은 아니라는 견해도 있다.[75] 어느 견해에 의하든, 지배회사 이사는 종속회사 관리감독의무와 내부통제시스템 구축·운용의무를 부담한다는 것이고, 그 관계와 내용이 문제 된다.

2) 지배회사 이사의 종속회사 관리감독의무와의 관계

기업집단의 내부통제시스템에 관한 규정은 지배회사 이사의 종속회사 관리감독의무의 법적근거[76]이자 관리감독의무 이행의 수단[77]이라고 할 수 있다. 기업집단의 내부통제시스템 구축·운용의무는 지배회사 이사의 종속회사 관리감독의무의 내용을 이룬다. 즉, 지배회사 이사가 종속회사 관리감독의무를 이행하였다고 하기 위해서는 평상시에는 기업집단의 내부통제시스템 구축·운영의무를 이행하여야 하고, 유사시, 즉 종속회사에서 부정행위가 이루어졌거나 그럴 우려가 있는 경우에는 그러한 부정행위를 저지 또는 시정하거나 피해를 최소화하기 위해 필요하고도 적절한 방식으로 종속회사에 개입하여 관리감독의무를 이행하면 된다.[78]

73) 이를 두고 지배회사 이사의 종속회사 감독 책임을 명문화하는 대신 격상된 것이라는 견해도 있지만(塚本英巨(2014), 28면), 그와는 별도로 개정논의가 있었다고 한다((河合正二(2015), 11면).

74) 中村直人(2015), 61-62면.

75) 岩原紳作 外 座談會(2014), 5면, [岩原紳作 발언 부분]; 塚本英巨(2014), 29면.

76) 小林秀之(2007), 15면.

77) 河合正二(2015), 13면.

3) 내부통제시스템의 구체적 내용

2015년 회사법 시행규칙 제100조 제1항 제5호의 개정은 중요한 의미를 가진다. 지배회사 이사가 어떤 내용의 내부통제시스템을 갖추어야 하는지 "4개 항목"의 예시를 신설하였기 때문이다. 이를 살펴보면 다음과 같다.

① 종속회사 이사의 업무집행과 관련된 사항의 지배회사에 대한 보고 체제

종속회사 이사 등의 업무집행 상황을 적절하게 파악할 수 있는 체제를 정비하는 것이다.[79] 구체적으로는 지배·종속회사 전체의 경영에 관한 "내부 관리 규정" 등을 제정하고, 지배회사가 지명하는 자가 사전에 지배회사의 승인을 받거나 지배회사와 협의하거나 지배회사의 보고를 받아야 하는 사항들을 명확히 해두는 체제의 정비가 이에 해당한다.[80]

② 종속회사 손실의 위험 관리에 관한 규정 기타 체제

종속회사를 포함한 기업집단 내에서의 협의의 의미에서의 리스크 관리 체제를 정비하는 것을 의미한다.[81] 구체적으로는 기업집단의 주요 리스크 파악과 리스크별 대응 체제를 명확히 한 규정의 정비 등이 이에 해당한다.[82]

③ 종속회사 이사 등의 업무집행이 효율적으로 이루어지는 것을 확보하기 위한 체제

기업집단 전체의 목표 방향성과 그것을 실현하기 위한 기업집단 내 업무 분담을 명확히 하고, 지배회사와 종속회사 간의 의사소통을 원활히 할 수 있는 체제를 정비하는 것이다.[83] 구체적으로는 그룹 전체의 "행동

78) 塚本英巨(2014), 30면; 河合正二(2016), 31면.
79) 河合正二(2015), 11면; 高橋英治(2013), 26면.
80) 河合正二(2015), 11면; 高橋英治(2013), 26면.
81) 河合正二(2015), 11면.
82) 河合正二(2015), 11면.
83) 河合正二(2015), 11면.

규범"을 정하고, 지배회사에 "그룹 경영 추진 본부"를 설치하여 그룹 전체의 가치 극대화라는 목표 달성을 실현할 수 있는 체제를 정비하는 것이다.[84)]

④ 종속회사 이사 및 사용인의 업무집행이 법령 및 정관을 준수하고 있음을 확보하기 위한 체제

그룹 내에서의 컴플라이언스 체제를 정비하는 것이다.[85)] 구체적으로는 그룹 전체의 "감사 체제"의 추진, "컴플라이언스 규정"의 제정과 공지, "내부 통보 제도"의 도입과 실천 등을 의미한다.[86)]

그리고 이 4개 항목을 종합하면, 정비해야 하는 기업집단의 내부통제시스템은 기업집단 내에서의 광의의 리스크 관리 체제가 된다.[87)]

4) 구체적 예시의 의의

기업집단의 내부통제시스템의 정비·운용이 지배회사 이사의 선관주의의무에 포함되는 것에 관해서는 문제가 없더라도 본래 선관주의의무는 추상적이고 그 범위도 명확하게 정해진 것이 아니다. 따라서 선관주의의무 위반 여부는 사안별로 개별적으로 검토가 이루어져야 한다.[88)]

기업집단의 내부통제시스템 정비·운용에 관하여 회사법 시행규칙 개정을 통해 "4개 항목"이 구체적으로 예시됨으로써 그룹의 지배회사 이사가 수행해야 하는 선관주의의무의 내용과 범위가 명확해졌다는데 큰 의의가 있다.[89)] 즉, 정비·운용해야 하는 기업집단의 내부통제시스템의 구체적 지표가 마련된 것이다.[90)]

84) 河合正二(2015), 11면; 高橋英治(2013), 26면.
85) 河合正二(2015), 11면.
86) 河合正二(2015), 11면.
87) 河合正二(2015), 11면.
88) 河合正二(2015), 12면.
89) 河合正二(2015), 12면.
90) 河合正二(2015), 12면.

이로써 지배회사 이사가 그 시행규칙에 제시된 "4개 항목"에 근거하여 기업집단의 내부통제시스템을 정비하고 그것이 제대로 작동되고 있음을 감시하고 있는 경우에는 원칙적으로 지배회사 이사는 선관주의의무 위반을 이유로 책임 추궁을 당하기는 어려울 것이다.[91] 반면 기업집단의 내부통제시스템이 시행규칙에 예시되고 있는 "4개 항목"의 내용을 현저하게 흠결하고 있는 경우에는 지배회사 이사가 기업집단의 내부통제시스템의 정비를 게을리한 것이 되므로, 그는 선관주의의무를 다하지 않았다는 것을 이유로 하여 책임 추궁을 당할 수도 있게 될 것이다.[92]

요컨대, 회사법 시행 규칙에 예시된 "4개 항목"은 지배회사 이사가 기업집단의 내부통제시스템을 정비·운용하고 있는지에 관한 평가 기준이 된다.[93]

회사법 시행규칙에 예시된 "4개 항목"은 또 다른 중요한 의미를 담고 있다. 만약 그룹 내에서 부정행위가 이루어져서 지배회사에 손해가 발생한 경우, 구체적인 시행규칙이 마련되지 않은 상황이었다면 지배회사 이사의 경영판단과 재량이 적용될 여지가 많았겠지만, 구체적인 예시항목이 마련됨으로써 지배회사 이사에게 주의의무 위반으로 인한 책임을 물을 수 있는 사례가 증가하게 될 것이라는 점이다.[94]

(3) 그룹지배구조에 관한 실무지침

일본 경제산업성은 2019년 9월 "그룹지배구조에 관한 실무지침"을 발

---

91) 河合正二(2015), 12면.

92) 河合正二(2015), 12면.

93) 河合正二(2015), 12면.

94) 그렇다고 이것이 지배회사 이사가 기업집단의 내부통제시스템을 정비할 때 재량권이 주어지지 않는다는 의미는 아니다. 지배회사 이사가 기업집단의 내부통제시스템을 정비할 때 대상 자회사 선정과 관리의 범위 등에 대해서는 일정한 재량을 가지고 결정할 수 있고, 이는 자회사의 독립성 확보라는 관점에서도 필요하다(河合正二(2015), 12면).

표하였는데, ① 그룹구조의 설계, ② 사업포트폴리오 경영조직, ③ 내부통제, ④ 종속회사 경영진의 지명 및 보수통제, ⑤ 상장종속회사의 지배구조 등 총 5부분으로 나누어 그룹 경영에 관한 실무지침을 제공하고 있다.[95]

그룹본사는 그룹의 경영이념과 행동규범을 정하여 그룹종속회사 전체에 전파하고, 그룹 내부의 권한배분에 관한 규정 등 공통의 플랫폼을 구축해야 한다.[96]

지배회사 이사회는 그룹 전체의 내부통제시스템 구축에 관하여 기본방침을 정해야 하고, 그 구축·운용을 감독할 책임이 있다. 종속회사 경영진의 구성과 관련하여서는 100% 완전종속회사인 경우를 상정하여 이 경우 지배회사는 지배주주로서 종속회사의 이사를 선임할 수 있고 적극적으로 관여할 수 있는 것으로 본다.[97] 그룹본사는 전체적으로 통일적인 인사정책을 수립하고, 각 종속회사의 사정에 부응하는 인사관리를 설계해야 한다.

일본의 상장종속회사의 수는 2018년 12월 기준 238개 사로 전체의 6.1%를 차지한다.[98] 이러한 상장종속회사에서는 지배주주인 지배회사와 소수주주사이에 이익충돌이 발생할 가능성이 있고, 그룹 차원의 사업포트폴리오 구성에 제약이 있을 수 있다는 점에서 실무지침은 다음의 몇 가지를 제안한다.[99] 첫째, 지배회사는 그룹 전체의 관점에서 상장종속회사를 그대로 유지하는 것이 합리적인지를 점검하여 상장종속회사를 유지할 경우 그 이유와 상장종속회사의 지배구조의 실효성을 확보할 수 있는 방법을 이사회에서 심의하고, 이를 투자자에게 설명하여야 한다. 둘째, 상장종속회사는 지배회사와 소수주주 사이의 이익충돌 가능성을

95) 이에 관하여 설명하고 있는 국내 문헌으로 송옥렬(2019), 20-23면 참조.
96) 疋田正彦 外(2019a), 19면.
97) 疋田正彦 外(2019b), 63면.
98) 미국 28개사로 0.5%, 영국 0%, 프랑스 18개사로 2.2%, 독일 17개사로 2.1%에 불과한 것에 비하면 상당히 많은 편이다. 疋田正彦 外(2019b), 68면.
99) 疋田正彦 外(2019b), 71면.

고려하여 독립적인 의사결정을 위한 실효적 지배체제를 구축하여야 한다. 마지막으로, 상장종속회사의 사외이사는 종속회사뿐 아니라 지배회사로부터의 독립성도 요구된다.[100]

실무지침은 일본 기업집단의 현실을 반영하여, 종속회사의 경영진을 구성할 때 완전종속회사에 대해서는 적극적인 관여를 인정하지만, 상장종속회사에 대해서는 이익상충의 우려를 완전히 제거할 수 없기 때문에 그룹 경영에 소극적인 결론을 내리고 있다는 점에서, 기업집단에 관한 전통적인 시각을 반영하고 있다고 평가된다.[101]

4. 시사점

종속회사 단계에서 발생하는 가치감소 행위로부터 지배회사 주주를 보호하기 위한 방안으로 지배회사 이사에게 종속회사 관리감독의무를 부담시키는 방법이 있는데, 미국, 독일, 일본에서는 다음과 같은 근거로 이를 인정하고 있다.

지배회사는 종속회사의 주식을 보유하여 주주권으로서 의결권과 각종 정보수집권 등을 가지고, 이와 더불어 종속회사 이사에 대해 인사권을 배경으로 하여 영향력을 행사할 수 있는 사실상의 지배력을 가진다.[102] 그러나 이는 지배회사가 가진 권리 내지 사실상의 지배력일 뿐이고, 지배회사가 이러한 권리 또는 사실상의 지배력을 행사하여 종속회사를 관리감독하여야 할 계약상·법률상의 의무를 인정할 근거는 없다.[103]

그렇지만 이 점과 지배회사의 이사가 종속회사 관리를 위해 지배회사가 가진 주주로서의 권리와 사실상 지배력을 행사할 의무가 있는지는

100) 正田正彦 外(2019b), 71면.
101) 송옥렬(2019), 23면.
102) 齊藤眞紀(2015), 20면; 노혁준(2005), 32면.
103) 齊藤眞紀(2015), 20-21면; 노혁준(2005), 32면.

별개의 문제이다.[104] 지배회사 이사는 지배회사의 업무집행자로서 지배회사의 이익을 위하여 행위 하여야 할 선관주의의무를 부담한다. 지배회사가 보유하는 자산으로서의 종속회사 주식의 가치를 유지 또는 향상시켜야할 의무도 이 선관주의의무에 포함된다. 그리고 이를 위해 지배회사 이사는 지배회사가 보유하는 법률상의 주주권뿐 아니라 사실상의 영향력도 활용할 필요가 있는데, 이것이 지배회사 이사의 종속회사 관리감독의무가 되는 것이다.[105]

그런데 지배회사 이사의 종속회사 관리감독의무가 해석상 인정된다고 하더라도 이는 매우 추상적이어서 어떤 경우에 지배회사 이사의 관리의무를 다하였다고 할 수 있을지의 문제가 발생한다. 이에 관하여 일본의 후쿠오카 어시장 판결[106]에서는 최소한 지배회사 이사가 종속회사 이사의 부정행위를 인식한 시점 이후(유사시)에는 지배회사 이사는 해당 문제를 조사하거나 시정조치를 강구해야 할 의무를 부담한다고 판시하고 있는데, 지배회사 이사의 종속회사 관리감독의무를 인정하고 그 행위기준을 밝히고 있다는 점에서 주목할 만하다. 이 경우 지배회사 이사가 그러한 조치를 취하지 않아 지배회사로 손해가 확대되었다면 지배회사 이사는 지배회사에 대하여 종속회사 관리감독의무 위반 책임을 부담하게 된다.

한편 일본은 기업집단의 내부통제시스템 구축·운용의무에 관한 2014년 회사법과 2015년 회사법 시행규칙 개정으로 추상적이었던 지배회사 이사의 종속회사 관리감독의무의 내용에 관한 평상시의 구체적 수행 기준을 마련하였다고 볼 수 있다.[107] 이러한 입법은 한국에서도 지배·종속회사 전체의 지배구조 문제가 중요한 이슈가 되고 있는 만큼 참고할만

---

104) 齊藤眞紀(2015), 21면; 노혁준(2005), 32면.
105) 船津浩司(2010), 155-156면: 齊藤眞紀(2015), 21면; Hommelhoff(1982), S. 54.
106) 最高裁判 2014. 1. 30. 판결, 判例時報 제2213호, 123면. 본 장 제2절 Ⅱ. 2. (나).
107) 河合正二(2016), 31, 34면.

한 가치가 크다.[108)]

요컨대, 지배회사 이사의 종속회사 관리감독의무의 내용은 평상시에는 기업집단의 내부통제시스템 구축·운영의무, 유사시 즉 종속회사에서 부정행위가 이루어졌거나 그럴 우려가 있는 경우에는 그러한 부정행위를 저지 또는 시정하거나 피해를 최소화하기 위해 필요하고도 적절한 방식으로 종속회사에 개입하여 감독할 의무가 된다.[109)] 이러한 기준은 지배회사 이사의 종속회사 관리감독의무의 구체적 행위규범이 무엇인지를 설명하는 데 많은 도움을 준다.

Ⅲ. 한국

1. 판례

현행 상법에는 종속회사 관리와 관련한 지배회사 이사의 지배회사에 대한 의무 규정이 마련되어 있지 않다.

오히려 앞서 언급한 바와 같이, 하급심 판결이기는 하지만, 지배회사 이사가 종속회사 이사의 부정행위를 저지하였어야 함에도 종속회사에 대한 감독의무를 불이행함으로써 그 임무를 해태하여 결과적으로 지배회사에 엄청난 손해를 입게 하였다고 하면서 지배회사 주주가 지배회사 이사의 종속회사 관리감독 의무 위반을 주장한 사안[110)]에서 법원은 법인격 독립의 원칙에 따라 지배회사 이사에게는 종속회사 이사의 업무집행을 감독할 의무가 없음을 밝히고 있다.

---

108) 일본에서 지배·종속회사 전체의 지배구조 문제를 해결하기 위한 방책으로 지배·종속회사 전체의 내부통제시스템 구축·운용의무가 논의되었음은 앞서 언급하였다.

109) 塚本英巨(2014), 30면; 河合正二(2016), 34면; 森田多恵子(2016), 32-33면.

110) 서울남부지방법원 2003. 9. 19. 선고 2003가합1749 판결.

2. 학설

한국에서 지배회사 이사가 지배회사에 대하여 종속회사 이사의 업무집행을 관리감독할 의무를 부담하는지에 대한 논의가 다른 나라만큼 활발하지는 않지만, 이를 인정하는 입장의 논거는 다음과 같다.

첫째, 지배회사로부터 일정한 직무를 부여받은 지배회사 이사는 비록 종속회사에 대한 명시적인 지시권이 없다 하더라도 가능한 범위 내에서 종속회사 이사의 위법행위 등을 발견하고 시정하도록 노력하여야 할 의무가 있다.[111] 지배회사의 업무집행자로서의 지배회사 이사에게 당연히 인정되는 의무라고 보는 것이다. 그리고 이러한 주의의무의 범위는 행사가능한 지배회사의 주주권, 즉 실질적인 영향력에 의하여 결정된다.[112] 예컨대, 지배회사가 종속회사를 적절하게 관리 또는 감시하기 위하여 별도의 용역업체를 고용한 경우, 그 용역업체가 종속회사를 직접 조사하거나 지휘할 권한이 없다 하더라도 만약 종속회사의 명백한 문제점을 파악조차 하지 못했다면, 이는 지배회사에 대한 임무해태가 되는데, 이러한 논리가 지배회사와 지배회사 이사의 관계에서도 마찬가지로 적용된다.[113]

둘째, 종속회사의 자산가치는 지배회사 자신의 자산가치로 연결된다는 측면에서 종속회사는 지배회사 자산의 일부라고 볼 수 있다. 지배회사의 자산을 관리한다는 의미에서 지배회사 이사는 지배회사에 대한 관계에서 선관주의의무로서 종속회사를 관리감독할 의무를 부담한다.[114] 다만 지배회사 이사가 종속회사의 관리에 대해 선관주의의무 위반 내지 감시의무 위반을 어떤 기준으로 판단할 것인지는 심도 있는 연구가 필

111) 노혁준(2005), 350면.
112) 노혁준(2005), 350면.
113) 노혁준(2005), 350면.
114) 김지환(2014), 248면; 김영주(2014), 125면.

요하다. 가령 지배회사의 이사가 종속회사의 부정을 알았거나 알 수 있었음에도 불구하고 구체적인 리스크 관리를 하지 않았을 때는 선관주의 의무 또는 감시의무 위반으로 판단할 수 있다.115)

셋째, 지배회사 이사는 지배회사가 종속회사의 지배주주로서 가지는 감독시정권을 행사할 의무를 부담한다.116) 즉, 종속회사 이사 등에 대한 위법행위 유지청구권이나 각종 무효의 소 제기권, 장부 열람권 등 각종 조사권이 인정된다. 이러한 감독시정권은 언제든지 행사할 수 있는 것은 아니고 일정한 요건을 갖추었을 경우에만 인정된다. 예를 들면, 종속회사의 이사가 위법한 행위를 하였는데, 이로 인하여 모회사에 손해가 발생할 우려가 있는 경우에 한한다.117)

3. 검토

(가) 지배회사 이사의 종속회사 관리감독의무의 인정

지배회사 이사의 지배회사에 대한 종속회사 관리감독의무가 명문으로 규정되어 있지 않은 이상, 먼저 현행법의 해석상 그 의무가 인정될 수 있을 것인지를 살펴본다.

지배주주는 일반 주주보다 회사 이사의 업무집행 상황이나 회사 정보에 쉽게 접근할 수 있는 사실상의 영향력을 가진다. 따라서 지배주주는 회사 이사의 업무집행에 문제가 있을 때 이를 발견하기도 비교적 용이하고, 법률상 권리를 통한 구제뿐만 아니라 다양한 방법으로 선제적인 시정조치를 요구하는 것도 가능하다. 지배·종속회사 관계에 있어 종속회사의 지배주주인 지배회사도 종속회사에 대하여 그러한 권리 또는 영향력을 가진다. 그러나 지배회사가 지배회사 주주와의 관계에서 그러한

115) 김지환(2014), 248면.
116) 고재종(2016), 43면.
117) 고재종(2016), 43면.

권리를 행사할 의무 내지 종속회사의 업무집행을 관리감독할 의무까지 부담하지는 않는다.

이와는 달리 지배회사 이사는 지배회사의 업무집행자로서 지배회사의 가치의 증대 또는 가치 감소 방지를 위해 행위 하여야 할 의무를 진다. 이때 회사의 이익을 위하여 필요하고 적절한 조치를 다 해야 하며,[118] 거기에는 회사의 권리를 행사할 의무도 포함한다.[119] 다시 말해, 지배회사 이사는 지배회사가 보유하고 있는 자산과 그에 따르는 권리를 활용할 의무를 부담한다. 지배회사에는 종속회사의 주식도 자산이다. 그 주식을 활용하여 다양한 형태로 지배회사의 가치 증대 또는 가치 감소 방지를 도모하는 것은 지배회사가 보유한 다른 자산을 활용하는 것과 같이 중요하다. 따라서 지배회사 이사는 종속회사 주식과 그에 부착된 권리인 법률상 주주권 및 사실상 지배력 등 모든 것을 활용하여 지배회사의 이익을 위하여 행위 하여야 한다.

요컨대, 종속회사 단계에서 발생하는 가치감소 행위로부터 지배회사 주주를 보호하기 위해, 지배회사 이사는 지배회사와의 관계에서 법인격이 다른 종속회사 이사의 업무집행에 개입하고 이를 감독할 의무를 부담한다.[120] 만약 이를 위반한 경우 지배회사 또는 지배회사 주주는 지배회사 이사에 대하여 임무해태 책임을 추궁할 수 있다.

(나) 기업집단의 내부통제시스템 구축

지배회사 이사의 관리감독의무를 해석상 인정하더라도, 이는 추상적인 의무에 불과해서 지배회사 이사들로서는 구체적으로 어떠한 행위를 하여야 의무를 이행한 것으로 보아 책임이 인정되지 않을지 궁금할 수

---

118) 김건식 외(2023), 423면.

119) 이철송(2023), 761면.

120) 송옥렬(2019), 26-27면; 육태우(2020), 432면; 최민용(2017), 62면; 고재종(2016), 64면; 김지환(2014), 248면; 노혁준(2005), 350면

밖에 없다. 이에 대한 해결책은 다음과 같이 평상시와 유사시로 나누어 살펴볼 수 있다.

(1) 평상시

먼저, 지배회사 이사에게 종속회사에 관한 의사결정·업무집행에 일일이 개입하도록 요구되는 것이 아닌 이상, 평상시에는 기업집단에 관한 내부통제시스템을 구축·운용하는 것이 지배회사 이사의 종속회사 관리감독의무의 전형적인 내용이 되도록 하는 것이다.

현재 금융회사의 지배구조에 관한 법률(이하 "금융회사지배구조법") 제24조와 2020년 새로 제정된 금융복합기업집단의 감독에 관한 법률(이하 "금융복합기업집단법") 제9조는 금융기업집단의 경우 기업집단 차원의 내부통제시스템을 구축할 수 있는 근거를 마련하고 있다.[121] 그런데 금융기업집단 외에 일반기업집단에 대해서는 기업집단 전체 차원의 내부통제시스템 구축에 관하여 어떠한 규율도 마련하고 있지 않은 상황이다.

생각건대, 금융기업집단이든 일반기업집단이든 회사의 운영과 의사결정이 기업집단 단위로 이루어지고, 기업집단 내 소속회사의 위험이 기업집단 전체에 미치는 것은 마찬가지이므로, 금융기업집단이든 일반기업집단이든 기업집단 전체 차원의 감독이 이루어져야 한다고 본다.

---

121) 다만 금융그룹이 기업집단 차원의 내부통제시스템을 구축할 의무를 부담하는지에 대해서는 금융사지배구조법과 금융복합기업집단법이 달리 정하고 있기는 하다. 즉, 금융지주회사의 내부통제시스템에 대해서 다루고 있는 금융사지배구조법은 금융지주회사에 내부통제시스템 구축의무를 부과하고 있는 것은 아니고, 금융지주회사가 금융회사인 자회사 등의 내부통제기준을 마련하는 경우 그 자회사 등은 내부통제기준을 마련하지 아니할 수 있다고 하여 기업집단 차원의 내부통제시스템을 구축할 의무까지는 부과하고 있지 않는 반면(금융사지배구조법 제24조 제2항), 비지주금융복합기업집단의 내부통제시스템에 대해서 다루고 있는 금융복합기업집단법에서는 금융복합기업집단에 대해서 기업집단차원의 내부통제시스템구축의무를 부과하고 있다(금융복합기업집단법 제9조).

그리고 이러한 기업집단 전체의 감독에 관한 것은 회사에 관한 기본법인 상법에 규정이 되어야 한다. 그 구체적인 방법은 상법에서 기업집단의 존재를 인정하고, 상법엔 기업집단 차원의 내부통제시스템 구축의무에 관한 규정을 마련하는 것이다. 금융그룹이든 일반기업그룹이든 기업집단이라면 상법에 따라 기업집단 차원의 내부통제시스템을 구축하여 운용하도록 하고, 다만 금융그룹의 경우에는 시스템적 위험이라는 영향을 특별히 고려하여 위험관리 등에 관한 사항만을 금융그룹감독에 관한 특례규정으로 별도로 두는 방식을 취하는 것이다.[122)]

상법상 기업집단 전체 차원의 내부통제시스템 구축의무를 구체적으로 어떻게 규율할 것인지에 대해서는 일본 회사법 제362조 제4항 제6호, 시행규칙 제100조 제1항 제5호의 사항이 많은 참고가 된다. 그 기본 방향은 지배회사의 이사회는 기업집단 전체의 내부통제시스템에 관한 기본 방침을 결의하고, 그것을 구축하고 운용하는 것은 업무를 집행하는 지배회사 이사들이 행하도록 하는 것이다.

요컨대, 상법상 지배회사 이사에게 기업집단 전체에 적용될 수 있는 내부통제시스템 구축의무를 부여함으로써, 지배회사 이사의 종속회사 관리감독의무의 행위기준을 명확히 할 필요가 있다. 즉, 지배회사 이사가 적절한 기업집단 전체의 내부통제시스템을 구축하여 이것이 제대로 운용되고 있으면 그 자체로 지배회사 이사가 관리감독의무를 이행하고 있다고 보는 것이다. 그렇게 되면, 부정행위를 한 종속회사 이사를 직접 감독하는 지위에 있는 자를 제외하고는 종속회사 이사의 부정행위로 인해 지배회사에 손해가 발생하더라도 지배회사 이사는 책임을 면하게 되므로 지배회사 이사들은 평상시 기업집단 전체의 내부통제시스템 구축을 통해 효율적인 경영을 하려고 할 것이기 때문이다.[123)]

122) 김신영(2021), 201-202면

123) 森田多惠子(2016), 32-33면.

(2) 유사시

다음으로 종속회사의 업무집행 사항에 의심을 품을 만한 특별한 사정이 있는 경우, 즉 유사시에는 평상시의 기업집단에 관한 내부통제시스템의 구축과 별도로 지배회사 이사로서 어떠한 대응을 하여야 할지도 생각해 보아야 한다. 이 경우 지배회사 이사는 의심이 되는 종속회사의 업무집행에 대하여 조사하고, 만약 불법거래 또는 부정행위가 이루어지고 있거나 그럴 우려가 있는 때에는 종속회사에 대하여 이를 시정하도록 지시·명령을 내려야 한다.[124)]

124) 김신영(2018a), 26-27면. 종속회사 관리감독의 방식에 대해서는 김신영(2018a), 23-25면 참조.

제3절 지배회사 이사의 종속회사 관리감독 수단

Ⅰ. 지배회사 이사의 종속회사에 대한 지시권

1. 개관

지배회사 이사는 지배회사에 대한 관계에서 종속회사 이사를 관리감독할 의무가 있음을 확인하였다. 종속회사의 가치가 감소하는 상황에서 지배회사 이사는 지배회사 주주의 이익 보호를 위해 종속회사 이사에 대하여 개입하여 시정조치를 할 필요가 있는데, 종속회사에 대하여 지배회사의 의사결정 사항을 전달하고 이를 관철하여 실행시키는 것을 목표로 한다.[125] 즉, 지배회사 이사가 종속회사 관리감독을 원활하게 하기 위해서는 종속회사에 지시를 내릴 수 있어야 한다.[126]

그런데 여기서 지배회사 이사가 종속회사에 대해서 지시할 수 있는 법적인 근거를 가지고 있지 않다는 것이 문제가 된다. 지배회사 이사가 행사할 수 있는 지시는 종속회사 이사의 임면권을 배경으로 한 일종의 심리적 압박과 같은 사실상 영향력에 그친다. 물론 이러한 경우에도 종속회사 이사가 지배회사의 지시를 거스르는 것은 현실적으로 어려울 것이다. 그러나 사실상 영향력은 법률상 지시권과는 차이가 있다.[127] 즉, 지배회사 이사의 의사결정은 종속회사 이사를 구속할 수 없다.

그뿐만 아니라 만약 종속회사 이사의 위법행위를 발견하였음에도 지배회사 이사가 종속회사에 대하여 시정조치에 관한 지시를 하지 않았다고 하더라도,[128] 실체를 확인할 수 없는 관행에 불과한 사실상 영향력의

---

125) 河合正二(2012), 10면.
126) 河合正二(2012), 10면.
127) 김건식(2010c), 426면.

불행사를 이유로 지배회사 이사에 대하여 법적인 책임을 묻는 데는 한계가 있다. 따라서 지배회사 이사가 종속회사 관리감독의무를 제대로 이행하기 위해서는 종속회사에 대한 지시에 관한 법적인 근거를 확실히 할 필요가 있다.

그렇다고 지배회사 이사에게 바로 종속회사에 대한 지시권을 부여할 수는 없다. 지배회사 이사가 종속회사에 대하여 행사하는 권리는 원래 지배회사가 종속회사에 대하여 가지는 권리로부터 나오는 것이기 때문이다. 따라서 먼저 지배회사에 종속회사에 대한 지시권을 부여하여야 한다. 지배회사 이사는 지배회사의 권리를 실제 행사하는 주체로서 종속회사에 대하여 지시권을 행사할 수 있는 것이다.[129)]

그런데 이 경우 개인인 지배주주에게는 지시권을 인정하지 않으면서 회사인 지배주주에게만 지시권을 인정해 주는 이유가 무엇인지에 대한 해명이 필요하다. 사실 이 부분에 명쾌한 논거가 있는 것은 아니다. 지배·종속회사, 지주회사 등 그룹을 이루어 회사들이 운영되고 있는 현실 속에서 지배회사와 종속회사 사이에 원활한 경영이 이루어지도록 하기 위해서 정책적으로 인정하는 것이라고 할 수밖에 없다.

예를 들어, 실제 지주회사 운영에 있어 자회사에도 독립한 판단을 할 수 있는 이사회가 존재하므로, 그 이사회에서 그룹 차원에서 내린 지주회사의 지시에 대하여 이를 거부하거나 조금 다른 방향으로 일을 진행시킬 수 있는데, 이 경우 지주회사는 어떤 조치를 할 수 있을 것인지, 반대로 100%자회사라고 하더라도 독립한 판단을 할 수 있는 이사회가 존재함에도 지주회사의 사업부분의 하나인 것처럼 지주회사가 무한히 개

---

128) 이론상은 그 지시가 법적인 근거를 가지는지 여부에 상관없이 지배회사 이사가 지배회사에 대하여 의무 위반의 책임을 부담하여야 한다. 지배회사 이사는 지배회사에 대하여 사실상의 영향력이든 법률상 권한이든 모든 것을 활용하여 지배회사의 이익을 위하여 행위 하여야 할 의무를 부담하기 때문이다.

129) 河合正二(2016), 33면.

입하여 자회사에 불이익한 지시를 하는 경우가 있는데,[130] 이때 자회사는 이를 거부할 수 있는지 또는 그 지시에 따른 행위가 정당화될 수 있는지에 관한 물음에 답을 하기는 쉽지 않다.[131]

따라서 지배회사 입장에서는 방만하거나 부실한 경영을 하는 종속회사를 실효적으로 관리하기 위한, 그리고 종속회사 입장에서는 지배회사의 지시에 따른 행위의 정당화 또는 지배회사의 종속회사에 대한 개입이 주어진 법적 권한의 범위 내에서만 인정되도록 함으로써 지배회사의 지배에 관한 예측가능성을 확보하기 위한, 현실적인 필요성 때문에 회사인 지배주주에게 지배·관리권을 인정해 주는 것이라고 할 수밖에 없다. 그렇기 때문에 이처럼 회사인 지배주주에게만 지배·관리권을 인정하기 위해서는 법적 근거를 확실히 마련해 두어야 한다.

여기서는 지배회사의 종속회사 지시권에 법적인 근거를 마련하고 있는 나라들의 예를 살펴보고, 한국에서도 지배회사 이사의 원활한 관리감독의무 수행을 위해 지배회사의 지시권을 인정할 수 있는 해석론 또는 입법론적 방법을 모색해 본다.

2. 비교법적 고찰

(가) 독일

독일 주식법은 지배회사의 지시권(Weisungsrecht)을 명문화하고 있다. 즉, 지배계약의 체결로 지배회사 이사는 종속회사의 경영에 관하여 종속

---

130) 공정거래위원회 기업집단정보포털에 공시된 기업집단 지분도를 살펴보면, 우리나라 기업집단 구조에서 하위로 내려갈수록 상위회사는 하위회사를 100% 또는 그에 가까운 지분비율로 소유하고 있음을 알 수 있다(http://groupopni.ftc.go.kr/ogroup/index.jsp). 이러한 구조로 인하여 실제 지배·종속회사의 운영에 있어 지배회사는 종속회사를 지배회사의 부문처럼 여기고, 지배회사가 종속회사에 대하여 무한히 개입하는 경우도 많다고 한다.

131) 김신영(2018a), 27-29면.

회사의 이사에게 지시할 수 있는 권한을 가진다(독일 주식법 제308조 제1항 제1문, 제309조 제1항).

지시의 개념은 넓게 해석되는데, 지배회사 이사가 종속회사의 이사에게 종속회사의 경영과 관련한 영향력을 행사하기 위하여 행하는 모든 조치를 의미한다.[132] 지시권의 범위는 개별적인 거래뿐 아니라 주주총회 소집, 수권자본 범위 내에서 신주발행 등 여러 가지 사항에 미친다.[133] 이러한 점 때문에 지배회사는 보통의 지배주주의 경우보다 종속회사의 경영에 폭넓게 관여할 수 있게 된다.[134] 그러나 지시에도 한계가 있다. 세법, 경쟁제한방지법, 환경법 규정을 무시하도록 지시하는 것은 허용되지 않으며, 지시 자체가 자기주식 취득에 대한 규제, 주주의 신주인수권 배제의 제한과 같은 강행규정에 위반하는 것도 허용되지 않는다.[135]

지배회사나 콘체른 전체의 이익에 기여하는 한 종속회사에 불이익한 지시(Nachteilige Weisung)도 허용된다(독일 주식법 제308조 제1항 제2문). 예컨대, 지배회사나 콘체른 내의 다른 회사에 대하여 현금이나 고정자산 또는 유동자산을 자산을 제공하도록 하는 지시도 허용된다. 그러나 종속회사에 불이익한 지시를 하는 경우에는 비례의 원칙(Verhältnismaβigkeitsgrundsatz)을 지켜야 한다.[136] 따라서 종속회사에 대한 불이익이 콘체른에 대한 이익에 비하여 지나치게 커서는 안 된다.[137] 종속회사의 존속을 위험하게 하거나 무력화시키는 지시, 예를 들어 존속회사의 해산이나 도산과 같은 결과를 가져오는 지시는 허용되지 않는다.[138]

지배계약에 따른 지시권의 행사이므로, 종속회사의 이사는 지배회사

132) Emmerich(2019), § 308 Rn. 23.
133) Hüffer(2021), § 308 Rn. 15.
134) Hüffer(2021), § 308 Rn. 15.
135) 송옥렬/최문희(2013), 20면.
136) Hüffer(2021), § 308 Rn. 10.
137) Koppensteiner(2004), § 308 Rns. 24, 30.
138) Hüffer(2021), § 308 Rn. 19.

의 지시를 따라야 할 의무를 부담한다(독일 주식법 제308조 제2항 제1문). 비록 그 지시가 종속회사에 불이익한 지시이더라도 종속회사 이사는 이를 거부할 수 없다. 심지어 지배회사의 지시가 지배회사나 콘체른 전체의 이익에 부합하지 않는다고 판단되더라도, 그 점이 명백하지 않은 한, 그 지시의 이행을 거부할 수 없다(독일 주식법 제308조 제2항 제2문). 여기서 "그 점이 명백하지 않은 한"이 무엇을 의미하는지를 보면, 모든 감정인이 추가적인 조사 없이 전체 콘체른에 대한 불이익을 인정할 수 있을 때 지배회사의 지시가 전체 콘체른에 명백하게 불이익한 것이 된다고 한다.[139] 이 정도에 이르지 않는 한, 종속회사에 불이익한 지시가 종속회사 이사 자신의 판단에 의하면 전체 콘체른에 불이익한 것이더라도, 종속회사 이사는 그 지시에 따라야 한다.

종속회사 이사가 지시를 적법하게 수행하는 한 독일 주식법 제76조 제1항[140]은 적용되지 않는다. 즉, 종속회사 이사가 지배회사 이사의 지시를 따른 것이라면 종속회사에 대한 의무 위반 책임은 발생하지 않는다. 반면 종속회사가 지시에 따를 의무를 이행하지 않는 경우, 지배회사 이사는 지시권의 실현을 위해 종속회사에 대하여 강제이행 청구나 손해배상 청구 등 법적인 구제 수단을 강구할 수 있다.[141]

(나) EMCA

EMCA에서도 제15장 제9조에서 "지배회사 이사의 종속회사 이사에 대한 지시권"을 인정하는 규정을 마련하여 법적 확실성을 제공하고 있다(제1항).[142] 지배·종속관계라는 사실이 존재하면 지시권을 인정하는 방

---

139) 조지현(2014), 385면.

140) 독일 주식법 제76조 1항은 "이사는 자기책임 하에서(unter eigener Verantwortung) 회사를 관리해야 한다"고 규정하고 있다.

141) Emmerich(2019), § 308 Rn. 67.

142) Conac(2016), p. 309.

식을 취한다.[143] 따라서 지배회사 이사는 위법한 행위를 한 종속회사 이사에게 그 행위의 시정을 위한 지시권을 행사할 수 있고, 종속회사 이사는 이에 따라야 한다.[144]

(다) 이탈리아

이탈리아는 지배회사·종속회사에 대해서는 정의하지만, 기업집단 자체에 대한 정의 규정을 두지 않고 있다.[145] 지배회사가 종속회사에 대하여 지시조정(direzione e coordinamento)권을 가지고 있으면, 기업집단에 관한 규정[146]이 적용된다고 하는 구성을 취한다.[147] 그러나 지배회사의 지시조정권에 관해서도 정의규정은 따로 존재하지 않는다. 즉, 구체적으로 어떠한 경우에 이러한 지시조정권이 인정되는지에 대하여는 명문의 규정이 없다.

(1) 지배·종속관계에 의한 지시조정권

대신 일정한 중요한 사실이 존재할 때 지배회사의 종속회사에 대한 지시조정권이 있는 것으로 추정한다는 규정을 두고 있다.[148] 제2497조 제6항에서 이를 규정하고 있는데, 이 중요한 상황이란, 연결관계에 있거나 지배회사·종속회사에 대한 정의 규정인 제2359조에 기해 지배·종속관계가 인정되는 경우를 말한다.[149]

---

143) EMCA(2017), p. 380.

144) EMCA(2017), p. 380.

145) 早川勝(2009), 4면.

146) 이탈리아 민법 제2497조.

147) 김건식 외(2008), 54면.

148) Delfino(2004), p. 86; Kousedghi(2007), p. 218; Fasciani(2007), pp. 202-203.

149) 제2497조 제6항의 원문 내용은 다음과 같다. Art. 2497-sexies. (Presunzioni). Ai fini di quanto previsto nel presente capo, si presume salvo prova contraria che l'attivita' di direzione e coordinamento di societa' sia esercitata ((dalla societa' o ente tenuto al consolidamento dei loro bilanci o che comunque le controlla)) ai

이 사실상의 지배·종속 관계는, 회사가 1) 다른 회사의 주주총회에서 의결권의 절대다수를 가지는 경우, 2) 다른 회사의 주주총회에서 의결권 행사를 통해 지배적 영향력을 행사하는 경우(상대적 의결 다수), 3) 주주간 계약 등에 의해 다른 회사에 지배적 영향력을 미치는 경우 경우에 인정된다.[150] 물적회사, 인적회사, 공법상 회사[151] 기타 모든 법적조직이 지배회사로 될 수 있다.

이 경우 반증이 없는 한 지배회사는 지시조정권이 있다고 법률상 추정된다.[152] 통상적으로 지배와 지시권은 연관되어 있다고 보기 때문이다.[153] 이러한 경우에도 지배회사 이사는 종속회사가 지배회사의 영향없이 자율적으로 의사결정을 하였다는 점이 입증되면 언제든지 책임에서 벗어날 수 있다는 점에서 의의가 있다.[154]

한편, 자연인이 지시조정권을 행사하는 경우에는, 지배회사의 책임에 관한 규정[155]과 지시조정권의 법률상 추정에 관한 규정은 적용되지 않는다. 자연인에 대한 소는 손해배상에 관한 일반 규정에 의한다.[156]

(2) 계약·정관에 의한 지시조정권

제2497조 제7항[157]에서는 제2497조 제6항에 언급된 경우 이외에도,

---

sensi dell'articolo 2359. (출처 http://www.normattiva.it/uri-res/N2Ls?urn:nir:stato:regio.decreto: 1942-03-16;262).

150) 이탈리아 민법 제2359조.

151) 이탈리아 민법 제2201조.

152) Delfino(2004), p. 86; Kousedghi(2007), p. 218; Fasciani(2007), pp. 202-203.

153) Fasciani(2007), pp. 202-203.

154) 김건식 외(2008), 54면.

155) 이탈리아 민법 제2043조.

156) Fasciani(2007), p. 202.

157) Art. 2497-septies. (((Coordinamento fra societa').)) ((Le disposizioni del presente capo si applicano altresi' alla societa' o all'ente che, fuori dalle ipotesi di cui all'articolo 2497-sexies, esercita attivita' di direzione e coordinamento di societa' sulla base di un contratto con le societa' medesime o di clausole dei loro statuti.)) (출처

계약이나 정관에 근거하여 지시조정권을 행사한 회사 또는 법인에도 기업집단에 관한 규정들이 적용된다고 규정한다.

사실상 지배·종속관계가 없더라도 계약 또는 정관의 규정으로 지배회사의 지시조정에 복종할 의무를 종속회사에 부과하는 것이 가능하다.[158)]

(라) 시사점

종속회사의 가치가 감소하는 상황이라면 지배회사 이사는 지배회사 주주의 이익 보호를 위해 종속회사 이사에 대하여 개입하여 시정조치를 취하도록 할 필요가 있다. 여기서 중요한 것은 종속회사가 이 지시에 따르도록 하여 실효적인 관리감독이 가능하도록 하여야 하는데, 다른 나라에서의 입법의 방식에 의한 경우를 살펴보았다. 어떠한 경우에 지시권을 인정할 것인지는 계약 또는 정관에 의하거나 지배·종속관계라는 사실이 존재하면 인정하는 등 나라마다 다른 방식을 취하고 있음을 알 수 있다. 이 중 EMCA와 이탈리아 민법의 방식은 지시권 행사에 법적인 근거를 두어 종속회사에 대한 지시권의 정당성을 확보하면서도, 그 근거를 지배·종속관계라는 사실에 둠으로써 별도의 절차를 요하지 않는다는 점에서 참고할 만하다. 더 나아가 어느 경우이든 지배회사 이사에게 지시권이 인정된다고 하여 무한정의 권리가 인정되는 것이 아니고, 종속회사의 가치 감소 방지라는 관리감독의무의 이행을 위한 범위 내에서만 행사되는 것이다.

---

http://www.normattiva.it/uri-res/N2Ls?urn:nir:stato:regio.decreto:1942-03-16;262).

158) Fasciani(2007), p. 203.

3. 한국

(가) 현행법의 태도

한국 현행 상법에는 지배회사가 종속회사에 대하여 지시권을 행사하고 경영을 관리감독할 수 있는 실체적 규정이 존재하지 않는다.

다만, 금융지주회사법 제15조 및 동 시행령 제11조에 따르면, 금융지주회사는 자회사에 대한 사업목표의 부여 및 사업계획의 승인, 자회사의 경영성과의 평가 및 보상의 결정, 자회사에 대한 경영지배구조의 결정, 자회사 등의 업무와 재산상태에 대한 검사, 자회사에 대한 내부통제 및 위험관리 업무 등 자회사의 경영관리업무와 자회사에 대한 자금지원 및 이를 위한 자금조달, 자회사에 대한 출자, 자회사의 업무에 필요한 자원의 제공 등의 부수업무만을 영위할 수 있다. 이 규정을 근거로 하여 금융지주회사에 자회사에 대한 지시권이 부여된 것으로 파악할 수도 있다. 그러나 금융지주회사법의 위 규정은 금융지주회사가 영위할 수 있는 업무범위를 규정한 것일 뿐, 자회사에 대한 지시권이나 자회사의 종속의무에 관한 근거 규정으로 볼 수는 없다는 것이 다수의 견해이다.[159]

(나) 학설

지배회사 이사가 종속회사 관리감독의무를 원활하게 이행하기 위해서는 지배회사의 종속회사에 대한 지시권을 인정할 필요가 있다. 그 방안으로는 현행법의 틀 안에서 해석론으로 해결하는 방법과 입법을 통한 방법이 있다.

(1) 해석론

해석론으로 지배회사와 종속회사 사이에서 지배회사에 지시권을 부

159) 곽원섭(2003), 110면; 김현태/김학훈(2005), 327면.

여하는 경영관리계약을 체결하거나 종속회사의 정관에 지시권에 관한 규정을 둠으로써 자율적인 해결을 도모하는 방법이 있다.[160] 즉, 종속회사 경영진으로부터의 정기적인 정보수령권, 종속회사 경영진 선임에 대한 동의권과 해임권, 주요 경영사항에 관한 승인권 등을 계약 또는 자치규범에 정함으로써 종속회사에 대한 지배회사의 지시를 합법화하고 그 지시에 따른 종속회사 이사의 행위의 정당성을 확보하는 방식이다.[161] 이 방식은 실제 국내 지주회사들이 많이 이용하고 있다.[162]

그러나 경영관리계약이나 정관의 규정으로 지시권을 인정하는 방식에는 다음과 같은 한계가 있다. 먼저 경영관리계약과 관련하여서는, 지배회사에 종속회사에 대한 지시권을 부여하는 경영관리계약은 종속회사의 경영사항에 관한 의사결정을 종속회사의 이사회가 아닌 지배회사에 포괄적으로 맡긴다는 것을 의미하므로, 이는 경영위임에 준한다고 보아야 한다.[163] 상법상 경영위임계약은 주주총회 특별결의를 거쳐야 하고, 반대주주에게는 주식매수청구권이 인정되어야 한다.[164] 그렇다면 지배회사와 종속회사가 완전지배·종속관계에 있지 않은 한, 위의 절차를 거치지 않고 체결한 경영관리계약은 그 적법 또는 유효성에 문제가 생길 수 있다.

정관 변경도 주주총회 특별 결의사항이므로, 경영관리계약이나 정관 규정을 통해 지배회사의 지시권이 인정되기 위해서는 종속회사 주주총회의 특별결의에 의한 승인이 필요하다. 따라서 부분지배·종속회사의 경우에는 지배·종속관계에 있더라도 바로 지배회사의 종속회사에 대한 지시권이 인정되지 않으므로, 지배회사 이사가 종속회사 관리감독의무를 원활하게 이행하기에는 한계가 있다.

160) 천경훈(2015), 47면.
161) 천경훈(2015), 47면.
162) 천경훈(2015), 47면.
163) 柴田和史(1998), 115-117면.
164) 상법 제374조 제1항, 제374조의2.

(2) 입법론

입법론으로는 독일 주식법 콘체른 규정을 도입하여 지배회사의 종속회사에 대한 지시권한과 종속회사의 복종의무를 규정하는 방법이 제시되고 있다.[165] 그러나 여기에는 지배계약이 체결되어야 하고, 소수주주 보호를 위한 장치들을 마련하는 등 지시권의 정당성 확보에 큰 비용을 지불해야 하므로[166] 오히려 지배회사 주주 이익 보호에 역행하는 문제가 발생한다는 비판이 가능하다.[167]

다음으로는 모자회사의 정의 규정을 실질적 지배기준으로 정의하여, 지배회사의 종속회사에 대한 지배권을 명문으로 규정하기보다는 실무의 현실을 그대로 인정하여 사실상의 지시·감독권을 바탕으로 한 대응 규정을 두자는 견해가 있다.[168] 이는 모자회사의 정의 규정을 실질적 지배기준으로 정의하고, 사실상 지배관계를 바탕으로 한 지시권을 인정하고 있다는 점에서는 그 의의가 있으나, 종속회사를 구속할 수 없으므로 관리감독을 실효적으로 할 수 없다는 문제가 있다.

---

165) 김순석(2013), 32-33면; 정대근(2011), 300면; 서세원(2007), 334면.

166) 독일의 계약상 콘체른에서 지배회사가 종속회사에 대한 지시권한과 종속회사의 복종의무를 가지기 위해서는 지배회사와 종속회사 사이에 지배계약이 체결되어야 하고, 또한 이 지배계약을 체결하기 위해서는 지배계약 체결시 주주총회의 동의권(제293조 제1항), 지배회사의 보상의무(제304조), 종속회사 소수주주(auβenstehender Aktionär)의 퇴사권 및 대상청구권(제305조), 지배회사 대표기관의 손해배상책임(제309조, 제310조) 등 소수주주 보호를 위한 장치들을 마련하고 있어야 하기 때문이다. 또한 가령 보상규정을 두지 않은 지배계약이나 이익이전계약은 무효이지만(독일 주식법 제304조 제3항 제1문), 실무에서는 소수주주가 보상이 마음에 들지 않더라도 종속회사 주식의 4분의 3 이상을 가진 지배주주의 지배계약을 무력화시킬 방법은 없다고 비판한다. 법원에 심사신청을 하더라도 그 시간 너무 오래 걸리고, 많은 비용을 수반하기도 하기 때문이다. 이는 실제 기대와는 달리 계약상 콘체른이 독일에서 잘 활용되지 못하는 요인이 된다(Hommelhoff(2009), pp. 65-66).

167) EMCA(2017), p. 380.

168) 김지환(2014), 242-243면.

(다) 검토

(1) 실무적 방법에 의한 지시권 인정

법상 명문의 규정으로 지배회사의 자회사에 대한 지시권을 인정하기 전에 실무적으로 활용할 수 있는 방안은 지배회사와 종속회사와의 사이에 경영자문·지원계약을 체결하여 경영지원·자문을 위한 한정된 범위 내이지만 지배회사의 자료요청, 인력요청에 대하여 종속회사에 협조의무를 부과하는 방법이 있다.

또한 지배회사 이사회에서 그룹 전체에 적용될 공통 규정을 만들어 종속회사로부터의 정기적인 정보수령, 종속회사 경영진 선임에 대한 동의와 해임, 종속회사 주요 경영사항에 관한 승인 등에 관한 내용을 규정하고, 지배회사와 종속회사와의 사이에 그룹관리규정 준수를 내용으로 하는 계약을 체결하거나 종속회사가 지배회사에 대해 그룹관리규정을 준수하는 취지의 확약서를 발급하는 형식으로 종속회사에 준수의무를 부과시킴으로써 지배회사의 지배·관리에 법적 권한을 부여하는 방법도 있다.

이 두 가지 방안은 입법절차라는 비용을 들이지 않고도 활용할 수 있는 자율적이고도 효율적인 수단이자 종속회사의 독립경영을 해치지 않으면서도 지주회사의 종속회사에 대한 지배 권한을 법적인 권한으로 명확히 할 수 있는 현실적인 수단이다.[169)]

이와 더불어 그룹관리규정 준수에 대한 실효성 확보를 위해 그룹 소속 회사 임직원에 대한 교육이나 세미나, 인트라넷 게재 등을 통해 그룹 소속 회사에 그룹관리규정의 내용을 주지시키고, 준수의무 불이행 시의 일정한 제재수단도 함께 마련하여 공유할 필요가 있다. 제재수단으로는 그룹 회사 임직원 등에 대한 인사상 불이익·전보 조치, 그룹 회사에 대한 상호·상표의 사용권 취소 등을 생각해 볼 수 있다.[170)]

---

169) 김신영(2018a), 36-37면.

이렇게 함으로써 지배회사 이사는 명문의 규정 없이도 법적인 지배·관리 권한을 가지게 되어 위법한 행위를 한 종속회사 이사에게 그 행위의 시정을 위한 지시권을 행사할 수 있고, 종속회사 이사는 이에 따르게 되는 것이다.[171]

(2) 명문의 규정에 의한 지시권 인정

1) 인정 방안

지배회사의 지시권은 지배회사 이사의 종속회사 관리감독의무의 핵심 수단이 된다는 점에서, 법적 명확성을 위해서는 "이러이러한 경우에는 지배회사에 지시권이 있다"라고 함으로써 입법을 통해 이를 규정하는 것이 필요하다.

EMCA나 이탈리아의 방법처럼 사실상 지배·종속관계가 존재하는 경우 지시권이 있는 것으로 한다. 다만 지시권 자체를 규정하기보다는 지배·종속관계가 존재하는 경우 지시권이 있는 것으로 추정하는 규정을 두는 방법을 생각해볼 수 있다.

2) 고려사항

ㄱ) 지배회사의 유형

지배회사의 종속회사에 대한 지시권은 지배·종속이라는 사실관계에 기해 이를 인정하는 것이다. 따라서 지배·종속관계가 존재하면 지배회사의 종류와 상관없이 지시권이 인정된다고 보아야 한다.[172]

예를 들어, 지주회사는 자회사의 사업내용을 지배하는 것을 주된 사업으로 하는 회사를 말하므로,[173] 그 성질상 순수지주회사든 사업지주

170) 石井裕介/金村公樹(2018), 8-9면.
171) 김신영(2018a), 37면.
172) 지배·종속관계의 인정 기준에 관해서는 제2장 제2절에서 상술하였다.
173) 공정거래법 제2조 제1의2호.

회사든 관계없이 지시권을 인정하는 것이 타당하다. 상법상 모회사도 지시권이 인정되는 것은 당연하다. 그 외의 다른 종류의 지배회사도 지배·종속관계에 있기만 하면 지시권을 인정하는 것으로 한다.

ㄴ) 지시권 행사의 방법

지시는 기본적으로 의사의 전달이기 때문에 서면을 요하지 않고 요청의 형식으로 하는 것은 물론이고 구두로도 할 수 있는 것으로 보아야 한다.[174]

ㄷ) 지시권 행사의 한계

지배회사에 지시권이 인정된다고 하여 권리가 무제한으로 인정되는 것은 아니다. 지배회사 이사는 지시권을 종속회사의 가치 감소 방지를 위한 범위 내에서만 행사하여야 한다. 가령 종속회사 이사의 비위행위가 탐지되었을 때, 이를 조사하고 시정조치를 내리는 범위 내에서의 지시권의 행사가 이루어져야 한다. 이를 넘어 지배회사 또는 그룹이익을 위한 명목하에 종속회사에 불이익한 지시를 하는 것은 허용되지 않는다.[175]

ㄹ) 지시권의 추정

지배회사에 지시권을 부여하는 이유는 지배회사 주주 이익 보호를 위해 종속회사에 대한 관리감독의무 수행을 원활하게 하도록 하기 위해서이다. 그런데 지배회사에 종속회사에 대한 지시권을 허용해 주는 것이 오히려 지배회사에도 부담으로 작용하는 상황도 발생할 수 있다. 왜냐하면 때로는 종속회사에 광범위한 재량권을 부여하고 지배회사의 간섭 없이 자율 경영을 하도록 하는 것이 효율적인 경우가 있기 때문이다.[176] 이러한 경우 지배회사는 종속회사가 지배회사의 영향 없이 자율

---

174) 김건식 외(2023), 507면.
175) 예외적으로 이러한 행위가 허용되기 위한 요건은 제5장에서 논의한다.

적으로 의사결정을 하였다는 점을 입증하면 언제든지 책임에서 벗어날 수 있도록 하여야 한다.[177] 따라서 지배·종속관계가 존재하는 경우 지배회사는 종속회사에 대하여 지시권이 있는 것으로 추정한다고 하는 추정규정의 형식을 취한다.

II. 지배회사 이사의 종속회사에 관한 정보수집권

1. 개관

지배회사 이사는 종속회사의 정보를 수집할 필요가 있다. 법적인 이유로는 연결회계나 연결결산을 위해서이다.[178] 또한 실무적인 이유로는 지배회사 이사가 종속회사에 업무를 지시하거나 지시한 업무집행이 잘 이루어지고 있는지를 확인하기 위하여 혹은 지배회사에 영향을 미치는 비위행위들이 종속회사에서 이루어지고 있는지 감시하기 위하여 지배회사 이사는 종속회사의 경영 상황에 관한 정보들을 정확하게 파악하고 있어야 한다.[179] 즉, 종속회사에 관한 정보의 수집은 지배회사 이사의 지배회사에 대한 종속회사 관리의무를 이행하기 위한 전제가 된다.

지배회사의 이사의 정보수집권은 지배회사의 권리로부터 나온다. 즉, 지배회사 이사의 정보수집권은 지배회사가 일반 주주로서 가지는 정보

---

176) 지배·종속관계를 넘어 더 확장해 보면, 대규모기업집단이나 종속회사가 여럿 있는 그룹인 경우, 지배회사의 이사가 그 모든 그룹의 경영에 적극 관여하는 것은 사실상 불가능하다. 또 지배회사가 순수지주회사인 경우나 그룹 산하의 각 종속회사에 대해서 일정한 재량권을 부여하고 있는 이른바 권한 분산형 그룹 형태를 취하고 있는 경우, 종속회사에 대한 파악도 힘든 상황에서 지배회사 이사에게 지시권을 부여하고 종속회사 관리에 관한 광범위한 의무와 책임을 부과하는 것은 오히려 원활한 그룹 경영을 저해할 수도 있다.

177) 김건식 외(2008), 54면.

178) EMCA(2017), p. 381.

179) EMCA(2017), p. 381.

수집권, 지배주주로서 가지는 정보수집권으로부터 나온다고 볼 수 있는데, 여기서는 지배회사가 일반 주주로서가 아닌 지배적 영향력을 행사하는 지배주주로서의 고유한 지위를 근거로 하여 종속회사에 관한 정보를 수집할 권한을 가지는지에 관해 주목한다. 지배회사 이사가 종속회사에 대한 지배권을 근거로 하여 일반 주주의 지위에서 종속회사에 대하여 더욱 더 깊이 관여할 수 있다면, 취급하는 종속회사의 정보도 더 세부적이거나 달라야하는 것인지가 문제이다. 그렇다면 지배회사의 이사가 종속회사에 대하여 요구하는 정보란 지배·종속회사의 운영과 관련한 종속회사에 관한 정보로서 회사 경영에 관한 단순한 정보를 넘어서 종속회사의 기밀에 가까운 사항까지 포함한다. 이는 종속회사 이사의 종속회사에 대한 비밀유지의무[180]나 종속회사의 다른 소수주주들에 대한 형평성(주주평등의 원칙)[181]도 고려해야 하는 복잡한 이슈이다.

한편, 지배주주로서의 지위를 근거로 하는 경우 지배회사 이사는 종속회사에 대하여 개별 회사에서의 지배주주가 회사에 대해 가지는 정보수집권 이상을 행사할 수 없다. 그러나 지배회사에 대한 수임자로서 의무를 부담하고 있는 지배회사의 이사는 그 의무 불이행으로 인하여 책임을 지거나 해임을 당하지 않기 위해서라도 종속회사 이사의 위법행위 등을 발견하고 시정할 유인이 있다. 따라서 그는 일반적인 주식회사의 지배주주보다 더 많은 정보를 적시에 얻고 싶어 할 것이다. 그렇다면 지배회사·종속회사 관계에서 지배회사는 일반적인 주식회사의 지배주주보다 더 폭넓은 정보를 요구하고 정보 제출을 강제할 권리를 가지는지도 살펴보아야 한다.

---

180) 상법 제382조의4에서는 이사는 재임 중 뿐만 아니라 퇴임 후에도 직무상 알게 된 회사의 영업상 비밀을 누설하여서는 아니된다는 이사의 비밀유지의무를 규정하고 있다.

181) 비록 주주평등의 원칙이 명문으로 규정되어 있지 않다하더라도 현재 판례는 주주평등원칙이 주주와 회사와의 관계를 규율하는 실정법상의 강행규정이라고 보고 있다(대법원 2007. 6. 28. 선고 2006다38161, 38178 판결).

다만 이 논의는 지배회사 이사의 종속회사 관리감독의무의 내용으로서, 지배회사 이사의 종속회사에 대한 관리감독권과 그에 기초한 구체적 지시권이 인정된다는 전제 하의 논의이다. 종속회사에 대한 관리감독권의 인정 여부와 그 범위에 따라 지배회사 이사의 종속회사에 관한 정보수집권의 인정여부와 그 범위도 달라질 수 있기 때문이다.[182]

다른 나라에서는 지배회사 이사의 종속회사 관리감독의무 이행을 위한 수단으로서 위와 같은 종속회사에 관한 정보수집권이 인정되고 있는지, 그렇다면 그 근거를 어디에서 찾고 있는지를 살펴보고, 한국에서 인정될 수 있는 방법을 모색해 본다.

2. 비교법적 고찰

(가) 독일

지배회사 이사가 종속회사에 관한 정보를 취득할 수 있는가에 대해서는 독일에서 해석론으로서 약간의 논의가 있을 뿐이다.[183]

먼저 지배회사는 일반 주주로서의 지위를 근거로 해서 종속회사에 대하여 설명청구권을 행사할 수 있고,[184] 콘체른 결산서 및 콘체른 상황보고서의 작성을 위해 종속회사에 대하여 필요한 모든 설명 및 증빙서류를 청구할 수 있다.[185] 그러나 주주로서 설명청구권을 행사한 경우에는 주주 이외의 다른 주주에게도 내용이 공개되기 때문에,[186] 100% 종속회사가 아닌 한, 종속회사의 내부 정보를 은닉함으로써 자신들만 이익을 누리려는 지배회사가 설명청구권을 정보수집의 수단으로 이용하는 것은

182) 河合正二(2012), 16면.

183) 본 항에서의 독일의 논의는 船津浩司(2010), 235-253면의 내용을 요약·번역하였다. 인용은 船津浩司(2010)의 해당 면을 표기하는 것으로 한다.

184) 독일 주식법 제131조.

185) 독일 상법 제290조 제1항·제2항, 제294조 제3항.

186) 독일 주식법 제131조 제4항 제1문.

거의 의미가 없다.[187] 또한 콘체른 결산서 작성 의무에 따라 종속회사가 제출한 정보도 지배회사가 종속회사를 관리감독하기 위한 일응의 자료가 될 수는 있지만, 기본적으로 과거의 정보인 결산 관련 정보는 미래지향적인 정보가 제때 필요한 관리감독에는 별 도움이 되지 않는다는 평가이다.[188]

그렇다면 지배회사 이사는 지배회사가 가지는 주주로서의 지위를 근거로 하여 종속회사에 관한 정보를 취득할 수 있는지를 살펴보아야 한다. 먼저 독일에서 종속회사의 이사는 업무집행을 통해 지득한 회사의 경영상·영업상의 기밀 정보에 관하여 비밀을 준수할 의무가 있고(비밀준수의무),[189] 주주총회 밖에서 주주인 지배회사의 이사에게 종속회사에 관한 일정한 정보를 제공한 경우에는 지배회사 이외의 주주에게도 그들의 청구가 있는 때에 해당 정보를 설명함으로써 주주평등의 원칙을 지켜야 한다.[190] 지배회사 주주의 종속회사 정보수집권을 인정하기 위해서는 이러한 사항들이 고려되어야 한다.

계약상 콘체른과 사실상 콘체른의 경우를 나누어 살펴본다. 먼저 계약상 콘체른의 경우에는 지배회사의 지시권이 법정 되어 있다는 점, 종속회사 이사는 그 지시에 따라야 할 의무가 법정되어 있는 점을 근거로 하여 지배회사 이사는 종속회사 이사에 대하여 정보제공을 청구할 수 있는 권리를 가지고, 종속회사 이사는 정보를 제공해야 할 의무를 부담한다.[191] 지배회사 이사의 지시권에 따라 종속회사 이사가 정보를 제공하는 것은 지배계약에 근거한 법적 권한에 따른 것이므로 통일적 관리를 위해 필요로 하는 한 비밀준수의무 위반이나 주주평등의 원칙 문제는 발생하지 않는다.[192] 계약상 콘체른에서의 지시권의 성질에 비추어,

187) 船津浩司(2010), 239면; Löbbe(2003), S. 132.
188) 船津浩司(2010), 239면; Löbbe(2003), S. 139, 141-142.
189) 독일 주식법 제93조 제1항 제3문.
190) 독일 주식법 제131조 제4항 제1문.
191) 船津浩司(2010), 242면.

지배회사 주주가 청구할 수 있는 정보의 범위도 일반 지배주주로서 청구할 수 있는 정보보다 더 광범위하다.[193] 이에 대해서도 종속회사 이사는 정보를 제공할 의무가 있다.

사실상 콘체른의 경우에는 지배회사가 종속회사의 정보 제공을 강제할 법적인 권한을 가지고 있지는 않으므로, 종속회사의 이사에 대해서 지배회사가 가지는 주주로서의 지위를 근거로 하여 자발적인 정보제공을 요청할 수 있다.[194] 사실상 콘체른에서도 통일적 관리에 필요한 범위 내에서 제공한 정보에 대해서는 종속회사의 이사가 비밀유지의무 위반의 책임을 부담하지 않고, 또한 종속회사의 소수주주에게 사후의 설명청구권도 발생하지 않는다고 한다.[195] 따라서 종속회사나 지배회사 이사 모두 안심하고 필요한 기밀 정보의 수집과 제공이 가능하게 된다.[196] 한편 정보제공 청구는 사실상 영향력 행사에 불과하여 종속회사의 정보 제공을 강제할 수 없고, 지배회사가 지배주주로서 가지는 권리 이상을 요구할 수 없다. 이를 강제하기 위해서는 지배계약 체결과 같은 별도의 절차가 필요하다.[197][198]

요컨대, 사실상 콘체른에서는 독일 주식법 제18조의 의미에서의 콘체른이 형성되고 그 "통일적 관리"에 이바지하는 한, 종속회사 이사의 자

---

192) 船津浩司(2010), 242-243면.
193) 船津浩司(2010), 244면.
194) 船津浩司(2010), 248면; Kubis(2007), § 131 Rn. 143; Krieger(2004), § 6 Rn. 24.
195) 船津浩司(2010), 243-246면; Kubis(2007), § 131 Rn. 143; Krieger(2004), § 6 Rn. 24.
196) 船津浩司(2010), 247-248면; Kubis(2007), § 131 Rn. 143; Krieger(2004), § 6 Rn. 24.
197) 船津浩司(2010), 247-248면; Kubis(2007), § 131 Rn. 143; Krieger(2004), § 6 Rn. 24.
198) 이에 반하여, 사실상 콘체른은 계약상 콘체른의 전단계로 보고, 계약의 전 단계에서도 당사자의 권리의무가 설정된다는 의미에서, 지배회사와 종속회사 사이에는 단순한 주주와 회사 사이를 넘는 특별한 법률관계가 형성된다고 한다. 이에 따르면, 사실상 콘체른의 경우에도 지배회사 이사의 정보제공 청구에 종속회사는 정보제공의무를 부담하게 된다(船津浩司(2010), 250-251면; Löbbe(2003), S. 156-157).

발적 정보 제공만 인정된다. 그러한 범위 내에서의 정보 제공에 대해서는 종속회사 이사는 비밀준수의무 위반 책임을 부담하지 않고, 종속회사의 다른 주주들에게 설명청구권도 발생하지 않기 때문에, 지배회사 이사나 종속회사 이사 모두 안심하고 관리감독에 필요한 기밀정보를 공개할 수 있다.[199] 그러나 한국에서는 사실상 콘체른과는 달리 지배회사가 종속회사에 대하여 사실상의 영향력을 행사하는 것만으로 종속회사 이사가 종속회사에 대해 부담하는 법적의무의 위반을 정당화시킬 수는 없다.

(나) 일본

일본에서 이 부분에 대한 논의가 활발하지 않다. 지배회사 이사의 관리감독의무를 인정하고, 관리감독의무 이행을 위한 수단으로서 지배회사 이사의 정보수집권이 인정되어야 할 필요성이 있음에도, 종래 정보수집권이 인정되지 못하고 있었다.[200] 그 이유는 다음과 같다.

법정의 공시서류나 회계장부를 열람하거나 주주총회에서 질문권(일본 회사법 제314조)을 행사하는 등 일반 주주로서의 지위를 근거로 해 지배회사의 종속회사에 대한 정보수집권을 행사하는 것은 통상의 주주가 요청하는 절차에 의할 경우 적시에 그리고 신속하게 정보를 취득하지 못할 우려가 있다.[201]

다음은 지배회사가 가지는 지배주주로서의 지위를 근거로 해 종속회사에 기밀 정보를 청구할 수 있는지 문제 된다. 법적인 권한에 의하지 않은 사실상 영향력 행사에 불과하므로 지배회사 이사가 정보제공 청구를 하더라도 종속회사는 제공할 의무가 없다. 그럼에도 불구하고 종속회사 이사가 자발적으로 제공한 경우에는 종속회사는 비밀유지의무 위반 책임을 부담해야 한다.[202] 지배회사에 의한 관리감독이 종속회사에

199) 船津浩司(2010), 248-249면.
200) 船津浩司(2010), 267면.
201) 船津浩司(2010), 266면.

있어서도 이익이 되는 경우에는 종속회사는 필요한 정보를 제공해도 비밀유지의무 위반이 되지 않는다는 견해도 있다.[203] 그렇다고 하더라도 종속회사의 지배회사에 대한 정보제공은 주주에 대한 이익 제공에 해당하므로, 다른 주주들에 대한 평등원칙 위반의 책임은 여전히 문제로 남게 된다.[204] 따라서 일본에서 지배주주의 지위를 근거로 해 지배회사 이사가 종속회사에 정보 제공을 청구하는 것은 어렵다.

독일의 계약상 콘체른에서와같이 지배회사의 종속회사에 대한 특별한 정보수집권을 인정할 수 있는지에 대해 살펴보면, 지배계약이나 통일적 관리, 종속관계의 유무 등에 따라 기업집단에 관한 실체적 규율을 하고 있는 독일과는 달리 이를 결하고 있는 일본의 현행 회사법제에서 하에서는 지배회사의 종속회사에 대한 특별한 정보수집권을 바로 도출하기는 힘들다.[205]

이러한 어려움을 해결하기 위한 방법으로 지배회사와 종속회사 사이에 계약을 체결하고 주주의 지위와는 다른 권리의무관계를 설정할 것이 주장되고 있다.[206] 부담하고 있는 관리감독의무 이행을 위한 수단이 마련되지 않은 현실 속에서 어느 정도 합리적 해결이 가능하다.

한편 2014년 회사법 개정으로 기존에 시행령에 있던 기업집단 내부통제시스템 구축·운용의무가 회사법의 내용으로 격상되고, 회사법 시행규칙 제100조 제1항 제5호에 그 구체적 내용으로서 "종속회사 이사의 업무집행과 관련된 사항의 지배회사에 대한 보고에 관한 체제"가 예시되어 있다. 즉, 지배회사는 종속회사의 이사 등으로부터 업무집행에 관한 사항의 보고를 통해 회사의 운영 상황을 파악하는 것이 가능하다.[207] 이는

---

202) 船津浩司(2010), 262-263면.
203) 稻葉威雄(2005b), 27면.
204) 船津浩司(2010), 262-265면.
205) 船津浩司(2010), 261-262면.
206) 角田大憲(2000), 76면; 江崎滋恒(2004), 77면.
207) 町田祥弘(2016), 31면.

지배회사에 대한 종속회사 정보의 이전이 확보되지 않으면 지배회사 및 지배회사의 주주가 종속회사의 업무집행위 적정을 확보하기 위한 적절한 조치를 취할 수 없기 때문에 마련된 것이다.[208] 그렇다면 종속회사 이사가 자발적으로 제공한 정보에 대해서는 비밀유지의무 위반이나 주주평등원칙 위반이 되지 않는지, 종속회사에 대한 정보 제공 청구를 강제할 수 있는 것은 아닌지, 즉 2014년 회사법 개정 전과는 다른 해석이 가능한 것은 아닌지도 생각해 볼 수 있다. 그러나 아직은 이에 대해서까지 언급하고 있는 문헌은 보이지 않는다. 다만, 실무에서는 가령 기업집단별로 지배회사에 종속회사 관리의무를 담당하는 부서 및 책임자를 배정하여 문제가 생기면 종속회사에서 보고하도록 하는 시스템을 구축한다거나 종속회사와 정기적으로 경영상황 및 재무상황 보고회를 개최하고, 중요사항에 대해서는 사전 협의를 하는 식의 내부통제 시스템을 구축하여 운영하고 있다.[209] 이러한 과정에서 이루어지는 정보제공에 대해서는 종속회사 이사에게 비밀유지의무 위반이나 주주평등원칙 위반의 책임을 물을 수 없다는 해석도 가능할 것이다. 다만, 그러한 시스템을 구축하였다고 하여 종속회사의 정보제공을 강제할 수는 없을 것이다.

(다) EMCA

EMCA 제15장 제10조는 지배회사 이사는 종속회사로부터 정보를 수집할 권리를 가진다고 하면서, 지배회사 이사의 종속회사 정보수집권을 명문으로 인정하는 규정이다.[210] 다만 여기에는 종속회사에 적용되는 다른 국내법에 저촉되거나 제3자의 권리를 해하지[211] 않아야 한다는 제

---

208) 中村直人(2015), 99면.

209) 中村直人(2015), 102면; 미쯔비시 자동차 내부통제 시스템 http://www.mitsubishi-motors.com 참조.

210) EMCA(2017), p. 381.

211) 가령 고객정보와 같이 중요한 정보를 이전시키는 것을 말한다.

한이 존재한다.[212] 제10조를 마련한 배경으로는 지배회사가 종속회사 단계에서 이루어지는 문제에 대해 신속하게 파악을 하고 대처해야 할 필요가 있음에도, 정보를 보유하고 있는 해외 종속회사들에 의해 지배회사 이사의 정보접근이 차단되는 경우가 종종 발생하게 된 것을 들 수 있다.[213] 국경 간 거래가 활발해지면서 해외 종속회사와 지배회사 사이에서 주로 발생하는 문제이기는 하지만, 국내 지배회사와 종속회사 사이에서도 충분히 일어날 수 있는 일이므로, EMCA working group은 지배회사 이사의 종속회사 정보청구권을 명문화함으로써 이를 입법적으로 해결하고자 한다.[214]

(라) 시사점

나라마다 지배회사 이사의 관리감독의무를 인정하고, 관리감독의무 이행을 위한 수단으로써 지배회사 이사의 정보수집권이 인정되어야 할 필요성이 있음을 인식하여, 이를 인정하기 위한 해석론 또는 입법방안을 제시하고 있음을 살펴보았다.

이는 한국에서 지배회사 이사가 어떠한 방법으로 종속회사에 관한 기밀 정보를 취득할 수 있을지를 보여준다. 먼저 지배회사 이사는 지배회사가 가지는 종속회사의 지배주주로서 지위를 근거로 해 일반주주보다 더 기밀에 가까운 정보를 수집할 수 있는지를 보면, 그렇지 않음을 알 수 있다. 지배회사 이사가 관리감독의무 이행을 위해 종속회사에 정보제공을 청구하더라도, 종속회사 이사는 정보제공의무를 부담하지 않는다. 만약 자발적인 정보 제공이 이루어진다면 2014년 회사법 개정 이전의 일본에서의 논의와 같이 종속회사 이사는 종속회사에 대한 비밀준수의무 위반, 종속회사의 다른 주주들에 대한 주주평등의 원칙 위반의

212) EMCA(2017), p. 381.
213) Conac(2016), p. 316.
214) Conac(2016), p. 316.

책임을 부담하게 된다. 독일에서는 통일적 관리를 위한 경우에는 비밀준수의무와 주주평등의 원칙이 위반되지 않는다고 하고 있으나, 지배회사가 종속회사에 대하여 사실상의 영향력을 행사하는 것만으로 종속회사 이사가 종속회사에 대해 부담하는 법적의무의 위반을 정당화시킬 수는 없다. 따라서 지배회사 이사는 종속회사의 자발적 제공으로는 일반주주보다 더 기밀에 가까운 정보를 수집할 수 없다

결국 한국에서 지배회사 이사가 종속회사의 기밀에 접근하기 위해서는 그에게 정보수집에 대한 법적인 권한이 부여되어야 한다. EMCA와 같이 별도의 입법에 의하거나 계약이나 정관 등 자율적인 방법에 의하는 등 법적인 근거가 필요하다. 이에 근거하여 지배회사가 정보수집권을 행사하는 경우, 종속회사는 법적인 강제가 가능한 정보제공의무를 부담하고, 정보제공을 하더라도 비밀준수의무나 주주평등의 원칙 위반의 책임을 부담하지 않는다.

3. 한국

(가) 상법의 태도

상법상 지배회사 이사가 종속회사에 대하여 정보를 수집할 수 있는 방법은 지배회사가 일반 주주로서의 지위에서 보유하는 권리들을 행사하는 것이다. 예를 들어 지배회사 이사는 종속회사의 회계장부열람을 청구하거나 종속회사의 업무 및 재산상태를 조사하기 위하여 법원에 검사인의 선임을 청구하여[215] 종속회사에 관한 정보를 얻을 수 있다. 이외에 별도로 지배회사에 지배주주로서 특별한 정보청구권을 부여하고 있지 않다.

---

215) 상법 제467조 제1항.

(나) 외부감사법상 지배회사 이사의 종속회사 정보수집권

한편 외부감사법 제6조의2는 지배회사에 연결재무제표 작성을 위하여 필요한 범위 내에서 종속회사의 회계장부 및 서류를 열람·등사하거나 회계자료 제출을 요구할 수 있으며, 필요한 경우 업무와 재산상태를 조사할 수 있음을 규정하고 있다. K-IFRS가 연결재무제표를 원칙으로 함에 따라 지배회사에 종속회사에 대한 회계정보 통제권을 부여하고 이에 대한 관리책임을 부과한다는 취지에서, 2009년 종속회사 회계정보에 대한 지배회사의 권한 규정을 신설하였다.[216] 이로써 지배회사 이사의 종속회사 정보수집청구권의 법적 근거가 마련되었다. 따라서 지배회사 이사는 종속회사에 대하여 종속회사에 관한 회계정보 제공을 청구할 수 있고, 종속회사는 이에 따라야 한다. 이 경우 비밀준수의무와 주주평등의 원칙 문제는 발생하지 않는다.

(다) 검토

지배회사 이사가 종속회사의 관리감독의무를 실효적으로 이행하기 위해서는 종속회사에 관한 적절한 정보가 적시에 파악되어야 한다. 외부감사법 제6조의2에서 지배회사 이사가 종속회사에 관한 회계정보 청구권을 행사할 수 있는 규정이 신설됨으로써, 지배회사 이사의 종속회사 정보수집권은 현행법으로 어느 정도 보장이 되고 있다. 다만 외부감사법상 지배회사의 정보수집권은 외부감사법의 적용 대상 지배회사에 대해서만 인정된다는 점, 정보 수집의 범위가 연결재무제표 작성을 위하여 필요한 범위 내로 제한된다는 점에서 종속회사 관리감독에 필요한 모든 정보를 수집하는 데는 한계가 있다.

그 이상의 종속회사 기밀에 관한 사항들을 수집하기 위해서는 역시 법적 근거가 필요하다. 법적 근거를 확보하는 방법으로는 계약이나 정

---

216) 장석일(2008), 9면.

관 등 자율적인 방법에 의하거나 입법 의한 방법을 생각해 볼 수 있는데, 계약이나 정관 등 자율적인 방법에 의할 경우에는 다음과 같은 문제가 있다. 종속회사 이사가 지배회사에 대하여 정보를 제공한 경우, 종속회사 이사의 의무와 관련하여, 주주평등의 원칙은 현행법상의 원칙이 아니므로 해석의 여지가 있을지 몰라도, 현행법상 이사의 의무인 비밀준수의무 위반의 책임은 부담하게 된다. 총주주의 동의가 있거나 두 회사가 완전지배·종속관계 있지 않는 한, 계약이 존재한다고 해서 그 의무가 면제되지는 않기 때문이다. 따라서 지배회사가 외부감사법상 인정된 정보수집권 이상의 종속회사 기밀에 관한 사항을 수집하기 위해서는 그 법적 근거를 입법에 의해 마련하여야 한다.

III. 지배회사 감사의 종속회사에 대한 조사권

1. 개관

지배회사 주주 보호를 위해서는 지배회사의 이사에 의한 종속회사 관리감독이 적절하게 행해지고 있는지, 즉 지배회사 이사가 지배회사에 대한 의무를 잘 이행하고 있는지를 감시·감독하는 견제 기능도 충분히 발휘되어야 한다.[217] 이를 위해 지배회사 이사의 업무집행을 감사하는 지배회사 감사의 역할이 중요하게 된다.

그런데 기업집단관계에 있어서는 지배회사가 종속회사와 가격이전거래[218]를 하거나 분식결산을 함으로써 지배회사의 진실한 현황을 은폐한다거나 지배주주나 이사 등이 지배회사의 자산을 부당 유출하는 도관으

---

217) 河合正二(2012), 10면.

218) 예컨대 지배회사의 자산을 종속회사가 고가로 매수하게 하거나 반대의 거래를 하여 정상적인 거래보다 이익 또는 손실을 과장하거나 축소하는 것을 말한다(이철송(2022), 889면).

로 종속회사를 이용하는 사례가 종종 발생한다.[219] 이 경우 지배회사의 현황을 종속회사의 영업과 연결 지어 파악하지 않으면 지배회사의 적정한 감사가 불가능하게 될 수도 있다.[220] 따라서 감사업무의 실효성을 높이기 위해 지배회사 감사는 종속회사의 영업에 관한 정보를 수집할 필요가 있게 된다.

감사는 이사의 업무집행을 감사하기 위해서 이사에 대하여 영업에 관한 보고를 요구하거나 회사의 업무상태나 재산상태에 관하여 조사를 할 수 있으므로, 지배회사 감사는 종속회사에 대해서도 이러한 권한을 확장하여 행사할 수 있는지를 살펴보아야 한다. 만약 그것이 인정된다면, 지배회사 감사는 종속회사로부터 직접 정보 수집을 할 수 있다. 그러나 지배회사 감사의 종속회사에 대한 감사권한이 인정되지 않는다면, 지배회사 감사의 감사권한은 지배회사 이사의 업무집행에 한정되고, 지배회사 이사의 업무집행의 범위에 따라 지배회사 감사의 권한의 범위도 결정되게 된다. 이 경우 지배회사 감사가 종속회사로부터 정보를 어떻게 수집할 수 있는지가 문제이다.

다음에서는 지배·종속회사 관계에서 지배회사 감사의 정보수집권한에 관한 비교법적 고찰을 통해, 한국 상법 제412조의5를 어떻게 활용할 수 있는지 검토해 본다.

2. 비교법적 고찰

(가) 독일

독일에는 지배회사 감독이사회(Aufsichtsrat)가 지배회사 이사를 감사하기 위하여 종속회사로부터 직접 정보를 수집할 수 있도록 하는 명문

219) 이철송(2022), 889면; 정준우(2016), 1284면.
220) 이철송(2022), 889면.

의 규정이 없다.[221] 그렇다면 해석을 통해 지배회사 감사가 종속회사의 정보를 수집할 수 있는지 살펴보아야 한다. 먼저, 감독이사회의 직무는 이사의 "업무집행을 감사"하는 것인데,[222] 만약 콘체른에서 지배회사 감독이사회는 지배회사 이사의 업무집행 뿐 아니라 종속회사 이사의 업무집행도 감사하는 것이라고 한다면, 지배회사 감독이사회의 종속회사의 정보수집권은 쉽게 인정될 수 있을 것이다. 그런데 콘체른에서 지배회사 감독이사회의 직접 감사의 대상은 지배회사 이사의 업무집행이고, 종속회사 이사의 업무집행을 감사하는 것은 아니라는 점에 견해가 일치되어 있다.[223] 지배회사의 감독이사회는 콘체른의 감독이사회가 아니라 어디까지나 당해 지배회사의 감독이사회에 지나지 않는다고 하는 다수설의 입장에서는 지배회사 감독이사회의 직무란 지배회사 이사의 업무집행을 감사하는 것을 의미한다.[224] 따라서 지배회사 감독이사회는 종속회사 이사의 업무집행을 직접 감사할 수 없으므로 종속회사로부터 직접 정보제공 청구를 할 수는 없다.

다음으로 생각해 볼 수 있는 것은, 지배회사 감독이사회의 감사의 범위는 지배회사 이사의 업무집행의 범위가 되는데, 콘체른 운영 상황에서는 콘체른 관리도 이사의 업무에 포함되는 것으로 보고 있다.[225] 그런 의미에서 콘체른에서 감독이사회의 감사업무는 지배회사 이사의 콘체른 업무집행 전반으로 확장된다고 해석할 수 있다.[226] 그러한 전제하에 지

---

221) 본 절에서의 독일의 논의는 船津浩司(2010), 305-313, 331-339면의 내용을 참조하여, 관련 독일 문헌들을 직접 찾아서 번역하였다.

222) 독일 주식법 제111조 제1항.

223) Emmerich(2019), § 111 Rn. 56; Krieger(2004), § 6 Rn. 6; Mertens(2004), § 111 Rn.23; Koppensteiner(2004), § 291 Rn. 73; 船津浩司(2010), 306-307면.

224) Emmerich(2019), § 111 Rn. 56; Krieger(2004), § 6 Rn. 6; Mertens(2004), § 111 Rn. 23; Koppensteiner(2004), § 291 Rn.73; 船津浩司(2010), 307면.

225) Hüffer(2021), § 110 Rn. 10; Mertens(2004), § 111 Rn.23; 船津浩司(2010), 307면.

226) 예를 들어, 감독이사회는 지배회사 이사가 행하는 그룹운영계획이나 재무전략의 책정 등을 감사하게 될 것이다. 감독이사회는 개별 행위나 조치에 대해

배회사 감독이사회는 콘체른 업무집행을 감사하기 위해 종속회사에 관한 정보를 수집해야 할 경우가 있다. 다시 말해, 감독이사회에 의한 업무집행 감사의 기준은 일반적으로 적법성, 타당성, 경제성, 합목적성인데, 이 기준은 지배회사 감독이사회가 콘체른에 관한 사항을 감사할 때에도 그대로 적용된다.[227] 따라서 지배회사 감독이사회는 적법성의 관점에서 주식법 제311조에 따른 손실보상의무가 이행되고 있는지에 관한 정보, 경제성의 관점에서 문제가 되는 행위의 비용·수익뿐 아니라 그룹 전체의 유동성 및 재무 상황에 관한 정보를 확보할 수 있어야 하고, 이러한 정보를 종속회사로부터도 수집해야 하는 경우가 발생한다.[228]

그렇다고 하더라도 지배회사 감독이사회의 감사권은 지배회사의 이사의 업무집행을 통해 종속회사 이사의 업무집행 사항에 미치는 것일 뿐이므로, 지배회사 감독이사회는 종속회사로부터 직접 정보를 수집할 수는 없고, 지배회사 경영이사를 통해서만 정보를 수집할 수 있다.[229] 가령 지배회사 이사는 콘체른 업무집행 전반에 관하여 감독이사회에 보고해야 하는데 이러한 보고의무를 이행하는 과정에서 종속회사에 관한 정보를 수집하거나 독일 주식법 제111조 제2항의 장부열람권과 검사권을 행사하여 종속회사에 관한 정보를 얻는 것이다.[230]

이처럼 독일에서 지배회사 감독이사회는 종속회사에 대하여 직접 정보제공을 청구할 수 없으므로, 지배회사 감독이사회로부터 종속회사에 관한 정보 취득의 요청을 받은 지배회사 이사는 자신의 법적 또는 사실

감사하는 것이 아니라, 회사의 상황이나 회사의 발전에 중요한 영향을 미치는 사항에 대해서 감사하는 것이다(Mertens(2004), § 111 Rn. 12; 船津浩司(2010), 307면).

227) Mertens(2004), § 111 Rn. 23; Krieger(2004), § 6 Rn. 30ff; Emmerich(2019), § 111 Rn. 50; 船津浩司(2010), 312면.

228) Krieger(2004), § 6 Rn. 33; 船津浩司(2010), 312면.

229) 船津浩司(2010), 331-332면.

230) 船津浩司(2010), 331면; 조지현(2014), 422면 참조.

상의 영향력을 행사하여 지배회사 감독이사회가 정보를 취득할 수 있도록 협력할 의무가 있다고 해석함으로써 지배회사 감독이사회의 감사의 실효성을 높이기 위한 시도를 한다.[231] 예를 들어, 한국과 마찬가지로 독일의 감독이사회가 직접 종속회사에 대하여 회계장부의 열람·등사를 청구할 수는 없지만, 지배회사가 입수한 서류를 확인하는 것은 가능하다. 그러므로 지배회사 이사는 감독이사회의 정보 수집을 도울 수 있도록, 종속회사에 대하여, 계약상 콘체른의 경우에는 종속회사의 서류를 지배회사에 인도하도록 지시권을 행사하고, 사실상 콘체른의 경우에는 서류를 지배회사에 전달하도록 영향력(지시)을 행사할 의무가 있다고 해석하고 있다.[232] 또한 지배회사 이사는 지배회사의 열람·등사청구권을 감독이사회에 위임하는 식으로 감독이사회의 감사활동을 적극 지원할 의무가 있다고 해석하고 있다.[233]

(나) 일본

일본에서도 감사는 이사의 "업무집행"을 감사한다고만 되어 있다.[234] 즉, 지배회사 감사는 지배회사 이사의 업무집행만을 감사할 수 있다.[235] 다만, 지배회사 이사의 업무집행에는 당연히 종속회사 경영관리가 포함된다고 해석하는 견해에 따르면, 지배회사의 법정 감사기관이 감사해야 하는 범위도 이를 통하여 종속회사의 중요한 사항에 미친다고 한다.[236] 그렇다고 지배회사 감사의 종속회사에 대한 직접적인 정보수집권이 도출되는 것은 아니다.

대신 일본에서는 이를 입법으로 해결하고 있다. 먼저 현행 일본법에

231) Löbbe(2003), S. 300; Krieger, § 6 Rn.27; 船津浩司(2010), 332면.
232) 船津浩司(2010), 332-333면.
233) Löbbe(2003), S. 300; 船津浩司(2010), 332-333면.
234) 일본 회사법 제381조 제1항, 제402조 제2항 제1호.
235) 船津浩司(2010), 313면.
236) 稲葉威雄(2005a), 47면; 船津浩司(2010), 313면.

서는 개별 회사의 법정 감사기관이 활용할 수 있는 정보수집수단이 다양하게 마련되어 있다.[237] 결산관련정보의 취득,[238] 업무집행자에 의한 이사회에 대한 보고의무,[239] "현저한 손해를 끼칠 우려가 있는 사실"의 감사 등에 대한 보고의무,[240] 법정 감사기관의 보고요구권,[241] 법정 감사기관의 지배회사 업무 및 재산 상황에 대한 조사권[242] 등이 그러하다.

여기서 특히 기업집단 운영에 있어 그 특수성을 고려하여, 감사에게 종속회사에 대하여 사업의 보고를 요구하거나(종속회사 보고요구권), 지배회사의 법정 감사기관이 종속회사의 업무 및 재산 상황을 조사할 수 있는 권한(종속회사 조사권) 등을 부여하는 규정을 마련하고 있다.[243] 이러한 종속회사 보고요구권 및 종속회사 조사권은 지배회사 이사의 협력을 기다리지 않고 독자적으로 행사할 수 있다는 점에서 강력한 수단이라 평가되고 있다.[244]

다만 지배회사 감사의 이러한 종속회사 보고요구권과 종속회사 조사

---

237) 船津浩司(2010), 318-326면 참조.

238) 일본 회사법 제444조 제4항 참조.

239) 일본 회사법 제363조 제2항, 제417조 제4항.

240) 일본 회사법 제357조, 동법 제419조 제1항.

241) 일본 회사법 제381조 제2항, 제3항, 제405조.

242) 일본 회사법 제381조 제2항, 제405조 제1항.

243) 일본 회사법 제381조 제3항에서는 "감사는 직무를 수행하기 위하여 필요한 때에는 감사설치회사의 종속회사에 사업의 보고를 요구하거나 종속회사의 업무 및 재산상태를 조사할 수 있다"고 규정하고 있다. 일본 회사법 제405조 제2항에서는 감사위원회설치회사에 관하여 같은 취지의 규정을 하고 있다.

244) 1999년 일본 상법 개정 이전에는 현행 우리 상법처럼 지배회사의 감사는 우선 그 직무를 수행할 필요가 있는 경우에, 종속회사에 대하여 영업 보고를 요구하여야 하고, 영업의 보고를 요구했는데도 종속회사가 지체 없이 보고를 하지 않는 경우나 또는 그 보고의 진위를 확인하기 위한 필요가 있을 때, 보고를 요구한 해당 사항에 대해서 종속회사의 업무 및 재산을 조사할 수 있게 되어 있었다. 이후 개정으로 지배회사 감사는 종속회사 대표이사에게 영업의 보고를 요구하거나 직접 자회사의 업무 또는 재산 상황을 조사할 수 있게 되었다(河合正二(2012), 15면).

권이 무조건 인정되지는 않는다. 먼저, 이러한 권한은 "지배회사의 감사"에 필요한 범위 내에서만 인정된다. 즉 종속회사 자체에 대한 감사를 위한 조사권 행사는 인정되지 않는다.[245] 그리고 이 "필요가 있을 때"란 지배회사의 이사에 대해서 영업의 보고를 요구하거나 지배회사의 업무·재산의 상황을 조사하였는데도, 그것만으로는 충분하지 않다고 지배회사 감사가 판단한 경우를 말한다.[246] 마지막으로 종속회사에 정당한 이유가 있는 때에는 보고나 조사를 거부할 수 있는 것으로 되어 있다.[247] 이러한 이유로 여전히 지배회사에 대한 감사와 비교하면 지배회사 감사의 종속회사에 대한 조사권에는 제한이 있다는 지적이 있다.[248]

이에 관해서 독일에서와같이 지배회사 감사의 종속회사 정보수집의 실효성을 높이기 위해 지배회사 감사로부터 종속회사에 관한 정보 제공의 요청을 받은 지배회사 이사는 지배회사 감사가 정보를 취득할 수 있도록 협력할 의무가 있다고 해석을 함으로써 현행 일본 회사법상 지배회사 감사의 종속회사에 대한 조사권에 대한 제약을 극복하려는 견해가 있다.[249] 이 견해에 의하면, 예를 들어 지배회사 감사가 종속회사의 회계장부를 열람하려고 하는데 종속회사가 소수주주 보호를 이유로 이를 거절하려고 하면, 지배회사가 주식교환 등을 통해 소수주주를 배제하는 등의 방법으로 장애물을 제거하는 것도 지배회사 이사의 협력의무가 된다고 주장한다.[250]

---

245) 尾崎安央(2000), 7면.

246) 永井和之(1999), 103면.

247) 일본 회사법 제381조 제4항, 405조 제3항.

248) 개별 회사에서 감사는 언제든지 이사에게 사업의 보고를 요구하거나 회사의 업무 및 재산상태를 조사할 수 있다(일본 회사법 제381조 제2항, 405조 제1항). 河合正二(2012), 15면.

249) 船津浩司(2010), 339-343면.

250) 船津浩司(2010), 343면.

(다) 시사점

독일은 지배회사 감독이사회가 직접 종속회사의 정보를 수집할 수 있도록 하는 명문의 조항을 마련하고 있지 않다. 따라서 콘체른에서는 지배회사 이사의 업무집행의 범위가 종속회사 관리에도 미치므로 지배회사 감사는 지배회사 이사의 업무집행에 대한 감사의 일환으로 종속회사에 관한 정보를 수집할 수 있다고 해석한다. 다만, 종속회사에 대한 직접적인 정보 청구는 인정되지 않고, 지배회사를 통해 간접적으로 정보를 수집할 수밖에 없다. 이에 그 실효성 확보를 위해 지배회사 이사의 지배회사 감사에 대한 종속회사 정보수집 협력의무를 인정하는 해석을 시도한다.

일본에서는 지배회사 감사의 종속회사 정보요구권과 조사권을 인정하고 있다. 개별 회사에서의 감사의 정보요구권과 조사권보다 그 행사에 있어 제한이 있다는 비판이 있는, 이에 대하여 독일처럼 지배회사 이사의 협력의무를 인정함으로써 그 제한을 극복하려는 견해도 있다.

한국 상법에서도 일본의 지배회사 감사의 종속회사 정보요구권과 조사권과 유사한 규정이 도입되어 있는데, 지배회사 감사의 종속회사에 대한 직접적인 정보수집권이 그 인정 범위가 너무 좁아서 지배회사 이사에 대한 견제 역할을 제대로 할 수 없을 때, 지배회사 이사의 협력의무를 인정하는 독일의 해석론은 참고가 될 만하다.

3. 한국

(가) 모회사 감사의 자회사 조사권의 인정

상법 제412조의5 제1항과 제2항은 모회사의 감사가 그 직무를 수행하기 위하여 필요한 때에는 자회사에 대하여 영업의 보고를 요구할 수 있고, 자회사가 지체 없이 위 보고를 하지 아니할 때 또는 보고의 내용을 확인할 필요가 있는 때에는 자회사의 업무와 재산상태를 조사할 수 있다고 규정하여 모회사의 감사에게 자회사의 영업 및 재산상태를 조사할 수 있는 권한을 부여하고 있다.

지배회사 이사의 권한은 지배회사의 주주권에 그 근거를 두고 있음에 비해, 상법상 모회사 감사의 조사권은 모회사의 주주권으로는 인정되지 않는 자회사 조사권을 명문으로 인정하고 있다. 지배회사 주주 보호를 위해 지배회사 이사에 대한 감사의 실효성 확보를 위한 필요성에서 지배회사의 주주권에 기하지 않고 지배회사 감사에게 독자적인 권한을 주고 있다고 해석된다.[251]

(나) 모회사 감사의 자회사 조사권의 요건 및 한계

지배회사의 자회사에 대한 보고요구 및 조사권은 자회사 이사에 대한 감사가 아니라 모회사 이사에 대한 효과적인 감사를 위해 인정되는 것이다. 감사의 "모회사에 대한 직무수행을 위한 필요성"이 소명되어야 한다.[252] 통설은 종속회사의 법적 독립성이 존중되어야 하므로 "모회사에 대한" 직무수행에 필요한 때에만 그 요건과 범위를 엄격하게 하여 행사할 수 있는 것으로 해석하고 있다.[253] 따라서 모회사에 대한 감사에서와 같은 포괄적인 사항의 보고는 요구할 수 없다.[254]

해당 조항의 입법취지 및 자회사의 영업비밀권과 자회사의 다른 주주들의 이익을 고려해 볼 때, 모회사 감사의 종속회사 정보수집이 가능한 경우를 "모회사에 대한 직무수행을 위한 필요성"이 있는 경우로 제한한 것은 타당하다.

자회사가 모회사 감사의 보고요구에 지체 없이 응하지 아니하거나

251) 본 조의 제정 이유는 모·자회사간의 실질적 감사권을 보장하기 위한 것이다.
252) 이철송(2023), 889면.
253) 권기범(2012), 866면; 최준선(2015), 585면; 이철송(2023), 889-890면.
254) 이철송(2023), 890면.

보고 내용을 확인할 필요가 있는 때에는 자회사 감사는 "자회사의 업무와 재산상태"를 조사할 수 있는데, 조사의 범위는 모회사의 직무수행 상 필요한 한도 내이다. 한편 자회사의 법적 독립성이 존중되어야 하므로 조사 요건과 범위는 엄격하게 해석해야 한다.[255]

또한 자회사는 정당한 이유가 있는 때에는 이를 거부할 수 있다.[256] 그런데 여기서 거부할 수 있는 정당한 이유란 보고요구권 및 조사권의 행사가 감사의 권한남용이거나 조사권이 보고요구 없이 행사되는 등 위법한 경우뿐 아니라, 적법한 권한행사라도 자회사의 영업 비밀의 침해와 같이 자회사의 이익을 침해할 경우까지를 포함한다고 함으로써, 거부할 수 있는 정당한 사유를 매우 넓게 해석하고 있다. 이러한 해석에 따를 경우, 다른 요건들도 매우 엄격한 상황에서, 자회사가 거부할 수 있는 사유까지 넓게 해석함으로써 실제 지배회사 감사가 종속회사로부터 원하는 정보를 얻어내기는 쉽지 않다. 규정의 목적을 달성할 수 있을지 의문이다.

(다) 검토

한국 상법은 제412조의5에서 명문으로 모회사 감사의 자회사 조사권을 인정하고 있다. 기업집단을 인식하여 지배회사 감사의 종속회사에 대한 권한을 인정하였다는 점과 지배회사 감사에게 지배회사 주주권을 넘어선 조사권이라는 권한을 부여하였다는 점에서 매우 큰 의미가 있다. 다만 학설상 해당 조항의 적용에 있어 그 요건을 매우 엄격하게 해석하고 있어, 이 규정이 잘 활용될 수 있을지 의문이다. 지배회사 이사에 대한 감사를 통한 지배회사 주주 보호라는 법익과 종속회사의 영업비밀권 및 종속회사의 소수주주 보호 법익을 모두 조화시켜야 하기 때문이다.

---

255) 이철송(2023), 890면.
256) 상법 제412조의5 제3항.

이 경우 독일과 일본의 해석론처럼 지배회사 감사로부터 종속회사에 관한 정보 수집의 요청을 받은 지배회사 이사는 지배회사 감사가 정보를 취득할 수 있도록 협력할 의무가 있다고 해석함으로써 위 규정의 실효성을 높일 수 있다. 이러한 이사의 협력의무의 근거는 상법 제412조의2 이사의 보고의무에서 찾을 수 있다.[257] 이사의 보고의무는 감사와 이사 사이에는 협력관계가 전제되어 있고, 감사는 이사가 제공하는 정보에 상당히 의존하는 관계에 있음을 내포한다.[258]

물론 지배회사 감사의 임무가 지배회사 이사의 업무집행을 감사하는 것인데, 피감사자의 정보에 의존한다는 것 자체가 모순일 수 있다. 그러나 지배회사 이사의 입장에서 자신이 필요하다고 생각하는(혹은 필요하지 않다고 생각하는) 정보와 지배회사 감사의 입장에서 지배회사 이사의 업무집행을 감사하기 위해 필요하다고 생각하는 정보에 차이가 있는 경우 지배회사 이사의 협력의무는 실질적인 의의가 있게 된다. 예를 들어, 지배회사 감사는 종속회사의 회계장부열람을 원하지만 지배회사의 이사는 이를 원치 않는 경우, 협력의무 때문에 지배회사 이사는 종속회사에 대하여 회계장부열람청구권을 행사하여야 하기 때문이다.

따라서 지배회사 이사의 지배회사 감사가 청구하는 종속회사에 관한 정보의 수집에 대한 협력의무를 해석을 통해 인정함으로써 지배회사 감사의 업무의 실효성을 확보할 수 있다. 특히 외부감사법은 연결재무제표 작성을 위하여 지배회사에 종속회사의 회계에 관한 자료 요구권과 조사권을 부여하고 있으므로, 이 경우 지배회사 이사의 협력의무는 지배회사 감사의 종속회사 정보수집에 많은 역할을 할 것으로 기대된다.

257) "이사는 회사에 현저하게 손해를 미칠 염려가 있는 사실을 발견한 때에는 즉시 감사에게 이를 보고하여야 한다"고 규정되어 있다.

258) 船津浩司(2010), 339면 참조.

제4장

지배회사 주주의 종속회사에 대한 권한

제1절 서

Ⅰ. 지배회사 이사의 의무를 통한 지배회사 주주 보호의 한계

종속회사의 가치는 지배회사의 가치에 영향을 미치므로, 종속회사의 행위로 인하여 지배회사의 장래 수익력에 현저한 악화가 우려되거나 지배회사에 손해가 발생한 경우, 지배회사 주주 보호 장치를 마련해줄 필요가 있다. 이를 위해 제3장에서는 지배회사의 업무집행자인 이사들에게 지배회사의 이익을 위하여 행위를 할 의무와 권한을 부여하는 방안을 연구하였다.

지배회사 주주들의 이해관계에 영향을 미치는 행위가 법인격을 달리하는 종속회사 단계에서 발생하는 경우, 법인격 독립의 원칙에 따르면, 지배회사 주주는 종속회사의 주주가 아니므로 지배회사 주주가 직접 종속회사의 영업에 대하여 의결권을 행사한다거나 손해 회복을 위한 조치를 취할 수 없으므로, 지배회사의 이사를 통해 권리들이 행사될 수밖에 없다.

그런데 지배회사 이사들이 의무의 이행을 게을리하거나 지배회사 주주의 이익과는 무관하게 행위를 함으로써 대리문제를 유발할 가능성이 있다.[1] 이러한 경우에도 법인격 독립의 원칙만을 관철한다면, 지배회사 주주는 종속회사의 의사결정에 참여·간섭하거나 손해 회복을 위한 시정조치를 취할 수 없어 지배회사 주주의 이익을 보호할 수단이 없게 되는 문제가 발생한다.[2] 개별 회사에서는 문제되지 않는 것이 지배·종속관계

---

1) 지배회사 주주를 배제하기 위해 종속회사를 만들어 지배회사의 가치 있는 자산을 모두 종속회사로 이전시키는 것과 같이 대리문제를 고의로 유발할 가능성도 있다.

를 전제로 한 기업집단을 형성하여 운영함에 있어서는 중요한 문제로 등장한다.

II. 지배회사 주주 보호 방안

1. 지배회사 주주에게 지배회사의 권리를 행사할 권한 부여

지배회사 주주가 지배회사 이사의 의무이행에 대하여 불신할 수밖에 없는 상황에서 지배회사 주주 이익 보호를 위한 수단으로 생각해 볼 수 있는 방안은 지배회사 주주가 직접 지배회사가 종속회사에 대해 가지는 권리를 직접 행사할 수 있도록 하는 것이다. 종속회사의 이해관계에 실질적 이해관계를 가지는 지배회사 주주에게 지배회사가 가지는 권리를 직접 행사할 수 있도록 함으로써 불필요한 대리비용을 절감시킬 수 있게 된다.

2. 지배회사 주주가 행사할 수 있는 지배회사의 권리

지배회사 주주들이 지배회사의 모든 권리를 대신 행사할 수는 없다. 지시권이나 감독권과 같은 불가분의 권리들은 주주들이 나누어 행사할 수는 없음은 자명하다. 그렇다면 성질상 나누어 행사될 수 있는 공익권만이 지배회사 주주가 대신 행사할 수 있는 지배회사의 권리가 될 것이다.[3] 제3장에서 지배회사가 가지는 권리 일반에 대해서는 살펴보았으므

---

2) 이때 지배회사 주주의 이익 침해 문제는 지배회사 소수주주뿐만 아니라 지배회사의 지배주주에게도 발생한다. 다만, 지배회사의 지배주주는 지배회사를 통해 종속회사에 사실상의 영향력을 행사할 수 있기 때문에 실제 주주 이익 침해 문제는 주로 지배회사 소수주주에게 발생한다고 할 것이다.

3) 김신영(2017), 각주363 참조.

로, 여기서는 지배회사 주주가 행사할 수 있는 지배회사 권리 위주로 살펴보기로 한다.

(가) 의결권

먼저 이러한 공익권 중 가장 중요한 의결권은 반드시 지배회사가 전체를 통일적으로 행사할 필요도 없고 나누어 행사가 가능한 권리이다. 더욱이 주주에게 의결권을 부여하는 이유는 채권자나 근로자 등 선순위로 확정된 이익을 받아 갈 권리를 가지는 자들은 회사의 의사결정에 따르는 위험을 부담하지 않고, 회사 재산에 대하여 가장 후순위 청구권을 가지는 잔여지분청구권자(residual claimant)인 주주만이 그러한 의사결정에 따르는 위험을 부담하므로 주주만이 회사의 가치를 극대화하려는 인센티브를 가지기 때문이다. 즉, 회사 가치를 극대화하려는 인센티브를 가진 자에게 의결권을 부여하는 것이 가장 효율적이고, 회사 의사결정에 있어 발생할 수 있는 대리비용을 최소화할 수 있음을 의미한다.[4] 지배·종속관계가 존재하는 기업집단에서 지배회사 주주는 궁극적으로 종속회사로부터 경제적 이익을 얻는 자이므로 종속회사의 가치를 극대화하려는 인센티브를 가진다고 볼 수 있다.[5] 따라서 종속회사의 현금흐름에 대한 실질적인 권리를 가지는 지배회사 주주에게 종속회사에 관한 의사결정에 참여할 수 있는 권리를 부여하는 것도 가능한 논리이다. 이에 따르면, 지배회사 주주는 지배회사의 의결권을 보유지분에 비례하여 나누어 행사할 수 있게 된다.

4) Easterbrook/Fischel(1983), pp. 418-427.

5) 종속회사의 가치를 극대화하려는 인센티브를 가지고 있는 자는 지배회사이고 이러한 지배회사의 가치를 극대화하려는 인센티브를 가지고 있는 자는 지배회사의 주주이다. 그러므로 지배회사 주주는 지배회사 단계에서의 가치를 극대화시키기 위해서라도 종속회사의 가치를 극대화하려는 인센티브를 가장 많이 가지고 있다.

(나) 대표소송권

대표소송권도 주주가 나누어 행사할 수 있는 권리이다. 소수주주권으로 되어 있기는 하지만 이는 개별 주주가 불필요한 상황에서도 개인적 이익을 노리고 경영에 대한 간섭을 시도할 가능성을 방지하기 위함일 뿐 일정 수의 주식 보유 요건만 충족한다면 1인의 주주가 보유 요건을 충족하건 여러 주주가 합하여 보유 요건을 충족하건 그 권리들을 행사할 수 있다. 즉, 이러한 권리들은 반드시 지배회사가 권리 전체를 행사해야만 하는 것이 아니고, 주주들도 주주권을 남용하지 않을 만큼의 최소한의 주식을 보유하는 한 행사 가능한 가분적인 권리이다.

특히 대표소송권 제도는 이사의 위법행위로 인해 회사에 발생한 손해로 말미암아 주주도 손해를 입게 되므로 주주에게는 자신의 이익을 위해서 회사를 대위하여 소를 제기할 인센티브를 가진다는 전제에서 출발한다.[6] 그렇다면 지배·종속관계에서 지배회사 주주는 종속회사 이사의 위법행위 때문에 발생한 지배회사 손해로 인해 실질적으로 손해를 부담하는 자이므로 종속회사 이사에 대하여 소를 제기할 인센티브를 가진다. 따라서 지배회사 주주가 직접 지배회사의 대표소송권을 나누어 행사하도록 하는 것이 가능하고, 이로써 대리비용을 최소화할 수 있게 된다.

(다) 기타 공익권

그밖에 장부열람청구권, 위법행위유지청구권 등 다른 공익권들을 행사할 수 있다. 이러한 권리들도 주로 소수주주권으로 되어 있지만, 위의 다중대표소송권에서와 같은 논리로 주주들이 나누어 행사할 수 있다. 따라서 지배회사 주주들에게 지배회사가 가지는 이러한 공익권을 나누어 행사하도록 하는 것이 가능하다.

---

6) Kleinberger(2006), p. 89.

3. 논의의 방향

이 장에서는 지배회사 주주 보호를 위한 방안 중 지배회사 주주가 직접 종속회사에 대하여 권한을 행사하는 방안을 연구한다.[7] 그 방안으로는 지배회사 주주가 종속회사의 의사결정에 관한 사항에 대하여 의결권을 행사하는 방법, 지배회사 주주가 종속회사 이사에 대하여 책임을 추궁하는 방법, 종속회사에 대하여 회계장부의 열람을 청구하는 방법 등이 모색되고 있다.

문제의 핵심은 지배회사 주주의 권한을 별개의 법인격을 가진 종속회사에 대하여 확대하여 행사할 수 있는지에 있다. 이에 관하여 다른 나라에서는 어떻게 다루어지고 있는지를 검토하고, 한국에서 지배회사 주주 보호의 방안으로 활용될 수 있는지를 살펴본다.

---

7) 이에 관한 국내문헌으로는 김대연(2004), 235-257면; 김지환(2012), 181-215면; 황근수(2014), 335-363면; 송옥렬/최문희(2012), 32-63면.

제2절 지배회사 주주의 종속회사의 의사결정에 대한 관여

Ⅰ. 개관

1. 문제의 소재

2013년 박카스로 유명한 동아제약은 지주회사인 동아쏘시오홀딩스 아래 전문의약품 자회사인 동아ST, 박카스 등 일반의약품 자회사인 동아제약으로 분리하는 지주회사 전환을 추진하였다. 이 과정에서 동아제약의 '캐시카우' 역할을 하는 박카스 부문을 물적분할 하여 동아쏘시오홀딩스가 지분을 100% 갖는 비상장 자회사로 두기로 하고, 기존 주주들에게는 동아쏘시오홀딩스와 동아 ST 주식을 나누어 주었다. 이에 대해 지주회사의 주주가 된 기존 주주들은 박카스를 판매하는 일반의약품 사업부를 지주회사의 100% 자회사로 한 이유가 박카스 영업을 제3자에게 임의로 양도하기 위한 의도라며 크게 반발하였다.[8] 지주회사 전환 전에는 박카스 영업의 양도에 관한 사항이 기존 주주들의 의사결정 사항이었는데, 동아제약을 100% 자회사로 전환함으로써 동아제약은 물론 지주회사에도 매우 중요한 영향을 미치는 동아제약의 박카스 영업 양도에 관한 의사결정에 기존 주주들이 참여할 수 없게 되기 때문이었다.

지주회사 주주의 이해관계에 밀접한 영향을 미치는 사항임에도 다른 법인격으로 인해 지주회사 주주는 의사결정 과정에서 배제될 수밖에 없

8) 2013. 01. 18. 자 한국경제 인터넷 기사 http://www.hankyung.com/ news/app/newsview.php?aid=2013011847571; 2013. 01. 18. 이투데이 인터넷기사 http://www.etoday.co.kr/news/section/newsview.php?idxno=704152 참조.

다. 기업들의 지주회사 전환이 활발히 이루어지고 있는 시점에 이러한 문제는 현실적으로 발생할 가능성이 더욱 커진다. 비단 지주회사로의 전환 목적이 아니더라도 최근 물적분할 후 종속회사를 상장하는 회사들이 늘어나면서 사회적 이슈가 되고 있는데, 이 문제도 결국 같은 맥락에서 지배회사 주주가 종속회사에 관한 의사결정에서 배제된다는 점이 핵심이라고 할 수 있다.[9)]

여기서 그 해결 방안으로 지배회사 주주가 직접 종속회사에 관한 사항에 대하여 관여하는 것을 생각해 볼 수 있다.

2. 한국 상법과 판례의 태도

한국 상법은 영업양도, 합병, 정관변경 등 회사의 중요한 사항에 대하여 주주총회의 특별결의를 요하는 규정은 두고 있으나,[10)] 이는 단일의 개별 회사를 전제로 한 규정이다. 지배·종속회사 관계에 있어 종속회사 영업의 전부 또는 중요한 일부의 양도 등 종속회사에 관한 의사결정에 지배회사 주주가 의결권을 통해 관여할 수 있도록 하는 규정은 마련되어 있지 않다.

이에 관한 내용을 직접 다룬 판례는 존재하지 않지만, 다음에서 다루게 될 다중대표소송 사건에서와같이 법원이 지배회사와 종속회사는 별개의 법인임을 강조하는 법인격 독립의 원칙을 일관되게 유지한다면, 지배회사와 종속회사는 별개의 법인이고 지배회사의 주주는 종속회사의 주주가 아니기 때문에 지배회사 주주에게 법인격을 넘어 종속회사에 관한 사항에 관여할 수 있는 권한을 허용해주지는 않을 것이다.

---

9) 물적분할과 그 후 종속회사 상장 과정에서의 지배회사 주주 이익 보호 방안에 관한 상세는 김신영(2022), 149-180면 참조.

10) 상법 제374조, 제433조 제1항, 제522조 제3항, 제434조.

3. 논의의 방향

지배회사 주주에게 종속회사에 관여할 권한을 인정할 수 있는 근거와 방법을 모색해 보아야 한다. 현행법 해석만으로 해결이 안 된다면, 지배회사 정관에서 자율적으로 이에 관한 사항을 정하거나, 입법에 따른 해결이 이루어져야 할 것인데, 입법 시 다음과 같은 사항들이 논의되어야 한다.

첫째, 지배회사 주주는 지배회사의 의사결정권을 대신 행사한다고 할 때, 지배회사 주주총회에서 행사하는 것인지 아니면 종속회사의 주주총회에 직접 참석하여 행사하는 것인지 밝혀야 한다.

둘째, 지배회사 주주의 종속회사에 대한 경영관여를 허용한다고 하더라도, 종속회사의 모든 사항에 대한 관여가 인정되는 것은 아니다. 종속회사에 관한 사항 중 어떠한 사항에 대하여 지배회사 주주의 관여를 인정할지 살펴보아야 한다.

셋째, 지배회사 주주의 경영관여는 법인격이 다른 종속회사에 영향을 미치게 된다. 따라서 그 대상이 되는 종속회사의 범위를 최소한으로 한정해야할 것인지, 지배회사 주주 보호라는 목적 달성을 위해서는 그러한 제한이 필요 없는지에 대한 검토가 필요하다.

다음에서는 지배회사 주주가 종속회사의 의사결정에 참여하는 것을 인정하려고 할 때 위와 같은 문제들이 다른 나라에서는 어떻게 해결되고 있는지 살펴보고, 한국에서의 도입방향을 제시한다.

II. 비교법적 고찰

1. 미국

(가) 지배회사의 주주총회 vs. 종속회사의 주주총회

지배회사 주주가 지배회사의 의결권을 대신 행사하여 종속회사의 의사결정에 참여하는 방법은 두 가지가 있다. 하나는 지배회사에서 주주총회를 열어 의결권을 행사하는 것이고, 다른 하나는 종속회사의 주주총회에 지배회사의 주주가 참석하여 직접 의결권을 행사하는 것이다.

(1) 지배회사의 주주총회에서 의결권을 행사하는 방법

지배회사에서 주주총회를 열어 지배회사의 주주들이 종속회사에 관한 사항을 결정하는 것이다.

대표적으로 미국 모범사업회사법과 델라웨어주 일반 회사법이 모든 자산 또는 실질적인 모든 자산의 처분에 관하여 이 방법을 취한다.

먼저 모범사업회사법 제12.02조(a)는 한국 상법 제374조와 마찬가지로 개별 회사가 통상적인 영업의 과정에서가 아닌(not in the usual and regular course of business) 자산의 처분[11]으로 중요한 영업행위를 계속할 수 없는 경우(without a significant continuing business activity)[12] 주주총회

---

11) 통상적인 영업의 과정 내에 있는 자산의 처분의 예로는 빌딩의 건축과 매매를 목적으로 설립된 회사가 유일한 자산인 빌딩을 매각한 경우, 투자회사가 단기간에 여러 차례 포트폴리오의 구성을 변경하는 경우, 사업의 인수·매각을 목적으로 설립된 회사가 유일하게 중요한 사업을 매각한 대금으로 새로운 사업에 투자하는 경우를 들 수 있다(MBCA Official Comment to § 12.01).

12) 자산 처분 후에도 지배회사와 종속회사의 연결기준에서 회사에 계속되는 영업이 최근 회계연도·총자산의 최소 25% 또는 회계연도 과세전의 소득 또는 수익이 25%에 해당하는 영업활동을 이어가고 있는 경우, 회사는 자산처분 후에도 중요한 영업행위를 계속하는 것으로 본다(MBCA § 12.02(a)).

의 승인을 요하는 일반규정이며, 제12.02조(h)에서 본조의 규정을 적용함에 있어서 직접 또는 간접적으로 연결된(consolidated) 종속회사가 보유하는 자산을 지배회사가 보유하는 자산으로 간주하는 규정을 두고 있다.[13] 여기서 종속회사는 일반적으로 인정된 회계원칙하에서 연결된 종속회사를 말한다.[14] 본조의 규정에 따라, 종속회사의 자산 처분이 지배회사 또는 그룹 전체로서의 중요한 영업행위를 계속할 수 없는 것으로 평가되는 경우에는 지배회사 주주총회의 승인이 요구된다.

2005년 델라웨어주 일반 회사법 개정 전에는 제271조에서 회사가 모든 자산 또는 실질적인 모든 자산(all or substantially all of its property and assets)을 처분하는 경우에는 주주총회의 승인을 요한다는 내용의 개별 회사를 기준으로 한 일반 규정만을 두고 있었다.[15] 그런데 Hollinger Inc v. Hollinger International, Inc. 판결에서 지배회사가 완전종속회사[16]의 모든 자산 또는 실질적인 모든 자산의 처분을 통하여 자사의 모든 자산 또는 실질적인 모든 자산의 처분을 한 것과 같은 결과를 낳게 하는 경우에도 지배회사 주주의 동의를 요하지 않는 것은 지배회사 주주의 이익을 저해할 수 있다는 문제가 촉발되었고,[17] 2005년 회사법 개정에서 그 해결을 시

---

13) MBCA § 12.02(h).

14) MBCA Official Comment to § 12.02. 간접적으로 연결된 종속회사도 포함되므로 손자회사가 보유하는 자산도 지배회사의 자산으로 볼 수 있다(MBCA Official Comment to § 12.02).

15) Delaware General Corp. Law § 271(a).

16) 2005년 델라웨어주 일반 회사법 제271조(c)에 따르면, 완전종속회사는 지배회사에 의하여 직접 또는 간접적으로 완전히 소유되고 지배되는 회사를 의미한다.

17) 이 판결은 개정 전 사안으로, Hollinger International이 완전종속회사의 중요자산을 매각하려하자 Hollinger International의 주주인 Hollinger가 지배회사 주주총회의 승인 절차를 거쳐야 한다고 주장하였다. 이러한 원고의 주장에 대하여 Strine 판사는 제271조가 적용되지 않는다고 판시하였다. Hollinger Inc. v. Hollinger International, Inc., 858 A.2d 342, 348-349 (Del. Ch. 2004). 그러면서도 지배회사 주주총회의 승인이라는 요건을 회피하기 위해 종속회사를 단순히 도구로 이용하는 경우까지 법인격 독립성에 따라 델라웨어주 일반 회사법 제271조를 엄격

도하였다.[18] 따라서 델라웨어주 일반 회사법도 먼저 제271조(a)에서 회사의 모든 자산 또는 실질적인 모든 자산의 처분에 관하여 당해 회사의 주주총회 승인을 요하는 일반 규정을 두고, 제271조(c)에서 본조의 규정을 적용함에 있어 지배회사의 자산은 종속회사의 자산을 포함하는 것으로 하는 규정을 두었다. 따라서 종속회사가 자산을 처분하는 경우에도 지배회사가 자산을 처분한 것으로 간주하여, 종속회사의 자산 처분이 지배회사 또는 그룹 전체로서의 모든 자산 또는 실질적인 모든 자산을 처분한 것으로 평가되는 때에는 지배회사 주주총회의 승인이 필요하게 된다.[19]

지배회사 주주총회의 승인을 요하는 미국의 입법은 지배회사가 종속회사를 지배하고 있는 이상 그 자산을 지배회사 자신이 보유하고 있는지 아니면 종속회사가 보유하고 있는지를 불문함을 명시적으로 규정하고 있다는 점에서 공통점이 있다.[20] 어느 경우든 그 처분은 지배회사 주주의 이해에 중요한 영향을 미치기 때문이라는 것을 근거로 한다.[21]

(2) 종속회사의 주주총회에서 의결권을 행사하는 방법

종속회사의 영업에 관한 사항에 대해서 지배회사 주주가 직접 종속회사 주주총회에 출석하여 의결권을 행사하는 것이다. 지배회사가 아니라 지배회사의 주주가 직접 종속회사 주주총회에서 의결권을 행사한다는 의미에서 "path-through" 방식이라고도 한다.

이러한 방식을 취하는 입법례는 존재하지 않고, 미국에서 하나의 견

하게 문리 해석하는 것은 주주 보호라는 중요한 입법목적을 망각할 수 있다고 하면서, 델라웨어주 일반 회사법 제271조의 입법의도를 비합리적으로 실행하는 것에 대해 강한 우려를 표하였다. Hollinger Inc. v. Hollinger International, Inc., 858 A.2d 342, 374-375 (Del. Ch. 2004). Righi(2014), pp. 1451, 1469-1470; Clagg (2009), pp. 1312-1314.

18) Righi(2014), pp. 1470-1471.

19) Welch et al.(2015), GCL-992; Righi(2014), p. 1451; Clagg(2009), pp. 1313-1314.

20) Shukairy(2006), p. 1822.

21) Shukairy(2006), p. 1822.

해로 소개되고 있다. 이 견해는 종속회사에서 이사의 선임, 영업양도, 합병이나 정관변경 등 중요한 결의사항에 대해 의사결정을 함에 있어 지배회사가 아닌 지배회사 주주를 종속회사 주주로 취급하겠다는 발상으로, 종속회사가 완전종속회사인 경우뿐 아니라 외부주주가 존재하는 경우에도 그 적용을 긍정한다.[22)]

(나) 지배회사 주주총회의 승인대상이 되는 사항

이에 대하여 모범사업회사법 제12.02조와 델라웨어주 일반 회사법 제271조는 주주총회의 승인을 얻을 정도로 중요한 사안이어야 하는데, 통상적인 영업의 과정에서가 아닌 자산의 처분으로 회사의 중요한 계속적 영업행위를 중단시킬 정도 혹은 종속회사의 자산 처분이 종속회사의 모든 자산 또는 실질적인 모든 자산의 처분에 해당하는 정도가 주주총회의 승인사항이라고 규정한다.

실질적인 모든 자산의 처분은 회사의 근본적 변경(fundamental corporate change)으로 본다.[23)] 이에 해당하는지 여부는 양적 요소(매각 자산의 금액)와 질적 요소(매각 자산, 잔존자산의 종류) 모두를 고려하여 판단한다.[24)] 예컨대 Katz v. Bregman 판결은 회사(지배회사)의 유일한 수입원이자 회사 자산의 51%, 수익의 44.9%에 달하던 자산(종속회사)을 매각한 사안인데, 법원은 이 사안에서 종속회사의 매각은 지배회사의 실질적인 모든 자산의 양도에 해당하므로 지배회사 주주총회의 승인이 필요하다고 판단하였다.[25)]

---

22) Eisenberg(1971), pp. 1594-1595.

23) Gimbel v. Signal Companies, Inc., 316 A.2d 599, 605-606(Del. Ch. 1974).

24) "quantitative and qualitative test"라고 하기도 하고 "Gimbel test"라고 하기도 한다. Gimbel v. Signal Companies, Inc., 316 A.2d 599, 606 (Del. Ch. 1974); Hollinger Inc. v. Hollinger International, Inc., 858 A.2d 342, 346 (Del. Ch. 2004); MBCA § 12.01(1), 12.02; MBCA Official Comment to § 12.01; Righi (2014), pp. 1467-1468; Welch et al.(2015), GCL-989-991.

한편 지배회사 자산의 26%, 수익의 15%에 달하는 종속회사를 매각한 Gimbel v. Signal Companies, Inc. 판결에서는 실질적으로 지배회사의 실질적인 모든 자산의 양도에 이를 정도는 아니므로 지배회사 주주총회의 승인을 요하지 않는다고 판단하였다.[26] 위 사안들은 모두 개별 회사로서 지배회사가 자신의 자산(종속회사)을 처분한 경우인데, 모든 자산 또는 실질적인 모든 자산의 처분에 이른다고 볼 수 있을 정도에 한하여 지배회사 주주총회의 승인을 요하고 있다.

델라웨어주 일반 회사법 제271조(a)와 제271조(c)를 유기적으로 살펴보면,[27] 종속회사 자산의 처분이 종속회사의 모든 자산 또는 실질적인 모든 자산의 처분에 해당할 정도로 중요하다고 해서 바로 지배회사 주주총회의 승인사항이 되는 것은 아니다. 종속회사의 모든 자산 또는 실질적인 모든 자산의 처분이 지배회사 자산의 모든 자산 또는 실질적인 모든 자산의 처분으로 될 경우에 한해 지배회사 주주총회의 승인을 요하는 것이다.[28] 즉, 종속회사의 중요사항에 관한 의사결정이 지배회사 또는 기업집단 전체로 보았을 때 지배회사 주주의 이해관계에 중요한 영향을 미치는 때에만 지배회사 주주의 종속회사에 대한 관여를 인정함을 알 수 있다.[29]

(다) 종속회사의 범위

모범사업회사법과 델라웨어주 일반 회사법은 명문으로 종속회사의 범위를 명시함으로써 입법으로 해결을 하고 있다.

모범사업회사법 제12.02조(h)에서는 직접 또는 간접적으로 연결된 종

25) Katz v. Bregman, 431 A.2d 1274 (Del. Ch. 1981).
26) Gimbel v. Signal Companies, Inc., 316 A.2d 599 (Del. Ch. 1974).
27) 모범사업회사법 제12.02조(a)와 제12.02조(h)도 같은 구조이다.
28) Welch et al.(2015), GCL-992.
29) 加藤貴仁(2010), 30면.

속회사가 보유하는 자산을 지배회사가 보유하는 자산으로 간주한다고 하고 있는데, 여기서 종속회사는 일반적으로 인정된 회계원칙 하에서 연결된 종속회사를 말한다.[30] 따라서 두 회사 사이에 지배·종속관계가 존재하기만 하면 지배회사 주주의 종속회사에 대한 경영관여가 인정된다.

한편 델라웨어주 일반 회사법은 제271조(c)에서 종속회사는 완전종속회사를 의미한다는 것을 명시하고 있다. 따라서 지배회사가 종속회사의 주식을 100% 소유하는 때에만 지배회사 주주의 종속회사에 대한 경영관여가 인정되어, 완전종속회사의 자산을 처분하려면 지배회사 주주총회의 승인이 필요하게 된다.

그런데 델라웨어주 일반 회사법 제271조에서는 부분종속회사의 모든 자산 또는 실질적인 모든 자산의 처분에 대해서는 어떻게 처리하는지에 관하여 언급이 없다.[31] 따라서 부분종속회사의 모든 자산 또는 실질적인 모든 자산의 처분은 지배회사 주주총회의 승인이 없이도 가능하게 된다.[32][33] 이에 대하여 제271조(c)가 완전종속회사만을 대상으로 하는 것은 입법공백(loophole)이라고 하면서, 이러한 법적공백을 잘 활용하면 신속한 거래를 행할 수 있어서 거래 효율을 향상시키는데 도움이 될 수도 있겠지만, 제271조의 입법 취지와 무관하게 지배회사 주주의 이익에 역행하는 방향으로 악용될 소지가 있으므로 부분소유종속회사도 포함하는 것으로 법을 개정해야 한다는 견해도 존재한다.[34]

---

30) MBCA Official Comment to § 12.02. 간접적으로 연결된 종속회사도 포함되므로 손자회사가 보유하는 자산도 지배회사의 자산으로 볼 수 있다(MBCA Official Comment to § 12.02).

31) Righi(2014), pp. 1451, 1470-1471; Welch et al.(2015), GCL-992.

32) Righi(2014), pp. 1451, 1471.

33) 부분종속회사의 모든 자산 또는 실질적인 모든 자산의 처분은 종속회사의 주주총회의 승인을 요하고, 그 승인은 지배회사 이사를 통해 이루어질 것이다.

34) Righi(2014), pp. 1476-1484. 그러나 입법자는 부분종속회사는 대상이 아님을 명백히 하고 있다(H.R. 150, 143rd Gen. Assemb., Reg. Sess., at Synopsis § 28 (Del. 2005), Righi(2014), p. 1451에서 재인용). 아직 이러한 사항이 문제 된 판례는 보

2. 독일

(가) 지배회사의 주주총회 vs. 종속회사의 주주총회

독일 주식법은 제72조와 제119조에서 각각 이사회(Vorstand)와 주주총회(Hauptversannlung)의 권한을 분리하여 규정하고 있다.[35] 이러한 권한 분화 원칙에 따라 종속회사에 관한 사항에 대해서는 지배회사 주주의 관여가 인정되지 않고, 지배회사 이사회가 막강한 권한을 가지게 되는 지배회사 주주의 주주권 감축 문제는 독일에서도 마찬가지로 제기되고 있다.[36] 그럼에도 불구하고 종속회사에서 주주총회의 결의가 요구되는 거래에 관하여 지배회사 주주의 관여를 인정하는 명문 규정은 두고 있지 않다.

그러나 독일 연방대법원은 후술하는 1982년 홀츠뮐러(Holzmüller) 판결에서 지배회사 이사회의 강력한 권한으로부터 발생하는 잠재적 위험성에 대해 인식하고 이러한 권한에 관한 재분배를 시도한다.[37] 법원이 법문상 지배회사 주주총회의 권한이 아니더라도 일정한 사항의 경우에는 지배회사 주주총회의 결의를 얻어야 한다고 판시한 것이다.[38] 이러한 판지에 따르면, 일정한 경우에 지배회사 주주에게 지배회사 주주총회에서의 의결권 행사에 의한 관여가 인정된다.

(나) 지배회사 주주총회의 승인대상이 되는 사항

(1) 홀츠뮐러 판결

독일에서는 홀츠뮐러 판결에서 종속회사에 관한 사항 중 어떠한 사

이지 않는다.

35) Löbbe(2004), p. 1058.

36) Löbbe(2004), p. 1059.

37) Löbbe(2004), p. 1059.

38) BGHZ 83, 122, 123-125.

항에 대하여 지배회사 주주총회의 승인이 필요한 것으로 할 것인지 관한 판시를 하고 있다. 사실관계는 다음과 같다.

현재 쇠퇴하고 있는 목재사업부분과 장래 유망한 항만사업부분[39]을 동시에 영위하고 있던 회사(지배회사)가 장래 유망한 항만사업부문을 새로 설립하는 완전종속회사로 이전한 것이 문제가 되었다.[40] 원고인 지배회사 주주는 주위적으로 항만사업부문 이전이 법률상 무효임을 청구하고, 예비적으로 지배회사의 이사회에게는 항만사업부문을 승계한 종속회사 주주총회에서 특별결의가 필요한 사항이 발생할 때마다 지배회사 주주총회의 동의를 구할 의무가 있다는 확인을 구하였다. 원고는 항만사업이 그 그룹의 핵심 사업 분야임을 언급하면서, 분리 전에는 항만사업의 영업에 관한 결정은 지배회사 주주총회의 권한에 속하였는데, 종속회사로 분리됨으로 인하여 이제는 지배회사 이사회의 결정사항이 됨으로써 지배회사 주주의 권한이 축소되었음을 강조하였다.[41]

이에 법원은 먼저 주위적 청구에 대해서는, 항만사업의 분리·이전행위는 기업 활동의 핵심영역에서 일어났고, 가장 중요한 사업부문에 영향을 미쳤으며, 기업 구조를 근본적으로 변경하는 것이라는 점에서 그 중요성이 크다는 것을 지적하면서, 이처럼 주주의 권리와 이익에 중대한 영향을 미치는 의사결정을 함에 있어서 이사회가 주주총회 결의를 구하지 않는 것은 독일 주식법 제119조 제2항의 의무를 위반한 것으로 허용되지 않는다고 하였다.[42]

그런데 위의 주위적 청구는 기업집단에 특유한 문제는 아니다. 종속회사가 없더라도 단일의 개별 회사에서 전혀 관계없는 다른 회사로 회

39) 지배회사 자산가치의 80%에 해당하였다.
40) BGH 1982. 2. 25. 판결 BGHZ 83, 122, 123-125.
41) Löbbe(2004), p. 1060.
42) BGH 1982. 2. 25. 판결 BGHZ 83, 122, 131. 그러나 그 행위의 대외적 효력에는 지장을 주지 않는다고 하여, 결국 주위적 청구가 받아들여지지는 않았다.

사의 중요 자산을 이전하는 때도 같은 결론에 이를 수 있기 때문이다. 기업집단과 관련하여 이 판례에서 중요한 것은 예비적 청구에 관한 부분이다.[43] 법원은 종속회사의 자본증가와 같은 기본적 사항을 지배회사 이사회가 단독으로 결정함으로써 지배회사 주주의 주주권을 해할 우려가 있다고 하면서, 지배회사 주주 보호를 위해, 종속회사의 증자와 같이 지배회사 주주의 재산적 이익에 중요한 영향을 미치는 종속회사의 중요한 기본적 사항에 대해서는 주주총회의 결의를 얻어야 한다고 판시하였다.[44]

법문상 주주총회의 권한이 아니더라도 지배회사 주주의 이해관계에 영향을 미치는 종속회사에 중요한 기본적 사항에 대하여는 지배회사에서 주주총회를 열어 지배회사 주주가 의결권을 행사할 수 있도록 한 것이다.[45]

어떠한 사항이 지배회사 주주총회의 승인이 필요한 종속회사에 중요한 기본적 사항에 해당하는지에 대해서는 종속회사에서 발행주식총수의 4분의 3 이상의 특별결의가 필요한 사항이라고 한다.[46] 종속회사에서의 기업계약의 체결, 종속회사의 증자 및 회사재산의 양도, 종속회사의 해산 등이 이에 해당할 수 있다.[47]

한편 종속회사의 특별결의가 필요한 모든 경우에 지배회사 주주의 동의를 구하도록 하는 것은 제76조 제1항의 이사회는 자기 책임하에 회사를 지휘해야 한다는 이사회의 권한에 대한 부당한 제한이 된다.[48] 따

---

43) 홀츠뮐러 판결에서 가장 문제가 되었던 것은 재산적 이익에 대한 침해가 아니라 지배회사 주주의 참여권의 축소, 즉, 지배회사 주주가 의결권을 행사할 수 있는 사항이 축소되는 것에 관한 것이었다(神作裕之(1996), 13-14면).

44) BGHZ 83, 122, 139-140.

45) 법문에 규정이 없는 권한임에도 주주총회가 권한을 행사할 수 있다는 의미에서 "不文의 주주총회 권한(ungeschriebene Hauptsammlungszuständigkeit)"이라고도 한다.

46) BGHZ 83, 122, 140.

47) BGHZ 83, 122, 140.

라서 종속회사의 특별결의가 필요한 사항이라 할지라도 본점 소재지의 변경, 상호 변경 등과 같이 지배회사 주주의 재산적 이해관계에 중요한 영향을 미치지 않는 사항들은 지배회사 주주총회의 의결권을 요하지 않는다고 하면서, 종속회사의 기본적 사항에 해당한 사항이라도 그로 인해 지배회사 주주의 이해관계에 중요한[49] 영향을 미치는 경우에만 지배회사 주주의 관여권을 인정한다.[50]

그런데도 독일연방대법원에서 불문의 총회권한이 채택된 이후, 법원이 스스로 "법적 불확실성에 대한 사막"을 만들었다는 비판을 받았다.[51] 종속회사에 관한 기본적 사항이라는 것이 매우 광범위하고 포괄적이어서, 지배회사 주주총회의 승인 없이는 지배회사 이사회 단독으로 자기책임하에 합리적으로 의사결정을 하는 것을 기대할 수 없게 되었다는 것이다.[52] 따라서 하급심 판결들에서는 이러한 불문의 총회권한이 광범위하게 해석되었고, 그 기준이 통일적이지도 않았다.[53] 이처럼 확실하지 않은 범위 때문에 법실무에 상당한 불안정이 초래되었다.[54]

(2) 겔라티네(Gelatine) 판결

그러다 2004년 겔라티네 판결이 등장하게 되면서, 불문의 총회권한에 대한 법적 확실성과 예측가능성을 어느 정도 제공하게 된다.[55] 지배회사가 기업집단 전체 수익에 대한 비중이 30% 정도인 완전종속회사에 대

48) Löbbe(2004), p. 1063.
49) 이 중요성 판단은 종속회사의 매출액, 총자산, 세전 이익, 기업가치 등이 콘체른 전체에서 차지하는 비중을 기준으로 하고, 그 기준으로는 75%기준, 50%기준, 25-30%기준, 10%기준 등이 제시되고 있다(조지현(2014), 431면).
50) BGH 1982. 2. 25. 판결 BGHZ 83, 122, 140.
51) Löbbe(2004), p. 1064.
52) Löbbe(2004), p. 1064.
53) 조지현(2014), 426면.
54) 조지현(2014), 426면.
55) Löbbe(2004), p. 1071.

한 주식 전부를 현물출자의 방식을 통해 완전손종속회사로 만든 사안이다. 원고인 지배회사 주주는 지배회사가 소유한 완전종속회사 주식의 현물출자는 지배회사의 조직변경 사항으로서 지배회사 주주에게는 중요한 영향을 미치므로 홀츠뮐러 판결의 원칙이 적용되어야 한다고 주장하였다. 이에 독일연방대법원은 지배회사 주주의 불문의 주주총회 권한으로 인정되는 사항은 매우 제한적이고 예외적인 경우이며, “종속회사의 거래 가운데 지배회사의 정관변경에 필적할 정도”로 지배회사의 주주에게 영향을 미치는 조치에 한정된다고 하면서, 해당 조치는 이러한 예외적인 경우에 해당하지 않는다고 판시하였다.[56)]

홀츠뮐러 판결이 지배회사 주주의 영향력을 박탈하는 효과(Mediatisierungseffekt)로부터 지배회사 주주를 보호하는 내용의 판시를 한 것에 대하여, 겔라티네 판결은 주식법상 주주총회의 권한을 한정적으로 열거하고 있는 입법 취지를 고려하면 불문의 주주총회 권한도 정관변경에 필적하는 회사의 기본조직(Verfassung)을 변경하는 결정에 한정해야 할 것이라고 하면서, 홀츠뮐러 판결 원칙의 적용범위를 좁게 해석한다.[57)]

어느 경우에 주주의 영향력을 박탈하는 효과가 있다고 할 수 있는지 그 기준에 대해서는 겔라티네 판결에서 명확하게 나타내고 있지는 않지만, 학설은 예외적이고 제한적인 경우로 당해 지배회사의 재무지표가[58)] 80% 이상 변동하는 양적 기준에 의하여 지배회사 주주총회의 권한 유무를 판단해야 한다는 주장이 다수이다.[59)]

---

56) BGHZ 159, 30.

57) BGHZ 159, 31, 44.

58) 총자산, 자기자본, 매출액 및 세전이익 등의 지표가 판단기준이라고 해석하고 있다.

59) Löbbe(2004), p. 1078; Bungert(2004), S. 1347; Emmerich(2019), Vor § 311 Rn 46.

(다) 종속회사의 범위

홀츠뮐러 판결에서는 종속회사가 완전종속회사였던 사안이지만, 그렇다고 완전종속회사인 경우에만 지배회사 주주의 경영관여권을 인정한다고 한 것은 아니므로, 그 범위가 불분명하다. 학설도 일치되지 않고, 지배회사 주주의 권리침해가 있다면 주주총회 권한의 인정여부의 문제에 출자비율은 본질적 관련이 없으므로, 설령 출자비율이 낮더라도 종속회사의 사항에 관하여 지배회사 주주총회의 권한이 인정되는 경우도 있다는 견해,[60] 100% 종속회사에만 인정해야 한다는 견해[61] 등이 주장되고 있을 뿐이다.

3. 일본

일본의 경우 지배회사 주주의 이해관계에 중요하다는 이유로 지배회사 주주가 종속회사의 경영에 관하여 의결권을 행사하는 것은 인정되지 않는다.

2014년 회사법 개정 시[62] 종속회사가 조직재편 또는 제3자 배정에 의한 신주발행 등 지배회사 주주에게도 중요한 이해관계를 가지는 의사결정을 하는 때에는 지배회사 주주총회의 승인을 받도록 하자는 입법적 시도가 있었다.[63]

그러나 이에 대해서는, 종속회사 주주총회에서 지배회사 이사에 의한 의결권 행사에 문제가 있다면, 지배회사 주주는 따로 지배회사 이사의 지배회사에 대한 손해배상책임을 묻는 방식으로 해결하면 되지, 이를 넘

---

60) Kubis(2004), § 131 Rn.72.

61) Westermann(1986), S.430.

62) 지배회사가 자신이 보유하는 종속회사 주식을 양도하려고 하는 경우에는 지배회사 주주총회의 특별결의를 얻도록 하는 규정만을 명문화하였다(일본 회사법 제467조 제1항 제2호의2).

63) 日本法務省 補足說明(2011), 36면.

어 종속회사의 중요한 의사결정에 지배회사 주주가 직접 참여해야 할 이유가 없다는 점, 만일 지배회사 주주총회의 동의를 얻어야 한다고 한다면, 종속회사에 있어 의사결정의 신속을 해하고 경영의 기동성을 확보할 수 없게 된다는 점을 들어 채택되지 못하였다.[64]

일본도 한국과 마찬가지로 법인격이 서로 다르다는 형식적 측면을 강조하여, 종속회사가 일정한 의사결정을 함에 있어 지배회사 주주총회의 승인을 얻도록 하는 것은 지배회사 주주가 지배회사와는 별개의 법인인 종속회사의 의사결정에 관여하는 것을 의미하므로, 이러한 규정을 신설하는 것은 신중하게 검토할 필요가 있다는 입장임을 확인할 수 있다.[65]

4. 시사점

(가) 지배회사의 주주총회 vs. 종속회사의 주주총회

지배회사의 주주총회에서 승인하는 방식은 지배회사 주주총회에서 의결정족수를 정하는 것이 어렵다는 문제가 있다. 종속회사 주주총회에서 의결권의 3분의 2 이상의 특별결의를 요하는 사항이더라도 지배회사의 입장에서는 지배회사 자체의 영업양도나 합병은 아닐 수도 있는데, 이 경우에도 특별결의를 해야 할지가 문제 된다.[66]

종속회사의 주주총회에 직접 참가하는 방식은 다음과 같은 문제점이 있다. 지배회사에 소집통지를 할지 지배회사 주주에게 직접 소집 통지를 할지에 관한 주주총회의 소집통지에 관한 문제가 있다. 그리고 지배회사에 소집통지를 할 경우 지배회사 주주에 대한 전달은 어떤 방법으로 할 것인지도 문제이다. 또한 종속회사 주주총회에서 지배회사 주주의 의결권의 수를 어떻게 정할 것인지에 관한 의결권의 수 산정 문제도

64) 日本法務省 補足說明(2011), 36면.

65) 日本法務省 補足說明(2011), 36-37면.

66) 송옥렬/최문희(2012), 5면.

해결해야 한다. 마지막으로 지배회사 주주의 의사가 통일되지 않을 것인데, 이를 종속회사 입장에서 본다면 지배회사가 보유하는 주식에 대하여 불통일 행사가 있는 것이므로 이에 따른 절차 마련도 필요하다.[67]

입법례 중 지배회사 주주가 종속회사의 영업사항에 대하여 의결권을 행사하는 방법으로 종속회사의 주주총회에 지배회사의 주주가 참석하여 직접 의결권을 행사하는 방식을 취하는 나라는 없음을 알 수 있다. 미국에서도 하나의 학설로 받아들여지고 있을 뿐, 특별히 입법화되어 있거나 그 논의가 발전되는 모습은 보이지 않는다. 앞서 지적한 바와 같은 현실적인 문제가 크기 때문이다.[68]

문제의 핵심은 지배회사 주주의 이해관계에 영향을 미치는 종속회사의 영업사항에 대하여 지배회사 주주가 배제됨으로써 지배회사 이사들이 지배회사 주주들의 이익과 무관한 의사결정을 하는 것을 막는 것이다. 즉, 지배회사 주주의 의사가 반영되었는지가 중요한 것이므로, 현실적 제약이 많은 지배회사 주주가 직접 종속회사 주주총회에서 의결권을 행사하는 방법보다 다른 나라의 입법례처럼 지배회사 주주총회에서 지배회사 주주의 총의를 묻는 방법으로 해결하는 것이 바람직하다.

(나) 지배회사 주주총회의 승인 대상이 되는 사항

미국, 독일 등 각 나라마다 동아쏘시오홀딩스 사례와 유사한 문제들이 발생하였고, 이에 따라 법인격이 다른 지배회사와 종속회사 관계에서 지배회사 주주의 이익 침해 또는 지배회사 주주의 주주권 감축 문제가 발생할 수 있음을 인식하여, 이를 해결하기 위한 시도를 하고 있다. 판례를 통해서든 입법을 통해서든 종속회사에 관한 중요한 사항 중 지배회사 주주의 이해관계에 중요한 영향을 미치는 의사결정에 대해서는 지

---

67) 송옥렬/최문희(2012), 46면.

68) 김대연(2003), 45면.

배회사 주주총회의 승인을 요하는 법리를 인정하고 있다.[69)]

그런데 미국과 독일에서도 지배회사 주주의 종속회사에 대한 경영 관여권을 쉽게 인정하고 있는 것은 아님을 발견할 수 있다. 종속회사에 관한 사항 중 어떠한 사항에 대하여 지배회사 주주총회의 승인이 필요한 것으로 정할 것인지, 그리고 그러한 사항에 해당하더라도 그것이 지배회사 또는 기업집단 전체의 관점에서 지배회사 주주의 이해관계에 어느 정도 영향을 미쳐야 하는지의 적어도 두 단계의 판단을 거치게 되고, 그 기준 또한 엄격하다.

먼저, 종속회사에 관한 사항 중 중요한 사안이어야 한다. 미국의 경우 종속회사 자산의 처분이 종속회사의 모든 자산 또는 실질적인 모든 자산의 처분에 해당하는 정도가 되어야 한다.[70)] 독일의 경우 종속회사에 관한 사항이 특별 결의를 할 정도로 중요한 사안이 되어야 하는데, 종속회사의 모든 자산을 처분하는 경우가 이에 해당한다고 할 수 있다.[71)] 이는 두 나라 모두 종속회사가 보유한 자산의 처분에 대해 매우 한정적인 범위에서만 지배회사 주주의 권한을 인정하고 있음을 의미한다. 즉, 종속회사의 모든 자산을 처분하는 정도의 중요한 사항에 대해서만 매우 제한적인 범위에서 지배회사 주주의 관여를 인정하는 것이다.[72)]

그다음, 종속회사의 중요 사항에 해당하더라도, 그에 관한 의사결정이 지배회사 또는 기업집단 전체로 보았을 때 지배회사 주주의 이해관계에 중요한 영향을 미치는 경우에 한해서 지배회사 주주의 권한을 인정한다.[73)] 미국에서는 종속회사의 자산 처분이 지배회사 또는 그룹 전

69) 송옥렬/최문희(2012), 48면.

70) 최소한 종속회사 주주총회 결의를 요하는 사항이어야 하기 때문이다. 미국 델라웨어주 일반 회사법 제271(a)조.

71) 독일 주식법은 제179a조에서는 회사의 전 재산을 양도하는 계약 체결시 특별결의를 요한다고 하고 있다.

72) 加藤貴仁(2010), 30면.

73) 加藤貴仁(2010), 30면.

체의 모든 자산 또는 실질적인 모든 자산의 처분으로 평가되는 경우에 한하여 지배회사 주주의 종속회사에 대한 관여권을 인정하고 있다.[74] 독일에서도 홀츠뮐러 판결에서는 종속회사의 자산이 기업집단 전체에서 80% 정도를 차지하는 사안이었고, 겔라티네 판결에서는 지배회사 주주의 영향력을 박탈하는 기준으로 종속회사의 행위를 통해 지배회사의 재무지표가 80% 이상 변동하는 경우에 한정된다는 견해가 제시된다. 두 나라 모두 지배회사 주주의 이해관계에 중요한 영향을 미치는 기준도 매우 엄격함을 알 수 있다.

미국, 독일 모두 법인격 독립의 원칙 입장에 있으면서도, 지배회사 주주 이익 보호를 고려할 필요가 있는 일정한 경우-지배회사 또는 그룹 전체의 모든 자산 또는 실질적인 모든 자산의 처분으로 볼 수 있는 경우에는 예외적으로 지배회사 주주에게 법인격을 넘어 종속회사에 권한을 행사하는 것을 인정해주고 있다는 점에서 우리에게 시사점을 준다.

(다) 종속회사의 범위

미국과 독일의 입법례를 살펴보건대, 지배회사 주주의 종속회사에 대한 경영관여권 인정에 있어 종속회사의 범위에 대해서는 관점에 따라 다양한 주장과 반론이 가능하다.

크게 종속회사가 완전종속회사여야 한다는 주장과 부분소유종속회사여도 상관없다는 주장이 있을 수 있다.

먼저, 종속회사가 완전종속회사여야 한다는 주장에 대해서는 주주가 종속회사에 대해 경영관여권을 인정하는 이유는 지배회사 주주를 보호하기 위한 것이므로 지배회사 주주의 이익이 침해될 우려가 있다면 종속회사에 대한 출자 비율이 낮더라도 이를 인정해야 한다는 반론이 가능하다.

---

74) 加藤貴仁(2010), 30면.

또한 지배회사의 이사들이 고의로 지배회사가 보유하는 완전종속회사 주식의 일부를 분산시켜 지배회사 주주를 배제하는 편법을 사용할 수도 있다는 반론도 가능하다.

반대로 종속회사가 부분소유종속회사여도 된다는 주장에 대해서는 가령 종속회사가 상장회사로서 소수주주가 존재하면, 지배회사 주주의 종속회사에 대한 영향력이 상대적으로 약해질 수밖에 없으므로, 지배회사 주주의 종속회사에 대한 관여권을 인정할 필요성도 상대적으로 줄어든다는 반론이 있다.[75]

결국 종속회사의 범위는 법인격을 중시할 것인지 지배회사 주주의 이익을 중시할지에 따른 입법정책의 문제이다.

III. 한국

1. 학설의 경향

상법의 해석론을 통해 지배회사 주주의 권한을 인정하려는 시도가 있다. 제374조 제1항 "중요한 일부의 영업양도"의 해석을 양적 판단뿐만 아니라 질적 판단을 함께 고려하는 경우라면, 종속회사의 영업양도가 지배회사의 중요한 영업의 일부양도에 해당한다고 해석할 수 있고, 그 경우 종속회사 주주총회의 특별결의를 요한다고 보는 견해이다.[76] 즉, 지배회사의 자산이나 매출, 이익 등에서 종속회사가 차지하는 점유율이 높아 이를 양도하는 경우 지배회사의 존립 자체를 흔드는 영업의 양도 또는 중요한 일부 양도에 해당한다면, 이는 지배회사 주주의 이해근간에 관한 문제이기 때문에, 지배회사 주주의 동의를 요하도록 하는 것이 타

75) 加藤貴仁(2012b), 1913면; 神作裕之(1996), 6면.

76) 김지환(2012), 202-203면. 그 유사한 사례로 대법원 1988. 4. 12. 선고 87다카1662 판결을 들고 있다.

당하다는 것이다.[77] 그럼에도 불구하고 이 견해는 그 애매함이 있고 반론도 있을 수 있으므로 명확성을 기하기 위하여 종속회사의 주식가치가 지배회사 총자산의 일정 부분을 초과하면 지배회사 주주총회의 특별결의를 받도록 명문화할 것을 주장한다.[78]

한편 지배회사의 자본금 또는 총자산에 있어서 일정한 규모 이상의 종속회사의 영업양도 등은 지배회사의 영업양도와 다를 바 없으므로 지배회사 소수주주의 보호측면에서 지배회사 주주총회의 결의를 얻도록 입법화하는 것이 바람직하다는 견해도 있다.[79]

어느 견해에 의하든, 지배회사의 주주가 종속회사의 주주총회에 직접 출석하는 방법이 아닌 지배회사에서 주주총회를 열어 의결권을 행사하는 방법을 택하고 있고, 결국에는 입법적 해결이 필요하다는 입장이다.

2. 인정여부

기업집단 운영에 있어, 가령 종속회사의 영업전부의 양도와 같이 거래는 종속회사에서 이루어지지만 지배회사 또는 그룹 전체의 영업 전부가 양도된 것으로 평가할 수 있는 경우까지 법적 도그마에 불과한 법인격 독립의 원칙을 고수할 필요는 없다. 오히려 종속회사에 관한 중요한 의사결정 과정에서 소외될 수 있는 지배회사 주주를 보호하기 위해, 지배회사 주주의 권한을 종속회사 쪽으로 확대할 필요가 있다.

그러므로 회사 가치를 극대화하려는 인센티브를 가진 자에게 의결권을 부여하는 것이 가장 효율적이고, 회사 의사결정에 있어 발생할 수 있

77) 김지환(2012), 202-203면; 김대연(2004), 251면은 상법상의 영업양도, 합병, 분할합병 등으로부터 유추적용이 가능한 부분은 법해석에 의해서, 또 법해석만으로 한계가 있는 부분은 입법적 보완에 의해서 지배회사 주주의 경영참가권을 확대하는 방향으로 나아가야 한다고 주장한다.

78) 김지환(2014), 245면.

79) 이창기(2013), 202면; 정우영(2015), 71면.

는 대리비용을 최소화할 수 있다고 한다면, 지배회사 주주는 종속회사로부터 경제적 이익을 받을 실질적인 권리를 가지는 자로서 종속회사의 가치를 극대화하려는 인센티브를 가진 자이므로, 지배회사 주주에게 종속회사의 의사결정에 참여하도록 하는 것은 바람직한 전략이다.

3. 검토

현행 상법은 기본적으로 개별 회사를 전제로 규율하고 있고, 판례 또한 지배회사와 종속회사는 별개의 법인격이라는 입장을 고수하고 있을 뿐 아니라 지배회사를 정점으로 한 기업집단 내의 의사결정에 대하여 지배회사 주주의 참여를 인정할지 여부는 매우 정책적인 문제이므로, 판례와 상법의 해석론만으로는 이를 인정하는 데 무리가 있다.

따라서 한국에서 지배회사 주주의 종속회사 경영관여권을 허용하려고 할 경우 두 가지 방법에 의한 해결이 가능하다. 하나는 각 지배회사의 정관 또는 종속회사의 정관에 자율적으로 지배회사 주주의 종속회사에 대한 관여권을 허용하는 규정을 두는 것이고, 다른 하나는 상법에 그 권한을 명시하는 규정을 마련하는 것이다.

(가) 정관 자치에 의한 방법

지배회사의 정관 또는 종속회사의 정관에 종속회사의 중요한 사항에 대한 의사 결정 시 지배회사 주주총회의 승인을 얻도록 하는 방법이다. 지배회사 주주의 종속회사에 대한 경영관여권을 입법에 의하지 않고도 정관 변경을 통해 자율적으로 허용할 수 있다는 점에서 효율적이다.

이러한 정관 변경에 의한 방법은 실제 앞서 사례로 언급한 동아쏘시오홀딩스가 지주회사로 전환하면서 기존 주주들의 반발에 대처하기 위해 사용한 방법이기도 하다. 지주회사로 전환되면 비상장자회사인 동아제약에 속하는 가장 중요한 수입원인 박카스 영업을 양도해도 지주회사 주주들이 관여를 못 하게 된다는 우려를 불식시키기 위하여, 지주회사인 동아쏘시오홀딩스 정관에 자회사의 영업양도를 지주회사의 주주총회 특별결의 사항으로 규정한 것이다([사례 1]).[80]

또한 최근 2022년 3월에는 포스코(분할 후 포스코홀딩스)가 지주회사로 전환하기 위하여 철강사업부문을 물적분할하면서 자회사 상장을 우려한 기존 주주들의 반발에 대처하기 위해, 신설 자회사인 포스코의 정관에 상장결정을 모회사 주주총회의 특별결의 사항으로 규정한 바 있다([사례 2]).[81]

[사례 1]은 지배회사 주주총회의 승인에 관한 내용을 지배회사의 정관에 규정하고 있는 반면, [사례 2]는 종속회사의 정관에 규정하고 있다는 점이 다르다. 그런데 [사례 2]처럼 종속회사의 정관에 지배회사 주주총회의 승인을 얻도록 한 경우, 1인 주주인 지배회사가 언제든지 종속회사 정관을 개정할 수 있기 때문에 지배회사 정관에 규정하는 것이 더욱 바람직하다.[82]

기업들의 지주회사화 내지는 물적분할 후 자회사 상장이 이루어지는

---

80) **동아쏘시오홀딩스 정관 제27조의2 (물적분할 자회사의 주식 처분 등)** ① 회사는 2013년 3월 1일을 분할기일로 하여 일반의약품 사업부문을 물적분할하여 설립한 자회사(이하 본 조에서 "물적분할 자회사"한다) 주식을 처분하고자 하는 경우 사전에 주주총회의 승인을 얻어야 한다. 이 경우 주주총회의 승인은 출석한 주주의 의결권의 3분의 2 이상의 수와 발행주식총수의 3분의 1 이상의 수로 한다.

② 제1항의 규정은 물적분할 자회사가 영업양도(상법 제374조 제1항 제1호에 해당하는 행위)를 승인하기 위해 주주총회를 소집하는 경우, 그 주주총회에서 회사가 물적분할 자회사의 주주로서 행사할 의결권의 내용을 정하는 경우에 준용한다.

81) **포스코 정관 제9조 (주권의 상장)** 본 회사가 한국거래소의 유가증권시장 또는 이와 유사한 국내외 증권시장에 주권을 상장하고자 하는 경우 사전에 단독주주인 포스코홀딩스 주식회사(2022년 3월 2일 사명변경 예정)의 주주총회 특별결의에 의한 승인을 얻어야 한다.

82) 김신영(2022), 172면.

추세에 비추어 동아쏘시오홀딩스 사례 또는 포스코 사례에서 발생한 유사한 문제들이 자주 등장할 것으로 보인다. 그러한 현실을 반영한 입법이 이루어지고 있지 않은 상황에서 정관 자치에 의한 해결은 분쟁을 최소화할 수 있는 최선의 방법이다.

다만 정관자치에 의할 경우에는 모회사의 주주총회를 거치지 않고 자회사와 제3자 사이에 거래가 이루어지더라도 그 행위의 효력을 부인하기 어렵다는 한계는 존재한다.[83)]

(나) 입법에 따른 방법

지배회사 주주의 종속회사에 대한 참여를 인정하는 것에 관한 문제는 결국에는 입법으로 해결되어야 한다. 입법 시 고려해야 할 사항들을 정리해 보면, 다음과 같다.

(1) 종속회사의 중요한 사항

어떠한 사항을 지배회사의 주주총회 결의가 필요한 중요한 사항으로 할지 정해야 하는데, 다음과 같은 경우를 생각해 볼 수 있다.

1) 영업양도·합병

영업양도나 합병 등에 관한 사항이다.[84)] 영업양도나 합병을 하게 되면, 당초 지배회사의 출자 동기가 되었던 사업목적의 수행이 어려워지고 종속회사의 수익의 원천이 변동함으로 인해 지배회사가 새로운 위험을 부담해야 하는데,[85)] 이로 인해 지배회사 주주의 이해에도 중대한 영향을 미칠 가능성이 농후하므로, 영업양도나 합병은 지배회사 주주총회의 승인을 요하는 중요한 사항이다.[86)]

---

83) 이철송(2023), 103면; 김건식 외(2023), 104면.
84) 森本大介(2010), 40면.
85) 이철송(2023), 595면.

그런데 한국 상법 제374조는 "영업의 중요한 일부의 양도"에 대해서도 주주총회의 특별결의가 필요한 것으로 되어 있어서, 미국과 독일에 비하여 주주총회 결의가 요구되는 범위가 넓어질 수 있다. 특히 "중요성"의 판단 기준에 관해서도 명문의 규정이 없기 때문에 더욱 넓어질 수 있다.[87]

중요성 판단에 대한 해석을 통해 그 간극을 줄일 수 있을 것인데, 학설과 판례는 중요성의 판단에 양도 대상 재산이 회사의 전 재산에서 차지하는 비중에 시각을 맞추는 양적 기준[88]과 회사 전체의 기본적인 사업수행에 미치는 영향의 크기에 역점을 두는 질적 기준[89]을 모두 고려한다.[90]

대법원 판례는 "양도 대상 자산, 매출액, 수익 등이 전체 영업에서 차지하는 비중, 일부 영업의 양도가 장차 회사의 영업규모, 수익성 등에 미치는 영향 등을 종합적으로 고려하여 판단한다"라는 기준을 제시하고 있다.[91] 이에 앞선 하급심 판례에서는 "영업의 중요한 일부라 함은 양적인 면에서 양도 대상인 영업의 가치가 회사의 전 영업의 가치에서 차지하는 비중이 어느 만큼 되느냐와 질적인 면에서 당해 영업부문의 양도로 회사가 종전의 영업을 큰 축소나 변동 없이 계속 유지할 수 있느냐를

---

86) 森本大介(2010), 40면.

87) 영업양도가 회사에 중요함에도 불구하고 주주총회 특별결의를 거치지 않게 되면 거래상대방이 선의라 하더라도 거래가 무효로 된다. 따라서 당사자들에게는 거래의 중요성을 사전에 확정하는 것이 중요하지만, 그 기준이 없어 실무상 문제가 된다(송옥렬(2023), 954면). 회사가 중요성에 대해서 자신이 없다면 예방차원에서 주주총회 특별결의에 의한 승인을 받아주는 방안도 생각해 볼 수 있으나, 이 경우에는 반대주주의 주식매수청구권 행사가 부담스러울 수 있다(김건식 외(2023), 755면).

88) 양적 기준으로는 영업 일부가 매출, 자산, 이익, 종업원 수에서 차지하는 비중이 고려된다.

89) 질적 기준으로는 회사 신용이나 이미지에 대한 영향력이 고려된다.

90) 김건식 외(2023), 755면; 송옥렬(2023), 954면; 이철송(2023), 595-596면.

91) 대법원 2014. 10. 15 선고 2013다38633 판결.

종합적으로 고려하여 판단하여야 할 것"이라고 더욱 구체적으로 판시한 바 있다.[92)]

실무에서는 중요성 판단의 양적 기준으로서, ① 자본시장법상 수시공시의무[93)]와 공정거래법상 기업결합신고의무[94)]가 발생하는 영업의 양도가 모두 자산 또는 매출액의 10%를 기준으로 하고 있다는 점에 착안하여 자산 또는 매출액의 10% 미만은 중요하지 않은 것으로 보고, ② 일본 회사법 제467조 제1항 제2호와 제2호의2에서 영업의 양도·양수 시 주주총회 특별결의를 거쳐야 하는 기준으로 자산의 20%를 제시하고 있는 것에 착안하여 자산 또는 매출액의 20% 초과는 중요한 것으로 이해하는 경향이 있다.[95)] 자산 또는 매출액이 10%에서 20%에 이르는 구간에서는 회사 전체의 사업에 미치는 영향을 주관적으로 판단하는 질적 기준을 이용하여 판단한다.[96)]

한편, 상법 제374조의 문언에는 영업양도만을 규정하고 있고, 자산양도는 포함되어 있지 않다. 영업양도에서 말하는 영업은 대차대조표상 적극재산과 소극재산은 물론이고 영업의 인적조직, 고객관계, 영업비결 등 영업활동의 승계를 뒷받침하는 재산적 가치 있는 사실관계를 모두 포함하는 것으로, 이러한 사실관계의 이전이 수반되지 않는 경우에는 단순한 일반 자산양도에 불과하여 주주총회 특별결의를 요하지 않게 된다.[97)] 따라서 이 부분에서는 미국이나 독일보다 주주총회 결의가 요구되는 범위가 좁아진다.

그런데 판례는 영업의 동일성이 인정되지 않는다고 하더라도 중요한

92) 부산지법 2009. 9. 8 선고 2009가합1682 판결.
93) 자본시장법 제161조 제1항 제7호, 제165조의4 제2호, 자본시장법령 제171조 제1항, 제2항.
94) 공정거래법 제12조 제1항, 기업결합신고요령 III-4.
95) 송옥렬(2022), 954면.
96) 강희철(2009), 44-45면.
97) 김건식 외(2023), 755면.

영업용 재산의 양도로서 그 양도로 인하여 영업의 폐지 또는 중단을 초래할 수 있는 경우[98]에는 실질적으로 영업양도와 다를 바 없다고 제374조 제1항 제1호를 유추적용하고 있다.[99]

이를 종합해 보면, 다음에 나오는 지배회사에 미치는 영향력도 고려하고 있으므로, 현행 상법 제374조의 "종속회사 영업의 전부 또는 중요한 일부의 양도"에 관한 의사결정 시 지배회사 주주총회의 동의를 구해야 한다고 입법하더라도, 실제는 미국이나 독일과 비슷한 수준에서 지배회사 주주 보호의 목적을 달성할 수 있을 것으로 보인다.

2) 해산·정관변경

해산이나 정관변경은 회사의 기초를 변경하는 의사결정이라는 점에서 지배회사 주주총회의 승인을 요하는 중요한 사항이다.[100]

다만, 정관기재 사항 중 지배회사에 미치는 영향이 크지 않은 사소한 사항의 변경에 대해서까지 지배회사 주주총회의 승인을 얻게 할 필요는 없다.[101]

(2) 지배회사 주주의 이해관계에 미치는 영향력

종속회사의 중요사항에 해당하더라도, 그에 관한 의사결정이 지배회사 또는 기업집단 전체로 보았을 때 지배회사 주주의 이해관계에 중요한 영향을 미치는 경우에 한해서 지배회사 주주의 권한을 인정한다. 지배회사 주주에 대한 영향력의 판단 기준은 두 가지를 생각해 볼 수 있다.[102]

하나는 기업집단 내에서 종속회사가 차지하는 비중을 기준으로 하는

98) 미국 모범사업회사법 제12.02(a)조의 입장과 유사한 취지라고 생각된다.
99) 대법원 1988. 4. 12. 선고 87다카1662 판결.
100) 森本大介(2010), 40면.
101) 森本大介(2010), 41면.
102) 이론상으로는 종속회사의 의사결정이 지배회사에 의한 의사결정으로 동일시될 수 있어야 한다고 보아야겠지만, 이는 현실적이지 않다.

방법이다. 종속회사에서 행해지는 일정한 행위가 지배회사 주주에게 미치는 영향의 크기는 기업집단 내에서 종속회사가 차지하는 비중에 따라 상이하게 나타나기 때문이다.[103] 예컨대, 기업집단 전체의 수익의 80%를 차지하는 종속회사가 타사에 영업 전부를 양도하는 경우 지배회사 주주총회의 결의를 요하도록 하는 것이다.

다른 하나는 종속회사 행위의 결과 변동된 지배회사 재무지표 비율을 기준으로 하는 방법이다. 예컨대, 종속회사의 영업 전부의 양도로 지배회사 수익의 80% 이상이 하락한 경우 지배회사 주주총회의 결의를 요하도록 하는 것이다.

입법 시에는 종속회사의 행위의 결과 변동된 지배회사 재무지표 비율을 기준으로 하는 방법을 택한다. 지배회사 재무지표 비율의 기준으로는 앞서 언급한 실무에서처럼 먼저 양적기준에 따라 자산 또는 매출액의 10% 미만은 중요하지 않은 것으로, 20% 초과는 중요한 것으로 보고, 자산 또는 매출액이 10%에서 20%에 이르는 구간에서는 질적 기준에 따라 판단한다.

(3) 종속회사의 범위

먼저, 기업집단을 형성하더라도 그 운영되는 모습은 다양한데, 그 중 종속회사가 완전히 독립적으로 운영되는 경우도 존재한다. 이러한 경우까지 종속회사에 관한 의사결정에 지배회사 주주총회의 승인을 얻도록 할 필요는 없다.

그리고 종속회사가 상장회사로서 종속회사에 소수주주가 존재하는 경우도 있을 수 있다. 이 경우에는 지배회사 주주의 종속회사에 대한 영향력이 상대적으로 약해질 수밖에 없으므로, 지배회사 주주의 종속회사에 대한 관여권을 인정할 필요성도 상대적으로 줄어든다.[104] 그럼에도

103) 김대연(2004), 248-249면.

104) 加藤貴仁(2012b), 1913면; 神作裕之(1996), 6면.

불구하고 그 권한을 부여하는 경우, 지배회사의 주주는 종속회사가 아닌 지배회사의 이익을 위해 의결권을 행사하게 될 것이다.[105] 즉, 종속회사에 소수주주가 존재하는 경우에는 지배회사 주주와 종속회사 소수주주의 이해대립이라는 새로운 문제가 발생할 위험이 존재한다.[106] 사후적으로 종속회사 이사의 행위를 시정하는 다중대표소송권과는 달리 취급하여야 한다.[107] 따라서 사전적으로 지배회사 주주에게 종속회사에 관한 의사결정에 관여하도록 하는 것은 자칫 종속회사의 자율성을 해할 우려가 있어 그 인정 범위를 한정하여야 한다. 따라서 지배회사 주주는 완전종속회사에 대해서만 관여권을 행사할 수 있는 것으로 한다.

(4) 지배회사 주주총회의 결의요건

주주총회 결의요건을 보통결의로 할 것인지 특별결의로 할 것인지가 문제 된다. 종속회사 주주총회의 의결권 행사에 대한 승인에 불과하므로 보통결의로 족하다는 견해도 있으나,[108] 결의해야 하는 사항들이 지배회사 영업의 일부양도에 준할 정도로 중요한 영향을 미치는 사항이므로 지배회사 주주총회에서도 특별결의를 요한다고 보아야 한다.

---

105) 加藤貴仁(2012b), 1913면.

106) 加藤貴仁(2012b), 1913면; 森本大介(2010), 40면.

107) 이 경우에는 지배회사 주주와 종속회사 소수주주의 이해대립이 발생하지 않는다. 후술한다.

108) 森本大介(2010), 41면.

제3절 지배회사 주주의 종속회사 이사에 대한 책임추궁

Ⅰ. 개관

1. 문제의 소재

1999년 비상장인 삼성 SDS에서 신주인수권부사채(BW)를 저가에 발행하여 이재용 남매 등에게 제3자 배정을 함으로써 삼성전자 등 법인 주주들의 지분가치가 희석되어 결과적으로 그 법인의 주주들이 손해를 보게 되었는데, 그 주주들이 삼성SDS의 직접적인 주주가 아니라는 이유로 삼성 SDS 이사들에 대하여 책임추궁을 할 수 없어 문제가 된 바 있다.[109] 이처럼 종속회사 단계에서의 이사의 위법행위 결과 지배회사 또는 그룹 전체의 손실을 주는 사례에서 지배회사 주주들을 보호할 현실적인 필요가 있음에도 그것을 뒷받침할 제도가 없었던 것이다.

물론 한국 상법 제403조는 회사의 1% 이상 주식을 보유한 주주(상장회사의 경우에는 6개월 전부터 0.01% 이상을 보유한 경우에도 가능)는 회사의 이사를 상대로 대표소송을 제기할 수 있도록 규정하고 있다. 따라서 종속회사의 이사가 불법행위나 그 임무를 해태하여 종속회사에 손해를 끼친 경우 지배회사가 대표소송을 제기하는 것은 가능하다. 그러나 지배회사와 종속회사의 역학관계를 고려할 때 지배회사의 이사가 종속회사의 이사에게 책임을 추궁하는 것을 기대하기는 어렵다.

특히 한국은 비상상장종속회사의 비율이 꽤 높은 편인데, 삼성SDS처럼 종속회사에 외부주주가 존재하지 않는 비상장 종속회사에서는 지배

109) "논란만 10년 '다중대표소송' 이번엔 법제화?", 2015. 6. 17. 자 중기이코노미 인터넷 기사 참조. http://www.junggi.co.kr/ mobile/view.html?no=9511.

회사의 이사가 책임 추궁을 게을리하면 지배회사 주주를 보호할 다른 방책이 없게 된다.[110)]

지배회사 주주 보호를 위해, 지배회사 이사가 종속회사 이사에 대한 책임 추궁을 게을리할 경우, 지배회사 주주가 직접 종속회사 이사에 대한 책임을 추궁을 할 수 있는지를 살펴보아야 한다. 이것이 이른바 이중대표소송이다.[111)] 그리고 여러 회사 사이에 지배·종속관계가 다중적으로 존재하는 경우 지배회사의 주주가 종속회사 이사에 대하여 제기하는 대표소송을 통틀어 다중대표소송이라고 한다. 예를 들어, 지배·종속 관계에 있는 종속회사가 다시 다른 회사 주식의 전부 또는 대부분을 소유하여 그 다른 회사의 지배회사가 될 경우가 있다. 이 경우 삼중의 지배·종속 관계가 형성되는데, 이처럼 삼중 이상의 다중 지배·종속 관계에서 지배회사의 주주가 종속회사 이사의 부정행위에 대하여 종속회사를 위하여 손해배상을 청구하는 소송이 다중대표소송에 해당한다.[112)] 이 책에서는 "다중대표소송"이라는 용어를 사용하기로 한다.

---

110) 실제 삼성 SDS 사례 이외에도 1996년 삼성그룹의 비상장 계열사인 삼성에버랜드(주)의 전환사채 저가 배정, 2008년부터 현대그룹 비상장 계열사인 현대글로비스(주)에 대한 현대차그룹의 일감몰아주기, 2008년부터 2012년까지 SK그룹 비상장 계열사인 SK C&C(주)에 대한 계열사 일감몰아주기, 2002년 SK그룹 비상장 계열사인 SK해운(주)의 비자금조성 및 정치자금 제공, 2006년 신세계그룹의 비상장 계열사인 광주신세계(주)의 저가 주식발행, 그 외 공정거래위원회가 발표한 대기업집단의 비상장 계열회사인 삼성카드(주)·삼성캐피탈(주)·SK건설(주)·LG칼텍스정유(주) 등을 통한 2000년 이후 부당 내부거래 사건 12건(12건의 총 부당지원금액은 약 1108억 원, 과징금은 311억 원), 그리고 2015년 롯데그룹의 비상장 계열사인 호텔롯데(주) 롯데면세점의 미르재단 불법지원, 2016년 SK그룹 비상장 계열사인 SK종합화학(주)의 K스포츠재단 불법지원 등 비상장 종속회사를 통한 위법행위가 지금도 비일비재하게 이루어지고 있다(김재형/김형호(2017), 366-367면).

111) Welch et al.(2015), GCL-1189.

112) Welch et al.(2015), GCL-1190. 다중대표소송의 의의에 관해서는 권재열(2013), 16-17면 참조.

2. 과거 상법과 법원의 태도

(가) 상법의 태도

2020년 상법 개정 전까지 한국 상법은 개별 회사를 전제로 한 단순대표소송에 관한 규정(상법 제403조, 제542조의6)만 두고 있을 뿐, 지배회사 주주가 종속회사 이사에 대하여 책임을 추궁할 수 있는지에 관해서는 언급이 없었다.

(나) 법원의 태도

지배회사 주주의 종속회사 이사에 대한 책임 추궁이 문제가 된 사안에서 원심법원[113]과 대법원[114]의 입장이 대립한 바 있다. 지배회사와 종속회사는 별개의 회사라는 이유를 내세워 이를 부정하는 입장을 취하였다.

종속회사 대표이사의 횡령으로 회사에 손해가 발생하자 지배회사의 주주가 종속회사의 대표이사에 대해서 대표소송을 제기한 사안에서 원심법원은 "모회사 이사회에 대한 제소청구 또는 모회사 이사를 상대로 한 대표소송만으로는 자회사 이사의 부정행위로 인한 모회사의 간접적인 손해를 막기 어렵고, 자회사의 경영진이나 주주들이 여러 가지 이유로 이사들의 자회사에 대한 부정행위를 시정하지 못하는 경우가 있을 수 있는바, 이러한 경우 이중대표소송을 인정함으로써 자회사 이사들의 부정행위를 억제할 수 있고, 간접적으로 모회사 및 모회사 주주의 손해를 경감하는 효과를 기대할 수 있다"고 판시함으로써 이중대표소송을 허용하는 입장을 취하였다.[115]

반면 대법원은 "어느 한 회사가 다른 회사 주식의 전부 또는 대부분을 소유하여 양자 간에 지배·종속관계에 있고, 자회사가 그 이사 등의

113) 서울고등법원 2003. 8. 22. 선고 2002나13726 판결.
114) 대법원 2004. 9. 23. 선고 2003다49221 판결.
115) 서울고등법원 2003. 8. 22. 선고 2002나13726 판결.

부정행위에 의하여 손해를 입었다고 하더라도, 모회사와 자회사는 상법상 별개의 법인격을 가진 회사이고, 대표소송의 제소자격은 책임추궁을 당하여야 하는 이사가 속한 당해 회사의 주주로 한정되어 있으므로, 자회사의 주주가 아닌 모회사의 주주는 상법 제403조, 제415조에 의하여 자회사의 이사 등에 대하여 책임을 추궁하는 이른바 이중대표소송을 제기할 수 없다"고 판시함으로써 이중대표소송을 부정하는 입장을 취하였다.[116] 즉, 대법원은 법인격 독립의 원칙에 근거하여, 지배회사와 종속회사는 별개의 법인격을 가진 회사이므로 지배회사 주주는 종속회사의 주주가 아니기 때문에 종속회사의 이사에 대해서 직접 책임을 추궁할 수 없음을 명백히 밝히었다.

심지어 법원은 완전지배종속관계에 있는 지배회사와 종속회사 사이에서도 법인격 독립의 원칙을 엄격하게 고수하고 있기에[117] 다중대표소송을 인정할 여지는 없었다.

3. 상법 개정에 의한 다중대표소송의 도입

위와 같은 과거의 상법과 법원의 태도에 비추어, 종래 한국에서는 법상 또는 해석상 다중대표소송이 인정되기가 어려웠다. 이는 결국 종속회사 이사의 위법행위로 인해 그 결과 지배회사 주주가 실질적인 손해를 입게 되더라도 지배회사 주주를 보호할 방법이 없다는 것을 의미하므로, 지배회사 주주가 종속회사 이사에 대하여 책임을 추궁할 수 있도록 다중대표소송을 인정하여야 한다는 주장이 지속해서 제기되었다. 이에 드디어 2020년 12월 29일 상법 개정으로 제406조의2, 제542조의6 제7항이 신설됨으로써 다중대표소송이 법적인 제도로 인정되게 되었다. 구

116) 대법원 2004. 9. 23. 선고 2003다49221 판결.
117) 대법원 2016. 7. 22. 선고 2015다66397 판결; 대법원 2018. 11. 29. 선고 2017다35717 판결; 대법원 2019. 5. 10. 선고 2017다279326 판결 등.

체적인 내용은 본 절 III. 한국 부분에서 상술한다.

다중대표소송이 상법상 인정됨으로써 이제 다중대표소송을 인정할지 여부에 대해 논의를 할 필요는 없게 되었다.[118] 그러나 이제 막 도입된 제도이기에 해석이 필요하거나 더 보완되어야 할 부분들은 존재한다. 따라서 한국 상법상 다중대표소송제도의 내용을 살피기에 앞서 외국의 다중대표소송제도는 어떠한지를 살펴볼 실익은 여전히 있다.

한국을 비롯한 외국의 다중대표소송제도를 살펴볼 때는 다음과 같은 사항들은 염두에 두고 검토를 하여야 한다.

첫째, 다중대표소송을 인정하는 근거 내지 방법이 무엇인지 살펴보아야 한다.

둘째, 지배회사 주주의 종속회사 이사에 대한 책임 추궁을 인정하는 것은 법인격이 다른 회사의 이사에 대한 책임 추궁을 인정하는 것인데,[119] 지배회사가 종속회사에 대해 어느 정도 영향력을 미칠 때 지배회사 주주의 종속회사에 대한 권한을 인정해주는지, 종속회사가 지배회사에 미치는 중요성에 따라 지배회사 주주의 권한의 인정여부가 달라지는지를 살펴보아야 한다.

셋째, 소 제기권 남용에 관한 우려에 대비하여,[120] 원고적격의 문제로서 다중대표소송권을 일정한 비율의 주식을 보유한 주주만이 소를 제기하도록 하는 소수주주권으로 하는지 단독주주권으로 하는지를 생각해

---

118) 다중대표소송 인정 여부에 관한 과거 논의나 상세 입법례 등은 김신영(2017), 147-191참조.

119) 지배회사 주주의 종속회사 이사에 대한 책임 추궁을 인정하는 것은 법인격이 다른 회사의 이사에 대한 책임 추궁을 인정하는 것이므로 현행 법체계와의 정합성이 맞지 않는다는 우려가 있다(최준선(2013), 67면).

120) 다중대표소송의 도입을 반대하는 입장에서는 시민단체의 남소로 인하여 기업의 성장이 저해될 수 있다거나(전삼현(2006), 309면), 해외 헤지펀드 등 국내 기업을 인수합병하려는 투기성 외국자본이 다중대표소송을 악용할 수 있다(신석훈(2013), 62면)고 주장한다.

보아야 한다.

넷째, 원인행위 시, 소 제기 시 혹은 소송계속 중 주주의 지위를 유지하도록 하여야 하는지도 쟁점이 된다. 이와 관련하여 외환금융지주 사례에서와 같이 주식교환 등 조직재편으로 주주의 지위를 상실한 경우의 원고적격의 문제도 함께 검토가 이루어져야 한다.

II. 비교법적 고찰

1. 미국

(가) 인정 여부

미국에서는 판례를 통해 다중대표소송을 인정하고 있다. 19세기 후반 다중대표소송을 인정한 최초의 판결이 등장한 이후[121] 상당한 기간 동안 다중대표소송을 인정하는 판례와 이에 반대하는 판례가 공존하였고, 현재와 같은 형태의 다중대표소송이 확립된 것은 35년 내지 45년 전의 일이다.[122]

(나) 원고적격

(1) 단독주주권

미국의 다중대표소송은 성문법상 주주의 단순대표소송 제기권[123]을

---

121) 다중대표소송이 인정된 최초의 판결은 1879년 Ryan v. Leavenworth, Atchison & Northwestern Railway Co. 판결(Ryan v. Leavenworth, Atchi - son & Northwestern Railway Co., 21 Kan. 365, (Kan. 1879))으로, 이 판결에서 법원은 지배회사와 종속회사간의 형평법상 주식소유관계를 근거로 하여 지배회사의 주주에게 종속회사의 이사에 대한 손해배상청구를 인정하였다.

122) Blumberg(2016), § 44.02.

123) 연방민사소송규칙(Federal Rule of Civil Procedure) 제23.1조, 델라웨어주 일반회사법 제327조.

판례를 통해 지배회사의 주주에게 인정한 것이다. 따라서 지배회사와 종속회사의 관계에 관한 요건 외에는 단순대표소송에 적용되는 요건이 다중대표소송에도 그대로 적용된다.

미국 회사법상 단순대표소송 제기요건으로 소 제기 시 주주가 보유해야 하는 주식 비율에 대한 언급이 없다. 즉, 한국의 단순대표소송 제기권과는 달리 단독주주권이다. 마찬가지로 다중대표소송 제기권도 단독주주권이다. 따라서 지배회사 주주는 지배회사 주식을 1주라도 보유하고 있으면 다중대표소송을 제기할 수 있다.

(2) 주주 지위의 유지

대표소송 제기권을 단독주주권으로 할 경우, 소송의 남용 가능성이 있는데, 미국은 주주대표소송의 남소를 막기 위하여 행위시주식소유요건(contemporaneous ownership)[124]과 주식계속소유 요건(continuous ownership)[125]을 요구하고 있다.[126]

행위시주식소유 요건이란 주주대표소송의 제소권자는 소송에서 책임원인 발생 당시에 이미 주식을 소유하고 있던 주주 또는 그 주주로부터 법률의 규정(operation of law)에 따라 주식을 승계취득한 자[127]로 한정하는 것을 말한다.[128] 이는 연방민사소송규칙 제23.1조와 델라웨어주 일반회사법 제327조에 규정되어 있다. 이 요건은 남소를 방지, 특히 책임원

124) CML V, LLC v. Bax, 6 A.3d 238, 24(Del. Ch. 2010).

125) Lewis v. Anderson, 477 A.2d 1040, 1046(Del. 1984).

126) 미국에서는 원고 및 변호사가 개인적 이익(특히 변호사 보수)을 위해 주주대표소송을 남용적으로 제기하는 경우가 많다고 한다. 따라서 이를 방지하기 위한 주주대표소송의 청구요건이 판례법에 의해 확립되었다(21世紀政策研究所(2012), 1면).

127) 형평법원은 자신의 어떠한 행위나 협력 없이 주식을 취득하게 된 경우만을 의미한다고 한다. Parfi Holding AB v. Mirror Image Internet, Inc., 954 A.2d 911, 927 (Del. Ch. 2008).

128) Welch et al.(2015), GCL-1138-1139.

인이 발생한 다음에 대표소송을 목적으로 주식을 매수하는 것을 막기 위한 것이다.[129] 한편 한국 상법은 대표소송에서 행위시주식소유 요건을 요구하지 않기 때문에, 원고는 제소 당시 주주의 지위에 있으면 충분하다.[130] 그 결과 책임원인이 발생한 다음에 대표소송을 목적으로 주식을 매수하는 것도 가능하다.[131]

주식계속소유 요건이란 대표소송의 제기 시부터 소송의 계속 및 종료 시까지 해당 회사의 주주 지위를 유지해야 함을 의미한다.[132] 이는 대표소송을 제기하는 원고는 회사의 이익을 통해 경제적 이익을 얻고, 회사의 가치를 극대화할 인센티브를 가진 자이어야 한다는 것을 확실히 하기 위해 판례상 요구되는 요건이다.[133]

(3) 주식교환 등 조직재편 시 원고적격 인정 문제

주식교환 등 조직재편 행위로 지배회사와 종속회사관계가 성립하는 경우 종속회사(원고주주 관점에서 "구회사")의 주주는 의도하지 않게 구회사 주식을 보유할 수 없게 되고, 대신 지배회사(원고주주 관점에서 "신회사")의 주식을 보유하게 된다. 자연적으로 구회사 주주의 지위를 상실하고 신회사 주주의 지위를 획득하게 된다. 그렇다면 구회사 이사에 대한 대표소송이 제기된 후 조직재편이 이루어진 경우 원고적격이 유지되는지 또는 구회사 이사에 대한 대표소송이 제기 전에 조직재편이 이루어진 경우 신회사 주주의 지위에서 구회사 이사에 대한 다중대표소송을 제기한 경우 신회사 주주의 원고적격이 인정되는지의 문제가 주식

---

129) Schoon v. Smith, 953 A.2d 196, 204(Del. 2008); Lewis v. Anderson, 477 A.2d 1040, 1046(Del. 1984). Welch et al.(2015), GCL-1138.

130) 권재열(2016), 145면.

131) 송옥렬(2023), 1113면.

132) Welch et al.(2015), GCL-1140-1141.

133) Parfi Holding AB v. Mirror Image Internet, Inc., 954 A.2d 911, 927 (Del. Ch. 2008). Welch et al.(2015), GCL-1140.

계속소유 요건, 행위시주식소유 요건과 관련하여 발생한다.

미국법상 지배회사 주주는 종속회사 이사가 종속회사에 대한 부정행위를 할 당시, 그리고 소송기간 전체에 걸쳐 계속적으로 지배회사의 주주이어야만 다중대표소송을 제기하고 유지할 수 있다. 그런데 행위시주식소유 요건과 주식계속소유 요건을 너무 엄격하게 적용하면, 주식교환 등 조직재편 행위가 이루어질 경우 다중대표소송의 제기나 유지가 어렵기 때문에 부작용이 발생할 수 있다.

먼저, 위법한 행위를 한 이사의 책임을 면탈하는 수단으로 악용될 수 있다. 즉, 위법행위를 한 이사는 주식의 포괄적 교환 등을 통해 종속회사나 손종속회사를 만들어 다중대표소송이 제기되거나 유지되는 것을 막아 자신의 책임을 회피할 수 있게 된다. 다음은, 조직재편에 의해서 비자발적으로 주식을 소유하지 못하게 되는 주주들의 이익이 침해될 수 있다. 즉, 원치 않게 주식교환 등 조직재편 행위가 이루어진 경우, 소를 제기할 이익이 여전히 존재함에도 다중대표소송의 제기나 유지가 어렵게 되어 주주들의 권리구제가 제대로 이루어지지 않을 수 있다.

따라서 주식교환 등 조직재편 행위가 이루어진 경우에는 행위시주식소유 요건과 주식계속소유 요건을 완화할 필요가 있는데, 이에 관한 미국 판례의 입장을 살펴본다.

1) 대표소송이 제기된 후 조직재편이 이루어진 경우

대표소송 제기 후 조직재편이 이루어진 경우는 주식계속소유 요건과 관련하여 주주의 원고적격이 유지되는지가 문제 된다. 대체적으로는 원고적격이 인정되지 않아 소를 유지할 수 없다는 것이 다수의 판례이다.[134] Lewis v. Anderson 판결에서는 대표소송 제기 후 회사가 다른 회사로 합병되어 지배회사의 주주가 된 경우, 원칙적으로는 더는 소멸회사

---

134) Welch et al.(2015), GCL-1141; Eaton et al.(2010), p. 14.

의 주주가 아니므로 원고적격이 없다고 한다.[135)]

다만 이 판결에서는 두 가지 예외적인 상황에서는 원고적격을 유지한다고 하였다. 하나는 조직재편 행위가 사기(fraud)를 원인으로 이루어진 경우이다.[136)] 이 경우는 조직재편행위 자체가 원고의 대표소송을 회피할 목적으로만 이루어진 경우이기 때문이다. 다른 하나는 조직재편이 실제 있더라도 원고의 주식소유관계에 영향을 미치지 않는 단순한 조직재편에 불과한 경우이다.[137)] 따라서 원고가 이 두 가지 예외 중 어느 쪽에 해당한다는 사실을 입증하기만 하면, 조직재편행위로 인하여 주주의 지위를 상실한 경우라고 하더라도, 해당 대표소송을 계속할 수 있게 된다.

한편, Gaillard v. Antomas Co. 판결은 주주가 대표소송 제기 후 주식교환에 의해 구회사 주주의 지위를 상실한다고 하더라도, 그것은 주주가 자발적으로 소송계속 중 주식을 처분한 것이 아니라는 점, 주주가 지배회사의 주식을 소유하고 있으므로 계속하여 그 소송에 대하여 재산적 이해관계가 있다는 점을 들어 원고적격을 상실하지 않는다고 판시하였다.[138)]

요컨대, 대표소송 제기 후 조직재편이 이루어져 구회사 주주의 지위를 상실한 주주의 대표소송의 원고적격이 유지되는지에 관하여, 미국 법원은 원칙적으로는 주식계속소유 요건을 충족하지 못하므로 원고적격이 상실된다고 보면서도, 그 소송을 계속할 실질적 이해관계가 있는 경우 등에는 주식계속소유 요건을 완화하여 원고적격을 유연하게 인정하고 있다.

---

135) Lewis v. Anderson, 477 A.2d 1040(Del. 1984).

136) Lewis v. Anderson, 477 A.2d 1040, 1046 n.10(Del. 1984).

137) Lewis v. Anderson, 477 A.2d 1040, 1046 n.10(Del. 1984). 그 예로, 주식교환 후에 신회사 주주가 구회사 이사를 상대로 대표소송을 제기하는 경우인, Schreiber v. Carney 판결을 들고 있다.

138) Gaillard v. Antomas Co., 173 Cal. App. 3d 413(Cal. App. 1Dis. 1985).

2) 대표소송이 제기되기 전 조직재편이 이루어진 경우

다음은 구회사 이사의 의무 위반이 있고 난 뒤 주주가 대표소송을 제기하기 전에 조직재편이 이루어진 경우, 신회사 주주는 행위시주식소유요건을 만족시키지 못하므로 다중대표소송을 제기할 원고적격이 없는 것은 아닌지가 문제 될 수 있다. Schreiber v. Carney 판결은 주식교환 후에 신회사 주주가 구회사 이사를 상대로 대표소송을 제기하는 경우, 신회사의 주주는 주식교환으로 비자발적으로 신회사의 주주가 된 것일 뿐 행위시주식소유 원칙을 위반할 목적이 없었고, 구회사와 신회사는 실질적으로 동일체이므로 주식교환으로 주주의 소유관계에 실질적 변동이 생기는 것도 아니며, 원고주주는 투자를 계속하고 있는 형평법상의 주식소유자(equitable owner)임을 이유로 다중대표소송의 원고적격을 인정한다.[139)]

Lambrecht v. O'Neal 판결에서도 원고인 주주가 주식교환에 의한 합병으로 이미 제기한 대표소송의 원고적격을 상실한 후 완전지배회사의 주주로서 지배회사를 대위하여 다시 제기한 다중대표소송에서의 원고적격이 문제가 되었다.[140)] 피인수회사(구회사)의 주주였던 원고들이 부정행위를 한 이사에 대한 대표소송 후 주식교환에 의한 합병으로 인수회사(신회사)의 주주가 되었는데, 원고들이 주주의 지위를 상실하였다는 이유로 각하 판결을 내리자, 이에 원고 중 한 명은 최초의 소를 다중대표소송으로 변경하여 재소답(replead)하고, 다른 한 명은 새롭게 다중대표소송을 제기한 사안이다. 원고적격의 문제로서, 피고의 부정행위가 있었던 시점에, 원고인 주주는 종속회사의 주식을 소유하고 있어야 했고, 지배회사는 종속회사의 주식을 소유하고 있어야 했는지가 쟁점이 되었다. 델라웨어주 대법원은 조직재편에 이후 지배회사 주주가 제기한 다중대표소송에서 지배회사는 부정행위가 발생한 시점에 종속회사의 주식을 소유할 필요가 없고, 지배회사 주주는 다중대표소송 제기 시에 지배회사

---

139) Schreiber v. Carney, 447 A.2d. 17, 22(Del. Ch. 1982).

140) Lambrecht v. O'Neal, 3 A.3d 277(Del. 2010).

주식을 소유하고 있으면 충분하고, 부정행위 발생 시점에 소유할 필요는 없다고 판시하였다.[141)]

요컨대, 구회사 이사의 의무 위반이 있고 난 뒤 주주가 대표소송을 제기하기 전에 조직재편이 이루어진 상황에서 신회사 주주가 된 자가 구회사 이사에 대하여 대표소송을 제기한 경우, 법원은 행위시주식소유 원칙을 완화하여 신회사의 주주의 다중대표소송의 원고적격을 인정한다. 행위시주식소유 원칙이 책임원인이 발생한 다음에 대표소송을 목적으로 주식을 매수하는 것을 막고, 남소를 방지하기 위한 것임을 고려하면, 조직재편으로 인해 비자발적으로 신회사의 주주가 된 자는 주주의 소유관계에 실질적 변동이 없고, 대표소송을 목적으로 주식을 매수한 자가 아님이 분명하기 때문으로 보인다.

(다) 피고적격-종속회사의 범위

(1) 완전종속회사

대부분의 다중대표소송을 인정한 판결들은 완전종속회사에서의 이사의 위법행위를 추궁하는 것이다.[142)] 델라웨어주에서 지배회사 주주에게 다중대표소송을 인정한 판결들은 모두 완전종속회사의 이사에 대한 책임추궁에 관한 것들이다.[143)] 그 이유를 생각해보면, 미국의 기업집단의 경우 지배회사가 종속회사를 100% 소유하는 완전지배·종속관계가 대부분이고,[144)] 완전지배·종속관계에서는 법인격을 부인하기가 상대적으로

---

141) Lambrecht v. O'Neal, 3 A.3d 277, 290(Del. 2010).

142) Brown v. Tenney, 532 N.E.2d. 230, 232 (Ill. 1988); West v. West, 126 F.R.D. 82 (N.D. Ga. 1992).

143) Welch et al.(2015), GCL-1190. 그렇다고 델라웨어주 법원이 부분종속회사의 이사에 대해서는 다중대표소송을 인정하지 않는다는 의미는 아니다. 델라웨어주 법원은 지금까지 이에 관해, 의도적이든 의도적이지 않든, 다루지 않았을 뿐이다(Lambrecht v. O'Neal, 3 A.3d 277, 283 no. 14 (Del. 2010)).

144) ① 미국 회사법상 소수주주 보호가 엄격하기 때문에 종속회사에 소수주주가

쉽게 때문이라고 분석된다.

(2) 부분소유종속회사

부분소유종속회사의 경우, 종속회사의 소수주주가 소송을 제기할 수 있기 때문에, 지배회사의 주주에게 위법행위를 한 종속회사 이사에 대한 소 제기권을 부여할 필요가 없음에도, 델라웨어 주 이외의 법원은 이 영역에서도 다중대표소송을 인정한다.[145] 지배회사의 주주들이 종속회사의 상황에 대하여 합법적인 이익을 가지고 있음을 이유로 한다.[146] 즉, 종속회사에 발생한 손해는 결국 지배회사의 부담이 되기 때문이다.[147] 다중대표소송은 단지 절차적 문제에 대한 기술적인 해결을 의미하는 것이 아니고, 지배회사의 주주들이 기업집단 소속 회사들에 대해서 가지는 재산권적 이익의 개념을 반영하고 있는 것이다.[148]

(3) 계열사간

다중대표소송은 동일한 이사 내지 경영진에 의해 공동으로 지배되고 있는 계열사간에도 인정된다.[149] United States Lines, Inc. v. United States

---

존재하면 그룹 차원에서 자유롭게 경영하기 어렵다. ② 증권거래소 상장규정이 엄격하기 때문에 종속회사는 공개해도 상장하기 어렵다. ③ 기업집단이 연결납세를 할 수 있으려면 종속회사 주식을 80% 이상 보유해야 한다. 이러한 이유로 미국에서는 다른 회사를 인수하는 경우에도 그 주식의 일부만을 취득하기보다는 전부를 인수한다고 한다.

145) United States Lines v. United States Lines Co., 96 F. 2d 148, 151, (2d Cir. 1938); West v. West, 126 F.R.D. 82(N.D. Ga. 1992). Lambrecht v. O'Neal, 3 A.3d 277, 283 no. 14 (Del. 2010) 참조.

146) Kadufmann v. Wolfson, 132 F. Supp. 733, 735(S.D.N.Y, 1955); Holmes v. Camp, 180 A.D. 409, 412(1st Dept. 1917).

147) Blumberg(2016), § 44.02.

148) Blumberg(2016), § 44.02.

149) Blumberg(2016), § 44.02; Locascio(1988), p. 746; Kadufmann v. Wolfson, 132 F. Supp. 733 (S.D.N.Y, 1955).

Lines Co. 판결에서 법원은 손해를 입은 회사와 그 주식을 소유한 회사 사이에 지배관계가 없더라도 손해를 야기한 자가 두 회사를 실질적으로 지배하고 있다면 다중대표소송을 인정할 필요성이 있다고 하였다.[150)]

(4) 필수 요소로서의 "지배"

판례는 다중대표소송을 인정하기 위한 필수요소로서 지배회사의 종속회사에 대한 지배를 강조한다.[151)] 따라서 지배회사가 다른 회사의 주식을 보유하되 그 지배권은 가지지 못하는 경우에는 다중대표소송이 인정되지 않는다.[152)] 지배가 존재하면 종속회사의 독립적 실체의 형식이 얼마나 인정되는지 여부와 상관없이 종속회사의 독립적인 기능은 어느 정도 형해화될 수밖에 없고, 종속회사의 이사는 의사결정 과정에서 지배회사의 영향을 받을 뿐 아니라 심지어 지시를 받는 정도에 이른다는 점에서 다중대표소송을 허용하는 데 있어 핵심 판단 요소가 된다.[153)]

(라) 제소절차

다중대표소송은 지배회사 이사가 종속회사 이사에 대한 책임추궁을 게을리한 경우 지배회사 주주가 지배회사를 대신하여 지배회사의 종속회사에 대한 대표소송 제기권을 종속회사 이사에 대하여 행사하는 것이다. 따라서 다중대표소송을 지배회사의 주주가 직접 제기하기 위해서는 지배회사와 종속회사 쌍방에 대한 제소 청구와 쌍방의 거절이 있어야 한다.[154)] 즉, 지배회사의 주주는 먼저 지배회사의 이사회에 소 제기를

---

150) United States Lines, Inc. v. United States Lines Co., 96 F.2d 148, 150-151 (2d Cir. 1938).

151) Saltzman v. Birrell, 78 F. Supp. 778, 783(S.D.N.Y. 1948); Lambrecht v. O'Neal, 3 A.3d 277, 288, 289 (Del. 2010).

152) 이 경우에도 다중대표소송을 인정하자는 학문적인 시도가 있었으나(Painter (1961), pp. 150-155), 받아들여지지 않았다(Blumberg(2016), § 44.03.).

153) Blumberg(2016), § 44.03.

청구하여 지배회사의 이사회가 이를 거절하면 다시 종속회사 이사회에 소제기를 청구하여 종속회사의 이사회가 이를 거절하면 종속회사 이사에 대하여 직접 대표소송을 제기한다. 이는 연방민사소송 규칙 제23.1조에도 규정되어 있다. 그리고 지배회사 주주는 지배회사에 대한 제소청구의 무익성(futility)과 종속회사에 대한 제소의 무익성을 모두 증명한 경우에는 바로 대표소송을 제기할 수 있다.[155] 그러나 Lambrecht v. O'Neal 판결 이후에는 완전지배회사의 주주는 지배회사 이사회에 대한 제소청구의 무익성을 증명하면 바로 종속회사 이사에 대한 대표소송을 제기할 수 있다.[156]

2. 독일

독일에서는 지배회사 주주가 종속회사 이사의 책임을 추궁하는 이중대표소송 또는 다중대표소송은 인정되지 않으며, 이를 인정해야 한다는 논의도 거의 없다. 독일에서는 2005년에야 대표소송이 도입되었고 아직 활발하게 이용되고 있지 않은 것도 그 배경이라고 할 수 있겠다.[157]

3. 일본

(가) 개관

일본 회사법은 주주의 대표소송에 관한 규정을 마련하고 있고, 단독주주권으로 되어 있어 단독주주도 이사의 책임을 추궁하는 소송을 제기

---

154) Rales v. Blasband, 634 A.2d 927, 934 (Del. 1993).

155) Rales v. Blasband, 634 A.2d 927, 934 (Del. 1993).

156) Lambrecht v. O'Neal, 3 A.3d 277, 288-289(Del. 2010); Hamilton Partners, LP v. Englard, 11 A.3d 1180, 1206-1207(Del. Ch. 2010); Sagarra Inversiones, S.L. v. Cementos Portland Valderrivas, 34 A.3d 1074(Del. 2011),

157) 송옥렬/최문희(2012), 53면.

할 수 있다.[158] 그러나 대표소송을 제기할 수 있는 '주주'는 해당 회사의 주주(완전종속회사인 경우는 종속회사)에 한정되어 있어, 이 규정만으로는 지배회사의 주주가 직접 종속회사의 이사 등에 대해서 대표소송을 제기하는 것이 인정되지 않았다.

이에 일본에서도 지주회사 형태 또는 완전지배·종속회사 형태 등 그룹 경영이 빈번히 이루어지고 있어 종속회사의 가치가 지배회사의 가치에 영향을 미치고 있음에도, 종속회사에 손해가 발생한 경우 기업집단 내의 인적 관계로 인하여 종속회사의 이사에 대한 책임추궁이 제대로 이루어지지 않는다는 비판이 많았다.[159]

그 와중에 세계적인 그룹인 올림푸스의 회계부정 같은 사건들이 발생하자, 2014년 회사법 개정을 통해 지배회사 주주 권한 강화의 일환으로 다중대표소송을 인정하는 입법을 하기에 이르렀다. 이로써 지배회사 주주는 지배회사를 대위하여 종속회사의 이사 등에 대한 책임 추궁의 소를 제기할 수 있게 되었다(법문에서는 "특정 책임의 소"라 하지만, 편의상 "다중대표소송"이라 한다).

아울러 주식교환 등 조직재편으로 인해 의도하지 않게 구회사 주주의 지위를 상실하고 신회사 주주의 지위를 획득한 자의 대표소송에 관한 원고적격 문제에 대하여도 일본에서는 입법을 통해 해결하고 있다. 신설된 조항이 있으므로, 함께 살펴본다.

(나) 당사자적격

(1) 원고적격

1) 최종완전지배회사

일본 회사법상 다중대표소송은 완전지배·종속회사 관계에서만 인정

---

158) 일본 회사법 제847조.

159) 坂本三郎 外(2014), 29면; 日本取引所(2015), 2-3면; 加藤貴仁(2011), 6면.

된다. 따라서 다중대표소송을 제기할 수 있는 자는 최종완전지배회사의 주주에 한정한다. "최종완전지배회사"란, 종속회사의 주식 전부를 직접적으로 또는 완전종속회사 등을 통하여 간접적으로 보유하고 있는 최상위의 주식회사를 말한다.[160] 최종완전지배회사는 일본의 회사법에 따라 설립된 주식회사이어야 하고, 주식회사 이외의 회사나 해외회사는 해당하지 않는다. 또한 제소 대상도 주식회사인 완전종속회사로 한정된다.[161]

2) 소수주주권

주주는 6개월 전부터 계속하여 총주주의 의결권의 100분의 1 이상, 또는 주식의 100분의 1 이상의 주식을 보유하여야 한다.[162] 비공개 회사인 경우 6개월 계속 보유 요건은 적용되지 않는다. 100분의 1을 하회하는 비율을 정관으로 정하는 것도 가능하다. 원고적격을 소수주주권으로 하는 것에 대하여는 최종 논의까지 논란이 있었으나, 지배회사 주주가 자회사에 개입하는 것을 정책적으로 인정해야 한다면 지배회사의 가치에 큰 이해관계를 가지는 주주에 한정해야 한다는 이유와 남소의 방지를 위해 소수주주권으로 확정이 되었다.[163]

3) 완전지배·종속관계의 유지

완전지배·종속관계는 책임원인사실이 발생한 날에 형성되어 있어야 한다.[164] 즉, 해당 종속회사의 주식 일부라도 다른 자가 보유하는 경우

160) 일본 회사법 제847조의3 제2항.

161) 중간에 종속회사가 존재하는 간접보유의 경우, 해당 종속회사는 반드시 주식회사에 한하지 않으며 주식회사 이외의 법인이 포함되어도 문제되지 않는다(野村修也/奥山健志(2015), 63-64면).

162) 일본 회사법 제847조의3 제1항.

163) 土岐薫(2014), 24면.

164) 일본 회사법 제847조의3 제4항. 법제심의회의 회사법제위원회에서는 입법과정에서 완전지배·종속회사관계 여부의 기준시점에 관하여 '제소청구시'로 해야 한다는 견해가 있었지만, 최종적으로는 '책임원인사실시'로 규정되었다(岩

이 요건을 충족하지 못한다. 완전지배·종속관계는 원고적격의 문제이기 때문에 책임원인사실의 발생 시뿐만 아니라, 제소청구 시에도 필요하다.[165] 그러나 이 기간에 계속 완전지배·종속관계를 유지할 필요는 없고, 완전지배·종속관계가 형성되어 있는 가운데 책임원인사실이 발생하고, 그 후 이러한 관계가 해소되었다가 다시 완전지배·종속관계가 형성된 경우에도 여전히 제소청구가 인정된다.[166]

소송계속 중에도 완전지배·종속관계는 유지되어야 하는데, 가령 완전종속회사가 다중대표소송을 방해할 목적으로 완전지배·종속관계를 해소시키는 등의 특별한 사정이 있는 경우에는 해당 소송에서 피고가 원고적격 상실에 관한 주장을 하더라도 이는 권리남용 및 신의칙 위반을 이유로 제한될 수 있다.[167]

(2) 피고적격-종속회사의 범위 및 중요성

다중대표소송의 대상이 될 피고적격자가 속한 완전종속회사에는 최종완전지배회사가 그 주식 또는 지분의 전부를 가진 법인뿐만 아니라, 이것을 간접적으로 가진 법인도 포함한다. 이로써 이중대표소송뿐만 아니라 다중대표소송도 가능한 것으로 해석된다.

완전종속회사 주식의 장부가액이 최종완전모회사의 총자산액의 5분의 1을 초과하고 있는 때에만 지배회사 주주는 종속회사 이사에 대하여 책임을 추궁할 수 있다. 이는 중요성이 낮은 종속회사를 다중대표소송의 대상에서 제외하겠다는 취지를 반영한다. 그리고 이러한 중요성의 기준은 책임원인사실이 발생한 날에 충족되어 있어야 한다.[168]

原紳作(2012b), 14면).

165) 奥山健志/小林雄介(2015), 17면.

166) 菊地伸/石井裕介(2014), 116면; 奥山健志/小林雄介(2015), 17면.

167) 奥山健志/小林雄介(2015), 17면.

168) 제소요건 충족 시점을 표로 나타내면 다음과 같다.

(3) 남소방지 규정

일본에서 다중대표소송은 남소 방지를 위해 원고적격 요건 등을 엄격하게 하는 외에도 다음과 같은 규정을 둔다. 따라서 원고 또는 제3자의 부정한 이익을 도모하기 위하거나 종속회사 또는 최종완전지배회사에 손해를 가하는 것을 목적으로 하는 경우, 책임원인의 사실로 최종완전지배회사 등에 손해가 발생하지 않는 경우는 제소청구를 할 수 없다.[169] 이는 한국 상법 제405조와 유사하나, 한국 상법은 주주대표소송의 원고가 악의인 경우 패소 시 손해배상책임만을 묻는 데에 반해, 일본은 제소 청구 자체를 금지하므로 다중대표소송의 요건을 더욱 엄격하게 설정하고 있다.

(4) 제소절차

완전지배회사의 주주가 독립된 제소를 하려면 먼저 완전종속회사에 책임을 추궁하는 소송을 제기하도록 요구하여야 한다. 이후 60일 이내에 종속회사가 종속회사의 대표이사 등에게 소송을 하지 않을 경우 독립적으로 소를 제기할 수 있다.[170] 이 경우 지배회사의 주주는 종속회사에 대해서만 제소청구를 하면 되고, 지배회사에 대해서까지 제소청구를 할 필요는 없다. 종속회사 및 종속회사의 주주는 공동소송 참가나 보조참

〈표 3〉 제소요건 충족 시점

	책임원인사실 발생 시	제소청구 시	구두변론 종결 시
완전지배·종속회사 관계	필요	필요	필요
주식보유(100분의 1 이상, 6개월 계속)	불요	필요	필요
총자산액의 5분의 1 초과	필요	불요	불요

이상 奧山健志/小林雄介(2015), 17면 [표 2] 참조

169) 일본 회사법 제847조의 3 단서. 土岐薫(2014), 25면.
170) 일본 회사법 제847조의3 제7항.

가가 가능하며, 원고 이외의 주주나 최종완전지배회사의 소송참가를 위해 소송원고 통지나 부제소 이유 통지를 하여야 한다. 또한 담보제공, 화해, 비용 등의 청구, 재심의 소 등에 대해서는 주주대표소송의 경우와 동일하게 적용된다.[171]

(5) 주식교환 등 조직재편 시 원고적격 인정 문제

주식교환 등 조직재편으로 인해 의도하지 않게 구회사 주주의 지위를 상실하고 신회사 주주의 지위를 획득한 자가 제기한 대표소송의 원고적격 문제에 관해서는 이를 인정하는 입법을 함으로써 그 해결을 하고 있다.

1) 대표소송이 제기된 후 조직재편이 이루어진 경우

회사의 이사에 대하여 대표소송을 제기한 주주가 주식교환 등 조직재편으로 인해 의도하지 않게 구회사 주주의 지위를 상실하고 신회사 주주의 지위를 획득하게 된 경우, 기존에 제기한 대표소송의 원고적격에 관하여, 일본 회사법 제851조 제1항은 대표소송을 제기한 주주가 소송계속 중에 주식교환, 주식이전 또는 합병으로 주주가 아니게 되더라도 원고 주주가 그 회사의 완전지배회사의 주식을 취득한 경우에는 계속하여 소송을 수행할 수 있다고 규정하고 있다.[172]

이는 2005년 신설된 조문인데,[173] 주식교환이나 합병이 이루어진 시

171) 土岐薫(2014), 25면.

172) 일본 회사법 제851조 제1항은 대표소송을 제기한 주주 또는 그 소송에 참가한 주주가 소송계속 중 주주가 아니게 되더라도, ① 그 자가 주식교환이나 주식이전에 의하여 당해 회사의 완전모회사의 주식을 취득한 경우, 또는 ② 그 자가 당해 회사가 소멸회사가 되는 합병에 의해, 합병으로 설립되는 회사나 존속회사, 또는 그 완전모회사의 주식을 취득한 경우에는 소송을 계속 수행할 수 있다고 규정하고 있다.

173) 그 전까지 하급심 판결은 주식교환 등으로 원고가 주주자격을 상실한 경우에는 주주대표소송의 원고적격을 상실한다고 보았다(東京地判 2001. 3. 29. 판결, 判例時報 제1748호, 171면; 東京高判 2003. 7. 24. 판결, 判例時報 제1858호,

점에 주주가 이미 대표소송을 제기한 경우라면 완전지배회사의 주주가 된 후에도 계속하여 해당 소송의 결과에 대하여 간접적으로 영향을 받음에도 불구하고 기업조직재편에 의하여 원고적격을 상실함으로써 이미 제기한 소송행위가 무효로 될 수 있기 때문에, 회사법은 이를 방지할 목적으로 기존주주에 의한 책임추궁소송제도를 두고 있다.[174)]

2) 대표소송이 제기되기 전 조직재편이 이루어진 경우

제851조 제1항은 대표소송이 제기된 후 조직재편이 이루어진 경우만을 대상으로 하고 있어, 대표소송이 제기되기 전 조직재편이 이루어져 완전지배회사의 주주가 된 자는 조직재편 이전에 구회사에서 행해진 이사의 행위에 대해서는 책임을 추궁할 근거 조항이 없었다. 그러나 이러한 경우에도 주주의 지위를 상실한 자에게 소의 이익이 있기 때문에 대표소송의 원고적격을 인정해줄 필요가 있으므로, 2014년 일본 회사법 개정에서는 이를 반영한 조항을 신설하였다.

이에 따르면 구회사의 주주는 주식교환, 주식이전, 삼각합병 등 조직재편으로 당해 회사의 지위를 상실하더라도 완전지배회사인 신회사의 주식을 취득하여 소유하고 있으면 완전종속회사에 대하여 조직재편 이전에 발생한 책임원인에 기하여 완전종속회사의 이사 등을 상대로 책임추궁의 소를 제기할 것을 청구할 수 있고, 제소청구 후 60일 이내에 완전종속회사가 소를 제기하지 않았을 때는 완전종속회사를 대신해서 직접 대표소송을 제기할 수 있다.

3) 구주주에 의한 책임 추궁소송과 다중대표소송의 비교

이와 같은 구주주에 의한 책임 추궁의 소는 구회사의 주주였던 자의 지위가 신회사인 완전지배회사의 주주로 변경된 경우 종속회사 이사에

154면)

174) 相澤哲 外(2006), 218면.

대한 책임 추궁을 할 수 있는 것이고, 다중대표소송은 주주 지위가 변경되었다는 사정없이 지배회사 주주가 종속회사 이사를 상대로 책임 추궁을 할 수 있다는 점에서 차이가 있다. 그렇기 때문에 다중대표소송을 제기할 수 있는 주주의 범위나 그 대상이 되는 책임의 범위에 대해서는 주주대표소송이나 구주주에 의한 책임 추궁소송에서는 찾아볼 수 없는 일정한 제한이 있다[175)]이를 표로 간략하게 나타내 보면 다음과 같다.

〈표 4〉 구주주에 의한 책임 추궁소송과 다중대표소송[176)]

	구주주에 의한 책임 추궁소송	다중대표소송
특정책임	주식교환 등의 효력발생시까지 책임원인사실이 발생한 경우의 완전종속회사 이사 등의 책임	완전지배·종속회사 관계와 중요성 기준을 충족하는 시점에 책임원인사실이 발생한 경우의 완전종속회사 이사 등의 책임
주식보유요건	단독주주권 상장회사의 경우 주식교환 등 효력발생일 6개월 동안 계속 보유 필요	소수주주권(100분의 1 이상) 상장회사의 경우 제소청구의 6개월 동안 계속 보유 필요
종속회사의 중요성 여부	불요	필요
책임원인발생 시 완전지배·종속 관계	불요	필요
제소청구 시 완전지배·종속 관계	불요	필요

4. 시사점

미국은 판례를 통해 지배회사 주주에 대하여 다중대표소송을 허용하

---

175) 加藤貴仁(2015), 5-6면.

176) 野村修也/奥山健志(2015), 79면 [표 1-20] 참조.

는데, 지배회사의 주주들이 종속회사의 상황에 대하여 합법적인 이익을 가지고 있음을 이유로 한다.[177] 즉, 종속회사에 발생한 손해는 결국 지배회사의 부담이 되기 때문이라는 것이다.[178] 법인격이 다르다는 이유로 위법행위를 시정하는 데 어려움을 느끼지 않도록 판례를 통해 다중대표소송을 인정하고 있음을 확인할 수 있다.[179]

미국 기업집단 구조의 특성상 주로 완전지배·종속 관계가 있는 경우에 다중대표소송이 인정되는 경향이 있으나, 비록 완전지배·종속 관계가 아닌 경우에도 지배관계가 존재하면 다중대표소송이 인정되고 있다.

일본의 경우 입법을 통하여 지배회사 주주 보호를 시도했다는 점에서 높은 평가를 할 만하다. 다만, 개정법의 가장 큰 특징은 다중대표소송을 단순 지배·종속관계를 전제로 널리 허용하는 것이 아니라, A회사가 B회사의 주식의 전부를 보유하는 완전지배·종속 관계에 한정하여 허용하고 있다는 점이다. 또한 이러한 완전모자관계가 다층적으로 존재하는 경우 최종완전모회사의 주주만이 다중대표소송의 원고가 될 수 있다. 원고적격이나 피고적격이 매우 제한적이어서 입법이 이루어졌음에도 실제 얼마나 활용이 될지는 의문이다.

일본에서 다중대표소송에 관한 논의가 계속될 시기에 이러한 입법을 두고 일본 내에서도 비판적인 시각을 가지는 입장이 많았다. 이들은 주로 다중대표소송이 실질적으로는 종속회사 이사에게 지나친 부담을 지울 수 있다는 점, 남소를 조장할 가능성이 있다는 점, M&A억제 효과가 생길 가능성이 있다는 점, 기업집단에 사무 부담과 비용의 엄청나 증가를 초래할 수 있다는 점, 일본 기업 및 외국 자회사에 무거운 응소 부담

---

177) Kadufmann v. Wolfson, 132 F. Supp. 733, 735(S.D.N.Y, 1955); Holmes v. Camp, 180 A.D. 409, 412(1st Dept. 1917).

178) Blumberg(2016), § 44.02.

179) Blumberg(2016), § 44.02. Copperweld Corp. v. Independence Tube Corp., 467 U.S. 752, 771(1984); Lambrecht v. O'Neal, 3 A.3d 277(Del. 2010).

을 안길 위험성이 있다는 점을 지적하면서 다중대표소송은 백해무익하다고 주장하였다.[180] 이러한 반대의 목소리 때문에 그 요건을 너무 제한적으로 설정한 것으로 판단된다.[181]

미국과 일본은 판례와 입법을 통하여 주식교환 등 조직재편 행위로 의사와 상관없이 주주의 지위를 상실한 주주에 대하여, 여전히 종속회사 이사에 대한 책임 추궁의 이익이 있음을 이유로 원고적격을 인정하고 있다. 한국 상법 개정 시 다중대표소송은 도입하면서도 주식교환 등 조직재편 행위로 의사와 상관없이 주주의 지위를 상실한 주주를 어떻게 다룰 것인지에 대해서는 언급이 없다. 조직재편행위도 활발하게 이루어지고 있고 외환은행, 현대증권 주주대표소송 사례와 같은 문제가 발생하고 있는 현실 속에서, 미국과 일본의 태도는 한국 법원과 입법자들에게 시사하는 바가 크다.

III. 한국

1. 다중대표소송 도입의 의의

한국에서 다중대표소송 인정 여부에 대해서는 학계, 경제계, 정치권 등 분야를 막론하고 찬반 대립이 매우 첨예하였다. 2006년 처음 법무부가 다중대표소송 도입을 제안한 이후 정권이 바뀌고 국회 회기가 바뀔 때마다 다중대표소송 도입에 관한 상법 개정안이 여러 차례 제안되었지만 계속 논쟁만 될 뿐 다중대표소송 도입이라는 결론에는 도달하지 못하였다. 2020년 12월 29일 마침내 상법 제406조의2, 제542조의6 제7항이 신설되어 다중대표소송이 도입되기에 이르렀다. 이로써 지배회사 주주는 종속회사 이사에 대하여 직접 책임을 추궁할 수 있게 되었다.

---

180) 21世紀政策研究所(2012), 100-101면.
181) 藤田眞樹(2014), 164면.

상법 제406조의2, 제542조의6 제7항의 내용은 다음과 같다.

> **제406조의2(다중대표소송)** ① 모회사 발행주식총수의 100분의 1 이상에 해당하는 주식을 가진 주주는 자회사에 대하여 자회사 이사의 책임을 추궁할 소의 제기를 청구할 수 있다.
>
> ② 제1항의 주주는 자회사가 제1항의 청구를 받은 날부터 30일 내에 소를 제기하지 아니한 때에는 즉시 자회사를 위하여 소를 제기할 수 있다.
>
> ③ 제1항 및 제2항의 소에 관하여는 제176조 제3항·제4항, 제403조 제2항, 같은 조 제4항부터 제6항까지 및 제404조부터 제406조까지의 규정을 준용한다.
>
> ④ 제1항의 청구를 한 후 모회사가 보유한 자회사의 주식이 자회사 발행주식총수의 100분의 50 이하로 감소한 경우(발행주식을 보유하지 아니하게 된 경우를 제외한다)에도 제1항 및 제2항에 따른 제소의 효력에는 영향이 없다.
>
> ⑤ 제1항 및 제2항의 소는 자회사의 본점소재지의 지방법원의 관할에 전속한다.
>
> **제542조의6(소수주주권)** ⑦ 6개월 전부터 계속하여 상장회사 발행주식총수의 1만분의 50 이상에 해당하는 주식을 보유한 자는 제406조의2(제324조, 제408조의9, 제415조 및 제542조에서 준용하는 경우를 포함한다)에 따른 주주의 권리를 행사할 수 있다.

이제 막 도입된 제도이기에 제도의 해석과 운영에 있어 시행착오는 필요할 것으로 보인다. 다음에서는 상법상 다중대표소송의 요건을 살펴보고, 해석이 필요하거나 더 보완되어야 할 부분들은 없는지 살펴보기로 한다.

2. 다중대표소송의 요건[182)]

(가) 원고적격

(1) 모자회사 관계

다중대표소송은 법인격이 다른 회사의 이사에 대한 책임 추궁을 인정하는 것이므로, 지배회사가 종속회사에 대해 어느 정도 영향력을 미칠 때 지배회사 주주의 종속회사에 대한 권한을 인정할지가 중요하다. 상법 개정 과정에서 완전지배종속관계에 한하여 인정할지, 상법상 모자관계에 인정할지, 실질적 지배관계만 있으면 인정할지 많은 논의가 있었으나, 상법은 모자회사관계에 한하여 다중대표소송을 인정하고 있다. 다른 회사 주식의 과반수를 소유하면 그 회사를 지배할 수 있다는 점, 현행 상법과의 정합성, 재계의 반발 등을 고려한 것으로 보인다.

따라서 다중대표소송이 인정되기 위해서는 지배회사가 종속회사 주식의 50%를 초과하여 보유하고 있어야 한다(제342조의2). 주식의 보유는 제소청구 시에만 50%를 초과하여 보유하고 있으면 되고, 제소청구 이후 50% 이하로 감소하더라도 제소의 효력에는 영향 없다(제406조의2 제4항). 다만, 변론종결 시까지 1주는 보유하고 있어야 한다.

그런데 50% 초과라는 지분율 기준만을 채택할 경우, 50%보다 훨씬 적은 지분으로 실질적 지배관계를 형성하고 있는 우리나라 기업지배구조 현실상 다중대표소송제도의 실효성을 거둘 수 있을지 의문이다.

근본적인 해결 방향은 향후 상법상 모자회사 개념을 형식적인 지분율 기준과 실질적인 지배적 영향력 기준 모두 채택하는 방식으로 개정하는 것이다.[183)] 이처럼 모자회사 개념을 개정하면 개별 규정을 별도로 개정하지 않고도 상법에 실질적인 기업집단 개념을 들여올 수 있게 되

---

182) 2020년 개정 상법상 도입된 다중대표소송의 요건 및 관련 쟁점에 관한 상세는 김신영(2021), 173-205면.

183) 이 책 제2장 제2절, 김신영(2017), 185-187면 참조.

고, 또한 다른 회사 주식의 과반수를 보유하지 않더라도 실질적 지배관계가 인정되는 경우에는 모자회사관계가 성립되어 모회사 주주의 다중대표소송이 용이하게 될 것이다.

(2) 소수주주권

상법은 다중대표소송을 일정한 비율의 주식을 보유한 주주만이 소를 제기하도록 하는 소수주주권으로 하고 있다. 따라서 모회사 주주는 모회사가 비상장회사인 경우는 회사의 발행주식총수의 1% 이상, 모회사가 상장회사인 경우는 회사의 발행주식총수의 0.5% 이상을 6개월 이상 보유하여야만 다중대표소송을 제기할 수 있다.

대표소송제기권을 소수주주권으로 하는 것은 주주대표소송의 남용을 방지하는 기능과 함께 실제로 대표소송에 참가하지 않은 주주에게 판결의 효력이 미치는 것을 정당화하는 데 의의가 있다.[184] 바꾸어 말하면, 대표소송제기권을 소수주주권으로 하여 남소 방지 기능과 주주 전체를 대표하는 기능을 할 수 있도록 하여야 한다는 것이다. 이는 단순대표소송 뿐 아니라 다중대표소송에서도 마찬가지이다. 따라서 상법이 다중대표소송제기권을 소수주주권으로 하는 것은 바람직하다.

다만 모회사 주주의 주식보유 비율과 관련하여서는 다음과 같은 문제가 있다. 먼저, 상법은 모회사가 비상장회사인 경우, 모회사의 발행주식총수의 1% 이상을 보유한 주주에게 다중대표소송권을 인정하고 있다. 그러나 모회사의 발행주식총수의 1% 이상이라는 기준에 의할 경우, 다음과 같은 문제가 발생한다. 가령 지배회사가 종속회사 주식의 50%를 소유하고 있다고 하자. 이 경우 지배회사 주식을 1% 보유한 자는 종속회사 주식을 0.5%를 보유한 것과 같다. 종속회사의 소수주주가 종속회사 이사의 책임을 추궁하기 위해서는 종속회사 주식의 1%를 보유하고 있어야 함에

184) 정응기(2015), 158-159면; 권재열(2016), 143면; 김신영(2017), 180-181면.

반해, 지배회사의 주주에게는 종속회사 주식의 0.5%에 해당하는 지배회사의 주식만을 보유하더라도 종속회사 이사에 대한 책임 추궁이 가능하도록 하는 것은 형평에 어긋난다. 따라서 다중대표소송을 제기할 수 있는 자는, 지배회사가 비상장회사인 경우, "종속회사의 발행주식총수의 1% 이상에 해당하는 지배회사의 주식을 보유한 자"로 할 필요가 있다.[185]

다음으로, 상법은 모회사가 상장회사인 경우 모회사 주주가 모회사의 주식을 6개월간 0.5% 이상 보유하여야만 다중대표소송을 인정하고 있다. 그런데 단순대표소송의 경우 상장회사 주주는 회사의 주식을 6개월간 0.01%만 보유하면 되는 것에 비해, 다중대표소송의 경우에는 6개월간 0.5%를 보유하여야 하는 것으로 그 기준이 매우 높다고 할 수 있다. 정부가 다중대표소송에 관한 상법 개정안을 제출할 당시에는 기준이 0.01%로 설정되어 있었는데, 국회 본회의 논의 과정에서 남소의 우려, 자회사 주주와의 형평 등을 고려하여 상향조정하였다고 한다. 그러나 어떻게 0.01%에서 0.5%로 되었는지 그 기준이 매우 자의적이다. 향후 모회사가 상장회사인 경우 모회사 주주가 보유하여야 하는 주식 비율의 재검토가 필요하다.

(3) 주식교환 등 조직재편 시 원고적격 인정 문제

1) 대표소송이 제기된 후 조직재편이 이루어진 경우

한국 상법상 주주대표소송에서 주주는 변론종결시까지 당초 보유한 주식을 그대로 유지할 필요는 없더라도 1주 이상은 보유하여야 한다(상법 제403조 제5항). 이는 주주가 주식을 전혀 보유하지 않게 된 경우에는 대표소송을 수행할 인센티브가 없다고 보기 때문이다. 그렇다면 주주가 대표소송을 제기한 후 주식의 포괄적 교환·포괄적 이전, 삼각합병

185) 이 경우, 지배회사가 종속회사의 주식을 x% 보유하고 있다면, 지배회사의 주식(1/x*100)% 이상을 가진 주주는 다중대표소송을 제기할 수 있다.

등 조직재편이 이루어져 구회사의 주주였던 자가 완전모회사인 신회사의 주주가 됨으로써 구회사 주식을 1주도 보유하지 않게 된 경우에는 구회사의 주주로서 이미 제기한 대표소송의 원고적격은 어떻게 되는지가 문제 된다. 상법은 다중대표소송을 도입하면서 이에 대해 언급은 하고 있지 않다.

현재 판례는 이미 제기된 대표소송의 원고적격은 유지되지 않는다는 입장이다. 외한은행 판결[186]에서 이러한 쟁점이 문제 되었는데, 법원은 원고들은 신회사인 하나금융지주의 주주이지 더는 구회사인 외환은행의 주주가 아니라고 하면서, 비자발적으로 주주의 지위를 상실하였더라도, 원고적격은 부정된다는 입장을 취하였다.[187]

그러나 신회사의 주주가 구회사에 대한 주식을 보유하지 않더라도 구회사에 대한 대표소송의 결과에 여전히 영향을 받으므로 소의 이익이 있고, 소를 유지할 수 없다면 위법행위를 한 구회사의 이사에 대한 책임추

---

186) 대법원 2018. 11. 29. 선고 2017다35717 판결. 해당 판결의 사실관계는 다음과 같다. 원고들은 외환은행의 주주들로서 2012. 7. 24. 외환은행의 업무집행지시자 내지 이사를 상대로 대표소송을 제기하였는데, 2013. 1. 28. 하나금융지주와 외환은행 사이에 하나금융지주를 제외한 외환은행의 주주들이 보유하는 외환은행의 주식을 모두 하나금융지주에 이전하고 외환은행의 주주들에게는 하나금융지주의 신주를 배정하거나 자기주식을 교부하기로 하는 주식의 포괄적 교환계약이 체결되었고, 2013. 4. 5. 하나금융지주와 외환은행이 주식교환을 완료함으로써 원고는 외환은행의 주주로서의 지위를 상실하고, 하나금융지주의 주주가 되었다.

187) 이후 선고된 대법원 2019. 5. 10. 선고 2017다279326 판결(현대증권 판결)에서도 법원은 일관된 입장을 취하고 있다. 현대증권이 대주주인 케이비금융지주에게 자사주 전량을 염가로 매각한 것을 이유로 원고인 현대증권의 소수주주들이 현대증권 이사들을 상대로 대표소송을 제기하였는데, 소송 계속 중 케이비금융지주와 현대증권 사이의 주식교환계약에 따른 주식교환이 완료되어 케이비금융지주가 현대증권의 100% 주주가 되고 원고들은 현대증권의 주주의 지위를 상실하게 된 사안에서, 법원은 대표소송 제기 후 현대증권의 주식을 전혀 보유하지 않게 된 원고들은 원고적격을 상실하였다고 판단하였다.

궁을 할 수 없게 되는 불합리가 발생하므로, 구회사 주주의 지위를 상실한 신회사 주주는 당해 대표소송의 원고적격을 유지할 필요가 있다.[188)]

앞서 살펴본 바와 같이, 미국에서는 소송을 계속할 실질적 이해관계가 있는 경우에는 주식계속소유 요건을 완화하는 해석을 통해, 일본에서는 명문의 규정을 통해 신회사 주주의 당해 대표소송에 대한 원고적격의 유지를 인정하고 있다.

조직재편에 의해 주식을 전부 상실한 경우는 주주가 자발적으로 주식을 전부 양도하거나 주식의 가치가 영에 가까운 도산상태에 이르러 주식이 전부 무상소각되어 주식을 보유하지 않게 된 경우와 본질적으로 차이가 있다.[189)] 따라서 비자발적으로 주주의 자격을 상실한 경우에는 주식계속소유 요건을 충족하지 못하더라도 제소의 효력을 유지하도록 하는 조항을 신설하여야 한다.

2) 대표소송이 제기되기 전 조직재편이 이루어진 경우

대표소송 제기 전 주식교환 등 조직재편에 의해 완전모회사(신회사)의 주주가 된 구회사의 주주였던 자는 구회사 이사에 대하여 대표소송을 제기할 수 있는지도 문제 된다. 이는 실제 다중대표소송을 인정하는 효과를 가지게 되는데, 이번 상법 개정에서는 다중대표소송을 도입하면서 이에 대해 언급도 하고 있지 않다. 위 문제의 사안을 다루고 있는 판례도 아직은 찾아보기 힘들다.

앞서 언급한 바와 같이, 미국에서는 조직재편으로 인해 비자발적으로 신회사의 주주가 된 자는 대표소송을 목적으로 주식을 매수한 자가 아니므로 행위시주식소유 원칙을 완화하는 해석을 통해, 일본에서는 명문규정의 신설을 통해 구회사에 대한 대표소송의 원고적격을 인정하고 있다.

신회사의 주주는 여전히 구회사의 손해회복에 대한 이해관계를 가지

---

188) 송옥렬(2023), 1114면; 최문희(2016), 284면.

189) 최문희(2016), 284면.

는 자이다. 이는 다중대표소송을 인정하는 논리와 같으므로, 한국 상법이 다중대표소송을 인정하는 이상 해석을 통해서도 조직재편으로 인해 비자발적으로 주식을 전부 상실한 주주에게 신회사 주주의 지위에 기해 구회사 이사의 책임을 추궁하는 대표소송의 원고적격을 인정할 수 있다고 본다. 다만 일본과 같이 명문규정의 신설을 통해 이를 명확히 하는 것도 하나의 방법이라고 생각한다.

(가) 대상 자회사 요건

(1) 자회사의 상장 여부

상법은 자회사의 상장 여부는 불문한다. 이에 대해서는 한국에서는 비상장종속회사에서 발생하는 위법행위에 대한 지배회사 주주의 보호가 주로 문제가 되므로, 대상 자회사를 비상장회사로 한정하여야 한다는 주장이 있다.[190] 그러나 자회사가 상장회사라도 특수관계인들이 주주의 대다수를 점하는 경우에는 대표소송을 제기할 주주가 사실상 거의 없을 수 있다. 그러므로 상장·비상장을 불문하는 것이 바람직하고, 상법도 이러한 입장을 취하고 있다.

(2) 자회사의 중요성 요건 여부

자회사가 모회사에 미치는 중요성에 따라 모회사 주주의 권한의 인정 여부가 달라지는지도 생각해 볼 수 있다. 즉, 다중대표소송은 자회사 이사의 위법행위로 인해 모회사 주주들에게 실질적인 손해가 발생한 경우에 한정되어야 하므로, 모회사의 총자산 중 일정 비율 이상을 차지하는 중요한 자회사로 다중대표소송 대상 자회사를 한정할 필요가 있는지 문제가 될 수 있다. 다중대표소송은 모회사 주주가 사전에 자회사의 의사결정에 관여하는 것과는 달리 사후에 자회사 이사의 위법행위를 시정

190) 천경훈(2018), 99면; 황근수(2020), 164면.

하는 것일 뿐이고, 모회사에 중요한 자회사에서만 위법행위가 일어나는 것은 아니다. 따라서 자회사의 중요성 요건은 모회사 주주의 소 제기 시 판단 사항이지 법률상 요건으로 할 필요는 없다.[191] 상법도 자회사의 중요성 여부는 요건으로 하고 있지 않다.

(3) 제소절차[192]

모회사 주주는 자회사 이사에 대한 대표소송 제기 전에 먼저 이유를 기재한 서면으로 자회사에 대하여 자회사 이사의 책임을 추궁할 소의 제기를 청구하여야 하고, 자회사가 소를 제기하지 아니하는 때에 자회사를 위하여 소를 제기할 수 있다(상법 제406조의2).

미국에서는 모회사의 주주가 다중대표소송을 제기하기 위해서는 모회사와 자회사 쌍방에 대한 제소 청구와 쌍방의 거절이 있어야 한다.[193] 이에 반해, 일본에서는 모회사의 주주는 자회사에 대해서만 제소청구를 하면 되고, 모회사에 대해서까지 제소청구를 할 필요는 없음은 앞서 언급한 바와 같다.

다중대표소송은 지배회사 이사가 종속회사 이사에 대한 책임추궁을 게을리한 경우 지배회사 주주가 지배회사를 대신하여 지배회사의 종속회사에 대한 대표소송 제기권을 종속회사 이사에 대하여 행사하는 것이다. 다중대표소송 제도의 취지를 살리고, 남소 방지를 위해서는 미국처럼 지배회사와 종속회사 쌍방에 대한 제소 청구와 쌍방의 거절을 제소요건으로 하여야 한다.[194]

그러나 한국 상법은 일본과 같이 자회사에 대해서만 제소청구를 하면 되는 것으로 제소절차를 간소화하고 있어 아쉬움이 남는다.

---

191) 천경훈(2013a), 56면.
192) 구체적인 제소절차 및 관련 쟁점에 관해서는 김신영(2021), 194-220면.
193) Rales v. Blasband, 634 A.2d 927, 934 (Del. 1993).
194) 권재열(2020), 8-9면; 황근수(2020), 165면; 최정식(2015), 264면; 손영화(2013), 29면.

(4) 기타

1) 다중대표소송이 모자회사 이후의 관계에도 적용되는지 여부

다중대표소송이 모자회사관계에만 적용되는지 모자회사 이후의 단계에도 적용되는지가 문제 된다. 현행 상법 제342조의2 제3항은 "다른 회사의 발행주식의 총수의 100분의 50을 초과하는 주식을 모회사 및 자회사 또는 자회사가 가지고 있는 경우 그 다른 회사는 이 법의 적용에 있어 그 모회사의 자회사로 본다."고 하여 손자회사 이하도 자회사로 간주하는 규정을 두고 있다. 따라서 손자회사 및 그 이하의 회사에 대해서도, 상법에서 정한 자회사 내지 손자회사와 같은 지분 관계가 인정된다면 다중대표소송이 가능하다고 본다.[195]

2) 1%를 보유한 상장모회사 주주의 다중대표소송 제소 가능 여부

상장회사의 경우에도, 일반규정에 따라 발행주식총수 1%를 가지고 있는 경우 보유기간과 상관없이 다중대표소송의 제소가 가능한지 여부가 문제 된다. 2020년 상법 개정 전에는 일반규정(상법 제406조의2 제1항 등)에 의해 부여된 권리와 상장회사 특례규정(상법 제542조의6 제7항 등)에 의한 권리를 선택적으로 적용할 수 있는지에 대하여 명문의 규정이 없어 논란이 되어 왔는데, 2020년 상법 개정으로 선택적 적용이 가능한 것으로 입법적 해결이 이루어졌다. 따라서 상장회사의 경우 1%를 보유한 모회사 주주는 6개월 이상 주식을 보유하지 않더라도 자회사에 대하여 다중대표소송을 제기할 수 있다.[196]

---

195) 법무부(2020), 1면.
196) 법무부(2020), 2면.

3. 검토

(가) 기업집단 규율에 있어 새로운 변화

2020년 개정 상법상 다중대표소송의 도입은 기업집단 규율에 있어 새로운 변화를 가져올 신호탄이 될 것으로 기대된다. 종래 우리나라에서는 대기업집단의 비상장자회사를 활용한 총수일가와의 부당한 내부거래 등 사익편취행위가 기업집단의 고질적 문제로 지적되어 왔다. 예컨대, 대기업집단의 총수 甲이 비상장자회사 이사에게 총수 甲의 아들 乙이 운영하는 회사에 일감을 몰아주도록 지시하는 경우가 전형적이다. 이러한 행위가 이루어진 경우 지금까지는 독점규제 및 공정거래에 관한 법률(이하 "공정거래법")상 특수관계인에 대한 부당한 이익제공행위(공정거래법 제23조의2)로서 시정조치(공정거래법 제24조), 과징금(공정거래법 제24조의2) 등 행정제재나 벌금(공정거래법 제66조) 등 형사제재 또는 형법상 업무상 배임죄(형법 제356조) 등을 통해 주로 해결이 되었다면, 이번 개정 상법에서 모회사 주주가 직접 자회사 이사를 상대로 소를 제기할 수 있도록 다중대표소송을 도입함으로써, 이제는 기업집단에 대하여 공법적 규제와 더불어 모회사 주주들에 의한 사후 시정도 가능하게 되었다.[197] 즉, 기업집단 규율에 있어 공정거래법, 형법, 상법이 유기적으로 연계되어 작용하고, 서로 보완될 수 있는 기틀이 마련되었다고 평가할 수 있다.

더욱이 위의 사례에서 공법적 제재로써 과징금이나 벌금 등이 징수된다고 하더라도 그것은 국가에 귀속되는 것이기 때문에, 자회사의 손해는 여전히 회복되지 아니한 채로 남아있게 된다는 문제가 있었다. 이제 다중대표소송이 도입됨으로써 공법적 제재만으로는 회복될 수 없는 자회사의 손해를 직접 회복할 수 있게 되어 그 문제를 해결할 수 있게 되

---

197) 관계부처 합동(2020). 3면.

었다. 그동안의 규제가 공법상 규제로써 일정한 행위를 억제하는 저지 효과(deterrence effect)에만 초점이 맞추어져 있었다면 이제는 실제 소송을 통해 자회사의 손해를 직접 회복시키는 효과(compensation effect)도 누릴 수 있도록 하였다는 점에서 그 의의가 있다.

더 나아가 상법 자체만을 보더라도 지금까지 상법은 기업집단을 전제로 한 규율, 특히 기업집단 내에서의 이해관계자 보호에 대해서는 무관심했다고 해도 과언이 아니다. 다중대표소송의 도입은 자회사 또는 모회사 이사가 위법행위를 한 자회사 이사에 대한 소 제기를 게을리 하거나 할 수 없는 경우 모회사 주주가 직접 대표소송권을 행사할 수 있게 함으로써, 실질적인 손해를 부담하기 때문에 자회사 이사에 대하여 소를 제기할 인센티브가 있는 모회사의 주주 보호에 상법이 관심을 가지게 되었다는 점, 이는 모회사 주주를 포함한 기업집단 내 이해관계자들의 이익을 어떻게 조절할지에 대한 관심으로 이어지는 계기가 될 수 있을 것이라는 점에서 제도 도입의 의미가 매우 크다고 할 수 있다.

(나) 기업집단 전체의 내부통제시스템 구축 노력 기대

다중대표소송의 도입으로 모회사 이사가 자회사 이사의 임무해태 등을 문제 삼아 소를 제기할 경우 이 자체만으로도 자회사에는 큰 타격이 될 수 있다. 자회사는 회사 자체의 이미지 타격으로 인한 손해를 복구하는 것도 문제일 뿐 아니라 모회사의 주주→모회사(자회사의 주주)→자회사로 연쇄적으로 이어지는 자회사 이사의 감시의무 위반에 대한 비난과 책임 또한 감당해내야 한다. 이에 자회사, 더 나아가 기업집단 전체의 내부통제시스템 구축이 기업(집단)의 중요한 과제로 떠오를 것으로 보인다.

한국에서는 현재 금융회사지배구조법 제24조와 금융복합기업집단법 제9조에서 금융기업집단의 경우 기업집단 차원의 내부통제시스템을 구축할 수 있는 근거를 마련하고 있으나, 금융기업집단 외에 일반기업집단에 대해서는 기업집단 전체 차원의 내부통제시스템 구축에 관하여 어떠한 규율도 마련되어 있지 않은 상황이다.

금융기업집단이든 일반기업집단이든 회사의 운영과 의사결정이 기업집단 단위로 이루어지고, 기업집단 내 소속회사의 위험이 기업집단 전체에 미치는 것은 마찬가지이므로, 금융기업집단이든 일반기업집단이든 기업집단 전체 차원의 감독이 이루어져야 하고, 이는 회사에 관한 기본법인 상법에서 규율하여야 함은 제3장 제2절 Ⅲ. 부분에서 언급한 바와 같다.

(다) 지배회사 주주의 종속회사에 관한 정보수집권 확보 필요

다중대표소송이 적시에, 실효성 있게 활용되기 위해서는 지배회사 주주의 종속회사에 대한 정보수집권 확보는 필수적이다. 그 대표적인 것이 지배회사 주주의 종속회사에 대한 회계장부열람권, 즉 다중회계장부열람권의 문제이다. 이에 관해서는 절을 바꾸어 살펴본다.

제4절 지배회사 주주의 종속회사 정보수집권

Ⅰ. 개관

1. 문제의 소재

상법에서 다중대표소송을 인정하고 있는 이상, 지배회사 주주가 종속회사 이사의 행위를 감시·견제·탐지하거나 소송에서의 입증을 할 수 있기 위해서는 종속회사의 경영 상태에 관한 적절한 정보를 취득할 수 있어야 한다. 즉, 지배회사 주주는 종속회사 이사가 무엇을 잘못했는지에 관한 최소한의 정보를 알고 있어야 소를 제기하고 이를 입증할 수 있다. 다중대표소송의 실효성 확보를 위한 지배회사 주주의 종속회사에 관한 정보수집권으로 주로 논의가 되는 것이 지배회사 주주의 종속회사 회계장부열람권이다.

2. 한국 상법과 판례의 태도

한국 상법 제466조 제1항, 제542조의6 제4항에서는 발행주식의 총수의 100분의 3(상장회사인 경우에는 6개월 전부터 계속하여 1만분의 50(대통령령으로 정하는 상장회사는 1만분의 25)) 이상에 해당하는 주식을 가진 주주는 이유를 붙인 서면으로 회계의 장부와 서류의 열람 또는 등사를 청구할 수 있다고 규정하고 있다.[198] 여기서 열람청구의 주체인 주주는 당해 회사의 주주를 의미하고, 지배회사 주주가 종속회사에 대하여

198) 주주의 회계장부 열람청구권은 소수주주권으로 되어 있다는 점, 이유를 붙인 서면으로 미리 청구해야한다는 점, 정당한 이유가 있는 경우에는 회사가 이를 거부할 수 있다는 점을 특징으로 한다(송옥렬(2017), 951면).

회계장부 열람을 청구할 수 있는지는 규정하고 있지 않다.

판례의 입장은 어떠한지 살펴보자. 지배회사 주주가 종속회사의 회계장부 열람을 청구한 서울지방법원 1996. 2. 23. 선고 96카합152 판결이 있는데, 그 사실관계는 다음과 같다. 甲은 A회사 주식의 20%를 소유하고 있는 주주이고, A회사는 B회사 주식의 91.44%를 소유하고 있다. 종속회사 B회사의 자산상태가 어떠한지 궁금하였던 지배회사 A회사의 주주 甲은 상법 제466조 제1항을 근거로 B회사의 회계장부와 서류에 대한 열람·등사를 신청하였다. 이 사건에서 법원은 "신청인들의 주장 자체에 의하더라도 신청인들은 자회사의 주주가 아니라는 것이므로 신청인들은 자회사의 회계장부를 열람할 권리를 가지지 못한다"고 판시하면서 법인격 독립의 원칙을 유지하고 있다.

한편, 이후 대법원 2001. 10. 26. 선고 99다58051 판결은 지배회사가 주주가 지배회사가 보관하던 종속회사의 회계장부에 관한 열람을 청구한 사안에서, "상법 제466조 제1항에서 정하고 있는 회계장부는 소수주주가 열람 등사를 구하는 이유와 실질적으로 관련이 있는 회계장부와 그 근거자료가 되는 회계서류를 가리키는 것으로서, 그것이 회계서류인 경우 그 작성명의인이 반드시 열람·등사제공의무를 부담하는 회사로 국한되어야 하는 것은 아니다"라는 이유로 회계장부의 열람을 인정한 바 있다.

그러나 이 판결은 지배회사가 회계장부를 보관하고 있다면 그 작성명의와 상관없이 "지배회사의 회계장부"라는 것으로 해석되므로, 지배회사 주주의 열람청구권을 인정한 것이라고 보기는 어렵다. 따라서 여전히 법인격 독립의 원칙이 유지되고 있다고 보아야 하고, 현재 지배회사 주주의 종속회사 회계장부열람권은 인정되지 않고 있다.

3. 논의의 방향

지배회사 주주에게 법인격을 넘어 종속회사 회계장부열람권을 인정하여야 근거와 이를 위한 방법을 모색하여야 한다.

지배회사 주주에게 종속회사의 회계장부열람권을 인정하는 이유는 주주 이익 보호를 위해 정보수집권을 부여하는 것이다. 그러나 이는 종속회사 입장에서 보면 회사의 주주도 아닌 자에게 경영상의 중요한 기밀사항이 유출될 위험을 감수해야 하고 주주의 열람권 남용도 우려해야 한다. 따라서 지배회사 주주에게 종속회사 회계장부의 열람권을 인정하기 위해서는 종속회사의 영업비밀권과 지배회사 주주의 정보수집권을 어떻게 조화시킬지에 관한 고민이 있어야 한다.

다음에서는 지배회사 주주의 종속회사 회계장부열람권을 인정하고 있는 외국에서는 종속회사의 영업비밀권과 지배회사 주주의 정보수집권을 어떻게 조화시키고 있는지 살펴보고, 이를 참고로 하여 한국에서의 바람직한 도입방향을 제시한다.

II. 비교법적 고찰

1. 미국

(가) 개관

미국에서는 보통법과 제정법상 개별 회사에서의 주주의 장부 및 기록에 관한 열람권(inspection of books and records)을 인정하고 있다.[199] 장부 및 기록은 한국의 회계장부보다도 넓은 개념으로, 회계장부, 주주명부, 이사회·주주총회·위원회 등의 의사록, 계약서, 사내문서 등 회사에 관한 서류와 기록을 의미한다.[200] 보통법에서는 투자자 또는 회사 자산의 실질적 소유자로서 주주는 각종 권리를 유효적절하게 행사하기 위

199) Blumberg(2016), § 46.01.

200) MBCA § 16.01(e) 참조.

해 회사의 업무와 재산상황에 관하여 상세히 알아야 한다는 이유로 주주에게 장부 및 기록에 대한 열람권을 인정하여 왔다.[201] 대부분의 주에서는 보통법상의 원리를 성문화하여 제정법상 주주의 열람권을 인정하는 추세이다.[202] 예를 들어, 델라웨어주 일반 회사법 제220조(b)는 주주의 장부 및 기록에 대한 열람권을 단독주주권으로 인정하고 있다.[203]

그런데 문제는 기업집단에 있어 지배회사의 주주가 종속회사의 장부 및 기록도 열람할 수 있는지이다. 다중대표소송이 지배회사 주주에게 지배회사의 대표소송제기권을 행사하도록 하는 것이라면 이와 유사하게 지배회사 주주에게 종속회사 장부 열람권도 인정하여야 한다거나 연결결산이 이루어지는 한 지배회사와 종속회사는 하나의 경제적 단위로 볼 수 있고, 그렇다면 지배회사 주주에게 종속회사 장부 열람권을 인정해야 한다는 주장이 있어 왔다.[204]

그러나 아직 지배회사 주주가 직접 종속회사에 대하여 종속회사 장부의 열람을 청구할 수 있다고 인정하는 입법례는 찾기 힘들다.

그렇다고 지배회사 주주가 종속회사의 장부를 열람할 수 있는 길이 없는 것은 아니다. 미국에서는 지배회사 주주가 종속회사 장부 열람할 수 있는 권한을 지배회사 주주의 지배회사에 대한 권리로 보아, 지배회사에 대해 청구를 하는 것을 인정하는 입법례는 있기 때문이다. 대표적

201) Blumberg(2016), § 46.07.

202) Blumberg(2016), § 46.07.

203) 다만 장부 및 기록에 대한 열람청구 시에는 정당한 목적을 위하여 행할 것을 요구하고 있다. 이외에 주주의 장부 및 기록에 대한 열람권을 인정하고 있는 대표적인 주로는 뉴욕주(New York Business Corporation Act § 624), 캘리포니아주(California Corporation Code § 1601), 워싱턴주(Revised Code of Washington 23B.16.020), 텍사스주(Texas Business Organizations Code § 21.218), 메릴랜드주(Maryland CodeCorporations and Associations § 2-512) 등이 있다.

204) Painter(1961), pp. 161-162. 그러나 미국에서 다중대표소송에 관한 논의가 많이 없는 것만큼이나 지배회사 주주의 종속회사 장부열람권에 관한 논의도 찾기 어렵다.

인 것이 델라웨어주의 판례와 일반 회사법이다.

(나) 판례

델라웨어주에서는 2003년 일반 회사법 개정 이전까지 판례를 통해 법인격이라는 형식적 논리에 근거하여 지배회사 주주의 종속회사에 대한 장부 및 기록 열람권을 인정하거나 부정하였다.[205] 기본 입장은 종속회사는 지배회사와 독립적으로 활동하는 명백한 실체이므로, 종속회사가 사기적 목적으로 설립되었다거나 종속회사가 단순한 지배회사의 분신이라는 사실을 입증하지 않는 한, 단지 지배 또는 소유하고 있다는 사실만으로는 종속회사에 대한 장부 열람권을 인정할 수 없다는 것이다.[206]

Skouras v. Admiralty Enterprise, Inc. 판결은 지배회사 주주가 지배회사와 종속회사 이사들의 부정행위를 확인하기 위해 지배회사에 대하여 지배회사와 종속회사의 장부 열람을 청구한 사안인데, 그러한 이유를 찾을 수 없다고 하면서 지배회사 주주의 종속회사 장부 열람권을 부인하였다.[207]

한편 Martin v. D.B. Martin Co. 판결은 지배회사 주주가 지배회사와 종속회사 겸임이사의 부정행위에 대한 다중대표소송을 제기하면서 종속회사 장부 열람청구도 함께 한 사안인데, 종속회사가 사기적이고 불법적인 목적을 위하여 설립되었음을 이유로, 지배회사 주주의 종속회사 장부 열람청구권을 인정하였다.[208] 이때 열람청구의 상대방은 지배회사이고, 따라서 지배회사 주주에 대하여 의무를 부담하는 자도 지배회사임을 명백히 하고 있다.

---

205) Blumberg(2016), § 46.02[B].

206) Skouras v. Admiralty Enterprise, Inc., 386 A.2d 674, 681 (Del. Ch. 1978).

207) Skouras v. Admiralty Enterprise, Inc., 386 A.2d 674, 681 (Del. Ch. 1978).

208) Martin v. D.B. Martin Co., 88 A. 612, 612-613(Del. Ch. 1913).

(다) 제정법

2003년 델라웨어주 일반 회사법 개정으로 제220조(b)(2)를 신설하여 지배회사 주주의 종속회사 장부 및 기록 열람권을 명문으로 인정하게 되었다.[209)]

제220조(b)(2)의 내용은 다음과 같다.

> (b) 주주는 직접 또는 변호사 기타 대리인을 통하여 그 목적을 진술한 선서에 따라 작성된 서면 청구로서 통상의 영업시간 동안 정당한 목적을 위하여 다음과 같은 서류를 열람·등사·발췌할 권리를 가진다.
>
> (1) …
>
> (2) 다음과 같은 범위에서의 종속회사의 장부 및 기록
>
> a. 회사가 종속회사의 장부 및 기록을 실제(actual) 점유하고 지배하고 있는 경우; 또는
>
> b. 열람청구가 있으면 그날을 기준으로 회사가 종속회사에 대하여 지배권을 행사함으로써 장부 및 기록 취득이 가능한 경우

(1) 열람청구 주체

종속회사 장부 열람 주체는 지배회사의 주주이다. 1주의 주식을 가진 주주도 청구할 수 있도록 단독주주권으로 하고 있다. 장부 열람권은 모든 주주가 주주인 지위에서 당연히 누려야 할 이익을 확보하기 위한 주주의 절대적 권리라고 보기 때문이다.

지배회사 주주는 종속회사의 주주는 아니기 때문에 지배회사와 종속회사의 관계가 어느 정도 연관성이 있을 때 지배회사 주주의 종속회사 장부열람권이 인정되지 문제가 된다. 즉, 지배회사 주주의 범위를 어떻게 볼 것인지에 관한 것이다. 제220조(a)(2)에서는 종속회사를 정의하고

---

209) Radin(2006), p. 1292.

있는데, 종속회사란 어떤 회사에 의하여 전체적 또는 부분적으로 직간접적으로 주식이 소유되고(owned), 주식을 보유한 회사가 다른 회사의 영업에 대하여 지배권(control)을 행사할 수 있는 경우 그 지배되는 회사를 말한다. 따라서 지배회사는 종속회사의 영업을 지배할 수 있으면 되므로, 지배회사 주주의 장부 열람권은 완전지배·종속관계에 한하지 않고, 지배회사가 종속회사 주식을 과반수에 미치지 못하게 소유하고 있더라도 인정된다.[210]

(2) 열람청구 대상

지배회사 주주가 청구할 수 있는 종속회사의 장부는 두 가지 조건 중 하나를 만족하여야 한다. 즉, ⅰ) 지배회사가 실제 점유하고 지배하는 종속회사의 장부이거나 ⅱ) 지배회사의 지배권 행사로 취득 가능한 종속회사가 점유하고 지배하는 종속회사의 장부이어야 한다.[211]

ⅰ)에 관해서는 한국 대법원 2001. 10. 26. 선고 99다58051 판결처럼 작성 명의는 종속회사일지라도 실질적으로 지배회사의 회계장부라고 볼 수 있으므로 지배회사 주주의 종속회사 장부 열람청구를 인정한 것으로 해석할 수 있다.[212] 한국 판결에서는 지배회사의 회계 상황을 파악하기 위한 근거자료로서 실질적으로 필요한 경우 그 범위 내에서 지배회사 주주의 종속회사 장부 열람을 인정하고 있지만, 미국에서는 그러한 제한이 없으므로 종속회사의 회계 상황을 파악하기 위한 경우에도 인정된다. 다만, 가령 지배회사 이사나 종속회사 이사의 부정행위 또는 부실경영을 확인하기 위한 경우와 같이 정당한 목적이 있어야 한다.[213]

---

210) Radin(2006), p. 1407; 심지어 지배권의 행사는 지분 20% 이하에서도 가능할 수 있다고 한다(Weinstein Enterprises, Inc. v. Orloff, 870 A.2d 499, 506 (Del. 2005)).

211) Radin(2006), p. 1407; Weinstein Enterprises, Inc. v. Orloff, 870 A.2d 499, 508 (Del. 2005); Sutherland v. Dardanelle Timber Co., CO., 671-N (Del.Ch. 2006).

212) 김재형/최장현(2010), 411면.

213) Welch et al.(2015), GCL-727. 부정행위 또는 부실경영을 조사하기 위한 주주의

문제는 ii)에 관한 것인데, "지배회사의 지배권 행사로 취득 가능한" 종속회사의 장부의 의미가 무엇인지이다. Weinstein Enterprises, Inc. v. Orloff 판결[214]에서 이에 관한 판시를 하고 있다. 법원은 제220조(b)(2)b에서의 "지배권"은 제220조(a)(2)에서의 "지배권"과 그 의미가 다르다고 하면서, 지배·종속회사의 기준이 되는 지배권보다 훨씬 높은 강도의 지배를 요구한다.[215] 즉, 제220조(b)(2)b 상의 지배권은 제220조(a)(2)에서 말하는 지배·종속관계에 있을 뿐 아니라 지배회사가 종속회사에 대해 지배권을 행사하면 종속회사가 언제든지 장부를 제출하도록 할 수 있을 만큼의 실제적 영향력(actual ability)을 가진 경우를 의미한다고 하였다.[216]

따라서 지배회사 주주가 직접 종속회사에 대하여 종속회사의 장부 열람을 청구할 수는 없지만, 지배회사가 실질적으로 점유하고 지배하고 있다고 볼 수 있을 정도로 실제적인 영향력을 미치고 있는 종속회사의 장부에 대해서는 지배회사 주주의 청구에 응할 의무가 지배회사에 있는 것으로 해석할 수 있다. 종속회사의 영업비밀권과 지배회사 주주의 정보수집권간의 조화를 고려하여 엄격하게 인정하고 있다.

요구는 정당한 목적이라는 것이 잘 확립되어 있다(Seinfeld v. Verizon Commc'n, Inc., 909 A.2d 117, 121(Del. 2006)).

214) 지배회사의 주주가 주식을 양도하면서 양도주식의 가치를 평가하기 위해 종속회사의 회계장부에 대한 열람을 요구한 사안이다(Weinstein Enterprises, Inc. v. Orloff, 870 A.2d 499 (Del. 2005)). 이에 관한 국내 평석으로는 김재형/최장현(2010).

215) Weinstein Enterprises, Inc. v. Orloff, 870 A.2d 499, 509-510(Del. 2005)).

216) 본 사안에서는 지배회사가 실질적으로 과반수의 주식을 보유하고 있으므로 지배·종속관계는 존재하지만, 종속회사가 독립적으로 운영되고 있어 지배회사가 종속회사로 하여금 장부를 제출하도록 할 만큼의 실제적 영향력을 가지고 있지 않으므로 지배회사 주주에게 종속회사 장부를 제출할 의무가 없다고 판시하였다(Weinstein Enterprises, Inc. v. Orloff, 870 A.2d 499, 509-510(Del. 2005)).

(3) 열람청구권 행사 방법

지배회사 주주는 직접 또는 변호사 기타 대리인을 통하여 그 목적을 진술한 선서에 따라 작성된 서면을 지배회사에 청구하여야 한다. 지배회사 주주의 종속회사 장부 열람 청구의 상대방은 지배회사이고, 종속회사는 아니다.[217] 지배회사가 열람 청구를 거부하거나 청구가 있은 후 5 영업일 이내에 그 청구에 회답하지 않았을 때는 지배회사 주주는 형평법 법원에 열람을 강제하는 명령을 신청할 수 있다.[218] 이때에는 ① 지배회사 주주가 회사에 정당한 청구를 하였다는 점, ② 지배회사가 청구한 정보를 제출하지 않은 채로 요건 일수가 지났다거나 지배회사가 청구를 거절하였다는 점이 기술되어 있어야 한다.

2. 독일

독일에서는 지배회사 주주의 종속회사에 대한 장부열람청구권의 인정여부에 관해서 활발한 논의가 이루어지고 있지 않다. 그 이유를 분석해보면, 첫째, 독일 주식법에는 개별 회사를 전제로 한 주주의 회사에 관한 장부열람청구권조차 인정하는 명문의 규정이 존재하지 않는다.[219] 개별 회사에서 주주가 회사에 대하여 장부열람청구를 할 수 있는지부터 해결이 되어야 하는 문제이다.

둘째, 개별 회사의 주주가 주주총회에서 총회의 의안에 관한 판단을 위해서 행사할 수 있는 설명청구권(Auskunftsrecht des Aktionars)[220]으로

217) 종속회사는 당사자가 아님을 명확히 밝히고 있다(Weinstein Enterprises, Inc. v. Orloff, 870 A.2d 499, 505).

218) Del. Corp. Code § 220(c).

219) 유한회사 사원은 회사의 사항에 관한 설명청구권 및 장부열람청구권을 가진다(유한회사법(GmbHG) 제51a조 제1항).

220) 독일 주식법 제131조 1항에는 "이사회는 각 주주에게 주주총회에서 청구가 있으면 이사회의 업무에 관한 설명이 의사일정의 목적사항의 적절한 판단을 위

해결하려고 시도한다.[221] 그러나 설명의무는 원칙적으로 지배회사에 관한 것이라는 점, 종속회사에 관한 사항도 "지배회사의 입장에서 종속회사와의 관련성" 정도를 설명하는 것에 불과하다는 점, 지배회사 주주가 설명청구권을 행사할 수 있는 상대방은 종속회사가 아니라 지배회사일 뿐이라는 점을 근거로 지배회사 주주가 종속회사에 대한 정보를 수집할 수 있는 수단으로 논하기에는 한계가 있다.[222]

셋째, 지배회사 주주의 종속회사에 대한 장부열람청구권은 다중대표소송제도의 실효성 확보를 위해 함께 논의되는 것이 일반적이다. 후술하는 바와 같이, 독일에서는 다중대표소송에 관한 논의가 활발하게 이루어지지 않는 상황이므로, 지배회사 주주의 열람청구권에 관한 논의도 잘 이루어지지 않고 있다고 사료된다.

3. 일본

(가) 개관

일본에서는 일찍부터 지배회사 주주가 종속회사의 회계장부를 열람청구할 수 있는지에 관해 논의가 있었고, 주식교환 및 주식이전제도가 마련된 1999년 개정 상법은 이를 반영하여, 지배회사의 주주는 법원의 허가를 얻어서 종속회사의 장부를 열람할 수 있도록 하였고, 그것이 현행 일본 회사법에도 유지되고 있다.[223]

하여 필요한 한도에서 그 설명을 하여야 한다. 설명의무는 결합기업에 대한 회사의 법률상 및 업무상의 관계에도 미친다"고 규정하고 있다.

221) 종속회사에 관한 사항 중 지배회사에 중대한 영향을 미치는 사항은 주식법 제131조 제1항 제1문의 "회사에 관한 사항"에 해당하므로, 회사에 대하여 이에 관한 설명을 청구할 수 있다는 것이다(Kort(1987), S. 51).

222) 송옥렬/최문희(2012), 50면.

223) 相澤哲 外(2005), 27면. 구 일본 상법 제244조, 제260조의4 제4항, 제263조 제4항, 제282조 제3항, 일본 회사법 제318조 제5항, 제370조 제5항, 제442조 제4항,

(나) 일반장부[224] 열람권

지배회사 주주는 기본적으로 주주 전원 및 채권자에게 열람이 인정되는 회사에 비치된 계산서류 및 사업보고서,[225] 연결계산서류,[226] 부속명세서[227]를 통해 기업집단 상황에 관한 정보를 수집할 수 있다.[228] 그러나 이러한 권리들은 지배회사나 기업집단 전체의 상황을 알아보는 것에는 도움이 되나, 개별 종속회사의 상황까지 알 수 있는 것은 아니다.[229] 따라서 일본 회사법은 지배회사 주주에게 직접 종속회사에 대하여 개별 종속회사에 관한 장부 열람을 청구할 수 있는 권리를 인정한다.

지배회사 주주의 종속회사 일반 장부 열람청구권은 단독주주권이다. 그리고 이때 지배회사의 주주는 일본 회사법상의 지배회사의 주주를 말한다. 일본 회사법 제2조 제4호에서는 "지배회사는 종속회사 의결권의 과반수를 보유하고 있거나 종속회사의 경영을 지배하고 있는 회사"라고 정의되어 있다.[230] 따라서 지배회사의 주주는 완전종속회사뿐 아니라 부분소유종속회사에 대하여도 직접 장부의 열람을 청구할 수 있다.

열람청구를 할 수 있는 종속회사의 일반 서류는 다음과 같다. 이사회의 의사록, 감독이사회의 의사록, 위원회설치회사의 각 위원회의 의사록, 정관, 주주명부, 신주예약권원부, 사채원부, 주주총회 의사록, 계산서류·임시계산서류·감사보고서, 회계참여보고서 등이다.[231]

제31조 제3항, 제125조 제4항.

224) 일본에서 "일반장부"라는 개념이 확립되어 있는 것은 아니다. 이 책에서는 회계장부와 그 밖에 다른 회사 관련 서류들에 관한 열람청구권의 취급이 구별되는 점에 착안하여, 이해를 돕기 위해 편의상 "회계장부"에 대비되는 개념으로 사용한다.

225) 일본 회사법 제437조, 제442조 제1항 내지 제3항.

226) 일본 회사법 제444조 제6항, 제7항.

227) 일본 회사법 제442조 제1항 내지 제3항.

228) 片木晴彦(2009), 37면.

229) 船津浩司(2010), 348면.

230) 일본 회사법 제2조 제4호.

지배회사 주주가 열람청구권을 행사하는 때에는 개별 회사의 주주가 열람청구권을 행사할 때와 달리, 법원의 허가를 얻을 것을 그 요건으로 추가하고 있다.[232] 지배·종속관계에 있다 하더라도 각각 별개의 법인격을 가진 회사이므로 지배회사 주주가 직접 종속회사의 회계장부를 열람하는 것을 신중하게 운영하여 남용을 막기 위한 것이다.

(3) 회계장부열람권

1) 열람 주체

특히 종속회사를 이용하여 부정행위를 조사하기 위한 경우와 같이 계산서류나 사업보고서 등에 나타나지 않는 정보를 취득하기 위해 지배회사 주주에게 종속회사에 대한 회계장부열람청구권이 인정된다.[233] 그런데 회계장부열람청구권은 회사의 경영상 기밀이 유출될 수도 있고, 남용되면 그 폐해가 더 클 수가 있다.[234] 그러므로 주주의 회계장부열람권은 다른 장부의 열람권과는 달리 지배회사 주식의 3% 이상을 보유하고 있는 주주만이 청구할 수 있도록 소수주주권으로 하고 있다.[235] 이는 지배회사 주주뿐 아니라 개별 회사의 주주에게도 해당하는 요건이다.[236]

2) 열람 대상

법원의 허가 요건을 제외하고 지배회사 주주는 개별 회사의 주주와

---

231) 일본 회사법 제371조 제5항, 제6항, 제394조 제3항, 제4항, 제413조 제4항, 제5항, 제31조 제3항, 제125조 제4항, 제5항, 제252조 제4항, 제5항, 제684조 제4항, 제5항, 제318조 제5항, 제319조 제4항, 제442조 제4항, 제378조 제3항.

232) 일본 회사법 제433조 제3항. 그 외에는 일반 주주의 회계장부열람청구권과 행사요건이 같다(일본 회사법 제433조 제1항).

233) 일본 회사법 제433조 제3항. 江頭憲治郎(2015), 699면; 船津浩司(2010), 348-349면.

234) 가령 회계장부열람청구권은 이른바 총회꾼에 의해 남용되는 경우도 적지 않다(高木康衣(2008), 144면).

235) 일본 회사법 제433조 제1항.

236) 江頭憲治郎(2015), 701면.

동일하게 종속회사의 "회계장부 또는 이에 관한 자료"의 열람을 청구할 수 있다. "회계장부 또는 이에 관한 자료"의 범위가 어떻게 되는지가 문제 된다.

한정설과 비한정설로 나뉘는데, 한정설은 회계서류는 회계장부 작성의 재료로 된 서류 기타 회계장부를 실질적으로 보충하는 서류에 한하고, 계약서 등은 회계장부 기록재료로써 사용되고 있는 때에만 이에 포함된다는 견해이다. 이 견해에 따르면 가령 법인세 확정신고서 부본 등은 회계장부를 토대로 작성되는 서류이기 때문에 열람청구의 대상이 되지 않게 된다.[237)]

반면, 비한정설은 회계장부 및 서류란 회사의 경리의 상황을 나타내는 일체 의 장부 및 서류를 의미하고 회계장부 기재의 재료가 된 서류는 전표·수령증은 물론, 계약서·신서(서신)도 포함된다고 주장한다.[238)] 법문상 회사법 제389조제4항·제396조 제2항의 회계감사인 등의 조사권의 대상과 마찬가지로 모두 "회계장부"로 규정되고 있는 것이므로 주주의 열람청구권의 대상도 회계감사인의 조사권의 대상과 동일하게 보아야 한다는 것을 이유로 한다.[239)]

이 견해에 따르면 법인세 확정신고서 부본 등도 회계장부를 토대로 작성되는 서류이기 때문에 열람청구의 대상이 된다. 비한정설을 따르더라도 열람청구에는 청구이유의 기재를 기재하여야 하고 부당한 목적이 있으면 회사는 이를 거절 할 수 있으며 법원의 사전 허가를 요구되고 있기 때문에, 그 이유와 전혀 관계없는 서류는 열람청구의 대상이 될 수 없으므로 무한히 확장되는 것은 아니라는 입장이다.[240)] 이러한 논의는

---

237) 법인세확정신고서, 계약서철, 당좌예금 조회표, 어음책·수표책의 부본, 보통예금 통장 모두, 외상 매출금에 관한 청구서 사본·납품서 사본·영수증 사본, 경비·고정자산세에 관한 영수증·청구서 등은 회계장부 등에 해당하지 않는다(横浜地裁 1991. 4. 19 판결, 判例時報 제1397호, 114면).

238) 江頭憲治郎(2015), 700면; 高木康衣(2009), 154면.

239) 江頭憲治郎(2015), 700면.

한국에서도 그대로 적용된다.

3) 행사절차

지배회사 주주는 법원의 허가를 얻어 종속회사에 대하여 직접 회계장부 열람을 청구하면 된다. 그리고 청구 시에는 구체적인 청구이유를 밝혀야 한다.[241] 청구 이유가 어느 정도 구체적이기만 하면 이를 뒷받침할 객관적 사실의 존재할 필요까지는 없다.[242] 가령 "주식의 양도를 정관에서 제한을 두고 있는 회사에서 주식을 타인에게 양도하고자 주식 등의 적절한 가격을 산정할 목적"[243] 또는 "이사의 위법행위 금지의 소, 책임 추궁의 소 제기 등 감독시정권을 행사하기 위한 목적"[244]이라고 하여 청구한 경우, 주주 권리의 확보 또는 행사에 관하여 조사를 하기 위한 것으로 구체적인 청구 이유가 된다.

열람 대상을 특정해야 하는지에 관해서는 주주는 회사 내부의 상황을 알 수 없는 것이 보통이기 때문에 열람청구를 하는 주주가 열람 대상을 특정할 필요는 없고, 열람 청구를 받은 회사 측에서 주주의 열람 목적과의 관계에서 불필요한 장부·서류를 증명하고 열람 대상에서 제외해야 한다.[245]

4. 시사점

지배회사 주주가 종속회사 단계에서 발생하는 위법행위나 부실경영을 감시하고 발견하고 이를 시정하기 위해서는 종속회사에 관한 정보를

240) 高木康衣(2009), 154면.
241) 高木康衣(2009), 154면.
242) 高木康衣(2009), 155면.
243) 最高裁判 2004. 7. 1. 판결, 金融·商事判例 제1204호, 11면.
244) 東京地裁 2007. 9. 20. 판결, 判例時報 제1985호, 140면.
245) 高木康衣(2009), 154면.

적시에 수집할 수 있어야 한다. 이를 위해 지배회사 주주가 직접 종속회사에 대하여 정보의 열람을 청구할 수 있어야 한다.

이에 관하여, 미국에서는 지배회사 주주의 종속회사에 대한 직접적인 장부 열람청구를 인정하고 있지 않다. 그렇지만 지배회사의 주주가 종속회사의 정보를 전혀 얻을 수 없는 것은 아니고, 지배회사를 통한 종속회사 장부 열람을 인정하고 있다.

한국에 시사하는 바를 살펴보면, 지배회사 주주는 종속회사가 아닌 지배회사에 대해 장부열람을 청구할 수 있다는 점에서 다중대표소송의 실효성 확보 수단으로 활용이 가능할지 의문이다. 다중대표소송을 하는 이유가 지배회사가 종속회사 이사에 대한 책임 추궁을 하지 않기 때문인데, 그러한 상황에서 지배회사가 종속회사에 대한 정보 수집에 협조적일 것을 기대하기는 힘들기 때문이다. 물론 5일 이내에 지배회사의 회답이 없으면 법원에 청구가 가능하지만, 적시에 신속한 정보 수집이라는 측면에서는 충분하지 않다.

그렇다고 하더라도 지배회사 주주가 종속회사의 정보를 아예 얻지 못하는 것은 아니므로, 지배회사 주주의 종속회사 장부 열람권에 관한 델라웨어주 일반 회사법은 그 의의가 분명 존재한다. 지배회사 주주가 종속회사 장부를 열람할 때의 요건은 개별 회사 주주가 장부열람을 청구하는 경우보다 훨씬 엄격하다. 즉, 지배회사 주주가 종속회사 장부를 열람하기 위해서는 델라웨어주 일반 회사법 제220조(a)(2)의 지배회사와 종속회사가 지배·종속관계를 형성하여야 하고, 종속회사의 장부가 지배회사의 실제적인 점유 및 지배하에 있는지, 아니면 종속회사의 점유 및 지배하에 있는 장부를 지배회사가 그 지배권이라는 실제적 능력을 행사하여 획득할 수 있는지를 검토해야 한다.

지배회사 주주는 어쨌든 법인격이 다른 종속회사의 정보를 얻으려고 하는 것이고, 종속회사의 영업비밀권과 지배회사 주주의 정보수집권을 모두 고려해야 하므로, 종속회사의 장부가 지배회사의 영향력 아래에서 지배회사가 실제 관리할 수 있는 정도가 되는 장부만을 청구할 수 있는 것으로 보인다.

다만, 그러한 장부에 해당한다면 지배회사 주주는 지배회사에 관한 사항을 알기 위한 것인지 종속회사에 관한 사항을 알기 위한 것인지 상관없이 지배회사가 관리하는 종속회사의 장부에 대한 열람을 청구할 수 있다. 이는 한국에서는 지배회사 주주의 종속회사에 대한 직접 청구권은 아니지만, 법원의 해석을 통해 지배회사 주주가 종속회사에 관한 정보를 얻을 수 있는 방법을 확대할 수 있음을 시사한다.

일본 회사법은 지배회사 주주가 종속회사 경영에 관한 다양한 정보를 직접 종속회사에 대하여 청구하는 방안이 명문으로 인정되고 있다. 특히 지배회사 주주의 회계장부열람청구권을 인정하고 있는데, 종속회사의 영업비밀권과 지배회사 주주의 정보수집권을 조화시키기 위해 열람청구의 대상이 되는 회계장부 또는 이에 관한 자료를 넓게 해석하더라도, 청구 이유의 기재 등 절차적 요건을 통해 이를 조절하고 있음을 알 수 있다. 한국의 입법 시 유용한 참고사항이 될 것이다.

다만, 일본에서 지배회사 주주의 종속회사 회계장부열람권이 먼저 도입되고, 다중대표소송은 나중에 도입되었는데, 소수주주권의 지분비율이 3%와 1%로 다르다. 한국의 제도 도입 시에는 다중대표소송의 실효성 확보를 위한 지배회사 주주의 종속회사에 관한 정보 수집이라는 측면을 생각하면, 두 제도의 행사요건을 동일하게 하는 것이 필요하다.

III. 한국

1. 학설의 경향

한국 상법상 지배회사의 주주가 종속회사에 대하여 종속회사 회계장부열람청구를 할 수 있다고 보기 어렵다. 개관에서 살펴본 바와 같이,

종래 판례도 지배회사 주주의 종속회사 회계장부열람청구권을 부정하는 것이 일반적인 입장이었다. 대법원 2001. 10. 26. 선고 99다58051 판결도 모회사 장부의 진실을 확인하기 위한 차원에서 모회사가 보관하고 있는 자회사 장부 열람을 인정한 것이라, 지배회사 주주의 종속회사 회계장부 열람청구권을 정면으로 인정하고 있다고 하기는 어렵다.

그러나 지배회사의 주주가 종속회사의 경리 상황을 파악하기 위하여 직접 종속회사의 회계장부를 열람하는 것은 종속회사 이사의 경영활동을 감시·감독하고 다중대표소송을 행사하기 위한 전제가 된다는 점을 들어 일정한 요건하에서 지배회사의 주주에게 종속회사 회계장부열람청구권을 인정할 것을 주장하는 학자들이 늘어나는 추세다.[246)]

2. 인정 여부

종속회사 이사가 부정행위를 하거나 부실경영을 하는 경우, 종속회사의 가치하락은 지배회사의 가치하락으로 이어지고 결국 지배회사 주주도 간접손해를 입게 되므로, 지배회사가 대표소송을 하지 않는 경우 지배회사 주주에게 종속회사 이사에 대한 다중대표소송권이 상법상 인정됨은 이미 살펴보았다. 지배회사 주주는 종속회사의 주주가 아니지만 종속회사의 경영에 사실상 이해관계를 가진 자라는 전제이다.

그 연장선상에서 지배회사 주주가 지배회사를 대신하여 종속회사 이사에 대하여 직접 소를 제기하고 이를 입증하기 위해서는 종속회사 이사가 무엇을 잘못했는지에 관한 최소한의 정보를 알고 있어야 하는데, 이를 위해 지배회사 주주는 지배회사를 대신하여 지배회사 가지는 종속회사에 대한 회계장부열람권을 행사할 수 있다는 논리도 가능하다. 따

246) 김대연(2002), 22-23면; 이창기(2013), 210면; 정우영(2015), 72-73면. 한편 김지환(2020), 59면도 다중회계장부열람권을 도입하되, 완전지배종속관계에서만 인정되는 등 그 요건을 엄격하게 할 것을 주장한다.

라서 다중대표소송을 인정하는 한, 지배회사 주주의 종속회사에 대한 회계장부열람청구권도 함께 인정해야 한다.

다만, 이를 제도로 도입하기 위해서는 종속회사의 영업비밀권과 지배회사 주주의 정보수집권 사이의 충돌하는 이익의 조정, 권리행사 남용의 방지를 위한 방안들을 함께 고려하여야 한다.

3. 검토

지배회사 주주의 종속회사에 대한 회계장부열람청구권은 법원의 해석을 통해 인정하거나 입법을 통해 도입하는 방안이 검토된다.

(가) 도입방안

(1) 해석에 의한 방법

대법원 2001. 10. 26. 선고 99다58051 판결에서 법원은 지배회사 주주가 지배회사의 회계 상황을 파악하기 위하여 지배회사가 보관하는 종속회사의 회계장부에 대한 열람을 청구한 사안에서 이를 인정한 바 있다. 다중대표소송을 제기하기 위한 전제로서 종속회사의 정보수집이 필요하다는 면에만 초점을 맞춘다면, 엄밀한 의미에서의 지배회사 주주의 종속회사에 대한 회계장부열람권은 아니지만, 지배회사 주주가 다중대표소송 제기 시 종속회사의 회계 상황을 파악하기 위하여 지배회사가 보관하는 종속회사의 회계장부에 대하여 열람을 청구한 경우, 이를 인정할 수 있다는 해석은 충분히 가능하다고 생각한다.

더 나아가 미국 델라웨어주 일반 회사법 제220조(b)(2)와 같이 지배회사가 실제적인 영향력을 행사하여 종속회사로 하여금 언제든지 제출할 수 있도록 관리가 가능한 종속회사의 회계장부에 대해서도 다중대표소송 제기를 위해 지배회사에 열람을 청구할 수 있다고 해석할 수 있다.[247] 물론 지배회사의 실제적인 관리가 가능한 종속회사의 장부인지에 관해서는 법원의 기준과 판단이 중요하게 된다. 또한, 그러한 회계장부에 대해서는 지배회사 주주가 지배회사를 대신하여 종속회사의 회계장부 열람을 청구할 수 있다고 인정하는 한, 종속회사에도 직접 청구가 가능한 것으로 해석할 수 있다.

특히 K-IFRS가 연결재무제표를 원칙으로 하고 있고, 외부감사법 제6조의2에서는 지배회사에 종속회사의 회계장부 열람권과 회계자료제출요구권을 명문으로 인정하고 있으므로, 지배회사는 종속회사의 회계장부를 보유하고 있거나 보유할 수 있다.[248] 따라서 위와 같은 해석을 통해 지배회사 주주는 다중대표소송 제기를 위해 지배회사 또는 종속회사에 대하여 지배회사가 보유하고 있거나 보유할 수 있는 종속회사 회계장부의 열람청구가 가능하게 된다.

(2) 입법에 따른 방법

위와 같은 해석은 법원에 의해 이루어져야 하는데, 지배회사와 종속회사를 엄격하게 분리하여 보고 있는 태도에 비추어 쉽게 인정될 수는 없을 것이다. 따라서 지배회사 주주의 종속회사에 대한 장부열람청구권은 입법으로 해결되어야 한다.[249]

지배회사 주주의 종속회사 장부열람권을 도입시 고려해야 할 사항들에 관하여 살펴보고, 적절한 입법방안을 모색해 본다.

---

247) 동지: 김재형/최장현(2010), 411면.

248) 외부감사법 제6조의2 제1항에서는 지배회사는 연결재무제표 작성을 위하여 필요한 범위에서 종속회사(제1조의2제2호에 따른 지배·종속의 관계에 있는 회사 중 종속되는 회사를 말한다. 이하 "종속회사"라 한다)의 회계에 관한 장부와 서류를 열람 또는 등사하거나 회계에 관한 자료의 제출을 요구할 수 있다고 규정하고 있다.

249) 다중대표소송 입법을 제안한 제21대 의원 입법안 중 배진교 의원 입법안(안 제406조의2 제2항)과 김주영 의원 입법안(안 제406조의2 제2항)은 다중대표소송제도의 실효성 확보를 위해 지배회사 주주의 종속회사 장부열람권도 함께 제안하고 있다.

1) 열람청구권의 주체

지배회사 주주의 종속회사 회계장부열람권이 인정되는 지배·종속회사의 범위에 관하여 지배회사가 종속회사의 주식 전부를 가졌거나 종속회사가 실질상 지배회사의 일부로 인정될 정도로 양자가 재산적으로 일체 관계가 있는 경우 지배회사의 주주에게 열람청구권이 인정된다고 하는 견해[250]와 지배·종속관계를 지주비율만으로 판단할 경우에는 그 대상이 너무 한정되므로 50% 이상의 지분을 가진 지배회사의 주주뿐 아니라 회사를 실질적으로 지배하고 있는 지배회사의 주주에게도 장부열람권을 허용하여야 한다는 견해[251] 등이 주장되고 있다.

이에 관하여, 지배회사 주주의 종속회사 회계장부열람권은 다중대표소송의 실효성 확보를 위한 지배회사 주주의 정보수집권이라는데 의의가 있으므로, 다중대표소송이 인정되는 범위와 일치시키는 것이 제도의 정합성 측면에서 바람직하다.

그리고 지배회사 주주의 종속회사 장부열람권을 소수주주권으로 할지 단독주주권으로 할지의 문제가 있는데, 한국 상법상 개별 회사 주주의 회계장부열람권도 소수주주권으로 하고 있다.[252] 이는 회계장부는 다른 법정공시서류[253]보다 한층 기밀성이 높기 때문에 회사의 영업비밀 보호를 위해 제기 요건을 까다롭게 하고 있는 것이다.[254] 지배회사 주주의 이익 못지않게 회사의 영업비밀권 또한 보호되어야 하므로, 지배회사 주주의 종속회사 회계장부열람권도 또한 소수주주권으로 하여야 한다.

그렇다면 지배회사 주주의 종속회사 회계장부열람권을 소수주주권으로 할 경우, 주주의 보유비율을 얼마로 할 것인지가 문제 된다. 현재 개별 회사 주주의 회계장부열람권은 발행주식총수의 3%의 보유비율을 요

---

250) 곽병훈(1999), 66면; 정동윤, 644면; 홍복기(1996), 296면.

251) 김대연(2002), 14면; 이창기(2013), 206면.

252) 상법 제466조 제1항.

253) 정관, 주주총회 의사록, 주주명부, 사채원부 등.

254) 이철송(2023), 1046면.

하고 있다. 만약 지배회사 주주의 종속회사 회계장부열람권의 근거조항을 주주의 회계장부열람권에 관한 제466조에 위치시킨다면, 지배회사 주주는 지배회사 발행주식총수의 3%의 보유하여야 한다.

그러나 지배회사 주주에게 종속회사 회계장부열람권을 인정하는 이유는 지배회사 주주가 다중대표소송을 제기함에 있어 종속회사 이사의 위법행위를 파악하고 이를 입증하게 하기 위한 것이므로, 종속회사의 자율성과 기밀성 보호의 측면에서 보더라도, 다중대표소송의 경우에 한정하여 규율할 필요가 있다.

또한 지배회사 주주의 종속회사 회계장부열람권의 근거조항을 주주의 회계장부열람권에 둘 경우, 종속회사의 발행주식총수 1% 이상에 해당[255]하는 주식을 보유하여 다중대표소송을 제기할 수 있는 지배회사 주주 중에서 3%의 주식을 보유하지 못한 주주들은 이사의 위법행위를 입증하기 위해 필수적인 회계장부를 열람할 수 없고 이로 인해 정확한 정보를 확보할 수 없다는 문제가 발생한다.

따라서 대표소송을 제기하는 경우에 한해서는 주주의 회계장부열람권을 발행주식총수의 1% 이상으로 할 필요가 있다. 이는 단순대표소송을 제기하든 다중대표소송을 제기하든 마찬가지이다. 이렇게 되면, 지배회사 주주든 종속회사 주주든 종속회사의 발행주식총수 1% 이상에 해당하는 주식을 보유하기만 하면 종속회사 이사의 위법행위에 대한 정보를 수집할 수 있게 되므로, 지배회사 주주에게만 혜택을 부여하는 것은 아니다.

요컨대, 지배회사 주주의 종속회사 회계장부열람권의 근거 조항을 다중대표소송에 관한 조항에 위치시켜, 종속회사의 발행주식총수 1% 이상에 해당하는 주식을 보유한 주주라면 다중대표소송을 제기하면서 종속

---

255) 지배회사 주주가 보유해야 하는 주식의 비율을 종속회사 발행주식총수 1% 이상에 해당하는 것으로 맞추는 이유는 앞서 다중대표소송에서 설명한 바와 같이 종속회사 주주와의 형평을 맞추기 위함이다.

회사의 회계장부 열람청구도 할 수 있도록 하여, 종속회사 이사의 위법행위를 발견하고 이를 입증하기 위한 수단으로 활용할 수 있도록 하여야 한다.

2) 열람청구의 대상

상법상 주주의 열람청구 대상은 회사의 "회계의 장부와 서류"이다. 여기서 "회계장부"라 함은 영업상의 재산 및 거래와 기타 영업상의 재산에 영향이 있는 사항을 기재한 장부를 의미하고, 재무제표와 그 부속명세서의 작성 기초가 된다.[256] 그리고 "회계서류"라 함은 전표나 영수증 등과 같이 회계장부를 작성하는 재료로 된 서류를 이르는데, 회계장부의 경우와는 달리 이에 관한 정확한 의미를 추측게 하는 규정이 없어, 회계서류의 범위가 어떻게 되는지가 문제 된다.[257]

제466조의 청구권의 대상이 되는 "회계의 장부와 서류"의 범위가 어떻게 되는지에 관한 판례는 현재 보이지 않는다. 회사의 업무나 재산에 관한 것은 대상이 되지 않음은 물론이고 회계와 관계없는 장부 및 서류도 검사의 대상이 되지 않는다.[258] 회사의 회계장부 및 서류가 정확하게 어떤 것을 의미하는지에 대하여는 그 범위와 관련하여 한정설과 비한정설로 나뉘는 학설들이 있을 뿐이다. 한정설은 회사의 업무수행을 원활히 유지함과 동시에 회사 기밀을 보호하기 위해서는 회계장부의 열람은

256) 강동욱/안영수(2010), 160면.

257) 상법 제447조 내지 제448조 등에 의하면 주주가 대차대조표, 손익계산서, 이익잉여금 처분계산서(또는 결손금처리계산서), 그리고 그 부속명세서, 영업보고서, 감사보고서 등을 열람 등사할 수 있는 방법이 별도로 법정되어 있으므로 이들이 "회계의 장부와 서류"의 범위에 포섭되지 않음은 명확하다(강동욱/안영수(2010), 160면). 일반적으로 이사가 비치·공시하여야 하는 이러한 법정 공시서류들의 내용을 그대로 믿기 힘든 경우 회계장부열람청구권을 행사가 문제 된다.

258) 김대연(2002), 16면.

신중하게 허용되어야한다는 입장에서, 회계장부는 상법 제29조 제1항의 회계장부를 의미한다고 해석한다.[259]

반면, 비한정설은 회계의 장부와 서류는 회사의 경리상황을 나타내는 것이면 그 범위가 한정되지 않으므로 굳이 상법 제29조 제1항의 회계장부로 제한할 필요가 없다고 해석한다.[260] 회계장부열람권은 주주의 실효성 있는 경영감독을 위해서 인정되는 권리이므로 대상이 될 수 있는 회계의 장부와 서류는 가급적 폭넓게 해석하는 것이 타당하다는 입장이다.

종속회사의 회계장부 열람은 종속회사 이사의 부정행위에 대한 입증을 위한 수단이라는 점, 오늘날 분식회계의 문제는 한국을 비롯하여 세계적으로 문제가 되는 점 등을 고려할 때, 주주의 이익을 보호하기 위해서는 열람의 대상을 확대하는 것이 바람직하다.[261]

회사의 회계 장부와 서류는 회사의 영업 기밀에 관한 내용을 많이 포함하고 있으므로 그 대상을 확대하는 것이 바람직하지 않을 수도 있으나, 비한정설을 따른다고 해서 구체적인 열람청구의 대상이 되는 자료가 과도하게 넓어지는 것은 아니다.[262] 주주가 상당한 정도의 구체성 및 합리성을 가진 이유를 붙여서 열람을 구하는 회사 관련 장부 및 서류에 대하여는 그 청구의 정당성 및 열람의 필요성에 대한 심리단계에서 조절이 충분히 가능하기 때문이다.[263]

이로써 회사의 영업비밀권과 주주의 정보수집권 모두에 대한 고려가 가능하다. 판례에서도 청구주주가 제시한 목록이 상법 제29조 제1항 해당하는지 아닌지를 형식적으로 판단하기보다는 청구주주가 제시한 목록에 나타난 문서의 열람의 필요성 또는 거절의 정당성을 하나하나 일일이 따져 실질적으로 문제를 해결해 나가고 있다.[264] 실제 계약서 및 품

259) 이창기(2013), 207면; 곽병훈(1999), 74-75면; 정동윤, 644면, 홍복기(1996), 295면.
260) 김건식 외(2023), 274-275면; 손영화(2016), 189면; 김대연(2002), 16-17면.
261) 김대연(2002), 17면.
262) 강동욱/안영수(2010), 161-162면.
263) 강동욱/안영수(2010), 169면.

의서,[265] 외화증권취득보고서, 주식 평가 기준 및 근거 서류 일체[266] 등 전체적으로 인정되는 서류의 범위가 상당히 넓은 것을 알 수 있다.[267]

요컨대, 지배회사 주주가 열람 또는 등사를 청구할 수 있는 회계 장부와 서류는 회사의 경리 상황을 나타내는 것이면 그 형식이나 내용에 상관없이 열람의 대상이 된다고 보아야 한다.[268]

3) 행사방법

주주의 회계장부 열람청구는 이유를 붙인 서면으로 하여야 한다.[269] 주주가 열람할 수 있는 장부나 서류는 주주가 열람청구 시 서면에 기재한 이유와 관련 있는 것에 한정된다.[270] 판례도 열람청구의 대상이 되는 자료는 "소수주주가 열람·등사를 구하는 이유와 실질적으로 관련이 있는 회계장부와 그 근거자료가 되는 회계서류"를 의미한다고 하고 있다.[271] 따라서 열람청구권을 행사하는 주주는 이유와 실질적 관련성 있는 서류를 어느 정도 구체적으로 적시하여야 한다.[272]

---

264) 강동욱/안영수(2010), 162면.

265) 대법원 1999. 12. 21. 선고 99다137 판결.

266) 대법원 2001. 10. 26. 선고 99다58051 판결.

267) 강동욱/안영수(2010), 163-169면에서는 주주의 회계장부열람 청구가 문제 된 1999년부터 2009년까지의 판례를 표를 통해 정리하고, 청구주주가 제시한 목록 및 그 목록의 열람 허부에 관하여 상세히 설명하고 있다.

268) 계약서 및 품의서에 대하여 판례는 "위와 같은 서류들은 모두 회사의 경리상황을 알 수 있도록 표시한 장부를 작성하기 위한 기초가 되는 서류들로서 상법 제466조 제1항에서 규정하고 있는 서류들"이라고 판시하여 열람청구를 허용하였다(대법원 1999. 12. 21 선고 99다137 판결).

269) 열람청구서에 이유를 붙이도록 한 것은 회사의 회계장부가 열람되면 회사의 영업활동상 중요한 사항이 외부에 공개되므로 그 절차를 신중히 할 필요가 있고, 또 회사가 열람청구를 거부할 것인가에 대하여 결정할 수 있는 자료로도 참고가 되며, 회사가 열람에 응해야 할 장부의 범위를 결정하기 위해서도 필요하기 때문이다(이태종(2000), 425면; 홍복기(1996), 296-297면; 김대연(2002), 17면).

270) 김건식 외(2023), 276면.

271) 대법원 2001. 10. 26. 선고 99다58051 판결.

그리고 지배회사 주주가 종속회사의 회계장부열람을 청구할 때에는 청구이유에 지배회사 주주가 직접 종속회사를 상대로 회계장부 열람을 청구하게 된 이유를 함께 소명하여야 한다.

4) 청구의 정당성

상법 제466조 제2항은 회사는 주주의 열람청구가 부당함을 증명하지 아니하면 이를 거부하지 못한다고 규정하고 있다. 주주의 열람청구가 부당함을 입증할 책임이 회사에 있음을 명확히 하고 있다. 이는 지배회사 주주에게 종속회사 회계장부 열람권을 인정하는 경우에도 그대로 적용된다고 보아야 한다.

열람청구의 부당성 여부는 회사의 경영상태에 관한 주주의 알권리와 열람을 허용할 경우에 우려되는 회사의 불이익을 비교형량하여 판단하여야 한다.[273]

어느 경우에 열람청구가 부당하다고 볼 것인지에 관해서 대법원 2004. 12. 24. 자 2003마1575 결정에서 법원은 "주주의 이사회의 의사록 또는 회계의 장부와 서류 등에 대한 열람·등사청구가 있는 경우, 회사는 그 청구가 부당함을 증명하여 이를 거부할 수 있는바, 주주의 열람·등사권 행사가 부당한 것인지 여부는 그 행사에 이르게 된 경위, 행사의 목적, 악의성 유무 등 제반 사정을 종합적으로 고려하여 판단하여야 한다"라고 하면서 일반적 기준을 제시한다.

더 나아가 구체적으로 "특히 주주의 이와 같은 열람·등사권의 행사가 회사업무의 운영 또는 주주 공동의 이익을 해치거나 주주가 회사의 경쟁자로서 그 취득한 정보를 경업에 이용할 우려가 있거나, 또는 회사에 지나치게 불리한 시기를 택하여 행사하는 경우"를 정당한 목적을 결하여 부당한 것이라고 판시하고 있다.[274] 이러한 부당성 판단 기준은 지배

272) 김건식 외(2023), 276면.
273) 이철송(2023), 1046면.

회사 주주가 종속회사에 대하여 회계장부열람청구권을 행사할 때에도 그대로 적용되는 것으로 보아야 한다.

요컨대, 지배회사 주주가 종속회사에 대하여 회계장부의 열람을 청구한 경우, 종속회사는 지배회사 주주의 열람청구가 부당함을 증명하지 아니하면 이를 거부하지 못한다.

274) 대법원 2004. 12. 24. 자 2003마1575 결정; 대법원 2014. 7. 21. 자 2013마657 결정.

제5장

종속회사 소수주주 보호

제1절 서

제3장과 제4장은 지배·종속회사 관계에서 종속회사 이사가 지배회사나 그룹의 이익과 무관하게 종속회사에 손해를 초래하는 행위를 하였을 때의 지배회사 주주 보호에 관한 문제를 다루었다.

본 장은 종속회사에 손해를 발생시키는 종속회사 이사의 행위가 지배회사나 그룹의 이익을 추구하는 과정에서 이루어진 경우의 주주 보호 문제를 다룬다. 여기서도 지배회사와 종속회사 각각의 단계로 나누어 주주를 보호할 필요가 있는지를 살펴보고, 현행 개별 회사를 전제로 한 제도와 법리만으로 해결되지 않는 부분이 있다면, 지배·종속관계를 전제로 한 새로운 제도나 법리의 구성을 통해 주주 보호 수단을 강구하여야 한다.

먼저 지배회사 단계를 살펴보면, 본 장에서 문제되는 상황은 지배회사 또는 그룹이익 추구를 위해 종속회사에 불리한 행위가 이루어진 것이어서 지배회사에 손해가 발생하지 않으므로, 지배회사 주주 보호에 관해서는 논할 필요가 없다(제1장 서론의 [표 1] ⓑ 부분).[1]

논의가 필요한 부분은 종속회사 단계에 있다. 그중에서 제1장 서론의 [표 1] ⓓ 부분은 문제가 없다. 종속회사의 지배주주는 지배회사이므로 손해를 입는 것이 없기 때문이다. 그렇다면 종속회사 단계에서 주주 보호와 관련하여 문제가 되는 부분은 제1장 서론의 [표 1] ⓔ 부분이다. 종속회사 이사가 지배회사나 그룹의 이익[2]을 추구함으로써 종속회사에 손

---

1) 이 책, 5면.

2) 이 장에서 지배회사 또는 그룹이익이라고 하여 "그룹이익"이라는 표현을 사용하고 있는데, 여기서의 "그룹이익"은 "지배회사의 이익"을 의미한다. 그룹이익이라는 표현을 사용함으로써 자칫 이 책의 범위인 지배회사와 종속회사 간의

해가 발생한 경우, 종속회사에 소수주주가 존재하는 한, 이들 소수주주를 보호할 필요가 있다. 그중에서 종속회사 이사가 단독으로 지배회사나 그룹 전체의 이익을 추구하기로 의사결정을 하고, 그러한 행위를 한 경우에는 종속회사 이사의 단독 책임만이 문제가 되므로, 일반 회사법상 이사의 책임으로 해결하면 된다.

그렇지 않고 지배회사 이사의 지시에 따라 종속회사 이사가 종속회사에 불이익한 행위를 하게 된 경우에는 다양한 쟁점들이 논의될 수 있다. 종속회사 이사는 지배회사 이사의 지시에 따라 지배회사 또는 그룹 전체의 이익을 추구할 의무가 있는지, 지시에 따를 의무가 없음에도 종속회사 이사가 지시에 따라 행위를 한 결과 종속회사에 손해가 발생한 경우, 종속회사 소수주주는 행위를 한 종속회사 이사 뿐 아니라 지시를 한 지배회사 이사 및 지배회사에도 책임추궁을 할 수 있는지를 살펴보아야 한다. 이는 종속회사 단계에서 발생한 손해에 대하여 법인격이 다른 지배회사 단계에서도 책임 추궁이 이루어지는 것이므로, 그 근거를 어디에서 찾을 것인지에 관한 논의가 필요하다.

한편, 지배·종속회사를 운영할 때에는 소수주주의 이익 보호를 고려함과 동시에 경영의 편익이라는 측면을 고려할 필요가 있다. 때로는 당장 종속회사에 손해가 발생하더라도 장기적인 관점에서 봤을 때는 지배회사 또는 그룹 전체의 이익을 추구하는 것이 효율적인 경우가 있을 수 있다. 그러한 경우까지 일률적으로 종속회사 이사, 지배회사 이사 및 지배회사에 책임을 추궁하는 것이 바람직한지 고찰한다.

따라서 종속회사 이사, 지배회사 이사 및 지배회사의 그룹이익추구행

거래가 아닌 계열회사를 포함한 더 넓은 범위의 거래를 다루는 것이 아닌지 오해를 할 수 있다. 그럼에도 불구하고 이 용어를 함께 사용하는 이유는 종속회사의 이익이 종속회사가 아닌 그룹 내 다른 회사로 속하게 되는 경우의 문제를 다룸에 있어 실제 "그룹이익(group interest)"이라는 용어가 널리 통용되고 있고, 이 책에서는 지배회사와 종속회사 2개의 회사만을 다루지만, 이를 확대하여 논의를 전개하는 것도 가능하므로, "그룹이익"이라는 용어를 사용하기로 한다.

위가 허용될 필요가 있는 경우를 확인하고, 종속회사 소수주주의 이익을 희생시키지 않으면서도 지배회사 또는 그룹 전체의 이익을 추구하는 것이 가능하기 위한 요건이 무엇인지 검토한다.

본 장 제2절에서는 종속회사 이사가 지배회사 이사의 지시에 따라 지배회사 또는 그룹 전체의 이익을 위해 종속회사에 불이익한 행위를 한 경우, 종속회사 소수주주 보호의 관점에서, 종속회사 이사, 지배회사 이사 및 지배회사의 의무와 책임에 관하여 고찰한다. 제3절에서는 경영의 효율성 측면도 함께 고려하였을 때, 종속회사 이사, 지배회사 이사 및 지배회사의 그룹이익추구행위가 예외적으로 책임이 성립되지 않는 경우의 요건을 검토하여야 한다.

제2절 종속회사 소수주주에 대한 의무와 책임

Ⅰ. 개관

지배회사 이사의 지시에 따라 종속회사 이사가 지배회사 또는 그룹 전체에는 이익이 되지만 종속회사에 불이익한 행위를 하게 된 경우를 생각해 보자. A회사는 OO전자라는 유명 브랜드 전자회사이고, B회사는 A회사의 제품 판매를 담당하는 종속회사인데, A회사의 재무상황이 악화되자 그룹 전체 차원에서 더 이상의 손해를 방지하기 위해, A회사의 이사가 B회사의 이사에게 당기에 한해 B회사가 A회사의 제품을 구매할 때 본래의 도매가격보다 20% 비싼 가격으로 구매하도록 지시한 경우를 그 예로 들 수 있다.

여기서는 지배회사와 종속회사의 이익이 충돌하는 부분을 어떻게 해결할 것인지가 관건이 된다. 이때 종속회사 이사는 지시에 따라 종속회사에는 손해가 되지만 그룹 전체적으로는 이익이 되는 행위를 할 의무가 있는지, 만약 그 지시로 인하여 종속회사에 손해가 발생한 경우 종속회사 소수주주는 종속회사 이사와 지배회사의 이사, 지배회사에 대하여 책임을 추궁할 수 있는지를 살펴본다.

Ⅱ. 종속회사 이사의 의무와 책임

1. 종속회사 이사의 의무

개별 회사에서 각각의 회사는 자사의 이익 증대를 목적으로 하고, 이에 각 회사의 이사는 자기가 속한 회사의 이익증대를 위하여 행위하여야 한다.[3)] 지배·종속관계에서도 이는 마찬가지다. 즉, 종속회사 이사는 종속회사와의 사이에서 수임인의 지위에 있으므로, 종속회사의 이익을 추구해야 한다. 따라서 종속회사의 이해와 지배회사 또는 그룹 전체의 이해가 일치하지 않을 때, 지배회사 또는 그룹 전체에 이익이 생기더라도 종속회사에 직접적인 이익이 생기지 않거나 혹은 종속회사에 손실이 발생하였다고 한다면, 종속회사는 그룹이익을 우선하여 행위할 수 없다. 즉, 앞의 예의 경우 종속회사 이사는 지배회사 이사의 불이익한 지시에 따라서는 안 된다.

지배회사의 경우에는 지배회사에 직접적인 이익이 생기지 않더라도 종속회사에 이익이 생기는 한, 보유하는 종속회사 주식의 가치가 증대됨으로써 지배회사의 이익으로 반영된다. 또 지배회사에 직접적인 손실이 발생하더라도 해당 손실을 보충하고도 남는 보유 주식의 가치 증대가 있는 경우도 있다. 그런데 종속회사는 지배회사의 경우와 달리, 별도의 보호 장치가 없는 한, 종속회사 이외의 주체(지배회사)의 이익을 추구함으로써 종속회사의 이익이 증대되는 경우는 생각하기 어렵기 때문이다.

요컨대, 종속회사 이사는 종속회사의 수임인으로서 종속회사에 대해서만 의무를 부담하고, 행위의 판단기준도 종속회사의 이익만을 기준으로 하므로, 지배회사 또는 그룹의 이익을 위해 종속회사에 손해를 가한 경우에는 의무 위반을 구성하게 된다.

그럼에도 불구하고 종속회사 이사에게 지배회사 이사의 지시에 따라 종속회사에는 손해가 되지만 그룹 전체적으로는 이익이 되는 행위를 할 의무가 있는지 확인해 보아야 한다. 만약 그러한 의무가 있다면 종속회사의 이사의 행위는 정당화될 수 있기 때문이다. 제3장에서 지배회사의 지시권이 허용되더라도 종속회사에 불이익한 지시까지 허용하는 것은

3) 상법 제382조 2항, 민법 제681조, 상법 제382조의3.

아니라고 밝힌 바 있다.

여기서 독일의 사실상 콘체른[4]에서와 같은 논리를 끌어다 쓸 수 있는데, 사실상 콘체른에서 지배회사 이사는 종속회사에 지시[5]를 할 수 있다.[6] 그러나 계약상 콘체른과는 달리 원칙적으로 불이익(Nachteil)이 애초에 발생하지 않는 지시만 할 수 있다(독일 주식법 제311조).[7] 즉, 지배회사에는 유리하지만 종속회사에는 불이익한 지시는 원칙적으로 불가능하고, 종속회사를 자기 책임하에 관리할 의무를 부담하는 종속회사 이사는 종속회사의 이익보다 지배회사 이사의 지시를 우선할 수 없다.[8][9] 이는 종속회사 이사는 지배회사의 불이익한 지시에 따를 의무가 없음을 의미한다.

그러므로 종속회사의 이사는 지배회사 이사의 지시에 따르기 전에

---

4) 사실상 콘체른은 지배계약의 체결 없이 과반수 참가 등을 통해 발생한 사실상의 지배관계에 근거하여 성립한다.

5) 지시는 계약상 콘체른에서와 마찬가지로 지배회사가 종속회사에 대한 영향력에 근거하여 종속회사의 행동을 지배회사의 의도대로 결정하려고 시도하는 것을 의미한다. 지배회사의 영향력 행사와 종속회사의 행위 사이에 인과관계가 있으면 지배회사의 지시의 외적인 표현은 중요하지 않다(Habersack(2019), § 311 Rns 22-23; Kropff(2007), § 311 Rn. 73).

6) 계약상 콘체른에 관한 제308조는 지시권(Weisungsrechtt)라는 용어를 사용하고, 사실상 콘체른에 관한 제311조는 영향력(Einflusses)이라는 용어를 사용하고 있는데, 이는 지시의 개념 자체는 동일하나, 지시권은 종속회사를 구속한다는 의미가 포함되어 있고, 영향력(Einflusses)은 사실상 영향력으로서 종속회사를 구속하지 않는다는 의미를 내포하기 위함이라고 한다(Habersack(2019), § 311 Rn. 23).

7) 지배회사에는 유리하지만 종속회사에는 불이익(Nachteil)한 지시는 원칙적으로 불가능하다(독일 주식법 제311조). 불이익이 보상되는 경우에는 예외적으로 종속회사에 불이익한 지시도 가능하다.

8) Habersack(2019), § 311 Rn. 78. 복종의무가 없는 사실상 콘체른에서 종속회사의 이사에게 계약상 콘체른에서 나오는 주의의무를 요구할 수는 없다(조지현(2014), 410면).

9) 다만, 불이익이 보상되는 경우에는 예외적으로 종속회사에 불이익한 지시도 가능하다. 후술한다.

그 지시로 인한 행위가 종속회사에 불이익을 가져오는지, 그렇다면 불이익을 보상받을 수 있는지, 지배회사가 불이익을 보상할 의사와 능력이 있는지를 조사하여야 한다.[10] 조사 결과 지배회사의 지시가 불이익을 가져올 위험이 없거나 보상이 주어지는 경우에만 종속회사의 이사는 지배회사 이사의 지시를 따를 수 있다.[11] 그러나 이때에도 종속회사의 이사는 그 지시에 따를 의무를 부담하는 것은 아니고, 그 지시에 따를 것인지를 자기 책임하에 판단해야 하며, 오직 종속회사의 이익만을 기준으로 판단한다.[12]

이상에 비추어, 종속회사 이사는 지배회사 이사의 불이익한 지시에 따를 의무를 부담하지도 않고, 지배회사 또는 그룹 전체의 이익을 우선할 의무도 부담하지 않는다.[13] 종속회사 이사가 지배회사의 불이익한 지시에 따라 행위를 함으로써 종속회사에 손해를 가한 경우, 지배회사의 이익을 추구하는 종속회사 이사의 행위는 종속회사에 대한 선관주의의무·충실의무 위반을 구성하게 된다.

요컨대, 원칙적으로 종속회사 이사는 지배회사와 종속회사의 이해가 대립하는 경우, 종속회사의 이익을 우선하여 행위를 하여야 할 의무를 부담한다.

2. 종속회사 이사의 책임

종속회사 이사가 지배회사 이사의 지시에 따라 지배회사 또는 그룹 전체의 이익을 위한 행위를 함으로써 종속회사에 손해를 가한 경우, 종속회사에 소수주주가 존재하는 한, 이들 소수주주를 보호할 필요성이 발

10) 조지현(2014), 410면.
11) 조지현(2014), 410면.
12) 조지현(2014), 410면.
13) 노혁준(2005), 38-39면.

생한다. 종속회사 소수주주 보호를 위한 방안으로는 종속회사 이사에 대해 민·형사상책임을 묻는 것을 생각해 볼 수 있다.

민사상 책임으로는, 종속회사 이사는 종속회사의 이익만을 기준으로 업무집행에 관한 의사결정을 하여야 함에도 지배회사 또는 그룹이익을 위한 행위를 함으로써 종속회사에 손해를 가하였으므로, 상법 제399조를 근거로 종속회사에 대한 선관주의의무·충실의무 위반의 책임을 부담한다.[14)]

형사상 책임으로는, 종속회사 이사는 형법 제356조에 따라 업무상배임죄의 죄책을 부담한다. 업무상 배임죄는 타인의 사무를 처리하는 자가 업무상의 임무에 위배하여 재산상의 이익을 취득하거나 제3자로 하여금 이를 취득하게 하여 본인에게 손해를 가한 때에 성립되는데, 타인의 사무를 처리하는 자인 종속회사 이사가 지배회사 또는 그룹이익을 추구함으로써 종속회사의 이익을 우선하여 행위 하여야 할 의무를 위배하여 종속회사에 손해를 가하였기 때문이다.[15)]

물론 이와 같은 종속회사 이사의 종속회사에 대한 민·형사상 책임은 이사의 자기가 속한 회사에 대한 책임의 문제에 불과하므로, 개별 회사를 전제로 한 경우에도 당연히 인정되는 것으로, 지배·종속관계에만 적용되는 특유한 구제책은 아니다.

III. 지배회사 이사 및 지배회사의 의무와 책임

1. 지배회사 이사의 의무

종속회사에 대한 관계에서 지배회사 이사의 의무를 살펴볼 필요가

14) 주주가 직접 손해를 입은 경우 제401조의 책임도 부담한다.
15) 현실적 손해 발생 뿐 아니라 재산상 실해 발생의 위험을 초래한 경우에도 책임이 인정된다(대법원 2007.3.15. 선고 2004도5742 판결; 대법원 2004. 7. 22. 선고 2002도4229 판결; 대법원 2010. 10. 28. 선고 2009도1149 판결).

있다. 지배회사 이사는 지배회사 또는 그룹이익을 추구하기 위해 종속회사에 불이익한 지시를 할 수 있는지에 관한 것이다.

지배회사 이사는 지배회사에 대하여 지배회사 이익극대화 의무를 부담한다. 그런데 종속회사와의 관계에서 종속회사 소수주주 보호의무도 부담하는 것인지, 그렇다면 둘 중 어떤 의무를 우선해야 하는지의 문제가 발생한다.

지배회사 이사는 종속회사에 대하여 종속회사 소수주주 보호의무를 부담한다는 견해가 있다.[16] 이러한 입장에 따르면, 종속회사 소수주주 보호 법리는 종속회사에 불이익을 주는 행위 그 자체를 금지하는 규범이라고 본다. 즉, 법질서 전체로서 종속회사 소수주주를 보호해야 한다는 것을 강조하여, 종속회사에 불이익을 제공하는 행위 그 자체를 금지하는 것이다.[17] 이 견해에 따르면, 지배회사 이사는 지배회사에 대하여 지배회사 주주의 이익을 극대화할 의무를 부담하고, 동시에 종속회사 및 종속회사 소수주주에 대하여 종속회사 소수주주의 이익을 해하지 않을 의무를 부담한다.[18] 두 가지 의무가 충돌하는 경우, 종속회사 소수주주 보호의무가 지배회사 이사의 지배회사 이익극대화 의무보다 우선하게 되어, 이익극대화 의무는 종속회사 소수주주 보호를 위한 범위만큼 축소되어야 한다.[19] 그러므로 지배회사 이사는 종속회사 이사에 대하여 불이익한 지시를 할 수 없다.

그러나 지배회사 이사는 지배회사에 대하여 지배회사 이익극대화 의무만을 부담한다고 보아야 한다.[20] 종속회사에는 고유의 기관이 존재하고, 이 기관에 의해 종속회사의 이익 보전이나 증대가 이루어진다고 상정하고 있는 이상, 지배회사의 이사는 지배회사의 이익만을 고려하면 족

16) 牛丸與志夫 外(1999), 45면.
17) 牛丸與志夫 外(1999), 45면.
18) 牛丸與志夫 外(1999), 45면.
19) 牛丸與志夫 外(1999), 45면.
20) 노혁준(2005), 34면; Dine(2000), pp. 53-54; Lower(2002), p. 271.

하지, 별개의 법인인 종속회사의 이익까지 고려할 필요는 없다.[21] 지배회사의 이해와 종속회사의 이해가 충돌하는 경우, 지배회사 이사의 행위 규범은 지배회사의 이익에만 주목하면 되는 것이다.[22]

요컨대, 지배회사 이사는 종속회사에 대하여 직접 소수주주 보호의무를 지는 것은 아니므로, 종속회사에 불이익한 지시를 하지 않을 의무를 부담한다고 할 수 없다. 그러나 지배회사 이사가 종속회사에 대하여 불이익한 지시를 할 수 있다고 하여 종속회사 소수주주의 이익 보호가 전혀 무시되는 것은 아니다. 아래에서 논의하는 바와 같이, 지배회사 이사가 종속회사에 대하여 불이익한 지시를 할 수 있다고 하여 종속회사에 대한 책임까지 부담하지 않는 것은 아니기 때문이다.

2. 지배회사의 의무

(가) 일반론

주주는 출자의무 외에 회사에 대하여 의무를 부담하지 않는다는 일반적인 해석에 따르면, 지배회사는 종속회사의 주주에 불과하므로, 지배회사는 종속회사나 종속회사의 소수주주에 대하여 그 이익을 보호할 의무를 부담하지 않는다고 보아야 할 것이다.[23] 그러나 지배회사 이사가 종속회사의 이익을 침해하는 행위에 가담하여 책임을 부담한다면, 이사의 불법행위에 대하여 지배회사도 책임을 부담하게 될 것이다.

(나) 지배회사의 신인의무

한편, 지배회사가 종속회사 또는 종속회사 소수주주에 대하여 일정한 의무를 부담하는 것으로 논리를 구성하여, 종속회사 소수주주의 이익 보

---

21) 노혁준(2005), 34면; Dine(2000), pp. 53-54; Lower(2002), p. 271.
22) 노혁준(2005), 34면; Dine(2000), pp. 53-54; Lower(2002), p. 271.
23) 이철송(2023), 323면.

호에 대한 고려를 할 수도 있다. 미국에서는 지배주주의 신인의무의 법리(fiduciary duty of controlling shareholders)라는 일반 법리를 통해 지배회사의 종속회사 소수주주에 대한 의무의 법리를 전개시켜 나가고 있는데, 이를 소개하면 다음과 같다.

(1) 지배주주의 신인의무

지배주주의 신인의무는 주법과 모범사업회사법에 명문의 규정이 존재하는 것은 아니고, 판례를 통하여 인정되고 있다. 일반적으로 주주는 의결권 등 주주권을 행사하는 데 어떠한 법적의무를 부담하는 것은 아니지만, 이러한 입장을 관철할 경우 회사의 의사결정을 지배하는 주주가 다른 주주의 이익을 희생시키면서 자신의 이익을 추구하는 것이 가능하게 된다. 따라서 자기거래와 같이 전형적으로 소수주주의 이익 침해가 문제 될 수 있는 상황에서는 지배주주에게도 일정한 의무를 부담시킬 필요가 있다.[24]

이에 이사에게 신인의무를 부여하는 것과 마찬가지로 지배주주에게도 신인의무를 부여하는 판례법리가 확립되어 있다.[25] 공개회사에는 지배주주가 존재하는 경우가 흔하지 않기 때문에, 주로 지배주주의 신인의무가 문제 되는 것은 종속회사가 폐쇄회사(closed corporation)인 경우가 대부분이다.[26] 폐쇄회사의 지배주주는 공개회사의 지배주주에 비하여 훨씬 엄격한 신인의무를 부담한다.[27] 즉, 폐쇄회사의 지배주주는 회사[28]

---

24) Siegel(1999), pp. 32-34.

25) Southern Pacific Co. v. Bogert, 250 U.S. 483(1919)에서 지배주주는 지배적 영향력을 가지고 있으므로 지배주주가 그 권한을 행사할 때에는 이사와 동일하게 신인의무를 부담한다고 판시하였다.

26) 송옥렬/최문희(2012), 102면.

27) 폐쇄회사의 경우에는 조합과 같은 성격이 있으므로, 조합원이 다른 조합원에 대하여 신인의무를 부담하는 것에 착안하여 폐쇄회사의 주주끼리는 동료 주주에 대한 신인의무를 인정한 판례도 존재한다(Wilkes v. Springside Nursing

뿐만 아니라 그 소수주주에게도 신인의무를 부담한다.[29)]

(2) 판례상 지배회사의 자기거래

지배주주의 신인의무가 문제 될 수 있는 전형적인 모습은 지배회사와 종속회사 사이에 이익충돌이 발생할 수 있는 경우로서 지배주주와 회사 사이의 자기거래 상황에서 나타난다.[30)] 지배주주와 회사 사이의 자기거래가 불공정하면 지배주주는 소수주주에 대한 신인의무를 위반하게 되는 것이다.[31)]

그렇다면 지배회사에 종속회사 소수주주에 대한 신인의무 위반으로 인한 책임을 묻기 위해서는 지배회사와 종속회사 사이에 불공정한 자기거래가 있어야 할 것인데,[32)] 그 대표적인 사례로는 종속회사에 불공정한 조건으로 지배회사와 종속회사 간의 합병이 이루어진 경우,[33)] 지배회사가 종속회사의 비용으로 세제상의 이익을 얻는 경우,[34)] 지배회사가 종속회사의 이익배당에 관한 정책에 영향력을 행사하여 지배회사와 소수주주가 받은 배당이익이 소유주식수에 비례하지 않는 경우[35)] 등이 있다.

Home, Inc. et al., 353 N. E. 2d 657(Mass. 1976)). 한편 공개회사의 경우에는 원칙적으로 주주 상호간에 아무런 의무를 부담하지 않기 때문에 폐쇄회사에 비하여 상대적으로 신인의무가 인정된 판례가 많지 않다(임재연(2009), 260-261면).

28) 회사에 대한 지배주주의 신인의무를 인정하는 대표적인 판례로 Pepper v. Litton, 308 U.S. 295(1939)가 있다.

29) 소수주주에 대한 지배주주의 신인의무를 인정하는 대표적인 판례로는 Farmers' Loan & Trust Co. v New York & N. Ry. Co., 34 L.R.A. 76(1896); Helms v. Duckworth, 249 F.2d 482(D. D. Cir. 1957); Donahue v. Rodd Electrotype Co. of New England, Inc., 328 N.E.2d 505(Mass. 1975)가 있다.

30) 江頭憲治郎(1995), 201면.

31) 임재연(2009), 264면.

32) 허덕회(2013), 431-432면; 김재범(2015), 193면 참조.

33) Allied Chemical and Dye Corp. v. Steel and Tube Co. of Anm., 120 A. 486(Del. Ch. 1923).

34) Smith v. Tele-Communication, Inc., 134 Cal. App.3f 338(Dist. Ct. App. 1982).

35) Sinclair Oil Corp v. Levien, 280 A. 2d 717 (Del. 1971). 다만 이 사안에서는 지배회

1) 지배회사의 자기거래 판단기준

미국에서 지배회사와 종속회사 간 거래에 대한 규제는 판례를 통해 법리가 형성되어 있는데, 미국 판례법상 이러한 불공정한 자기거래 여부를 판단하기 위해서는 최소 두 단계의 평가를 거치고 있는 것으로 보인다. 먼저 지배회사와 종속회사 간 거래가 이익상충이 발생할 우려가 있는 자기거래로 평가되어야 하며, 그다음 그 자기거래가 공정한 것이었는지에 대한 평가가 다시 이루어져야 한다. 즉, 지배회사와 종속회사 간의 거래가 자기거래에 해당하지 않는다면 일반적인 경영판단원칙에 따라 지배회사 행위의 적법성을 판단하는 데 반해,[36] 그 거래가 자기거래에 해당하는 경우에는 공정성이라는 엄격한 심사를 거치게 함으로써,[37] 이사와 회사 간 거래에 관한 규제 법리를 지배회사와 종속회사 간의 거래에도 적용하고 있다.[38]

먼저 지배회사와 종속회사 간의 거래가 자기거래에 해당하는지 여부에 대한 판단에 대해서는 Sinclair Oil Corp v. Levien 판결에서 그 기준을 제시하고 있다. Sinclair Oil Corp.(이하 Sinclair)는 Sinclair Venezuelan Co.(이하 Sinven) 주식의 97%를 소유하고 있었는데, ⅰ) Sinven으로 하여금 과다한 이익배당을 하게 하였고(이하 "ⅰ) 거래"), ⅱ) Sinclair의 이익을 위하여 Sinven으로 하여금 다른 종속회사에 일정 수량 이상의 제품을 특정가격에 판매하도록 하였다(이하 "ⅱ) 거래"). 이에 Sinven의 소수주주인

사가 종속회사로 하여금 과다한 이익배당을 하게 하였더라도 모든 주주가 동등한 배당을 받는 한 자기거래에 해당하지 않는다고 판시하였다. 지배회사의 이익배당 정책이 부당하게 책정되었다고 판단되면, 종속회사의 소수주주는 부당한 자기거래임을 주장할 수 있지만, 이익배당은 모든 주주에게 소유주식수에 따라 비례적으로 이루어지는 것이므로 지배주주라고 하여도 소수주주에 비하여 이익배당을 많이 받는 것이 아니라고 판단하기 때문에 종속회사 소수주주의 이같은 자기거래 주장이 잘 받아들여지지 않는다고 한다(임재연(2009), 265면).

36) Sinclair Oil Corp v. Levien, 280 A. 2d 717(Del. 1971).

37) Weinberger v. UOP, Inc., 457 A.2d 701(Del. 1983)

38) Siegel(1999), p. 29.

Levien은 이러한 거래가 모두 Sinclair에 이익이 되도록 하는 자기거래로서 Sinclair는 Sinven에 대한 신인의무를 위반한 것이라고 주장하면서 대표소송을 제기하였다.

이에 델라웨어주 대법원은 자기거래 여부는 지배회사가 종속회사의 소수주주를 배제하고 소수주주에게 손해를 입히면서 지배회사는 이익을 얻은 거래가 존재하는지에 따라 판단한다고 하면서, 두 거래가 본질적으로 다른 거래라고 하였다. 즉, ⅰ) 거래는 모든 주주가 동등한 배당을 받았으므로 Sinclair가 Sinven의 소수주주를 배제하거나 소수주주의 손해로 인하여 이익을 얻었다고 할 수 없으므로, 공정성 기준이 적용되지 않고 경영판단 원칙이 적용되어 Sinclair의 이익배당 정책은 적법하다고 판시하였다. 한편, ⅱ) 거래에 대해서는 Sinven에 손해가 되는 행위로 Sinclair는 이익을 얻게 되므로 지배회사와 종속회사의 소수주주의 이해관계가 상충되는 경우로 보았다. 따라서 지배회사는 그 거래가 본질적으로 공정하다는 것을 증명하지 못하는 한 계약위반의 책임을 부담한다고 판시하였다.[39]

지배회사와 종속회사 간의 거래가 자기거래에 해당하는지에 대한 판단은 Sinclair 판결 이후 threshold test에 따른다.[40] 따라서 지배회사가 지배력을 바탕으로 종속회사로 하여금 "종속회사 소수주주를 배제하거나 소수주주에게 불이익을 주면서" 지배회사 자신은 이익을 얻도록 행위를 하게 한 경우에는 자기거래로서 엄격한 공정성이 요구되는 것이고, 그러한 요건을 갖추지 못한 경우에는 단순히 경영판단의 원칙이 적용되는 것이다.[41]

미국 회사법에서 경영판단 원칙이 적용된다는 것은 피고의 신인의무 위반이 인정될 가능성이 현저히 낮아져 피고의 책임이 거의 인정되지

39) Sinclair Oil Corp v. Levien, 280 A. 2d 717(Del. 1971).

40) Haas(2004), p. 2256; Siegel(1999), p. 29. 이익·불이익 기준이라고 하기도 하고, 입구기준이라 부르기도 한다(손영화(2013a), 173면).

41) Haas(2004), p. 2256.

않음을 의미하고, 반대로 엄격한 공정성을 요구한다는 것은 피고의 신인의무 위반의 가능성이 현저히 커져 피고가 책임을 벗어날 가능성이 거의 없음을 의미한다.[42] 따라서 Sinclair 판결의 자기거래 해당 여부에 관한 threshold test는 실제 지배회사의 책임을 묻는 데 있어 결정적인 기준을 제공한다.[43]

2) 자기거래의 공정성 판단기준

지배회사와 종속회사 간 거래가 자기거래에 해당한다고 평가가 이루어지면, 그다음에는 자기거래의 공정성에 대한 평가가 이루어져야 하는데, Weinberger v. UOP Inc. 판결[44]에서 제시한 완전한 공정성(entire fairness) 또는 내재적 공정성(intrinsic fairness)기준에 따라 신인의무 위반 여부가 판단된다.[45] 이 사안에서는 지배회사와 종속회사 간 교부금합병을 위해서는 지배회사가 "거래가 완전하게 공정하다는 것을 입증(entirely fairness)하여야 한다."고 판시하였다. 공정성에 관한 증명책임은 지배회사가 부담한다.[46] 이때의 공정성은 절차의 공정성(fair dealing)과 가격의 공정성(fair price) 모두를 포함한다.[47] 거래가 완전히 공정했는지에 대해 법원은 총체적으로 판단한다.[48] 따라서 절차가 불공정하더라도 가격이 완전히 공정하다면 완전한 공정성을 충족한다.[49]

---

42) Siegel(1999), pp. 27-28; 송옥렬(2013), 31면.
43) 송옥렬(2013), 31면.
44) Weinberger v. UOP Inc., 457 A. 2d 701(Del. 1983).
45) 본질적 공정성이라고 표현하기도 한다. 손영화(2004), 82-83면.
46) 거래가 객관적으로 공정한 것임을 입증하지 못하는 한 지배회사가 책임을 부담하므로 일종의 무과실 책임이다(江頭憲治郎(1995), 100면).
47) Weinberger v. UOP Inc., 457 A. 2d 701, 711(Del. 1983)
48) Murray(2011), p. 610.
49) Trados 판결에서는 거래와 이해관계가 존재하고 독립하지 않은 이사에 의한 불공정한 매매과정이 있었다 하더라도, 매매가격이 공정하다면 완전한 공정성 기준을 충족한다고 판시하였다(In re Trados Inc. Shareholder Litigation, 73 A.3d

그렇다면 어떠한 경우를 완전하게 공정하다고 볼 수 있는지에 대해서는 "독립당사자 간 거래기준(the arm's length test)"에 의한다. 독립당사자 간 거래기준이란 지배회사와 종속회사 사이의 거래가 "회사의 독립적인(independent) 수탁자와 상대방과의 사이에 일정한 거리를 둔 거래일지라도(at arm's length bargain) 그러한 거래가 이루어질 것인가"로 표현할 수 있다.[50] 결국 소수주주가 존재하는 한 종속회사는 "경제적으로 독립적인 회사와 마찬가지로 운영되어야 한다"는 것을 의미하는 것으로, 법인격 독립의 원칙과 맥락을 같이함을 알 수 있다.[51]

그러나 독립당사자 간 거래기준은 다음과 같은 한계가 존재한다. 첫째, 지배회사와 종속회사 간 거래 중에는 독립당사자 간 거래 기준의 적용이 곤란한 유형이 존재한다.[52] 종속회사가 지배회사와 행한 거래와 동종의 거래를 제3자와 한 적이 있거나 비교 가능한 시장조건이 존재하는 경우에는 적용하기 쉽지만, IT서비스의 제공, 라이선스 계약 등 시장가격을 찾기 어려운 거래들이 존재한다.[53] 둘째, 독립당사자 간 거래기준의 내용 자체도 불명확하다.[54] 셋째, 독립당사자 간 거래기준은 특정 거래의 공정성에 초점을 맞추기 때문에 지배회사와 종속회사가 공동으로 사업을 영위하며 갖는 장기적인 이해관계를 적절히 반영하기 어렵다.[55] 넷째, 독립당사자 간 기준을 충족하는 거래조건은 특정 수치의 "범위"로 정해지는 것이 보통인데,[56] 지배주주가 그 사이에서 상당한 이

17, 75-77 (Del. Ch. 2013)).

50) Pepper v. Litton, 308 U.S. 295(1939). Weinberger 판결에서도 "지배회사와 종속회사 간에 당사자 쌍방이 서로에 대하여 독립당사자로서 거래를 행한 것은 거래가 공정성 기준을 충족시키고 있다는 강한 증거가 된다"고 판시하였다.

51) 송옥렬/최문희(2012), 104면.

52) 加藤貴仁(2012c), 2264-2265면; 김건식(2016), 20면.

53) 加藤貴仁(2012c), 2264-2265면; 江頭憲治郎(1995), 42면; 김건식(2016), 20면.

54) 加藤貴仁(2012c), 2265-2266면; 김건식(2016), 20면.

55) 加藤貴仁(2012c), 2266면; 김건식(2016), 20면.

56) 예컨대 만원이라고 정하지 않고, 만원에서 만2천원 사이의 금액으로 정하는

익을 거둘 여지가 있다.[57] 다섯째, 거래의 필요성을 확보하는데 별 도움이 되지 않는다.[58]

한편, 델라웨어주 대법원은 Kahn v. M&F Worldwide Corp. 판결에서 독립성을 갖춘 이사로 구성된 특별위원회와 소수주주의 65.4%가 동시에 승인한 소수주주 축출합병결의에 대하여 경영판단원칙을 적용하고 있어 주목된다.[59] 특별위원회와 소수주주 과반수[60] 동시 승인(simultaneous deployment)은 지배주주의 영향력을 상쇄시킴으로써 독립당사자 간 거래를 한 것과 같고, 궁극적으로 지배주주로부터 소수주주를 보호하며, 가격의 공정성도 충족하게 되는 효과가 있다고 판시하였다.[61] 이는 내부승인절차를 중시함으로써 독립당사자 간 기준의 한계를 극복할 수 있음을 보여주는 사례라 할 수 있다.

(3) ALI 원칙상 지배주주의 공정거래의무

미국법률협회(American Law Institute, 이하 ALI)는 1994년 회사지배구조의 원칙(Principles of Coporate Governance: Ananysis and Recommandations, 이하 ALI 원칙)을 발표하였는데,[62] "공정거래의무(duty of fair dealing)"라

것이다(김건식(2016), 20면).

57) 김건식(2016), 20면은 우리 경제계에서 만연한 일감몰아주기를 상법상의 규제만으로 억제하기 어려운 이유가 이 때문임을 지적한다.

58) 김건식(2016), 20면은 가령 종속회사가 지배회사를 돕기 위해 필요하지 않은 지배회사의 부동산을 매입하는 경우, 그 가격이 공정하다고 해도 종속회사에는 손해라고 할 수 있음에도 이를 설명하지 못하는 한계를 지적한다.

59) Kahn v. M&F Worldwide Corp., 88 A.3d 635(Del. 2014).

60) 지배주주의 참여를 배제한 소수주주의 과반수 찬성을 의미하며, MOM(majority of minority) approval이라고도 부른다(Enriques(2014), pp. 17-20).

61) Kahn v. M&F Worldwide Corp., 88 A.3d 635, 644-645 (Del. 2014); Recent Cases (2016), pp. 1820-1821.

62) 각 주법과 판례법에 산재해 있는 회사지배에 관한 주요 문제의 입법, 판례, 학설을 비판적으로 검토하여 이상적인 안을 제시하고자 발표한 원칙이다(김건식 (2010a), 358면).

는 이름으로 지배주주에게 회사 또는 그 소수주주의 이익을 보호할 의무를 부여하고 있다(ALI 원칙 § 5.01).

ALI 원칙은 지배주주가 회사와 거래하는 경우(§ 5.10), 지배주주가 회사 재산을 이용하거나 중요한 미공개회사정보를 이용하여 주식을 양도하는 경우 혹은 회사에 대한 지배적 지위를 이용하는 경우(§ 5.11), 지배주주가 회사 기회를 이용하는 경우(§ 5.12), 지배주주가 이해관계자를 위하여 행위 하는 경우(§ 5.13)와 관련하여 지배주주에게 이해관계가 있어[63] 회사에 중대한 영향을 미칠 때는 지배주주가 공정거래의무를 부담한다고 명시하고 있다(§ 5.01). 판례상 지배주주의 신인의무가 문제 되는 상황들을 유형화하여 명문화하고 있음을 알 수 있다.[64] 공정거래의무를 부담하는 자는 자연인인 지배주주와 지배회사를 포함한다.[65] 따라서 지배회사와 종속회사 사이에도 일정한 행위 시 종속회사와 그 소수주주의 이익을 배려하도록 지배회사에 공정거래의무가 부여되고, 이는 종속회사와 그 소수주주에게 손해가 발생한 경우 지배회사에 책임을 물을 수 있는 근거가 된다.[66]

따라서 지배주주는 지배적 영향력을 행사하여 회사에 대하여 자신의 재산상 이익을 추구할 경우 공정거래의무 위반이 되는데, ALI 원칙은 이로 인해 발생한 손해에 대한 배상책임도 함께 명문화하고 있다. 즉, 지배주주가 공정거래의무를 위반한 경우 그 위반으로 인하여 발생한 손해에 대하여, 지배주주는 회사 또는 주주에 대하여 형평법상의 원상회복(equitable restitution)의 원칙에 따라 변상할 책임이 있다고 규정하고 있다(§ 7.18). 일정한 경우[67] 부작위도 공정거래의무 위반에 해당하고, 타인의

63) 이해관계가 있는 경우란 주주나 주주의 관계자(associate)가 문제 거래의 일방 당사자인 경우를 말한다(§ 1.23(b)).

64) 허덕회(2013), 430-432 참조.

65) ALI, § 5.11 Comment: a. Comparison with existing law, p. 449.

66) 허덕회(2013), 430-431면.

67) 지배주주가 의무를 이행함에 있어 회사 및 주주에게 발생한 손해의 원인을 실

작위 또는 부작위로 인한 것이라는 항변도 허용되지 않는다(§ 7.18(b)).

3. 지배회사 이사 및 지배회사의 책임

(가) 개관

일반적으로 의무가 없으면 책임이 발생하지 않는 것이 원칙이나, 지배회사 이사가 종속회사 이사에게 종속회사에 불이익한 지시를 하고 이를 실행하도록 하여 종속회사 이사가 선관주의의무·충실의무 위반의 책임을 지게 되면, 지배회사 이사는 종속회사 이사의 의무 위반에 대한 교사·방조의 책임은 부담한다고 보아야 한다.

종속회사의 소수주주의 입장에서 보면, 종속회사가 지배회사에 종속되어 있어 종속회사 이사는 지배회사 이사의 지시를 거부하기 힘든 것이 현실이기 때문에, 종속회사 소수주주 자신이 속한 회사의 주요업무에 관한 의사결정이 자신이 속하지 않은 상단의 지배회사 차원에서 이루어지는 문제가 발생한다. 따라서 종속회사 소수주주를 보호하기 위해서 지배회사와 지배회사 이사에게 종속회사의 의무 위반에 가공한 데 따른 책임을 부담시키는 것이다. 지배회사의 이사가 종속회사의 "임무해태를 지시"하였다는 것을 요건사실로 한 일종의 법정책임으로 볼 수도 있고,[68] 지배회사를 종속회사의 이사의 지위에 있는 자로 보아 이사로서의 임무해태 책임을 부담시키는 것이라는 논리를 펼 수도 있다.[69]

이처럼 종속회사 소수주주에 대한 책임의 주체를 법인격이 다른 지배회사 및 지배회사 이사에 대하여도 확장할 수 있는 근거가 무엇인지

질적으로 회피할 수 있었고, 보통의 신중한 사람이라면 지배주주와 동일한 지위 및 유사한 상황에서 손해의 발생가능성을 충분히 예견할 수 있었다는 사실을 회사 및 주주가 입증한 경우를 말한다(§ 7.18(b)).

68) 이철송(2023), 841면.

69) 요건에 있어 차이가 있는 것처럼 보이나 관념적인 차이에 불과할 뿐 결론에 있어서는 다르지 않다(송옥렬(2023), 1103면).

다른 나라의 경우를 살펴보면, 기존의 일반 회사법의 틀 안에서 지배회사를 그림자 이사·사실상의 이사로 보아 지배회사에 책임을 묻는 법리가 있는가 하면, 별도의 법을 마련하여 지배회사 및 지배회사 이사에게 책임을 묻기도 한다. 다음에서는 이에 관하여 살펴본 후, 한국에서 동일한 기능을 수행하는 상법 제401조의2 업무집행지시자 등의 책임에 관하여 그 문제점과 개정방향에 대해 검토한다.

(나) 비교법적 고찰

(1) 영국

영국에서도 종속회사의 이사가 자신이 이사로 속해 있는 회사의 이익보다 지배회사나 그룹 전체의 이익을 고려해 행위할 것이 요청되는 경우, 특별히 지배·종속관계를 전제로 한 종속회사의 소수주주 보호를 위한 제정법상 제도는 보이지 않는다. 따라서 종속회사의 소수주주 보호는 개별 회사를 전제로 한 일반적인 회사법 관련 규정 또는 판례법에 따라 해결해야 한다.[70]

이러한 방법을 살펴보기 전에 먼저 2006년 영국 회사법(Companies Act 2006)상 이사와 회사의 이해상충에 관한 규정을 간략하게 살펴본다. 그 이유는 다음과 같다.

영국법상 종속회사의 소수주주가 상단의 지배회사에 책임을 물을 수 있는 장치로는 지배회사를 사실상의 이사 또는 그림자 이사로 취급하여 이사의 의무 위반에 대한 책임을 묻는 방법과 불공정침해행위에 대한 법원의 구제명령을 이용하는 방법을 생각해 볼 수 있다. 이와 관련하여, 첫째, 사실상의 이사와 그림자 이사 개념은 이사를 대상으로 한 일반적인 규정을 지배주주인 지배회사에 적용하려는 것이기에, 이를 적용함에 있어서 지배회사를 종속회사의 이사와 같이 취급할 수 있는 범위가 문

70) 川島いづみ(1998), 282면; 中村康江(2009), 346면.

제 된다. 그러므로 사실상의 이사와 그림자 이사 취급에 의한 구제방법을 논하는 전제로서 이사와 회사의 이해상충에 관한 규정 중 지배회사에 적용될 가능성 있는 규정 내용을 확인해 볼 필요가 있다.

둘째, 불공정침해행위에 대한 법원의 구제명령은 2006년 영국 회사법에 종속회사의 소수주주 보호와 관련하여 명시적으로 규정되고 있는 것 이상의 보호를 종속회사의 소수주주에게 제공할 수 있다. 그러므로 이 구제명령의 의미를 평가하려면 그 전제로서, 지배회사와 종속회사 소수주주의 이해가 대립한 경우에 2006년 영국 회사법상 종속회사의 소수주주 보호를 위해 적용할 수 있는 조항이 있는지 확인해 볼 필요가 있다.

다음에서는 2006년 영국 회사법상 이사와 회사의 이해상충에 관한 규정은 지배회사와 종속회사 관계를 어떻게 취급하고 있는지 살펴본 후, 종속회사의 소수주주 보호와 관련한 제도를 분석해 본다.

1) 지배회사와 종속회사 사이의 거래에 관한 취급

영국에서는 판례법상 회사의 fiduciary인 이사에게 회사의 이익과 자신의 이해가 상충하는 상황에서 회사에 대한 의무의 이행을 방해하는 상황이 발생하는 것을 피해야 하고, 이사의 지위를 사적 이익을 위해서 이용하지 말아야 한다는 원칙적 입장을 확립해 왔다.[71] 이 같은 판례법의 입장을 바탕으로 2006년 영국 회사법은 이사와 회사의 이해가 대립할 가능성이 있음을 상정하여 여러 가지 규제를 하고 있다.

먼저, 회사와 이사 사이에 거래가 이루어질 경우, 거래가 이루어지기 전에 해당 이사는 다른 이사에 대해서 이해관계의 성질과 규모를 공개(declare)할 의무가 있다.[72] 또한 회사와 이사의 이해상충 문제가 심각하

---

71) Davies(2012), § 16-93; Transvaal Lands Co. v. New Belgium (Transvaal) Land & Development Co. [1914] 2 Ch 488.

72) 2006년 영국 회사법 제177조 1항은 "회사 이사가, 직접적 또는 간접적으로, 어떠한 방법으로든지, 계획한 회사와의 거래 또는 약정에 이해관계가 있으면, 해

게 나타날 수 있는 일정한 거래[73]에 대해서는 주주총회의 사전 승인을 받아야 한다(2006년 영국 회사법 제180조 제3항, 제188조-제266조). 이들 규정이 적용되지 않더라도, 이사에게 회사와 이사의 이해가 충돌하거나 충돌할 가능성이 있는 상황을 피해야 하는 일반적인 의무를 부과함으로써 회사와 이사 사이의 이해상충 문제의 해결을 시도한다(2006년 영국 회사법 제175조 제1항).[74] 이 이익충돌 회피의무의 해석을 통해서 회사가 이해관계를 가지는 재산, 정보, 기회를 이사가 유용하는 것이 제한된다(2006년 영국 회사법 제175조 제2항). 자연인인 지배주주가 이사를 맡고 있는 경우나 지배회사가 스스로 이사가 되는 경우에도 이들 규정은 직접 적용된다.[75]

다음과 같은 경우에는 지배회사와 종속회사 사이의 관계에 대해서도 위의 규정이 미칠 가능성이 존재한다.[76] 먼저, 2006년 영국 회사법 제177조 공개의무의 규정은 회사와 제3자 사이의 거래에 대해서 이사가 간접적으로 이해관계를 가지는 경우에도 적용된다.[77] 따라서 지배회사와 종속회사에 겸임이사가 존재하는 경우에는 지배회사와 종속회사 간의 거래에 해당 이사가 간접적인 이해관계를 가지는 것이 되므로, 공개의무 규정이 적용될 여지가 있다.

당 이사는 다른 이사들에게 이해관계의 성질과 범위를 공개하여야 한다"라고 규정하고 있다.

73) 이사의 장기 임용계약(제188-제189조), 중요자산 거래(제190조-제196조), 이사에 대한 자금 대여 등 신용거래(제197조), 이사에 대한 퇴직금의 지급(제215조-제222조) 등이다.

74) 2006년 영국 회사법 제175조 제1항은 "이사는 회사의 이해관계가 충돌하거나 충돌할 가능성이 있는 직접적 또는 간접적 이해관계를 가지거나 또는 가질 수 있는 상황을 회피하여야 한다"고 규정하고 있다.

75) 영국에서는 법인 이사가 인정된다(2006년 영국 회사법 제154-155조 참조).

76) 加藤貴仁(2013), 912-913면.

77) 회사의 거래 상대방인 다른 회사의 주식을 이사가 보유하고 있는 경우 등 당해 이사가 회사와 제3자와의 거래에 간접적으로 이해관계를 가지는 경우에도 공개의무가 있다(2006년 영국 회사법 제177조 제1항).

다음은 회사가 행하는 거래에 주주총회의 승인을 요하는 규정들 중에는 지배·종속관계를 전제로 한 규정들도 있다.[78] 대표적인 예로, 지배회사의 이사가 종속회사와 중요자산거래[79]를 하는 경우에는 종속회사 주주총회의 승인뿐 아니라 지배회사 주주총회의 승인도 필요하다(2006년 영국 회사법 제190조 제1항, 제2항).[80] 그 이유는 지배회사의 이사는 종속회사에 영향력을 행사할 수 있기 때문에, 지배회사의 이사와 종속회사의 거래에는 이사가 회사와 거래할 때와 유사한 이해 상충 문제가 존재한다고 보는 것이다.[81] 지배회사 이사가 자기에게 유리한 조건의 거래를 종속회사 이사회에서 결정하도록 할 위험이 있고, 더군다나 지배회사 이사의 지배회사에서의 영향력이 크면 클수록, 종속회사 주주총회에서의 지배회사의 의결권 행사에 영향력을 더 많이 행사할 수도 있기 때문이다.[82]

또한 지배회사가 종속회사 이사의 관계인(persons connected with a director)에 해당하는 경우, 지배회사와 종속회사 간의 중요자산 거래에는 종속회사 주주총회의 승인을 요한다(2006년 영국 회사법 제190조 1

78) 이러한 규정들을 두는 이유는 지배회사와 종속회사 관계의 존재로 인해 이사와 회사의 거래에 관한 규율이 잠탈될 위험에 대처할 필요성 때문이라고 한다(Davies(2012), § 16-125).

79) 회사 자산가액의 10%를 초과하면서 ￡5,000를 초과하는 경우 또는 ￡100,000를 초과하는 경우 그 자산은 회사에게 중요한 자산이다(영국회사법 제191조 제2항).

80) 2006년 영국 회사법 제190조 (1) 회사사원의 결의로 승인되었거나 그러한 동의를 얻는 것을 조건으로 하지 않으면 회사는 다음과 같은 약정을 체결할 수 없다. (a) 회사 또는 지배회사의 이사 또는 그 이사와 관계있는 자가 회사로부터 중요한 비금전 자산을 (직접적 또는 간접적으로) 취득하는 약정 또는 (b) 그러한 이사 또는 관련 있는 자로부터 중요한 현물자산을 (직접적 또는 간접적으로) 취득하거나 취득하려는 약정.

81) Davies(2012), § 16-125.

82) 이에 반하여 종속회사의 이사가 지배회사와 거래할 때는 종속회사 이사가 지배회사에 영향을 미치는 것이 가능하지 않기 때문에 지배회사의 주주총회의 승인은 요하지 않는다(Davies(2012), § 16-125.).

항). 지배회사가 종속회사 이사의 관계인이 되는 경우는, 당해 이사(다른 관계자인도 포함)가 지배회사에 대해 20% 이상 출자 지분을 보유하고 있거나 지배회사 주주총회에서 20%를 초과하는 의결권을 행사하거나 그 행사를 지배하고 있는 경우에 한한다.(2006년 영국 회사법 제254조 2항). 이 경우, 지배회사와 종속회사 간의 거래는 종속회사 이사 자신과 종속회사와의 거래와 같은 정도의 이해상충 문제가 발생할 수 있기 때문이다.[83] 다만, 지배회사와 그 완전종속회사 또는 동일한 지배회사의 지배하에 있는 두 개의 완전종속회사 사이의 거래에 대해서는 예외규정이 존재한다(2006년 영국 회사법 제192조).[84]

위와 같이 지배회사가 종속회사 이사의 관계인에 해당하지 않는 한, 지배회사가 후술하는 사실상의 이사 또는 그림자 이사로 평가되는 예외적인 경우를 제외하고, 2006년 영국 회사법상 회사와 이사 사이의 거래에 관한 규정은 지배회사와 종속회사 사이의 거래에 적용되지 않는다.[85] 그 외에 이사의 회사 기회 등의 유용 금지에 관한 규정에 대해서도 지배·종속회사에 관한 언급은 없다.

2) 지배회사의 사실상의 이사·그림자 이사 취급

영국법상 주주는 자신의 이익을 추구하면 되고, 회사나 다른 주주의 이익을 최대화할 의무를 지는 것은 아니다.[86] 그러나 지배회사가 종속회사의 "사실상의 이사(de facto director)" 또는 "그림자 이사(shadow director)"로 취급되는 경우에는 이사의 의무에 관한 판례법과 회사법상의 규율이 일부 또는 전부 적용되기 때문에, 종속회사의 소수주주 보호

83) 그 거래로부터 종속회사 이사는 종속회사의 이익보다 자신의 이익을 우선시키는 행동할 가능성이 있다(Davies(2012), § 16-123).

84) 기업집단 내 거래를 촉진하기 위해서이다(Davies(2012), § 16-126).

85) Pacces(2011), pp. 205-206; Cheffins(2013), p. 20.

86) Joffe QC(20110, § 4.39; Davies(2012), § 19-9; Hannigan(2012), § 11-1.

의 관점에서, 이사와 회사의 이해상충에 관한 규율이 지배회사와 종속회사의 이해상충을 해결하는 방법으로 사용될 수 있다.[87]

a) 사실상의 이사

"사실상의 이사"란 유효하게 선임되지 않았거나 통상의 이사 선임절차를 거치지 않았음에도 이사로서 행위하는 자(a person who assumes to act as a director)를 말한다.[88] 2006년 영국 회사법은 이사는 그 명칭 여하를 불문하고 이사의 지위를 점하는 자라고 규정하여(2006년 영국 회사법 제250조), 이사의 개념에 관한 실질주의를 취하고 있다.[89]. 따라서 사실상의 이사는 통상의 이사 선임 절차를 거친 이사와 동일한 의무와 책임을 부담한다.[90] 영국법에서는 법인이 이사가 되는 것도 인정되므로, 지배회사가 종속회사의 사실상 이사가 되는 것도 가능하다.[91]

사실상의 이사인지 여부를 판단하는 명확한 기준이 있는 것은 아니다.[92] 단순히 지배회사가 종속회사의 이사회 구성을 결정할 수 있다는

---

87) 加藤貴仁(2013), 914면.

88) 1980년대까지만 해도 사실상의 이사는 유효하게 선임되지 않은 자만을 의미하였으나 최근에는 그 의미가 점점 넓어지고 있다(Gerner-Beuerle(2013), p. A871). 판례는 사실상의 이사는 다양한 상황에서 다양한 의미로 정의될 수 있다고 판시하고 있다. Commissioners HM Revenue and customs v Holland, [2010] 1 W.L.R. 2793; Re Canadian Land Reclaiming and Colonizing Co., [1880] 14 Ch. D. 660; Re Hydrodam (Corby) Ltd, [1994] 2 BCLC 180; Ultraframe (UK) Ltd v. Fielding, [2005] EWHC 1638 (Ch); Holland v. Revenue and Customs, [2011] BCC 1.

89) 허덕회(2013), 419면.

90) Davies(2012), § 16-8.

91) 그러나 이사 중 1인은 자연인이어야 한다(회사법 제155조 1항). 사실상 이사가 주주대표소송의 피고가 될 수 있는지에 관해서는 명문의 규정은 없지만, 법상 종속회사의 이사로 취급되므로 당연히 종속회사 주주가 제기하는 주주대표소송의 대상이 된다(UK Law Commission(1997), § 6.36 & 6.49).

92) Smithton Ltd v. Naggar [2014] EWCA Civ 939; HMRC v. Holland [2010] 1 WLR 2793. Davies(2012), § 16-13; Hannigan(2012), §, 6-9&6-11.

점, 지배회사의 이사가 종속회사의 이사를 겸임하고 있다는 점, 종속회사의 일정한 재산상·업무상의 의사결정에 지배회사의 승인이 필요하다는 점만으로는 지배회사가 종속회사의 사실상 이사로 평가되기에는 충분치 않은 것으로 본다.[93] 법원은 행위자의 특정한 지위(지배회사인지, 주주인지, 채권자인지 등), 회사의 지배구조(행위자가 실제 경영권을 행사하는 등의 방법으로 이사의 지위와 역할을 했는지 여부를 판단), 회사가 행위자를 이사라고 보았는지 여부, 제3자가 행위자를 이사라고 보았는지 여부 등 여러 가지를 종합적으로 보고 판단한다.[94]

b) 그림자 이사

“그림자 이사”란 회사에 대한 관계에서 자신의 지시 또는 지도에 따라 회사의 이사가 일상적인 행위를 하도록 할 수 있는 자로서 2006년 영국 회사법상 명문으로 인정된다(2006년 회사법 제251조 1항). 다만 이사에게 전문가로서 조언을 하는 자는 단순히 이사가 조언에 따라 행동하고 있다는 것만으로는 그림자 이사로 취급되지 않는다(2006년 영국 회사법 제251조 2항). 또한 지배회사는, 이사의 일반적 의무(2006년 영국 회사법 제10편 제2장), 주주의 승인을 요하는 이사와의 거래(2006년 영국 회사법 제10편 제4장), 이사인 1인 주주와의 계약(2006년 영국 회사법 제10편 제6장)에 관한 규정의 적용과 관련하여서는, 종속회사의 이사가 지배회사의 지시 또는 지도에 따라 일상적인 행위를 한다는 이유만으로 종속회사의 그림자 이사로 취급되지 않는다(2006년 영국 회사법 제251조

93) 일반적으로 지배회사가 종속회사의 사실상 이사라고 판단되기 위해서는 종속회사의 일상의 업무집행까지도 지배회사가 지배했다라고 할 수 있는 상황이 필요하다. 판례에서는 사실상의 이사인지 문제가 되는 자가 실제 회사 경영을 관리하는 조직에 속해 있는지, 회사 이사의 지위와 기능을 인수했다고 말할 수 있는지 등을 보아야 한다고 하고 있다(Secretary of State for Trade and Industry v Tjolle, [1998] 1 BCLC 333). 加藤貴仁(2013), 915면; Davies(2012), § 16-17.

94) Smithton Ltd v. Naggar [2014] EWCA Civ 939; HMRC v. Holland [2010] 1 WLR 2793.

3항).[95] 그러나 지배회사는, 위의 규정을 제외한 다른 회사법 규정을 적용함에 있어서는, 종속회사 이사에게 일상적인 지시 또는 지도를 하면 종속회사의 그림자 이사로 취급된다.[96]

그림자 이사와 사실상의 이사는 모두 이사로 임명되지 않았다는 점에서는 동일하지만, 사실상의 이사는 실제 이사로서의 외관이 존재하면서 이사로서 행위하는 자로서 "이사처럼 보이기 때문에" 이사로서의 책임을 부담하는 반면, 그림자 이사는 실제 행위하는 이사를 그 배후에서 지배하는 자로서 이사가 아닌 별개의 주체라고 하는 점에서 양자는 다르다.[97] 이처럼 다른 개념이지만 양자 사이에는 겹치는 부분이 존재하여, 실제 동일인이 사실상의 이사이면서 그림자 이사가 되는 경우도 있다.[98] 따라서 판례는 사실상의 이사인지 그림자 이사인지에 관한 문제는 사실과 정도의 문제라고 표현한다.[99]

지배회사가 종속회사의 그림자 이사로 판단되기 위해서는 ① 지배회사가 종속회사 이사회 전체를 지배하고 있을 것, ② 지배회사의 종속회사에 대한 직접적인 지시가 있을 것, ③ 지배회사의 지시와 그에 따른 종속회사 이사의 행위가 일상화되어 계속적으로 이루어지고 있을 것의 3가지가 필요하다.[100] 이때 그림자 이사가 되는 것은 지배회사 자체이지 지배회사의 이사가 아니다.[101] 지배회사의 이사가 종속회사의 그림자 이사가 되는지 여부는 지배회사 이사가 지배회사의 기관으로서가 아니

95) 이 규정의 취지는 기업집단 내에서의 거래 등을 과도하게 제한하는 것을 피한다는 점에 있다. 그러나 그 결과 지배회사는 손해배상책임 추궁을 회피하면서 지배하는 종속회사에 대해 경영방침을 부과할 수 있게 된다는 비판도 존재한다(Davies(2012), § 16-17).

96) Bennett(2009), pp. 161-162, 249.

97) 송옥렬/최문희(2012), 109면.

98) Smithton Ltd v. Naggar [2014] EWCA Civ 939; HMRC v. Holland [2010] 1 WLR 2793.

99) Smithton Ltd v. Naggar [2014] EWCA Civ 939; HMRC v. Holland [2010] 1 WLR 2793.

100) Re Hydrodam (Corby) Ltd, [1994] 2 BCLC 180; 中村康江(2009), 356-357면.

101) 송옥렬/최문희(2012), 110면.

라 개인의 지위에서 종속회사 이사에게 지시하였는지에 따라 별도로 판단한다.[102)]

그림자 이사도 일반 이사와 마찬가지로 회사에 대하여 신인의무를 부담하는지에 관하여, 2006년 영국 회사법 개정 전 그림자 이사는 제정법상 명시적으로 규정된 이사의 의무와 책임은 부담하지만, 판례법으로 인정되어 오는 이사로서의 의무와 책임은 부담하지 않는다고 보았다.[103)] 최초로 그림자 이사의 신인의무를 언급한 판례는 Yukong Line Ltd of Korea v Rendsburg Investments Corp of Liberia 판결에서인데, 이때에는 별다른 판시 이유 없이 그림자 이사는 회사에 대하여 신인의무를 부담한다고 밝히고 있었다.[104)] 그런데 2006년 회사법 개정 직전 Ultraframe (UK) Ltd v. Fielding 판결에서는 그림자 이사가 회사에 대하여 법률상 또는 사실상의 이사와 동일한 의무를 부담한다는 명문의 규정은 존재하지 않고,[105)] 그림자 이사는 회사로부터 일정한 행위를 하도록 수권 받았거나 합의한 바도 없으므로 회사에 대하여 신인의무를 부담하지 않는다고 판시하였다.[106)]

그 후 2006년 영국 회사법의 개정으로 판례법에 맡겨졌던 이사의 의무가 명문화되었지만, 그림자 이사가 2006년 영국 회사법 제171조 내지 제177조에 규정된 이사로서의 일반적 의무(general duties)[107)]를 부담하는

---

102) 송옥렬/최문희(2012), 110면.

103) 加藤貴仁(2013), 916면.

104) Yukong Line Ltd of Korea v. Rendsburg Investments Corp of Liberia [1998] 2 BCLC 485.

105) 다만, 법상 주주총회의 승인을 요하는 회사와 이사 간의 거래, 도산법상 부당거래(Wrongful trading)에 따른 책임, 이사자격박탈명령 등에 있어서는 그림자 이사를 이사로 보는 규정을 명시적으로 두고 있었다.

106) Ultraframe (UK) Ltd v. Fielding, [2005] EWHC 1638 (Ch). 이러한 입장에 의하면 그림자 이사가 회사에 대해 책임을 부담하는 것은 이사의 신인의무 위반에 가담하거나 회사 재산을 고의로 빼돌리거나 이사에 대해 위법행위를 지시하는 등 불법행위책임의 요건이 충족되는 경우에 한정된다.

지에 관해서는 여전히 판례법에 맡길 수 있다고 명시적으로 규정되어 있다.[108] 따라서 개정 후에도 그림자 이사가 신인의무를 부담하는지에 관해서는 견해가 분분하였다.[109] 이에 2013년 Vivendi SA Centenary Holdings Iii Ltd v. Richards & Ors 판결[110]에서 고등법원 Newey 판사는 최소한 그림자 이사가 법률상 이사에게 그림자 이사가 지시나 지도를 한 경우에는 신인의무를 부담한다고 보아야함에도 Ultraframe (UK) Ltd v. Fielding 판결에서는 그림자 이사의 신인의무의 범위를 너무 축소하고 있다고 판시하였다. 지시나 지도를 한 부분에 관해서는 회사의 업무집행에 관여가 있었다고 보고, 이러한 사실을 근거로 해 회사에 대한 신인의무, 특히 충실의무(the duty of good faith (or loyalty))를 부담하며, 그에 위반할 경우 책임을 부담한다고 판시하고 있다.[111]

2006년 영국 회사법 제171조 내지 제177조를 제외한 조항들에는 그림자 이사에게도 이사를 대상으로 하는 규정이 적용된다는 취지가 명시되어 있다.[112] 예를 들어, 그림자 이사가 부담해야 하는 이사로서의 의무를 위반한 경우, 그림자 이사가 회사에 대해 부담하는 손해배상책임은

---

107) 2006년 영국 회사법은 전통적인 판례법 및 형평법에서 인정하는 이사의 회사에 대한 신인의무(fiduciary duties)를 이사의 일반적 의무라는 명칭으로 변경하여 규정하고 있다(허덕회(2013), 420면).

108) 2006년 영국 회사법 제170조 제5항에서는 “이사의 일반적 의무는 이에 상응하는 판례법 원칙 및 형평법 원리가 적용되는 경우에는 그 범위 내에서 그림자 이사에게 적용된다.”고 규정하고 있다.

109) 회사 경영의 배후에 있는 주도자가 이사회를 지배하고 있음에도 그 주도자의 신인의무를 인정하지 않음으로써 책임을 배제하는 것은 부적절 하다는 견해(Davies(2012), § 16-8), 2006년 회사법 개정 후의 판례의 태도를 지켜봐야 한다는 견해(Prentice/Payne(2006), pp. 561-563), 회사 자산을 직접 관리하지 않는 그림자 이사에 대하여 법률상 이사와 같은 일반적인 신인의무를 부담시킬 수 없다는 견해(Hannigan(2012), p. 29)가 존재한다.

110) Vivendi SA Centenary Holdings Iii Ltd v. Richards & Ors, [2013] EWHC 3006 (Ch).

111) Vivendi SA Centenary Holdings Iii Ltd v. Richards & Ors, [2013] EWHC 3006 (Ch).

112) 加藤貴仁(2013), 916-917면.

주주대표소송의 대상이 된다.[113)]

이처럼 사실상의 이사나 그림자 이사 개념으로 지배회사를 종속회사의 이사로 취급하여 종속회사의 소수주주를 보호하는 방안은 지배회사와 종속회사를 각각의 독립적인 주체로 보는 기존의 회사법의 틀 내에서 지배와 책임을 일치시킴으로써 종속회사 소수주주 문제를 해결할 수 있다는데 그 의의가 있다.

3) 불공정침해행위에 대한 법원의 구제명령

영국법상 종속회사의 소수주주 보호를 위한 방안으로 특유한 것은 불공정침해행위(unfair prejudice)에 대한 법원의 구제명령이다. 2006년 영국 회사법 제994조 1항은 "회사 주주의 이익을 불공정하게 침해하는 행위에 대해서는 법원에 구제명령을 청구할 수 있다"고 규정하고 있다.[114)] 주주들의 지위를 강화하기 위해 고안된 것으로, 1948년 영국 회사법 제210조의 억압구제(oppression remedy)제도가 현재의 불공정행위에 대한 구제제도로 이어지게 되었다.[115)] 특징은 불공정성이라는 불확실한 개념을 사용하기 때문에 다양한 행위에 적용될 수 있다는 점, 주주가 법원에

113) 2006년 영국 회사법 제260조 제5항 (b).

114) 2006년 영국 회사법 제994조 1항은 "회사의 주주는 (a) 회사의 업무가 대부분의 또는 (최소한 자신을 포함한) 일부분의 주주들의 이익을 불공정하게 침해하는 방법으로 행하여지고 있거나 행하여졌다는 점, 또는 (b) (회사를 위한 작위 또는 부작위를 포함하여) 회사의 실제의 혹은 계획된 작위 또는 부작위가 이익을 몹시 침해하거나 침해할 것이라는 점을 이유로 법원에 명령을 구하는 청구를 할 수 있다"고 규정한다.

115) 이 제도의 전신은 억압구제 제도였다(1948년 영국 회사법 제210조). 억압구제 제도는 소규모 폐쇄회사를 상정한 제도였다고 알려져 있다. 따라서 불공정한 침해에 대한 구제제도도 소규모회사에서 소수주주 보호를 위해 이용되는 것이 많지만, 조문 구조상 적용범위가 소규모 폐쇄회사에 한정되는 것은 아니고, 최근에는 상장회사에 적용되는 예도 발견된다(Re Saul D Harrison & Sons plc [1994] BCC 475; Re Macro (Ipswich) Ltd. [1994] 2 BCLC 354; Re Leeds United Holdings plc, [1996] 2BCLC 545; Cheffins(2013), p. 45).

구제를 요청할 수 있다는 점, 법원이 불공정한 침해행위를 시정하기 위해 필요한 조치를 명할 수 있는 등 법원에 광범위한 재량권이 인정되고 있다는 점에 있다.116) 주주대표소송과 비교하면, 불공정한 침해행위로부터의 구제명령은 이사의 위반행위가 요구되지 않고, 법원의 허가 절차를 거치지 않는다는 점에서 주주에게 더 유리하다고 할 수 있다.117)

법원의 구제가 인정되기 위해서는 불공정한 침해행위의 존재가 인정되어야 한다. 이 점에 관한 입증 책임을 부담하는 자는 원고 주주이지만, 불공정한 침해행위의 존부는 객관적으로 판단되는 것이며 이사나 지배주주의 주관적 요소를 입증하는 것은 요구되지 않는다.118)

불공정한 침해행위로부터의 구제명령은 주주의 권리가 아니라 주주의 "정당한 기대(legitimate expectation)"나 "형평에 부합하는 취급(equitable considerations)"을 보호하는 제도이다.119) 주주의 정당한 기대 또는 형평에 부합하는 취급은 계약적 방식은 아니지만 주주 사이에 회사관계를 형성함에 있어 기초가 되었던 인식으로, 정관의 기재뿐만 아니라 주주 상호간의 합의나 양해 등을 포함하여 사안마다 고유한 상황에서 형성된다. 가령 기업집단 내에서 특정 사업 활동의 배분이나 신규 사업 진출에 대해 종속회사가 정당한 기대를 가지고 있었는데, 지배회사가 그 사업의 기회를 빼앗는 것은 종속회사 주주의 정당한 기대를 침해하는 것이 된다.120)

지배·종속회사에서 지배회사의 업무가 종속회사의 업무를 억압하는 형태로 행해지는 경우에는 그에 따라 불이익을 받는 종속회사 소수주주

---

116) 加藤貴仁(2013), 921면; 川島いづみ(1998), 263면.

117) 영국회사법 제260조 3항은 "주주대표소송은 회사 이사의 과실, 임무해태, 의무 위반 또는 신뢰 위반에 따른 현재 또는 장래의 작위 또는 부작위로부터 발생하는 청구원인과 관련하여서만 제기할 수 있다."고 규정하고 있다(Cheffins (2013), p. 46).

118) Joffe QC(2011), § 7.12; Hannigan(2012), § 17-32.

119) "정당한 기대"는 Re Saul D Harrison & Sons plc [1995] 1 BCLC 14.에서 언급되었고, "형평에 부합하는 취급"은 O'neill v. Phillips, [1999] 2 BCLC 1에서 언급되었다.

120) 川島いづみ(1998), 265면.

에 대해 불공정한 침해를 이유로 한 구제가 인정될 수 있다.121) 지배회사의 업무 결정이 종속회사 업무를 결정한 것으로 볼 수도 있고, 반대로 종속회사의 업무 결정이 지배회사의 업무를 결정한 것으로 볼 수도 있어야 한다는 의미이다.122)

그러나 이를 인정하기 위해서는, Gross v. Rackind 판결이나 Nicholas v. Soundcraft Electronics Ltd 판결에서 판시하는 바와 같이, 지배회사가 종속회사를 지배하고 있고, 이사의 겸임 또는 지배회사 이사에 의한 종속회사 업무에 대한 직접적인 관리가 이루어지고 있거나, 판로 확보, 마케팅, 인사관리 등의 영업 및 재정정책에 관하여 서로 밀접하게 의존하고 있는 등 하나의 회사로 볼 수 있을(a single enterprise) 정도의 지배회사와 종속회사 사이의 관계를 요구하고 있다.123)

한편, 그에 미치지 못하는 지배회사와 종속회사의 관계에 대해서는 Re Neath Rugby 판결에서 밝히고 있다. 지배회사인 Neath사의 주주 A(B의 아내와 50%씩 지분 보유)가 Swansea와 공동으로 Osprey사를 소유하고, 이사로 B와 C를 선임하였다. Neath가 Osprey에 대하여 지급해야할 대금을 지급하지 않자, B가 Neath가 운영하는 럭비클럽에서 활동하는 Osprey의 선수들을 철수시켜버린 사안이다. 이에 A는 B가 Neath의 업무를 주주 이익을 불공정하게 침해하는 방법으로 행하고 있다고 주장하였다. 그러나 법원은 B는 독립한 회사로서의 Osprey의 업무를 집행한 것일 뿐이고, 불공정하게 주주 이익을 침해하였다고 주장하는 선수들을 철수시킨 행위와 관련하여서는 실제 양 회사가 독립당사자간 관계에서 따져야할 문제일 뿐이라고 판시하였다.124)

---

121) Tan(2014), pp. 367-384.

122) Tan(2014), p. 370.

123) Gross v. Rackind [2004] 4 All E.R. 735 (C.A.); Nicholas v. Soundcraft Electronics Ltd [1993] BCLC 360(CA(Civ Div)).

124) Re Neath Rugby, [2010] BCC 597.

종속회사 이사의 의무 위반이나 지배회사의 위법행위의 존재는 불공정한 침해행위가 인정되기 위한 필요조건은 아니라고 해석되고 있다.[125)]

지배·종속회사 관계에서 내부거래를 통해 지배회사의 이익이 우선시된 경우나 영업·자산의 양도와 관련하여 소수주주의 이익을 침해한 경우, 불공정한 침해행위가 인정된 사례가 있다.[126)] 한편 지배회사의 행위가 종속회사의 이익을 희생시킨 것이 아니라 종속회사를 포함한 그룹 전체의 이익을 추구한 것으로 보아 불공정한 침해를 인정하지 않은 판례도 있다.[127)]

구제방법으로 소수주주가 지배회사 또는 종속회사에 보유주식의 매수를 청구하는 경우가 많은데,[128)] 지배·종속회사에서 발생한 문제인지 여부를 불문하고 법원은 불공정한 침해가 없었다면 있어야 할 가액을 회사의 매수가액으로 정하는 경우가 많다.[129)] 법원은 소수주주가 청구한 구제방법 이외의 방법을 명하는 것도 가능하다.

(2) 독일

1) 민사상 책임

기업집단에 관한 포괄적인 규율을 하고 있는 독일 주식법에서는 별도의 지배계약이 존재하는 경우를 제외하고는 지배회사 이사가 종속회사에 지배회사 또는 콘체른 전체에는 유리하지만 종속회사에는 불이익

125) 川島いづみ(1998), 267-268면.

126) Re Spargos Mining NL [1990] 8 ACLC 1218 참조.

127) Nicholas v. Soundcraft Electronics Ltd. [1993] BCLC 360 참조.

128) 제정법상 법원이 명할 수 있는 구제명령은 다음과 같다(2006년 회사법 제996조 2항). (a) 회사가 장래 행하는 업무집행에 대한 행위 규제, (b) 회사에 대해 행위의 계속 금지 또는 회사가 해태한 행위의 이행, (c) 법원의 지시에 따라 회사의 명의로 회사를 위하여 민사소송을 제기할 수 있는 권한 승인, (d) 법원의 허가 없는 정관변경의 제한, (e) 회사 또는 다른 주주의 신청 주주의 주식 매수(회사가 취득한 경우에는 그에 따른 감자명령 포함).

129) 加藤貴仁(2013), 921면.

한 법률행위나 조치를 하도록 하는 것을 금지하고 있다.130)

이에 독일 주식법은 지배회사 이사가 종속회사에 대하여 불이익한 지시를 하고 이에 대한 보상 등을 하지 않는 경우에는,131) 종속회사 소수주주 보호 차원에서, 불이익한 지시로 인하여 종속회사가 실제로 입은 손해에 대하여 지배회사 및 지배회사 이사에게 책임을 추궁할 수 있는 규정을 마련하고 있다.132)

손해배상청구권의 주체는 원칙적으로 종속회사이다.133) 그러나 종속회사의 이사는 지배회사에 종속되어 있기 때문에 손해배상청구권을 포기하거나 화해를 할 우려가 있다는 점을 고려하여, 종속회사의 주주 각자가 손해배상청구권을 행사할 수 있도록 하고 있다.134) 다만 이 경우 종속회사의 주주는 자신이 직접 급부를 수령할 수는 없고, 종속회사에 대한 급부만 청구할 수 있다.135)

그런데 종속회사의 손해로부터 야기된 주주의 반사적 손해는 회사의 손해배상청구권을 통해 보상이 되지만, 주주 자신만의 손해가 발생한 경우에는 이를 통해 보상이 되지 않는다. 따라서 종속회사의 주주가 회사의 손해와는 별도로 직접 입은 손해가 있는 경우, 종속회사의 주주는 지배회사와 지배회사 이사에 대하여 그 손해를 직접 자신에게 배상할 것을 청구할 수 있다.136)

---

130) 독일 주식법 제311조 제1항 본문. 실제로 지배·종속관계에 있는 회사들도 지배계약을 체결하지 않고서는 경제적으로 단일한 기업인 것처럼 운영하는 것을 원칙적으로 허용하지 않는다(최문희(2013), 30면).

131) 불이익이 영업연도말까지 실제로 보상되거나 또는 보상급부에 대한 합의가 체결되지 않는 경우이다. 즉, 손해배상의무는 영업연도 말까지는 발생하지 않는다. 지배회사 이사의 불이익 지시가 허용되는 보상에 관한 사항은 제3절에서 상술한다.

132) 독일 주식법 제317조 제1항 1문, 제3항.

133) 독일 주식법 제317조 제1항 제1문.

134) 독일 주식법 제317조 제4항, 제309조 4항.

135) 독일 주식법 제317조 제4항, 제309조 4항. Habersack(2019), § 317 Rns. 27-30.

한편 '독립된 회사의 통상의 성실한 경영자'라도 종속회사에 불이익한 법률행위나 조치를 취할 수밖에 없었던 것으로 인정되는 경우에는 지배회사 및 지배회사 이사의 손해배상책임은 발생하지 않는다.[137]

2) 형사상 책임

지배회사 이사에 대하여 민사적 손해배상 외에도 형사적 배임죄를 통한 책임추궁이 가능한지에 관해서는 아직 그 기준이 통일되었다거나 확고한 법리가 형성되어 있는 것은 아니다.[138] 이에 관하여 살펴보면 다음과 같다.

독일 형법(StGB) 제266조에서 배임죄를 규정하고 있는데, 배임죄는 법률·관청의 위임 또는 법률행위에 의한 타인의 재산을 관리할 권한 또는 타인을 대리할 권한을 남용하거나, 법률·관청의 위임, 법률행위 또는 신뢰관계에 의한 타인의 재산상의 이익을 추구해야할 의무에 위반하여 타인에게 재산상 손해를 가하는 경우에 성립한다. 회사의 사무처리자인 이사가 회사인 본인의 재산을 관리하고 처분하는 신분을 가진 때에는 본인 재산을 보호할 의무를 부담한다.[139] 이러한 본인의 재산보호의무를 부담하는 자가 임무에 위배하여 본인의 재산에 손해를 가한 때에는 배임죄의 죄책을 진다. 회사가 기업집단(콘체른)의 형태를 이루고 있더라도 마찬가지인데, 지배회사의 이사가 그 행위를 통해 지배회사 자체에 손해를 가한 경우에는 전형적인 배임행위가 된다.[140]

그런데 완전지배·종속회사 관계에서는 지배회사 이사의 재산보호의무가 종속회사에 대해서까지 확대될 수 있다는 것이 독일 판례의 입장이다.[141] 즉, 지배회사 이사의 경영행위가 종속회사의 존속을 위태롭게

136) 독일 주식법 제317조 제1항 제2문, 제3항. Habersack(2019), § 317 Rn. 13.
137) 독일 주식법 제317조 제2항.
138) 홍영기(2017a), 96면.
139) 홍영기(2017a), 68면.
140) 홍영기(2017a), 68면.

할 정도로 종속회사에 손해를 가하게 되었다면, 비록 형식적으로 자신이 소속된 회사가 아니라고 하더라도, 지배회사 이사는 종속회사에 대한 재산보호의무[142]를 위반한 것으로 볼 수 있고, 이는 종속회사에 대한 배임행위에 해당한다는 것이다.[143]

지배회사 이사의 완전종속회사에 대한 배임죄의 책임을 다룬 대표적인 판례는 Bremer Vulkan 판결[144]이다. 사안을 간략하게 정리하면 다음과 같다.[145] A는 독일 최대 조선회사인 브레머 풀칸 주식회사(Bremer

141) BGHZ 149, 10, 17f.=NJW 2001, 3622; BGH NJW 1997, 66=NStZ 1996, 540.

142) 독일의 형법계의 통설은 지배회사의 대표이사가 기업집단 내 다른 종속회사에 대해서도 보편적으로 재산보호의무를 부담한다고 본다(Fleischer, Konzernuntreue zwischen Straf-und Gesellschaftsrecht, S. 2867; Kasiske, Existenzgefahrdende Eingriffe in das GmbH-Vermogen, S. 81; Kramer, Strafbewehrte Vermogensbetreuungspflicht, S. 305 Krause, Konzerninternes Cash Management, S. 51; Ransiek, Untreue zum Nachteil einer abhangigen GmbH, S. 121. 이상은 홍영기(2017b), 219-220면에서 재인용). 따라서 지배회사 이사가 부담하게 되는 콘체른 내 다른 계열사에 대한 의무에는 일반적인 선관주의의무와 종속회사의 존속에 위협이 되지 않도록 주의해야 할 의무가 포함된다. 그리고 이로부터 지배회사 구성원인 대표이사가 종속회사에 발생시킨 손해를 근거로 배임죄가 성립할 수 있게 된다. 반면에 독일의 상법학계에서는 콘체른을 구성하는 의의는 종속된 회사에 대한 영향력을 행사할 수 있도록 하는 것이지만, 그렇다고 그로부터 바로 종속회사에 대한 재산보호의무가 도출되는 것은 아니라고 한다. 지배회사 이사의 콘체른 관리의무 위반으로 배임죄가 성립한다고 하더라도, 이는 종속회사에 대한 것이 아니라 지배회사 이사 자신이 속한 회사에 대한 결과로 인한 것이어야 한다. 따라서 지배회사에 대한 배임죄만이 성립할 뿐이다(Busch, Konzernuntreue, S. 122 ff.; Baumbach/Hueck, Anh. Konzernrecht, Rn. 159; Koch, Gesellschaftsrecht, S. 418. 이상은 홍영기(2017b), 221-222면에서 재인용). 또한 회사법적으로도 존재여부가 불확실한 지배회사 이사의 종속회사에 대한 재산보호의무가 형법적으로 곧바로 인정된다는 것은 합리적이지 않다고 하면서, 설사 예외적으로 의무를 인정할 수 있다고 하더라도 이를 근거로 배임죄로 처벌하는 것은 형법의 보충성원칙에 위배되는 것으로 보는 견해가 있다(Arens, Untreue zum Nachteil der GmbH, S. 89 ff. 홍영기(2017b), 222면에서 재인용).

143) 홍영기(2017a), 68면.

144) BGHZ 149, 10, 17f.=NJW 2001, 3622.

Vulkan Verband-AG; 이하 "BVV")의 이사였다. A는 BVV가 독일 신탁관리공사(Treuhandanstalt; 이하 "THA")와 MTW(구동독 Wismar시의 조선소)와 VWS(구동독 Stralsund시의 조선소)를 인수하는 데 합의하였다.[146] 인수 후 MTW와 VWS는 유한회사로 등기되었는데, VWS 지분은 BVV의 종속회사 HH가 89%를 소유하고, 나머지 11%는 Stralsund시가 소유하고, MTW의 지분은 BVV가 100% 소유하였다. 이로써 BVV는 복수의 종속회사를 둔 사실상 완전지배회사가 되었으며, 대표이사인 A는 이 기업집단의 실질적인 일인대표이사였다. BVV는 조선업 분야의 불황 때문에 1992년부터 지속적으로 재정난을 겪었는데, 이를 해결하기 위하여 콘체른 내 유동성을 효율적으로 활용하여 콘체른 내 잉여자금을 이용하기로 하고, Central Cash-Management-System(중앙자금관리 시스템; 이하 "CMS")을 운용하였다. 1994. 9. BVV의 이사회는 MTW와 VWS도 CMS에 편입시키기로 결정하고, 이들 회사에 대하여 CMS에 참여할 것을 지시하였다. 이후 BVV의 재정상황은 더욱 악화되어 결국 파산절차가 개시되었다. 당시에 VWS와 MTW의 자금 중 상당액이 CMS를 통해 BVV 콘체른으로 유입되었는데, THA는 BVV 콘체른으로 유입된 자금을 환취하려고 노력하였지만 실패하자, THA는 A에 대해 손해배상책임(독일 민법 제823조 제2항)을 구하는 소를 제기하였고, 별도로 형사상 배임 등의 혐의로 고소하였다.[147]

법원의 판단을 살펴보면, 민사재판에서 대법원 제2민사부는 독일 민

145) 최문희(2013), 92-93면; 홍영기(2017a), 84-86면에 소개된 사실관계를 정리한 것이다.

146) 이는 구동독 국영기업(Kombinat, 콤비나트)의 사유화 작업의 일환으로 이루어진 것이었다.

147) 공소사실은 동독의 두 조선회사에게 지급했던 4억3천7백만 유로의 공적 자금인 보조금을 원래 목적에 맞지 않게 유용하였다는 것이었다. 배임의 피해자인 종속회사의 입장에서 보면, 이 보조금에 포함된 기본자산까지 CMS에 편입시켰는데, 결국 지배회사가 파산하게 됨에 따라 종속회사의 채권을 행사할 수 없게 됨으로써 직접적인 손해가 발생하였다는 것이다.

법 제823조에 따라 A는 손해를 배상해야 한다고 판시하였다. 종속회사의 사실상 1인 주주인 지배회사의 이사 A는 종속회사의 재산적 가치에 대하여 사실상 제한 없는 권한을 가지며, 그러한 권한에 비추어 보아 A는 종속회사의 존속을 위태롭게 하는 침해(existenzgefärdender Eingriff)에 이르지 않도록 종속회사의 재산 수준을 유지할 의무가 있다는 것이 법원의 입장이다.[148)]

형사재판에서 대법원 제5형사부는 콘체른 내에서 종속회사가 업무를 수행할 수 없게 되거나 존속이 위협받는 수준으로 종속회사의 자산이 콘체른으로 유출된 때에는, 지배회사 이사는 종속회사에 대한 재산보호의무를 위반한 것이 된다고 하면서, A의 배임죄의 성립을 인정하였다.[149)] 법원은 형식적으로는 법인격이 다른 종속회사에 발생한 손해라고 하더라도 (사실상)100퍼센트 지분을 보유한 지배회사의 이사에게 임무위배를 이유로 한 배임죄를 물을 수 있는데, 본 사안에서는 지배회사 이사가 CMS를 통해 종속회사의 유동성을 지배할 수 있는 지위에 있었다는 점에서, 지배회사 이사의 종속회사에 대한 재산보호의무가 인정된다고 하였다.[150)] CMS를 운영하는 것 그 자체로 의무 위반이 되는 것은 아니지만, VWS와 MTW의 종속성에 비추어 종속회사의 재산은 지배회사의 배타적인 영향력 안에 있으므로, 자금손실을 야기하여 재산상 위해를 가하게 될 우려가 크므로, 지배회사 이사는 확실한 담보를 통해 자금관리를 안정되게 유지하여야 할 의무가 있다고 보았다.[151)] 본 사안에서는 어떠한 담보도 없이 VWS와 MTW의 회사의 모든 재산을 콘체른으로 유출시켜 종속회사의 존속을 위태롭게 할 정도의 재산의 이전이 있었으므로 지배회사 이사의 종속회사에 대한 재산보호의무 위반이 있다고 본 것이다.

---

148) 홍영기(2017a), 86면.
149) 홍영기(2017a), 87면.
150) 최문희(2013), 93면; 홍영기(2017a), 87-88면.
151) 최문희(2013), 93면; 홍영기(2017a), 87-88면.

따라서 독일의 판례에 비추어 보면, 종속회사의 1인 주주로서 완전지배회사의 이사는 종속회사 재산보호의무를 부담한다고 볼 수 있고, 만약 지배회사 이사가 종속회사에 대하여 불이익한 지시를 하여, 종속회사의 존속을 위태롭게 할 정도의 재산의 이전이 있는 경우에는, 종속회사 재산보호의무를 위배하는 것이 되어 형사상 배임죄의 죄책을 부담할 가능성이 있다고 할 수 있다.

(3) 이탈리아

이탈리아도 종속회사에 대한 불이익한 지시로 종속회사에 손해가 발생한 경우, 지시를 한 지배회사 및 지배회사 이사의 책임을 인정하는 규정을 두고 있다.[152] 즉, 이탈리아 민법 제2497조 제1문 전단은 지배회사가 그 자신의 이익 또는 제3자의 이익을 위한 지시로 종속회사에 손해를 입게 한 경우,[153] 이에 관하여 종속회사의 주주 및 채권자에게 책임을

152) 2004년 개정된 민법 제2497조에 나타난 이탈리아 기업 그룹법제의 핵심은, 지배회사가 종속회사에 대해 지시조정권을 남용적으로 행사하였을 경우에, 그 소수주주와 채권자에게 책임을 부담하게 하는 책임구성요건을 마련한 것이다. 민법 제2497조의 내용은 다음과 같다.
"회사 기타 법인이 지시조정의 활동을 행함에 있어 적정한 업무집행의 원칙에 위반하여 자기 또는 제3자의 이익을 위하여 행위한 경우에는 그 회사 기타 법인은 주주에 대하여 수익성 및 주식가치에 생긴 손해에 관하여 직접 책임을 부담하고, 회사 채권자에 대하여 회사 재산의 불가침성에 대한 침해에 관하여 직접 책임을 부담한다. 다만 지시조정 활동의 전체적인 결과에 비추어 손해가 상쇄된 경우 또는 후속 조치로 인해 손해가 전보된 경우에는 그 책임은 발생하지 않는다.
가해행위 관여하거나 그로부터 고의로 이익을 얻은 자는 연대하여 책임을 부담한다. 이익을 본 자는 취득한 이득의 범위 내에서 책임을 부담한다.
주주 및 채권자는 지시조정에 복종하는 회사에 의해서 만족을 얻지 못한 경우에 한하여 지시조정을 하는 회사 기타 법인에 대하여 소를 제기할 수 있다."

153) 따라서 지배회사로 하여금 그룹이익 또는 지배회사의 이익을 위하여 종속회사에 불이익한 행위를 하게 한 경우도 당연히 여기에 해당한다(Kousedghi (2007), p. 220).

부담하게 된다고 규정하고 있다. 이탈리아 민법 제2479조는 종속회사 소수주주와 채권자를 보호하기 위해 이들이 입은 손해에 대하여 직접 지배회사에 대하여 손해배상을 청구할 수 있도록 하는 규정이다.154) 한편, 가해행위(fatto lesivo)에 관여하거나 가해행위로부터 고의로 이익(beneficio)을 얻은 자는 연대하여 책임을 부담하므로(이탈리아 민법 제2497조 제2문), 지배회사 이사뿐 아니라 그룹 전체를 지휘하는 총수나 종속회사 이사도 가해행위에 관여한 자로서 종속회사에 대한 책임을 부담할 수 있다.

책임의 범위는 종속회사 주주에 대하여는 그 주식가치의 감소분만큼이고, 종속회사 채권자에 대하여는 자산 가치의 감소로 인해 채권자들이 추심하기 어려워진 부분만큼이다(이탈리아 민법 제2497조 제1문 후단).

이탈리아 민법 제2497조는 지배회사의 책임에 관해서는, 종속회사의 주주나 채권자가 종속회사로부터 만족을 얻지 못한(non sono stati soddisfatti) 경우(손해배상을 받을 수 없는 경우)에만 지배회사에 대해 책임을 추궁할 수 있다고 하고 있다(이탈리아 민법 2497조 제3문). 이 조항은 채권자나 주주가 만족을 얻은 상태에 있으면 지배회사의 책임이 생기지 않는다는 당연한 것을 나타냄과 동시에, 만족을 주는 주체가 명시되지 않았기 때문에 보상이 어쨌든 누군가에 의해서 이루어진 경우에는 지배회사에 대한 소권은 소멸하는 것을 의미한다.155) 그렇다면 종속회사의 이사가 종속회사에 대해 부담하는 책임에 근거하여 종속회사에 손해배상이 이루어지면, 이 조항에 근거한 지배회사의 책임은 발생하지 않게 된다.156)

154) Kousedghi(2007), p. 220. 그런데 종속회사가 손해배상청구 할 수 있는지에 관한 명문 규정이나 문헌은 찾기 어렵다.

155) 船津浩司(2015), 122면.

156) 船津浩司(2015), 122면.

(4) 일본

일본에서는 특별히 지배·종속관계를 전제로 한 종속회사의 소수주주 보호를 위한 제정법상 제도는 보이지 않는다. 따라서 종속회사 소수주주 보호는 개별 회사를 전제로 한 일반 회사법 규정의 해석이나 입법론을 통한 해결이 이루어질 수밖에 없다.

1) 해석론

일본에서는 종래 종속회사가 지배회사와의 이해상충거래로 인하여 불이익을 받은 경우 기존 법리의 해석을 통해 지배회사에 대한 책임을 추궁하기 위한 시도를 하였다. 지시를 한 상단의 지배주주에게 책임을 물을 수 있는 기존 법리에 대한 해석론으로서 다음의 3가지가 주장되었다.

제1설은 지배회사와의 이익상충거래로 손해를 입은 종속회사가 불문의 원칙으로서의 출자반환 금지원칙 위반(이른바 은폐된 이익배당)에 따른 책임을 지배회사에 추궁할 수 있다는 견해이다.[157] 따라서 타당성을 초과한 부분에 대해서 지배회사에 반환을 청구할 수 있다. 제2설은 회사는 어느 누구에게도 주주의 권리행사와 관련하여 재산상의 이익공여를 할 수 없다는 규정(일본 회사법 제120조 제3항)을 적용하여 지배회사에 주주의 권리행사에 관하여 공여 받은 재산상 이익의 반환의무를 주장하는 견해이다.[158] 제3설은 종속회사 이사의 의무 위반에 가담하였다는 점을 이유로 한 지배회사의 채권침해에 의한 불법행위책임(일본 민법 제709조)으로 해결하고자 하는 견해이다[159]

주주에 대한 급부라는 관점에서 종속회사의 자산유출에 착안하여 해

157) 江頭憲治郎(1995), 101면; 船津浩司(2010), 91-93면; 日本法務省 補足説明(2011), 37면 참조.

158) 江頭憲治郎(1995), 101면; 船津浩司(2010), 91-93면; 日本法務省 補足説明(2011), 37면 참조.

159) 江頭憲治郎(1995), 101면; 船津浩司(2010), 91-93면; 日本法務省 補足説明(2011), 37면 참조.

결을 시도하거나 일반 불법행위법상 논의를 통해 해결을 시도한 것을 알 수 있다. 그러나 어느 견해도 적절한 논거를 제시하지 못하여 소수주주를 보호하기에는 한계가 있다는 평가를 받고 있다.[160)]

2) 입법론

일본에서는 2014년 회사법 개정을 위한 논의 당시, 지배회사의 책임을 명문으로 인정하려는 입법적 시도를 하였다. 종속회사 소수주주 보호를 위한 법적 규율을 충실히 하고, 지배회사에 종속회사에 대한 합리적인 투자 인센티브를 제공한다는 관점에서, 종속회사가 지배회사의 이해상충거래로 인하여 불이익을 받은 경우 지배회사의 책임을 인정하는 명문의 규정을 마련하고자 하였다.[161)]

그 내용은 "지배회사와 종속회사와의 이해상충거래로 인하여 당해 거래가 없었다고 가정했을 경우와 비교하여 종속회사가 불이익을 받은 때에는 지배회사는 종속회사에 대하여 그 불이익에 상당한 금액을 지급할 의무를 부담한다"는 것이었다.[162)]

160) 日本法務省 補足說明(2011), 37면.

161) 日本法務省 補足說明(2011), 37면.

162) 2011년 "회사법제의 개정에 관한 중간시안" 제2의1에서는 지배회사의 책임을 명문화하는 방안(A안)과 명문의 규정을 두지 않는 방안(B안)을 함께 제시하고 있다. A안의 구체적인 내용은 다음과 같다.

① 주식회사와 그 지배회사와의 이해상충거래로 인하여 당해 거래가 없었다고 가정했을 경우와 비교하여 주식회사가 불이익을 받은 때에는 지배회사는 주식회사에 대하여 그 불이익에 상당한 금액을 지급할 의무를 부담한다.

② 제1항의 불이익의 유무 내지 정도는 당해 거래의 조건 외에, 주식회사와 지배회사 간의 당해 거래 이외의 거래 조건 그 밖의 일체의 사정을 고려하여 판단한다.

③ 제1항의 의무는 주식회사의 총주주의 동의가 없으면 면제할 수 없는 것으로 한다.

④ 제1항의 의무는 회사법 제847조 제1항의 책임추궁 등의 소의 대상으로 한다.

(注) 보유하는 의결권의 비율 등에 비추어, 지배회사와 동일한 영향력을 보유

규율 대상을 살펴보면, "주식회사와 그 지배회사와의 이해가 상충되는 거래"로 "거래 관계가 있는" 경우만 규율 대상으로 되고, 거래 관계는 없지만 종속회사에 대한 지시가 있는 경우는 규율 대상이 아니다.[163] 불이익의 판단 기준은, 독립당사자간 거래기준이 아니라 "당해 거래가 없었다고 가정했을 경우"와 비교하여 종속회사가 불이익을 받았는지를 가지고 판단한다.[164] 불이익이 발생하면 지배회사의 영향력이 행사되었는지에 대한 입증은 필요 없다.[165]

회사법제부회 자료에 따르면, 불이익 판단 시 ⅰ) 해당 거래 조건 및 협상과정, ⅱ) 종속회사와 지배회사 사이의 해당 거래 이외의 조건, ⅲ) 종속회사가 기업집단에 속함으로써 누리는 이익, ⅳ) 기타 일체의 사정을 고려하여 판단할 것을 요구하고 있다.[166] 종속회사가 기업집단에 속함으로써 누리는 이익까지도 고려하여 불이익을 판단하도록 함으로써, 그룹 전체의 이익을 인정하는 것까지는 아니지만, 개별적인 거래만을 고려하는 것이 아니라 계속적인 전체 기업집단의 관점에서 거래조건이 정해질 수 있다는 점을 고려한다.[167]

종속회사와 지배회사의 이해상충거래로 인하여 종속회사가 받은 불이익에 대하여 지배회사의 책임을 추궁하려는 입법적 시도는 명문규정을 통해 종속회사에 대한 책임의 주체를 지배회사까지 확장하려고 했다는 점에서 의의가 있다. 다만, 명문화에는 이르지 못하였다.

한다고 판단되는 자연인의 책임에 대해서도 ①-④까지와 동일한 규정을 마련하는 것으로 한다.

163) 船津浩司(2012), 4-5면.

164) 神作裕之(2013), 87면.

165) 神作裕之(2013), 87면.

166) 會社法制部會資料 18, 7면.

167) 神作裕之(2013), 88면.

(5) 시사점

종속회사에 소수주주가 존재하는 한, 지배회사 이사가 종속회사의 소수주주 이익을 해하면서 그룹 전체 이익 또는 지배회사의 이익을 위한 지시를 하고 이로 인해 종속회사에 손해가 발생한 경우, 종속회사 소수주주를 보호하기 위해 종속회사 이사는 물론이고, 책임의 주체를 위쪽으로 확장시켜 지배회사 및 그 이사에 대해서도 책임을 부담시키는 법리가 각 나라마다 마련되어 있음을 알 수 있다.

다만, 그 방식에 있어 차이가 있을 뿐이다.[168] 독일, 이탈리아, 일본(입법안)처럼 부분적이든 포괄적이든 그룹법제를 도입하여 지배회사 또는 그 이사의 종속회사 또는 종속회사 소수주주에 대한 책임을 제정법상 인정하는 방식이 있다.

특히, 독일의 경우, 종속회사가 입은 손해에 대하여 종속회사뿐 아니라 종속회사 주주가 직접 종속회사의 손해배상청구권을 행사할 수 있다는 점, 주주가 종속회사가 입은 손해와 별도로 직접 손해를 입은 경우에는 그 손해도 직접 청구할 수 있다는 점에 그 특징이 있다. 이와 더불어 독일은 판례를 통해 지배회사 이사는 완전종속회사에 대하여 재산관리의무를 직접 부담하고, 임무 위배시에는 형사상 배임죄의 죄책을 부담할 수 있다는 점을 밝히고 있다. 다만, 이 경우에도 종속회사의 존속을 위태롭게 할 정도의 재산의 이전이 있는 경우로 한정하여 지배회사 이사의 배임죄를 인정함으로써 가벌성이 무한히 확장되는 것을 막고 있음을 알 수 있다.

한편, 영국처럼 지배·종속회사에 적용되는 특유의 제도가 아닌 일반회사법상의 지배주주의 소수주주에 대한 의무와 책임의 법리를 통해 해결을 시도하는 방식이 있다. 지배회사와 종속회사 간 거래에 있어 이사회의 승인이나 주주총회의 승인, 특히 지배주주의 참여를 배제한 소수주

168) ECLE(2016), pp. 23-24.

주의 과반수 찬성 등 사전적인 절차를 중시하는 경향은 종속회사의 행위에 정당성을 부여할 수 있는 중요한 장치가 될 수 있다는 점에서 주목할 필요가 있다.[169)]

(다) 한국

한국에서 지배회사가 그룹 전체 이익 또는 지배회사의 이익을 위하여 종속회사에 대하여 불이익한 지시를 하고 종속회사가 이에 따른 경우, 지배회사 이사 및 지배회사에 책임을 추궁할 수 있는 방법이 무엇인지 살펴보고, 그 문제점과 개선방향을 고찰해 본다.

(1) 현행법상 근거

종속회사 이사, 지배회사 이사 및 지배회사는 불이익한 지시에 따른 행위의 결과 종속회사에 손해가 발생한 경우, 민·형사상책임을 부담하게 된다.

1) 민사상 책임의 근거

상법은 책임의 주체를 위쪽으로 확장시켜 지시를 한 지배회사 및 그 이사에 대해서도 책임을 물을 수 있는 근거 규정을 마련하고 있다. 바로 제401조의2 "업무집행지시자 등의 책임"에 관한 규정이다. 제401조의2 제1항에 따르면, 회사에 대한 자신의 영향력을 이용하여 이사에게 업무집행을 지시한 자(제1호), 이사의 이름으로 직접 업무를 집행한 자(제2호), 이사가 아니면서 명예회장·회장·사장·부사장·전무·상무·이사 기타 회사의 업무를 집행할 권한이 있는 것으로 인정될 만한 명칭을 사용하여 회사의 업무를 집행한 자(제3호)가 그 지시하거나 집행한 업무에 관

---

169) 이사회 승인은 중립적인 전문가에 의한 판단을 도모할 수 있다는 것이 장점이고, 주주총회 승인은 거래에 직접 이해관계를 갖는 주주가 참여한다는 것이 장점이다. 김건식(2016), 14-18면 참조.

하여 제399조, 제401조, 제403조 및 제406조의2를 적용하는 경우에는 그 자를 "이사"로 본다고 하고 있다. 가령 종속회사의 업무에 관여한 지배회사 이사는, 제401조의2 제1항 제1호에 따라, 종속회사 또는 그 소수주주에 대하여 책임을 부담한다.

더욱이 판례는 KT가 KTPI(KT가 100%가 출자한 필리핀 소재 종속회사)에 체이스론 인출금지를 지시한 것이 문제 된 사안에서 "상법 제401조의2 제1항 제1호 소정의 '회사에 대한 자신의 영향력을 이용하여 이사에게 업무집행을 지시한 자'에는 자연인뿐만 아니라 법인인 지배회사도 포함"된다고 판시한 바 있다.[170] 따라서 지배회사도 제401조의2 제1항 제1호의 업무집행지시자에 해당되어 지배회사 이사, 종속회사 이사와 연대하여 책임을 부담한다.[171]

2) 형사상 책임의 근거

특이한 점은 한국도 이 경우 이사들에게 형법 제356조에 따라 업무상 배임죄의 죄책을 물을 수 있다는 점이다.[172] 따라서 지시에 따른 행위를 한 종속회사 이사와 지시를 한 지배회사 이사는 공모공동정범으로서 업무상배임죄의 죄책을 부담할 수 있다.[173] 그런데 이사의 회사에 대한 민

170) 대법원 2006.8.25. 선고 2004다26119 판결. 다만 이 사안에서는 회사채무의 단순한 이행지체가 상법 제401조에 정한 임무해태행위에 해당하는지 아니한다는 이유로 지배회사의 책임을 부정한다.

171) 최준선(2015), 551면; 이철송(2023), 839면; 최수정(2016), 1082면.

172) 제355조(횡령, 배임) ② 타인의 사무를 처리하는 자가 그 임무에 위배하는 행위로써 재산상의 이익을 취득하거나 제삼자로 하여금 이를 취득하게 하여 본인에게 손해를 가한 때에도 전항의 형과 같다.
제356조(업무상의 횡령과 배임) 업무상의 임무에 위배하여 제355조의 죄를 범한 자는 10년 이하의 징역 또는 3천만원 이하의 벌금에 처한다.

173) 독일의 경우 지배회사 이사가 직접 종속회사에 대한 재산관리의무를 부담한다고 보고, 직접 종속회사에 대한 배임죄의 정범이 될 수 있음에 반해, 한국에서는 종속회사 이사가 정범이 되고, 지배회사 이사는 공모공동정범으로서 배임죄의 죄책을 부담한다.

사책임은 회사의 손해라는 결과의 발생을 요건으로 함에 반해, 배임죄는 현실적 손해 발생뿐 아니라 재산상 실해 발생의 위험을 초래한 경우에도 책임을 인정하고 있어,[174] 그 책임의 범위가 더 넓어질 수 있다.[175][176] 실제 소송에서도 민사책임보다 형사책임을 묻는 방향으로 해결이 이루어지고 있다.[177] 게다가 한국에서 주주대표소송은 형사판결의 후속 조치로서의 성격을 강하게 띠고 있는 것으로 미루어 보아, 이사의 책임 추궁이 형사책임을 중심으로 이루어지고 있다고 할 수 있다.[178]

(2) 현행법상 근거의 문제점

1) "업무집행지시자 등의 책임" 규정의 문제점

"업무집행지시자 등의 책임" 규정에서 특히 문제가 되는 것은 제1호와 관련한 것이다. 제1호에 해당하는 자를 업무집행지시자라고 하는데, 지배주주가 비서실과 같은 자신의 직속조직을 통하거나 직접적으로 계

---

174) 대법원 2007.3.15. 선고 2004도5742 판결; 대법원 2004. 7. 22. 선고 2002도4229 판결; 대법원 2010. 10. 28. 선고 2009도1149 판결.

175) 서정(2016), 68면.

176) 한국은 '실해발생의 우려'만으로 배임죄가 성립되는 위험범으로 보고 있는데 반해, 독일은 재산상 손해 및 그에 상응하는 위험이 확실히 입증된 때에만 배임죄가 성립하는 결과범으로 보고 있다(홍영기(2017a), 66면).

177) 서정(2016), 68면; 문호준/김성민(2013), 62-63면과 천경훈(2016), 26-27면에서는 부실계열회사 지원관련 이사의 민사책임과 형사책임 사례를 분류해 놓았는데, 총 28건 중 형사사건이 18건이었다. 부실계열회사 지원관련 전체 사례를 분석한 것은 아니어서 정확한 수치를 알 수는 없으나 이사의 형사책임이 더 많이 추궁되고 있는 것은 사실이다.

178) 서정(2016), 68면. 그 이유에 대해서 이사의 위법행위 및 손해에 대한 입증책임을 주주대표소송을 제기한 원고가 부담하는 반면, 원고가 이사회의 구체적인 내부정보에 접근할 길은 사실상 차단되어 있어, 주주대표소송은 대부분 확정된 형사판결이나 공정거래위원회의 결정을 통한 입증을 활용할 수밖에 없기 때문에, 형사판결을 따르는 부수적 절차로서의 성격을 강하게 가질 수밖에 없다고 한다(설민수(2011), 266면).

열회사 이사에게 업무집행을 지시함으로써 계열회사 업무집행에 관여하는 것을 예로 들 수 있다. 법상 이 업무집행지시자의 책임이 인정되려면 영향력을 가진 자의 지시가 필요하다. 따라서 아무리 영향력이 있는 지배주주라고 해도 지시 없이는 책임을 부담하지 않는다.[179) 한화투자증권이 보유하던 대한생명의 콜옵션을 한화주식회사 등에 무상으로 양도하여 한화투자증권이 손해를 입은 것에 대하여 한화그룹 회장인 김승연에게 상법 제401조의2 제1호의 업무집행지시자로서 배상책임을 추궁한 주주대표소송에서 "지시를 입증할 증거가 부족하다"는 이유로 책임을 부정한 판결[180)이 있다. 상법 제401조의2 업무집행지시자는 그가 지시하거나 집행한 업무에 관하여 이사와 동일하게 회사 및 제3자에 대하여 책임을 지고, 실제로 개별 업무에 관여하였는지와 무관하게 업무집행지시자의 지위 자체만으로 손해배상책임을 부담한다고 볼 수 없다고 하면서, 김승연 회장이 그룹의 회장으로서 각 계열사에 영향력을 행사하고 있더라도 무상양도를 지시했다고 인정할만한 근거가 없다고 판시하고 있다.[181)

결국 업무집행지시자 책임에서 가장 문제가 되는 것은 업무집행에 대한 지시의 입증 문제이다. 지배주주 등의 지시가 회사 내부에서 은밀하게 행해지거나 종속회사의 이사 등이 미리 지배주주 등의 뜻을 헤아려 업무를 집행하는 경우 지시를 입증하기는 어렵기 때문이다. 실무상 지배회사 이사가 업무집행지시자로서 책임을 부담하기 위해서는 종속회사의 업무수행에 관하여 일상적인 보고가 이루어지는 등 구체적인 지시의 증거를 확보할 수 있어야 하는데, 현실에서 이러한 입증은 거의 불가능하다.[182) 지배회사 이사에게 영향력이 있음은 쉽게 알 수 있지만, 지배회사 이사의 종속회사에 대한 지시를 입증하기는 쉽지 않다.[183)

179) 김건식 외(2023), 507면.
180) 서울남부지방법원 2015. 7. 17. 선고 2014가합101300 판결.
181) 서울남부지방법원 2015. 7. 17. 선고 2014가합101300 판결.
182) 송옥렬(2017), 28면.
183) 김신영(2018a), 208면.

2) 형사적 접근 방법에 대한 우려

한국에서 기업집단에 관한 문제가 형사적 접근방법에 의해 해결되는 경향에 대해서는 그 나름의 이유가 있기는 하다. 특히 주주대표소송과 같은 민사적 구제절차가 활성화되지 못하였다는 점, 형사 재판과는 달리 증거수집에 한계가 존재한다는 점, 업무집행지시자 책임 등 민사 책임의 근거 규정 자체가 잘 활용되지 못하고 있다는 점을 들 수 있다.

그러나 형사적 접근방법에 의존하는 것은 다음과 같은 이유로 지양해야한다. ① 형벌의 대상은 명확하게 획정해야하기 때문에 문제되는 관계자거래를 빠짐없이 규율하기 어렵다.[184] ② 검찰이 정치적인 영향력으로부터 자유롭기는 어렵다.[185] ③ 검찰은 일반 주주와는 다른 인센티브를 가질 우려가 있다.[186]

따라서 가급적 민사적인 구제수단을 적극적으로 활용할 수 있는 방안들을 마련해야 한다. 그 중 하나가 앞서 민사적 책임의 근거 수단으로 제시된 업무집행지시자 책임의 활용이라고 할 수 있다.[187]

(3) 검토

1) 업무집행지시자 책임의 활용 가능성

제401조의2 "업무집행지시자 등의 책임"에 관한 규정은 종속회사 소수주주 보호 수단으로 충분히 활용될 수 있다고 본다. 이 규정은 지배주주가 개별 회사의 이사직을 맡지 않고 회사 경영에 관여하면서 책임을

184) 그렇다고 해서 대상을 추상적으로 규정한다면 처벌대상이 모호해질 것이므로 정당한 거래조차 위축시킬 우려가 있다. 김건식(2016), 23면.

185) 김건식(2016), 23면.

186) 김건식(2016), 23면.

187) 그 외에 민사적 구제의 활성화를 위해서는 미국의 디스커버리 제도 등을 참고하여 효과적인 증거확보 절차를 도입하고, 법원의 증거제출명령 내지 증거개시명령을 불이행한 자에 대한 법정모욕죄 등 구제수단을 강화하여 원고의 사실규명을 용이하게 할 수 있어야 한다(천경훈(2016), 35면).

부담하지 않는 실무상의 문제점에 대한 비판으로 도입된 것인데, 지배주주만이 아니라 회사 업무집행에 관여한 다양한 관계자의 책임에도 적용될 수 있기 때문이다.[188] 제1항 각 호의 내용을 살펴보면 다음과 같다.

제1호는 업무집행지시자를 규정하고 있는데, 이를 매우 포괄적으로 규정하고 있어서, 매우 포괄적이어서 판례 형성 여하에 따라서는 종속회사의 중요한 경영 사항을 결정하여 명시적·묵시적으로 종속회사의 이사들에게 지시한 지배회사, 지배회사의 대주주, 지배회사의 이사들에 대해서도 종속회사 소수주주들이 책임을 물을 수 있어 지금보다 훨씬 활발하게 이용될 가능성이 크다.[189]

다만 제1호는 '지배주주'를 요건으로 하지 않고 영향력이라는 개념을 사용하고 있다. 따라서 업무집행지시자의 책임이 인정되려면 이러한 영향력을 가진 자의 '지시'가 있어야 한다. 해당 조항이 잘 활용되기 위해서는 지시 입증의 곤란 문제를 어떻게 해결할 것인지가 관건인데, 지시의 입증 곤란 문제는 법원의 심증 형성 여하에 달린 문제로서 향후 창의적인 소송 수행 및 재판 관행의 변화에 따라 달라질 수 있는 문제이다.[190] 실제 형사판결에서 그룹총수로서 중요한 회사 경영에 실질적으로 관여하고 있었다면 개별 의사결정에 관여하였다는 엄격한 증명 없이도 광범위하게 회사의 이사와 공동정범 관계를 인정하는 것으로 미루어 보아,[191] 민사판결에서도 업무집행 지시관계가 쉽게 인정될 수 있을 것

---

188) 김건식 외(2023), 504-505면.

189) 천경훈(2013a), 15면.

190) 천경훈(2013a), 15면.

191) 업무상배임죄에 관한 형사판결 중에는 이사직을 맡지 않은 지배주주도 실질적인 경영자로서 타인의 사무를 처리하는 자에 해당한다고 보아 업무상배임죄의 성립을 인정한다(대법원 2012. 2. 23. 선고 2011도15857 판결). 또한 법원은 그룹총수로서 중요한 회사경영에 실질적으로 관여하고 있었다면 공모에 대한 직접 증거가 없더라도 정황사실과 경험법칙에 의하여 공모공동정범관계를 쉽게 인정하고 있다(대법원 2013. 9. 26. 선고 2013도5214 판결).

으로 판단된다.[192]

제2호는 지배주주가 이사에게 지시하지 않고 자신이 보관 중인 이사의 인감을 사용하여 직접 그 이사명의로 업무 집행하는 경우를 포착하기 위한 규정으로, 대기업보다는 중소기업에서 일어날 가능성이 크다.[193]

제1항 제3호는 명예회장이나 회장 등의 직함을 갖는 지배주주가 직접 업무를 집행하는 경우는 물론이고 지배주주 이익을 위하여 일하는 기획조정실장 등이 대신 업무를 집행한 경우에 책임을 지우기 위한 규정이다. 한국에서는 기업집단 전체를 지배하는 그룹총수 직속으로 비서실 또는 기획조정실 등의 명칭으로 불리는 그룹총괄조직이 존재하는 경우가 많은데, 이들 그룹총괄조직은 독자적인 법인격이 없어 산하 계열회사에 위법한 지시를 한 경우 책임이 문제될 수 있다. 이때 제401조의2 제1항 제3호는 지시를 내린 비서실장이나 기획조정실장 같은 개인에게 책임을 물을 수 있을 수 있는 유용한 규정이 될 수 있다.[194]

2) "업무집행지시자 등의 책임" 규정의 개정 방안

제401조의2의 적용에 있어 가장 문제점은 제1항 제1호의 적용에 있어 영향력이 있는 지배회사 또는 지배회사 이사라고 해도 지시의 증명 없이는 책임을 부담하지 않는다는 것이다. 지배·종속관계가 존재하는 경우에는 지배회사 또는 지배회사 이사의 지시를 추정하는 규정을 두어, 지시가 없었음을 지배회사 또는 지배회사 이사가 입증할 필요가 있다.

지시에 대한 입증 책임을 지배회사 또는 지배회사 이사가 부담하도록 하는 것이다. 그렇게 되면 종속회사 입장에서는 지배회사 이사의 지시에 대한 입증 없이도 상법 제401조의2에 따른 책임을 지배회사 측에

192) 천경훈(2013a), 15면.
193) 김건식 외(2023), 507면.
194) 최근 판례 중에도 경영기획실 재무팀장에 대하여 제401조의2를 적용하여 책임을 인정한 바 있다(서울남부지방법원 2015. 7. 17. 선고 2014가합101300 판결).

추궁할 수 있게 되고, 지배회사나 지배회사 이사가 책임을 면하고 싶으면 그 의사결정이 종속회사에서 독자적으로 이루어졌음을 입증하면 되는 것이다.[195)]

한편, 한국 기업집단의 현실에 있어 문제는 그룹 경영이 자연인인 지배주주 소위 '그룹총수'의 영향력에 의해 이루어지고 있다는 점, 이들의 영향력의 행사가 그룹총괄조직을 통해서 이루어진다는 점이다.[196)] 이러한 상황에서 "지배주주"의 지시를 입증하기는 쉽지 않다. 그러므로 지배적 영향력을 가지는 자연인인 지배주주의 경우에도 지시가 추정된다는 규정을 마련할 필요가 있다.

다만 이러한 입법이 이루어지기 전까지는 법원이 지시의 추정을 너그럽게 하여야 한다.[197)] 예를 들어 지배주주가 일정한 업무집행 분야에서 일상적으로 지시를 해왔다면 해당 업무집행에 대해서는 지시가 있었을 것으로 추정하는 것이다.[198)]

---

195) 김신영(2018a), 209면.

196) 이 경우 종속회사 소수주주의 이해관계에 영향을 미치는 상황이 지배회사나 그룹의 이익이 아닌 지배회사 위에 존재하는 지배주주의 이익을 위해 종속회사가 손해를 감수해야할 때 발생하게 된다. 그렇게 되면 종속회사도 손해이고 그룹 전체로서도 손해인 경우가 발생할 수 있다. 지배주주에 의해 터널링이 일어난 경우이다. 기본적으로 종속회사에 손해가 발생했다는 사실은 동일하므로 소수주주 보호도 동일한 메커니즘에 의해 이루어진다. 다만, 터널링의 경우 책임의 주체가 그 배후로 더 확대되게 된다.

197) 김건식 외(2023), 507면.

198) 김건식 외(2023), 507면.

제3절 그룹이익 항변

Ⅰ. 개관

제2절에서 지배회사 이사는 종속회사에 손해가 되는 지시를 할 수 없고, 종속회사 이사는 그러한 지시에 따를 의무가 없음에도 지시에 따른 행위를 함으로써 종속회사에 손해가 발생한 경우, 종속회사 이사, 지배회사 이사 및 지배회사 모두 종속회사에 대하여 손해배상책임을 부담한다는 것을 살펴보았다.

그런데 실제 지배·종속회사를 운영함에 있어서는 문제가 이렇게 간단히 끝나지 않는다. 원래 기업집단을 형성하고 그룹 경영을 추진하는 동기는 그룹 소속회사들이 협력함으로써 단독으로 행위하는 경우보다 더 큰 이익이 기업집단 내의 각 회사에 발생하도록 하기 위함이다. 그렇다면 그룹을 구성하는 각 회사의 이사들도 때로는 단독으로 행위하는 것이 아니라 서로 협력할 것이 요청된다.

본 절에서는 그룹 경영에 있어서는 소수주주 보호를 고려함과 동시에 그룹 경영의 편익이라는 측면도 고려해야 할 필요가 있다는 관점에서, 소수주주를 보호할 필요가 없거나 소수주주를 보호할 다른 장치가 마련되어 있다면, 종속회사 이사, 지배회사 이사 및 지배회사의 책임이 성립되지 않을 수 있음을 밝힌다. 이에 관해서는 유럽을 중심으로 논의가 이루어지고 있는데, 비교법적 고찰을 통해 그룹이익 항변이 인정되기 위한 조건은 무엇인지 탐구해 보고, 한국에 적용가능한지를 검토해 본다.[199)]

---

199) 본 절에서는 그룹이익 항변이 인정되어야 하는 다양한 사례들을 설명하기 위해, 부득이하게 지배회사와 종속회사 이외에 계열회사를 포함한 기업집단 관계에 관한 언급도 이루어지고 있음을 밝힌다.

II. 그룹이익 항변을 인정하기 위한 기초적 고찰

종속회사 이사, 지배회사 이사 및 지배회사의 책임이 성립하지 않도록 한다는 것은 그룹이익 항변이 인정된다는 것이다. 이는 개별회사의 이익을 넘어선 그룹이익 개념을 인정할 것인지에 관한 문제이다. 이를 위해서는 그룹이익의 개념은 무엇인지, 기업집단 운영과정에서 여러 소속 회사들이 관여함으로써 발생하는 손해와 이익의 산정은 일반 개별회사 운영에 있어서와 어떻게 다른지, 기업집단을 어떻게 바라볼 것인지 등에 관한 기초적인 고찰에서부터 시작되어야 한다.

1. "그룹이익(group interest)"의 의의

실제 기업집단은 통일적인 지배와 공동의 이익을 가지고 하나의 경제적 실체를 이루어 운영되고 있다. 연결재무제표를 작성한다거나 지배회사가 부실화된 경우에는 종속회사가 자금을 대여하거나 담보를 제공하는 등 1차적으로 그룹 내부에서 자구책을 마련하는 경우가 그 예이다. 이처럼 현실에서는 기업집단 전체의 이익을 위해 회사의 이익을 희생시키는 기업집단 내 거래가 필요한 경우도 발생하는데, 회사법은 이러한 현실을 인식하지 못한다.

그 경우에도 후에 당해 회사에 이익이 다시 돌아오는 경우도 있다는 점, 어떤 거래에서 불리한 취급을 받은 대신에 다른 거래에서 우선적 지위를 가지게 되는 경우도 있다는 점 등을 고려하면, 개별 거래가 일방에게 불이익을 준다는 이유만으로 그것을 바로 시정하려는 것은 바람직하지 않다. 기업집단 운영과정에서 소속 회사들이 관여함으로써 발생하는 손해와 이익의 산정은 일반 개별회사 운영에 있어서와 달리 보아야하는 부분이 있다는 의미이다. 기업집단 전체의 목표 중에서 당해 거래가 차지하는 비중이나 다른 거래들과의 관계를 고려하여 회사의 이익과 손실을 장기적으로 파악할 필요도 있는 것이다.

종속회사에 지금 당장은 손해이지만, 그룹 전체가 장기적인 이익을 볼 수 있을 것이라는 합리적 판단하에, 지배회사의 지시에 따라 종속회사가 지배회사에 자금지원행위를 하였다면, 이 경우 "그룹을 위한 행위였다"라는 항변이 가능할 것인지의 문제이다.[200)]

바꾸어 말하면, 이는 "그룹이익 개념 인정"에 관한 문제로, 기업집단을 어떻게 바라볼 것인지에서부터 출발한다. 그룹이익의 인정범위는 기업집단이 가지고 있는 법인격 독립성과 경제적 단일체성을 어떻게 조화시키느냐에 따라 달라지기 때문이다.[201)]

2. 기업집단의 실체에 관한 접근 방식

기업집단은 법적·형식적으로는 별개의 법인격을 가지는 독립한 회사들이 경제적·실질적으로는 하나의 기업처럼 운영되는 특징을 가진다. 법적인 독립성을 유지한다는 것은 전통적인 주식회사의 특성인 i) 자연인이 아닌 회사에도 계약 또는 경제활동의 자율적인 주체가 될 수 있는 법인격(legal personality)이 부여되고, ii) 회사의 재산과 주주의 재산을 분리하는 유한책임(limited liability)이 인정됨을 의미한다.[202)]

그런데 이 개별회사의 법인격과 유한책임이라는 특성은 회사들이 기업집단을 이루어 하나의 경제적 단일체로서 운영되는 경우에는 법적 형식과 경제적 실질 사이에서 긴장관계를 형성하게 된다.[203)] 법적 독립성

---

200) Yasui(2016), p. 10; EEMCA(2017), p. 386에서는 "group defence"라 표현한다.

201) Club des Juristes(2015), p. 15; Conac(2016), p. 312.

202) 법인격과 유한책임 외에도 주식의 양도가능성(transferable shares), 이사회구조 하에서의 중앙집권적 경영(centralized management under a board structure), 투자자에 의한 공동 소유(shared ownership by contributors of capital)를 주식회사의 특성으로 한다(Kraakman et al., 김건식 외 역(2014), 28면).

203) 이러한 경우, 법관은 둘 중 하나를 선택해서 판단해야 할 경우가 발생한다고

과 경제적 단일성 중 어느 특성에 더 의미를 부여하는가에 따라 기업집단을 바라보는 시각 또한 달라진다.

다음에서는 기업집단의 특징적 개념을 통해 기업집단의 실체에 관한 접근 방식을 검토한다.

(가) Separate Entity Approach

그룹의 실체를 인정하지 않고, 개별회사에 적용되는 전통적인 회사법적 특성인 회사의 법인격성(자율성)과 유한책임성이 기업집단에 대해서도 그대로 적용된다는 접근방식이다.[204] 전통적 회사법에 충실한 법사상이다. 대부분 나라의 회사법이 기업집단을 바라보는 기본적인 입장이기도 하다.

지배회사나 종속회사 등 기업집단을 구성하는 모든 회사들은 각각 권리를 가지고 의무를 부담하는 독립적인 법적 실체이므로, 회사의 손익도 개별 회사의 손익을 기준으로 한다.[205] 즉, 당해 회사의 재산상태의 증감만을 기초로 어떤 거래를 통해 당해 회사에서 나가고 들어간 것을 비교하여 이를 기준으로 회사의 손익을 판단한다.[206] 따라서 그룹이익이라는 개념도 따로 인정되지 않는다.

각 그룹 소속 회사의 이사들은 그룹 전체 또는 지배회사가 아닌 자신이 속한 회사에 대한 의무를 부담한다.

(나) Single Enterprise Approach

이 접근은 그룹의 실체를 인정하고 특히 그룹 내 경제적 일체성에 상당한 법적 의미를 부여함으로써 기업집단을 그룹 전체의 이익 또는 지

한다(Cahn/Donald(2010), pp. 688-689).

204) Companies and Securities Advisory Committee(2000), p. 15; UNCITRAL(2012), p. 16.

205) UNCITRAL(2012), p. 16.

206) 천경훈(2015), 53면.

배회사의 이익을 추구하는 경제적 단일체로 취급하는 방식이다.[207] 여기서 경제적 단일체로 본다는 것이 법인격을 부인한다는 의미는 아님을 주의해야 한다.[208] 그렇게 되면 회사 내 새로운 부서를 만들거나 지사를 만들지 않고, 굳이 법인격이 다른 회사를 설립하여 기업집단을 형성한 취지 자체가 몰각되기 때문이다.[209]

이러한 접근방식은 전통적인 회사법 개념을 뒤집는 혁신적인 전략으로 1970년대 유럽에서 회사법 통일화 작업의 일환으로 시도되었던 Statues for a European company(Societas Europea) 초안에서 처음 소개되었다.[210] 유럽경쟁법 영역에서 기업집단 소속 회사의 경쟁제한위반 행위에 대한 책임과 관련하여 유럽사법재판소가 취하고 있는 입장이기도 하다.[211] 유럽사법재판소는 지배·종속관계에 따라 지배회사와 종속회사로 이루어진 기업집단을 경제적 단일기업체(unitary economic enterprise)로 보고, 지배회사의 지배적 영향력의 따라 이루어진 종속회사의 경쟁제

207) Companies and Securities Advisory Committee(2000), p. 22.

208) 법인격 부인론은 회사와 그 배후에 있는 주주를 동일시하는 법리이다. 회사가 외형상으로는 법인의 형식을 갖추고 있으나 법인의 형태를 빌리고 있는 것에 지나지 아니하고 실질적으로는 완전히 그 법인격의 배후에 있는 사람의 개인 기업에 불과하거나, 그것이 배후자에 대한 법률적용을 회피하기 위한 수단으로 함부로 이용되는 경우 비록 외견상으로는 회사의 행위라 할지라도 회사와 그 배후자가 별개의 인격체임을 내세워 회사에게만 그로 인한 법적 효과가 귀속됨을 주장하면서 배후자의 책임을 부정하는 것은 법인격의 남용으로서 정의와 형평에 반하여 허용될 수 없다는 것이 법인격 부인론이다(대법원 2008. 9. 11. 선고 2007다90982 판결 등). 경제적 단일체로 본다는 것이 법인격의 남용을 문제 삼는 것이 아니라는 점에서 법인격 부인론과는 구분된다(서정(2015), 78면).

209) 따라서 이는 종속회사가 그룹이익을 추구하더라도 종속회사 존립 자체를 위협할 정도가 되어서는 안 된다는 한계 기준이자 정당화 기준으로 작용한다.

210) Antunes(1994), pp. 277-278.

211) 위법행위를 자행한 종속회사가 다른 회사에 흡수합병 되는 방법으로 위반책임을 잠탈하는 것을 막기 위한 책임 법리로 발전되기 시작하였다(김용진(2013), 39면).

한위반행위에 대하여 지배회사에 무한책임을 부담시키는 법리를 발전시켜 왔다.[212)]

한국 공정거래법 시행령 제4조 제3항, 공동행위 심사기준 등에서도 경제적 단일체 이론을 수용하고 있으나, 시장지배적 지위남용의 경우에는 넓게 인정되고 부당한 공동행위는 그 보다 좁고, 부당지원행위에 관해서는 전혀 인정되지 않는 등 아직 일관되고 통일된 기준은 정립되지 않은 상태이다.[213)]

회사의 손익은 개별 회사를 넘어 기업집단 전체 차원에서의 손익을 고려할 수 있다. 즉, 그룹이익의 개념이 인정되어, 지배회사 이사는 종속회사 이사로 하여금 종속회사 또는 그 소수주주에게 손해가 발생하더라도 그룹 전체의 이익을 추구하도록 지시할 수 있고, 종속회사의 이사는 자사가 아닌 그룹 전체 또는 지배회사의 이익을 추구할 수 있다.[214)]

(다) 한국

기업집단에서 경영진들이 도산위기에 처한 계열사를 지원한 행위와 관련한 대표적인 판례들을 통해 한국 법원이 기업집단을 바라보는 시각을 알 수 있다.

---

212) 이 지배적 영향력은 종속회사가 시장에서 독립적이고 독자적인 행위를 할 수 있었는지 아니면 지배회사의 지시를 받는 관계에 있었는지 여부에 따라 결정된다. 경제적·조직적 및 법적 연계성으로 인하여 지배회사의 지시에 따라 가격결정이나 판매정책 등과 같은 특정 영역뿐만 아니라 기업전략, 영업정책, 투자 및 자본 기타 재정조달 등과 같은 일반적 관계에서도 의존관계가 존재하면 경제적 단일체로 보아 지배회사에 책임을 부담시킬 수 있도록 한다. 그 대표적인 사례로 Akzo Nobel & Ors v Commission (Competition), [2009]EUECJ C-97/08(10 September 2009)가 있다. 유럽연합에서의 종속회사의 경쟁법 위반 행위에 대한 지배회사의 책임에 관한 자세한 설명은 김용진(2013) 참조.

213) 서정(2015), 97면.

214) Companies and Securities Advisory Committee(2000), p. 23.

(1) 한화그룹 판결[215)]

지속적으로 적자를 기록하던 한유통과 웰롭을 계열회사들이 계속 지원하다가, 결국 다른 계열회사의 유휴자금으로 페이퍼 컴퍼니를 만들어 이 회사에 한유통과 웰롭의 부채를 인수시키는 방법으로 한유통과 웰롭의 부채를 정리한 사안이다.

이에 한화그룹 경영진이 배임죄로 기소되었는데, 피고인들은 외환위기 당시의 상황 속에서 그룹 전체의 연쇄도산을 막기 위한 불가피한 조치였다고 주장하였다.

법원은 "대규모 기업집단의 공동목표에 따른 집단이익의 추구가 사실적, 경제적으로 중요한 의미를 갖는 경우도 있을 수 있으나, 그 기업집단을 구성하는 개별 계열회사도 별도의 독립된 법인격을 가지고 있는 주체로서 그 각자의 채권자나 주주 등 다수의 이해관계인이 관여되어 있고, 사안에 따라서는 대규모 기업집단의 집단이익과 상반되는 고유이익이 있을 수 있는 점"이라고 판시하면서 법인격 독립의 원칙에 입각한 판단을 하였다. 따라서 지원주체 회사만을 기준으로 손익을 판단하여 회사에 손해가 발생한 것으로 보아 경영진의 배임죄를 인정하였다.

(2) SK그룹 판결[216)]

경영개선명령을 받아 퇴출위기에 직면한 SK증권을 살리기 위해 JP모건이 SK증권의 유상증자에 참여하면서, SK글로벌의 해외자회사와 JP모건 사이에 JP모건이 향후 SK글로벌 해외법인에 주식 인수 당시보다 높은 가격으로 주식을 되팔 수 있는 풋옵션, SK글로벌 해외법인이 만기 전 그 가격으로 살 수 있는 콜옵션을 설정하기로 하는 이면계약을 체결한 사안이다.[217)]

---

215) 대법원 2013. 9. 26. 선고 2013도5214판결.

216) 대법원 2008.5.29. 선고 2005도4640 판결.

217) 주당 4,920원에 2400만 주를 매각한 후 SK글로벌을 통해 JP모건으로부터 주당

배임죄로 기소된 최태원을 비롯한 SK그룹 경영진들은 당시 SK증권과 JP모건과의 파생금융상품 거래로 인하여 결국 SK증권이 거액의 채무를 지고 퇴출당하게 하는 것보다는 화해를 통하여 SK증권을 존속하게 하는 것이 SK증권은 물론 SK글로벌 본사 및 그 해외법인 등의 SK그룹 계열사, 더 나아가 당시 IMF 구제금융 위기로 인하여 극도의 어려움에 빠져 있던 국가경제를 위하여 바람직하고, SK증권의 주가가 상승하는 경우에는 해외법인들에게도 이익이 발생될 수 있다는 경영 판단에서 이 사건 옵션계약을 체결하였다고 주장하였다.

이에 법원은 "SK글로벌의 해외 법인인 피해자 싱가폴 법인에게 74,660,582달러(941억여 원), 미국 법인에게 13,765,068달러(173억여 원), 합계 88,425,650달러(1,114억여 원 상당)의 재산상 손해를 가하고, SK증권으로 하여금 합계 88,425,650달러(1,114억여 원)의 재산상 이익을 취하게 하였다"[218]는 사실을 인정하면서도, 법인격 독립의 원칙에 따라, SK증권이 얻은 이익에 대한 고려는 하지 않고, SK글로벌이 입은 손해만을 기준으로 배임죄를 인정하였다.

(3) 동아그룹 판결[219]

동아그룹의 회장이, 그룹 내 대한통운으로 하여금, 이미 자본금 300억 원이 모두 잠식됨으로써 그 발행주식의 실질가치가 0원으로 평가되고 있고 보험금 지급여력이 없는 등 그 재무구조가 상당히 불량한 상태에 있는 동아생명의 신주를 액면가격으로 인수하도록 지시한 사안이다.

배임죄로 기소된 동아그룹 회장을 비롯한 경영진들은 재정경제원 장관의 증자명령을 이행하지 아니한다면 그룹 전체의 명예가 손상되어 그 결과 대한통운의 영업에도 지장이 있게 될 가능성이 있으므로 그러한

6,070원(당시 주가 1,535원)에 주식을 되사게 되었다.

218) 서울고등법원 2005.6.10. 선고 2003노1555, 2004노1851(병합) 판결.

219) 대법원 2004. 6. 24. 선고 2004도520 판결.

지시를 하게 되었다고 주장하였다.

법원은 재정상태를 잘 알고 있으면서도, 신주를 인수할 의무가 있지도 않은 대한통운의 자금으로 동아생명이 발행하는 신주를 액면가격으로 인수한 것은 그 자체로 동아생명에게 이익을 얻게 하고 대한통운에게 손해를 가하는 배임행위임이 분명하고, 손해액은 그 신주 인수대금 전액 상당이라고 판시하였다.

(4) 검토

위의 부실계열사 지원 판례를 통해 한국은 엄격한 법인격 독립의 원칙을 취하고 있음을 알 수 있다. 기업집단 운영에 있어 회사의 손익 판단에 있어서도 법인격 독립의 원칙을 고수하여, 지원주체인 개별 회사를 기준으로 그 손익을 판단해야 한다는 입장이다. 따라서 아무리 그룹 내에서 그룹 전체를 위한다는 인식하에 행해진 행위라 할지라도 개별 회사의 손익을 넘어선 그룹 전체의 이익이라는 관념은 인정되지 않고, 지원주체인 당해 회사의 재산상태의 증감만을 기준으로 회사의 손익을 판단하고 있다.

위 세 판결을 비롯한 유사한 사안에서 법원은 "이익을 취득하는 제3자가 같은 계열회사이고, 계열그룹 전체의 회생을 위한다는 목적에서 이루어진 행위로써 그 행위의 결과가 일부 본인을 위한 측면이 있다 하더라도 본인의 이익을 위한다는 의사는 부수적일 뿐 이득 또는 가해의 의사가 주된 것임이 판명되면 배임죄의 고의를 부정할 수 없다"고 일관되게 판시하고 있다.[220)]

220) 대법원 2009. 7. 23. 선고 2007도541 판결, 대법원 2012. 7. 12. 선고 2009도7435 판결.

3. 그룹이익 개념 인정의 목적

(가) 지배회사의 권한에 대한 정당성 부여

기업집단을 이루어 회사의 운영이 이루어지고 있는 현실에 비추어, 지배회사는 그룹 차원의 의사결정을 할 필요가 있고, 그 과정에서 종속회사에 대하여 불이익한 지시를 해야할 경우도 발생한다. 그리고 일정한 경우 이러한 의사결정 주체와 그에 따른 행위 주체에 대해서는 책임을 면제할 필요성이 있는데, 이때 그룹이익 개념의 인정은 지배회사의 지시권 행사에 대한 정당성을 부여하는 역할을 한다.[221)]

그룹이익 개념을 인정한다는 것은 지배회사가 종속회사의 이익보다 우선한 기업집단 정책을 결정할 수 있는 권한 또는 종속회사가 그러한 의사결정을 받아들일 수 있는 권한을 가진다는 것을 의미한다.[222)]

(나) 종속회사 이사의 행위규범에 대한 법적 확실성 제공

그룹이익 개념을 인정한다는 것은 종속회사 이사가 어떠한 거래나 업무를 하는 것이 가능한지에 대한 기준의 명확성을 제공한다. 일정한 요건을 갖춘 그룹이익 추구행위는 예외적으로 책임이 성립되지 않을 수 있다는 기준을 제시해 주지 않는다면, 종속회사 이사는 개별 회사의 이익을 위하여 행위를 하여야 한다는 법적 도그마에 사로잡혀, 그룹 전체의 이익을 위해 희생이 필요한 순간마저도 결정을 망설이고 소극적으로 방어적인 경영행위를 할 우려가 있다. 또한 요건이 명확하지 않으면 종속회사 이사들이 임무해태에 대한 책임회피의 수단으로 이를 악용할 수도 있다. 따라서 그룹이익 개념을 인정하여 그룹이익 추구행위에 대해 책임이 성립하지 않도록 하는 요건을 명확하게 함으로써, 종속회사 이사

---

221) EMCA(2017), p. 386; 이창기(2013), 163면.

222) Club des Juristes(2015), p. 16; Conac(2016), p. 312. 여기서는 그룹이익의 인정은 지배회사와 종속회사의 권한이지 의무가 아님을 강조한다.

의 행위규범에 대한 법적 확실성을 제공해 줄 수 있다.[223)]

(다) 그룹 경영의 효율성 내지 시너지 제공

위의 두 가지 목적 달성을 통해 그룹 소속 이사들은 탄력적이고 유연한 그룹 경영을 할 수 있게 되고, 이는 그룹의 효율성 내지 시너지 창출로 이어지게 된다.[224)]

4. 그룹이익 항변을 적용할 수 있는 거래 유형

지배회사 이사가 종속회사에 불이익한 행위를 지시하고 종속회사 이사가 그에 따른 행위를 한 결과, 손익의 변화가 다음과 같다고 하자.

〈표 5〉 불이익한 지시에 따른 손익의 변화

	㉠[225)]	㉡
그룹전체(G)	+	–
종속회사(S)	–	–

개별 회사 운영에 있어서라면 ㉠, ㉡의 경우 모두 종속회사에 손해를 가져왔으므로 종속회사 이사는 종속회사의 손해에 대한 책임을 부담해야 한다. 그런데 그룹 경영에 있어서는 당해 종속회사 자체만을 놓고 보면 손해이지만 그룹 전체적으로는 이익이 발생한 경우가 있을 수 있다

---

223) Reflection Group(2011), p. 62.

224) Club des Juristes(2015), p. 16; Conac(2016), p. 311; 김건식 외(2008), 70면.

225) 이때에도 부가 모든 주주에게 공평하게 귀속되는 경우와 특정 지배주주가 가져가는 경우로 나누어지는데, 후자는 기업집단을 전제로 하지 않더라도 발생할 수 있는 문제로서, 기업집단 특유의 문제라기보다는 일반 회사법상 문제로 보아, 이 책에서는 전자의 경우만 다룬다.

(㉠). 이는 다른 어딘가로 부의 이전이 일어나 그룹 전체적으로 손해가 난 경우(㉡)와는 다름을 직관적으로 알 수 있다.[226)]

㉠의 경우는 예를 들어, 거래의 결과 종속회사에 100의 손해가 발생했지만, 그룹 전체에는 200의 이익이 생겨 전체적으로는 효율적인 거래가 이루어진 셈이다. 손해를 보는 종속회사에 그 손해를 상쇄시킬 수 있는 적절한 소수주주 보호 장치만 마련되어 있다면, 이러한 효율적인 거래를 한 경영자에 책임을 물을 이유가 없다.

㉠에 해당할 수 있는 거래의 유형들을 살펴보면 다음과 같다.

(가) 동반부실을 막기 위한 부실계열회사 지원

그룹 내에 도산 위기에 처한 계열회사가 존재하는데, 그 계열회사를 지원하지 않는다면 우량 계열회사들까지 부실이 전이되어 일반주주, 채권자, 근로자 등 회사의 모든 이해관계자들의 이익까지 해할 수밖에 없는 절박한 사정이 있다거나, 해당 계열회사의 상징성 때문에 만일 그 계열회사가 도산한다면 그룹 전체의 사활이 문제될 수 있어 장기적인 관점에서 해당 계열회사를 포기할 수 없는 사정이 있는 경우를 생각해 보자. 이때에는 종속회사에 손해가 발생하는 것을 감수하고서라도 계열회사에 대한 지원을 하는 것이 바람직할 수 있다. 앞서 언급한 한화그룹 판결이나 SK그룹 판결이 대표적인 사례이다.

(나) 기업집단 브랜드 가치 하락을 막기 위한 부실계열회사 지원

도산위기에 처한 계열회사를 지원하지 않는다고 하여 그룹 전체가 도산으로 이어지는 것은 아니지만, 그룹의 브랜드 가치의 하락으로 인하여 전체 계열회사의 영업에도 지장을 주는 것을 막기 위해 부실 계열회사를 지원하는 경우이다. 대부분의 경우 그룹 계열회사의 도산을 다른

226) ㉡의 경우는 (나)에서 논의한 책임이 그대로 인정되어야 한다.

계열회사 지원을 통하여 막아내는 이유도 여기 있다.[227)]

동아그룹 판결에서도 그룹 전체의 명예가 손상되어 그 결과 지원주체의 영업에도 지장이 발생하게 될 가능성을 항변사유로 들고 있다.[228)]

기업집단에서는 소속 회사들이 공통의 브랜드를 사용하면서 공통의 평판과 신뢰를 쌓아가므로, 소속 계열회사 하나의 부실로 인해 그룹 전체 이미지나 가치가 손상될 수 있기 때문이다. 따라서 그룹의 브랜드 가치를 유지해야할 이유는 충분히 있다고 할 수 있으므로, 계열회사 정상화를 위해 그룹 차원의 지원이 이루어지는 경우, 배임죄의 판단에는 신중을 기해야 할 것이다.[229)]

(다) 기업집단 전체의 시너지 창출을 위한 계열회사 지원

가령 계열회사가 새로운 성장산업에 대규모로 진출하려고 할 경우 회사설립 과정에서 지원행위가 있을 수 있다.[230)] 즉, 새로 설립한 회사의 조기 정착을 위하여 연구·개발·생산을 위한 자금이나 인력 등을 지원하거나 일정한 거래관계를 형성·유지시켜주는 것이다.[231)] 또한 기회를 선점하기 위해서는 다소 모험적인 투자가 필요할 수도 있는데, 위험분산과 시너지 효과를 위해 관련성이 있는 몇몇 계열회사들이 공동으로 출자하거나 연구·개발하다가 그룹 전체의 효율을 위해 그룹 차원의 의사 결정을 통해 한 회사로 기회를 밀어주는 경우도 있을 수 있고, 때로는 각각의 그룹 내 회사들이 독자적으로 동일한 사업에 대한 진출 준비를 하다가도 그룹 전체의 효율을 위해 한 회사로 기회를 밀어주는 경우와 같은 지원행위가 있을 수 있다.[232)]

---

227) BFL 좌담회(2004), 11면, [송옥렬 발언 부분].
228) 대법원 2004. 6. 24. 선고 2004도520 판결.
229) BFL 좌담회(2004), 11면, [송옥렬 발언 부분].
230) BFL 좌담회(2004), 11면, [이경훈 발언 부분].
231) 설민수(2011), 292면.
232) 설민수(2011), 291-292면에서는 디스플레이 산업에서 삼성그룹 소속인 삼성전

이와 같은 지원행위는 그룹 전체로서의 시너지 창출과 계열회사 성장기반 구축에 도움이 되고 그룹이익 극대화를 위한 행위로 볼 수 있으므로 그 행위의 정당성을 인정해 줄 필요가 있다.[233]

때로는 투기자본으로부터의 보호 등과 같은 목적으로 지배회사(지배주주)의 경영권 안정이나 강화가 그룹 전체의 시너지를 위해 필요한 경우도 있을 수 있다. 이를 위해, 그룹 차원의 의사결정을 통해 지배회사 이사가 종속회사 이사에 대하여 종속회사에 불리한 조건으로 계열회사와 합병을 하도록 지시한 경우라도[234] 종속회사 소수주주 보호를 위한 조치가 제대로 이루어진다면 그 행위의 책임을 탓할 수 없다.

(라) 기업집단 내 공통 관리 비용 분배

시스템통합, 보안, 건물관리, 광고, 물류, 소모성자재, 급식 등은 기업집단 내에서 공통으로 관리되고 운영되는 것이 기업집단 차원에서의 시너지나 공급의 안정, 보안, 비용절감을 위해서 효율적일 수 있다.[235] 예를 들어 기업집단 내부에 별도 회사를 설립하여 각 그룹별로 흩어져 각기 이루어지던 물류를 하나로 통합하고 관리시킴으로써 전문화·효율화를 통한 비용절감을 이루어낸다면, 그룹 전체적으로 시너지가 발생하게 되는 것이다.[236] 따라서 주주 보호가 제대로 이루어지기만 한다면 그룹 내 일감몰아주기도 그룹이익 개념으로 정당화될 여지가 있다.

(마) 시장가격이 존재하지 않는 기업집단 내 거래

지주회사 또는 그룹의 지주회사 격인 회사들은 그룹 소속 회사들로

자와 SDI의 관계를 그 예로 들고 있다.

233) BFL 좌담회(2004), 11면, [이경훈 발언 부분].

234) 단, 이러한 과정에 이르기까지 불법적인 행위가 개입되거나 정당한 절차가 생략되어서는 안 된다는 것은 당연하다.

235) 설민수(2011), 306면.

236) 설민수(2011), 306면.

부터 그룹 브랜드 사용에 대한 로열티, 사옥의 임대 등으로 인한 임대료를 통해 수익을 얻을 수 있다.[237] 이러한 로열티나 임대료는 시장가격이 존재하지 않기 때문에, 기본적으로 지주회사 또는 대표회사와 그룹 내 회사들 간 계약, 즉 특수관계인 간 계약에 의하여 그 내용이 결정되고, 따라서 로열티 또는 브랜드 사용료가 적절한 수준인지와 관련하여 문제가 제기될 수 있다.[238] 지주회사의 적법한 수익원의 확보는 어떠한 형태로든 자회사로부터의 '지원'을 받을 수밖에 없는데, 이때 그룹이익 개념의 인정은 부당지원행위나 배임죄에 대한 항변사유로 작용할 수 있다.

5. 검토

한국은 기업집단 차원의 운영과 의사결정이 보편화되어 있고, 내부거래비중이 높은 특성을 가지고 있다. 그룹 운영의 효율성을 위해 기업집단 운영에 있어 개별 회사들의 독립성만을 내세우지 않고 경제적 실질을 고려하여 기업집단 전체의 이익을 고려한 소속회사 이사들의 행위의 정당성을 인정해 줄 필요가 있다.

다만 이때에도 의사결정 과정에 불법적인 요소가 개입되지 않아야 하고, 정당한 절차가 생략되지도 않아야 함은 물론이다. 또한 소수주주가 존재한다면, 소수주주 보호를 위한 장치가 마련되어 있어야 한다. 다음에서는 그룹이익의 항변이 인정되기 위한 조건에 대해서 비교법적 고찰을 통해 상세히 알아본다.

---

237) 실제 2019년 64개 공시대상 기업집단 중 계열회사와 유상으로 상표권 사용 거래를 하는 집단은 42개 집단(65.6%)이고, 사용료를 지급하는 계열회사 비율은 42개 상표권 유상 사용 집단 내 계열사(1,782개사) 중 27.3%(487개사)를 차지하는 것으로 나타났다(공정거래위원회, 상표권 사용 거래 현황(2020), 6-8면).

238) 윤성주(2013), 87면.

III. 비교법적 고찰

지배회사 또는 그룹 전체의 이익 추구를 위해 지배회사 이사가 종속회사에 불이익한 지시를 하고, 종속회사가 이러한 지시에 따라 업무집행을 함으로써 종속회사에 손해가 발생한 경우에도 종속회사 이사, 지배회사 이사 및 지배회사가 책임을 면할 수 있는 조건, 즉, 그룹이익추구행위가 허용될 수 있는 조건을 생각해 보면, 종속회사에 소수주주가 존재하지 않아 소수주주 보호 장치를 마련할 필요가 없거나 종속회사에 소수주주가 존재한다면 소수주주를 보호할 다른 장치가 마련되어 있는 경우에 허용될 수 있을 것이다. 소수주주가 존재하는 경우와 존재하지 않는 경우에 있어 다른 나라들은 구체적으로 어떠한 조건하에 그룹이익추구행위를 허용하고 있는지 고찰한다.

1. 소수주주가 존재하는 경우

소수주주가 존재하는 경우에 있어 이사의 그룹이익추구행위를 허용하는 나라들은 어떠한 조건 하에서 이를 인정하고 있는지를 살펴본다. 즉, 각 나라들은 어떠한 소수주주 보호 장치를 마련하고 있는지 확인해 본다.

(가) 독일

(1) 개관

지배계약이 존재하지 않는 한, 지배회사는 종속회사에 대한 불이익한 지시를 할 수 없음은 살펴보았다. 그러나 소수주주 보호를 위한 장치를 마련한 경우에는 이를 허용하고 있다. 이 경우 종속회사 이사는 지배회사의 지시에 따를 의무는 없지만, 이를 따랐다고 해서 책임을 부담하지는 않게 된다. 그러한 소수주주 보호 장치로는 (i) 종속회사에 대한 불이익 보상, (ii) 지배회사 및 지배회사 이사의 손해배상책임, (iii) 종속보고서 작성 등이 있다.

(2) 종속회사에 대한 불이익 보상

종속회사에 대한 불이익 지시 금지 원칙에는 중대한 예외가 존재한다. 종속회사에 불이익을 보상하는 경우이다.[239] 종속회사에 대하여 충분한 보상이 이루어진다면 종속회사의 소수주주에게는 불이익이 없을 것이고, 보상을 하고서라도 지배회사가 그러한 거래를 하고자 하는 이유는 콘체른 전체의 이익이 종속회사의 손해보다 크기 때문이라는 사고방식이다.[240]

불이익이라는 개념은 손실(Verlust)보다는 넓은 개념으로, 재산이나 수익을 감소시키거나 해롭게 할 구체적인 위험이 있는 경우나[241] 손해를 야기하지 않더라도 종속회사가 얻을 수 있었던 이익을 얻지 못하는 경우도 모두 불이익에 포함된다.[242]

보상은 지배회사가 불이익에 상응하는 이익(Vorteile)을 종속회사에 제공함으로써 이루어진다. 따라서 우선 불이익의 정도가 밝혀져야 하고,[243] 구체적인 이익만이 불이익 보상에 해당할 수 있다.[244] 예를 들어, 기업집단에 속함으로써 무형의 이익을 누리고 있다거나 장기적으로 기업집단의 평판이나 브랜드 가치가 높아져서 종속회사가 이익을 본다는 것은 여기서 말하는 보상이 될 수 없다.[245] 다만 보상은 영향력 행사 즉시 행해져야만 하는 것은 아니고 불이익이 가해진 영업연도 말까지 보상시기 및 보상되어야 할 이익이 정해지면 된다.[246] 불이익 보상이 구체화

239) 독일 주식법 제311조 제1항 단서.
240) 송옥렬(2013), 27-28면.
241) Emmerich(2019), § 311 Rn. 39.
242) Emmerich(2019), § 311 Rn. 45.
243) Emmerich(2019), § 311 Rn. 67.
244) Emmerich(2019), § 311 Rn. 62.
245) Emmerich(2019), § 311 Rn. 62.

되지 않은 한 불이익은 지시의 시점에 예상할 수 없었던 손해나 이익을 반영하여 증가하거나 감소될 수 있다. 따라서 보상의 정도를 판단하는 시점은 불이익이 구체화되는 시점으로 늦춰진다.[247] 보상과 관련하여 지급하기로 한 이익에 대해서는 종속회사에 법적 청구권이 부여되어야 한다.[248]

(3) 지배회사 및 지배회사 이사의 손해배상책임

지배회사 및 지배회사 이사가 제311조의 보상의무를 이행하지 않으면, 즉 불이익이 영업연도 말까지 실제로 보상되거나 또는 보상에 관한 계약이 체결되지 않으면, 지배회사는 불이익 지시로 인하여 종속회사가 실제 입은 손해를 배상하여야 함은 본 장 제2절에서 설명하였다[249] 독일 주식법 제311조에 따른 불이익 보상은 불이익 지시를 한 시점에 예견가능한 모든 불이익이 보상되는 것을 목적으로 하는 것에 반해, 제317조에 따른 손해배상은 불이익한 지시로 인해 실제 발생한 손해를 배상하는 것을 목적으로 한다.[250]

(4) 종속보고서

영업연도말까지 불이익이 보상되지 않으면 종속회사는 지배회사에 손해배상을 청구할 수 있는데, 이러한 손해배상은 주주도 할 수 있다. 그러기 위해서는 주주에게 기업집단 내부 정보가 충분히 주어져야 한다. 종속회사 경영진이 자발적으로 주주에게 이러한 정보를 제공하는 것은 기대할 수 없기 때문에, 보상규정의 실효성을 확보하기 위해 독일 주식법은 종속회사 이사로 하여금 매 사업연도 개시 후 3개월 내에 지배회사

246) 독일 주식법 제311조 제2항 제1문.
247) 보상이 구체화된 이후에는 나중의 손해나 이익을 통해 더는 변동되지 않는다.
248) 독일 주식법 제311조 제2항 제2문.
249) 독일 주식법 제317조 제1항 제1문, 제3항.
250) 따라서 양 청구권의 보상범위는 동일하지 않다. 조지현(2015), 412면.

와의 관련 사항을 밝히는 종속보고서(Abhangigkeitsbericht)를 작성하도록 하고 있다.[251]

종속보고서에는 직전 사업연도에 지배회사와 행한 법률행위, 지배회사의 영향력 행사에 따라 또는 지배회사의 이익을 위해서 행한 법률행위나 조치, 해당 법률행위의 내용, 해당 조치의 근거 및 장단점, 불이익 보상 등에 대해서 기재하여야 한다.[252] 또한 이사는 보고서 말미에 그러한 법률행위나 조치로 인하여 회사가 불이익을 입었는지에 대해서 밝혀야 하고 불이익을 입었다면 보상이 있었는지에 대해서도 밝혀야 한다.[253]

종속보고서는 회사의 결산검사인(Aschlusprufer)에 의한 검사를 받아야 한다.[254] 결산검사인의 검사를 받은 종속보고서는 다시 감독이사회의 감사를 받아야 하며, 그 감사 결과는 다시 주주총회에 보고해야 한다.[255]

종속보고서제도는 그 작성 및 감사에 관하여는 주체-이사, 결산감사인, 감독이사회-가 모두 지배회사의 영향력 하에 있는 것이 보통이라는 점, 작성 및 절차가 복잡하고 비용이 많이 들며 비효율적이라는 점, 공개되지 않기 때문에 소수주주가 종속보고서의 내용을 알 수 있는 길이 없다는 점 등을 근거로 그 실효성이 의문시된다는 비판을 받고 있다.[256]

---

251) 조지현(2015), 415면.

252) 독일 주식법 제312조 제2항. 종속관계가 전체 영업연도에 존재하는 경우뿐만 아니라 일부에만 존재하는 경우에도 그 기간 범위에 대해 종속보고서가 작성되어야 한다. Emmerich(2019), § 312 Rn. 11.

253) 독일 주식법 제312조 제3항. 원칙적으로 모든 법률행위와 조치는 분리하여 개별적으로 기재되어야 한다. 그러나 동일한 조건으로 계속적으로 이루어지는 법률행위와 조치 또는 중요하지 않은 법률행위와 조치는 하나로 묶을 수 있다. Koppensteiner(2004), § 312 Rn. 54.

254) 독일 주식법 제313조.

255) 독일 주식법 제314조.

256) Hommelhoff(2009), p. 68.

(나) 프랑스

(1) 개관

프랑스에서도 기업집단 운영이 보편화되었지만, 프랑스 회사법은 기업집단에 대하여 법인격 독립의 원칙의 입장에 서 있다.[257] 그룹 경영에 있어 종속회사의 이익보다 그룹 전체의 이익이 중시될 경우도 많은데, 이러한 현실과 전통적인 회사법 원칙을 어떻게 조화시킬지의 문제가 발생한다. 이 문제에 관해 프랑스에서는 특히, 그룹 전체의 이익을 위한 이사의 행위에 대하여 회사재산남용죄[258]라는 형사 책임이 면제될 수 있는지의 문제가 논의의 중심이 되었고,[259] 이 논의의 집대성이라 할 수 있는 것이 바로 1985년 프랑스 대법원의 Rozenblum 판결이다.[260][261]

프랑스 Rozenblum 판결은 그룹 경영의 효율성과 회사 이해관계자의 이익을 어떻게 조화시킬 것인가라는 물음에 대응하여 어떠한 경우에 이사의 그룹이익추구행위가 정당화될 수 있는지의 지표를 제공한다는 점

257) Pariente(2007), p. 323.

258) 프랑스 상법 L242-6조 제3호는 주식회사의 업무집행자가 "악의로(de mauvaise foi) 회사 재산 또는 회사의 신용을 회사의 이익에 반하여 개인적인 목적으로 또는 자기와 직·간접적으로 이해관계가 있는 다른 기업의 이익을 위해 이용한" 경우, 5년의 징역형과 375,000유로의 벌금형에 처해진다고 규정하고 있다. 이 규정은 사실상 지휘자(dirigeant de fait)에게도 적용된다(프랑스 상법 L246-2조). Safa(1993), p. 365.

259) 프랑스 상법은 경영에 직접 참여하지 않는 주주를 보호하며 나아가 공공질서를 보호하고 유지하기 위한 목적으로 회사의 임원들에게 민사책임을 지우는 것과는 별도로 형사책임도 무겁게 부과하고 있다. 이것은 나폴레옹 시대 이래로 권위주의적이고 직권주의적인 성격을 띤 프랑스 형사법의 영향을 받은 결과라고 한다(Won(1991), p. 22).

260) Cas. Crim. 4 févr. 1985, n° 84-91.581, Publié au bulletin(https://www.legifrance.gouv.fr/affichJuriJudi.do?oldAction=rechJuriJudi&idTexte=JURITEXT000007064646&fastReqId=1765341315&fastPos=2).

261) 대법원의 Rozenblum 판결보다 약 30년 전부터 하급심, 특히 파리 형사지방법원이 제시해 온 바를 승인하고 정리하여 표현한 것이라고 한다(정진세(2015), 135면).

에서 큰 의의가 있다.

(2) Rozenblum 판결

1) 사실관계

피고인 Rozenblum은 부동산 개발 및 건설을 업으로 하는 7개의 A-G사의 이사이자 이를 사실상 지배하고 있었다. Rozenblum은 1977년 사업분야의 전환을 시도하여, 자신이 이미 상당한 지분비율을 보유하거나 사실상 경영을 관리하고 있는 가구판매업체 H사, 신발제조업체 I사, 여행업체 J사, 미용업체 K사, 인쇄업체 L사에 A-G사의 영업재산을 이전시킬 것을 계획하였다. 이 영업양도는 1977년 설립된 M사를 통해 1977년부터 1980년까지 이루어졌는데, 이 M사는 Rozenblum이 그 발행주식의 30%를 보유하면서 이사로 재직 중이며, 나머지 주주는 그의 친척들로 이루어진 회사이다. 또한 그 사이 H-M사는 A-G사의 일부로부터 자금지원과 채무보증도 받고 있었다. 이로써 H-M사로 이전된 재산 총액은 약 3년간 1,150만여 프랑에 달하였다.

이에 Rozenblum은 자신이 이해관계를 가진 회사를 위해 A-G사의 이익에 반하여 회사 재산을 이용하였다는 이유로, 회사재산남용죄로 기소되었다. Rozenblum은 상기 영업재산의 양도와 자금 지원 등의 사실에 대해서는 다투지 않고, 다음과 같이 그 거래의 정당성을 주장하였다. 즉, A-G사와 H-M사는 "Rozenblum 그룹"이라는 견고하게 이루어진 경제적·재정적 통일체를 구성하고 있으므로 본건 거래는 정당화된다고 주장하였다.[262]

262) 清水円香(2010), 454-455면; 정진세(2015), 135면에 소개된 판례의 사실관계를 정리한 것이다.

2) 법원의 판단

a) 원심

제1심과 항소심은 다음과 같은 이유로 Rozenblum의 주장을 인정하지 않고, 회사재산남용죄가 성립한다고 판시하였다. 즉, A-G사와 H-M사와의 사이에는 경제적 단일체라고 인정할만한 아무런 실체관계가 존재하지 않는다는 점, A-G사는 H-M사의 당장 위급한 상황을 면하기 위하여 아무런 약정 없이 매번 요청에 따라 자금지원 또는 채무보증을 하고 있었던 점, 심지어 A-G사 역시 은행으로부터 차입하여 지원을 해줘야 할 만큼 자금사정이 어려웠음에도 무리한 자금지원을 감행하였다는 점을 들고 있다.[263]

b) 대법원

대법원은 여기에 더하여 Rozenblum이 법률상 또는 사실상 이들 회사의 정점에 있었던 점을 제외하고는 그룹이 존재한다고 볼 수 있는 성질의 법적 구조는 어디에도 존재하지 않고, 그룹의 존재는 각 회사의 계산서류가 같은 담당자에 의해 관리되고 있었다는 점만으로는 인정되지 않는다고 하였다. 또한 법원은 Rozenblum이 행한 회사 재산의 이용은 회사의 이익에 반하는 것이고, 공통의 목적을 실현하기 위해 충분히 심의가 이루어진 재정적·경제적 정책 실현으로도 볼 수 없으며, Rozenblum의 행위는 그 자신의 이익, 즉 그 자신이 이해관계를 가진 회사를 유지하기 위한 것이므로 회사 재산 이용행위가 정당화될 수 없다고 하면서 항소법원의 결정을 인용하였다.

그러면서 방론으로, "…1966년 7월 24일 법 제425조 4항[264] 및 제437조 3항[265]의 규정의 적용을 면하기 위해서는 어떤 회사의 사실상 또는

263) 清水円香(2010), 455면.

264) 현행 프랑스 상법 제L241-3조 4호.

265) 현행 프랑스 상법 제L242-6조 3호.

법률상 이사가 직·간접적인 이해관계를 가진 동일 그룹 내 회사에 대한 재정지원을 행할 때에는 이 그룹 전체를 위해 수립된 정책을 통해 평가된 경제적·사회적·재정적 공통의 이익을 위하여 지시된 것이어야 하고, 반대급부를 결하거나 여러 관계회사 각각의 부담간 균형을 깨뜨려서는 안되며, 부담을 떠안은 회사의 재정 능력을 초과해서도 안 된다."고 하면서 그룹이익을 위한 판단이 법적으로 승인될 수 있음을 암시하였다.[266] 본건에서는 이러한 요건이 충족되지 않았기 때문에 상고는 기각되었다.

(3) 소위 Rozenblum 원칙의 확립

Rozenblum 판결은 일정한 요건 하에서 회사재산남용죄가 성립되지 않는다고 한다. 그 요건을 정리하면, ① 기업집단이 존재할 것, 해당 행위가 ② 그룹 전체를 위해 수립된 정책을 통해 평가된 경제적·사회적·재정적 공통의 이익을 위한 것일 것, ③ 반대급부를 결하거나 여러 관계회사 각각의 부담 간 균형을 깨뜨리지 않을 것, ④ 부담을 떠안은 회사의 재정 능력을 초과하지 않을 것이라고 할 수 있다. 이는 이사의 그룹이익 추구행위의 정당화 요건을 제시한 것으로서 소위 "Rozenblum 원칙"이라고 한다.[267]

Rozenblum 판결 후 프랑스의 다수의 대법원 판결이 이 Rozenblum 원칙에 따르고 있으며,[268] 이 원칙은 그룹이익을 고려한 이사의 행위의 적법성 판단기준으로서, EU 차원에서도 취하고 있는 입장이기도 하다. 이하에서는 Rozenblum 판결이 제시한 각 요건의 구체적인 내용을 검토한다.

---

266) 齋藤眞紀(2009), 386면.

267) "Rozenblum Doctrine"이라는 용어를 사용한다. 예: Forum Europaeum(2000), p. 203.

268) 대법원 판결로는 Cass. crim. 20 mars 2007, n° 05-85253; Cass. crim. 10 févr. 2010, n° 09-83.691가 있다.

1) "그룹"의 존재

②-④의 전제로서 기업집단이 존재하여야 한다. Rozenblum 판결은 어떤 형태의 기업집단이 정당화 사유의 전제가 되는 그룹에 해당하는지를 명시하고 있지 않지만, 하급심 판결과 다른 대법원 판결, 그리고 학설의 논의를 종합해 보면 그 기준을 찾을 수 있다.[269]

법원은 "비인위적으로(bases no artificielles) 견고하게 형성된 기업집단"인 경우, 정당화 사유의 기초가 되는 "그룹"의 존재를 인정한다.[270] 채무면탈을 위해 회사의 재산을 다른 회사에 이전하고 여러 회사로 분리시킴으로써 기업집단이 생겨난 경우,[271] 다른 회사를 인수하기 위한 자금조달을 위해 설립된 SPC가 그 회사와 일시적으로 자본관계를 형성하는 경우와 같이 그룹을 형성함으로써 보다 효율적인 경영을 하려는 목적을 가지지 않고, 형식적으로 여러 회사가 집단을 형성하고 있는 것에 지나지 않는 것은 "비인위적으로 견고하게 형성된 그룹"에 해당하지

---

269) Trib. Corr. Paris, 16 mai. 1974, Rev.soc. 1975, p. 657; Cass. crim. 23 mai 2002, n° 01-85.746; Cass. crim. 8 avril 1999, n° 98-81.756; Cass. crim. 9 déc. 1991, n° 91-80.297.

270) 파리 형사지방법원 11부 1974. 5. 16일 선고, 일명 'Willot 판결'의 판시 사항이다(Trib. Corr. Paris, 16 mai. 1974, Rev.soc. 1975, p. 657). '회사이익에 반하는 행위'라는 법적 개념을 어떻게 '그룹의 전체적 정책에 합치하는 또는 불합치하는 행위'로 바뀌어야 하는지 명시한 중요한 판결이다. 행위의 정당화를 위해서는, ① 실제로 비인위적으로 견고하게 형성된 집단인지, 그리고 이를 구성하는 다양한 요소들이 개별 소속 회사들의 목적을 일시적으로 대체할 수 있는 그룹 전체의 목적 실현에 협력하는지, ② 그룹 소속 회사에 요구된 희생이 그 이사의 개인적 이익이 아니라 그룹의 균형을 유지하기 위하여 또는 일관된 전체적 정책의 수행을 위한 것인지, ③ 이러한 희생이 충분한 반대급부 없이 또는 당해 회사의 진정한 능력 밖이어서 장래 주주들과 채권자들에게 해로운 중대한 어려움을 겪게 하는지를 검토해야 한다(정진세(2015), 141-142면). Rozenblum 판결은 이 Willot 판결이 제시한 요건들을 그대로 승인한 최초의 대법원 판결이라고 평가된다(清水円香(2010), 454면).

271) Boursier(2005), p. 285.

않는다고 한다.[272)]

한편 "비인위적으로 견고하게 형성된 집단"에 해당하기 위해서는 다음과 같은 요건을 충족시킬 필요가 있다.

첫째, 그룹 "공통의 이익(intérêt commun)"을 추구하여야 한다. 회사들은 공통이익을 실현하기 위하여 기업집단을 형성한다. 각 회사의 이익이 회사재산남용죄가 보호하는 가치인데 반하여, 공통이익은 이 회사 이익의 신축성 있는 파악(회사 이익의 일시적 양보)을 정당화하는 반대가치(contre-valeur)이다.[273)]

둘째, 각 구성회사가 "재정적인 관계(liens financiers)"를 가지고 있어야 한다. 예를 들어, 대법원은 부담을 떠안은 회사와 이익을 향유하는 회사와의 사이에 지분보유에 의한 출자관계(lien en capital)가 있음을 근거로 "그룹"의 존재를 인정하였다.[274)]

당시 회사가 연결계산서류를 작성[275)]하고 있다는 점은 당사 회사 간의 재정적 관계의 존재를 인정하는데 유리하게 작용하는 것은 분명하다. 그러나 회사재산남용죄의 책임을 추궁 받은 피고인이 자신이 속한 회사와 그 재산의 이용으로 이익을 받은 회사가 연결계산서류를 작성하고 있다는 것을 이유로 회사 재산의 이용을 정당화하는 "그룹"의 존재를 주장한 사건에서, 연결계산서류의 작성은 회사 집단의 존재를 추정하지만, 본 사안은 양 회사의 이사인 피고인이 한 회사의 이익을 위해 다른 회사를 희생시키는 행위를 함에 있어, 그 행위가 전체적인 계획이나 경제적 정당성도 없이 그 때의 상황에 따라 각 회사의 회계상 존재하는 혼란을

272) Cass. crim. 23 mai 2002, n° 01-85.746.

273) 정진세(2015), 142-143면.

274) 본 사안에서는 회사간에 아무런 자본관계가 없으므로 피고인은 그룹의 존재를 주장할 수 없다고 판시하였다(Cass. crim. 8 avril 1999, n° 98-81.756).

275) 프랑스에서도 회사가 하나 또는 수개의 다른 기업을 배타적으로 또는 공동으로 지배하거나 현저한 영향력을 미친 경우에는 연결계산서류를 작성하도록 되어있다(프랑스 상법 제L233-16조).

틈타 이루어졌고, 이 회사들의 절망적 상황이라는 현실을 숨기기 위한 것이었다는 이유로 연결계산서류를 작성하고 있는 것만으로는 회사재산의 이용을 정당화하는 "그룹"의 존재를 인정하기에는 충분하지 않다고 판시하였다.[276] 따라서 회사재산남용죄의 요건을 충족하고, 정당화 사유도 존재하지 않으므로 피고인에 대해 회사재산남용죄의 성립을 인정하였다.

셋째, 그룹을 구성하는 회사 사이에 "업무의 상호보완성(complémentarité des activité)"이 존재하여야 한다. 그룹내 회사들의 업무가 긍정적인 방향으로든 부정적인 방향으로든 서로 영향을 주며 상호 연관되어 있어야 함을 의미한다.[277][278]

이러한 입장에 따르면 그룹 형성의 목적이 제품 공정이나 제조 라인의 총괄을 목적으로 한 경우(수직계열화)에는 "기업집단"의 존재가 인정되기 쉬워지는 반면, 다른 종류의 사업을 하는 회사로 구성된 경우(수평계열화 또는 다각화)는 "기업집단"의 존재가 인정되기 어렵게 된다.[279]

마지막으로, Rozenblum 판결에서는 Rozenblum이 법률상 또는 사실상 이들 회사의 정점에 있었던 점을 제외하고는 그룹이 존재한다고 볼 수 있는 성질의 법적 구조는 어디에도 존재하지 않는다고 판시하고 있다. 그룹의 최정점에서 1인이 지배하는 형태의 "1인 지배 그룹(le groupe unipersonnel)"의 경우에는, 회사재산남용죄를 면하기 위한 "그룹"의 존재

276) Cass. crim. 9 déc. 1991, n° 91-80.297.

277) Forum Europaeum(2000), p. 199.

278) Rozenblum 판결의 제 1심 판결인 1983년 4월 29일 파리 법원의 판결은 "그룹의 여러 회사들 사이의 경제적 단일체(unité économique)는 이 경제적 구조를 구성하는 회사들의 활동의 상호보완성에 의하여 나타낼 수 있어야 한다"라고 판시하면서, 본 사안에서는 재산을 이용당한 회사는 부동산 개발·건설업을 하고, 이익을 향수한 회사는 가구판매업, 신발제조업, 미용업, 여행업 또는 인쇄업을 하고 있었으므로 업무의 상호보완성이 없어 경제적 단일체라고 볼 수 없다고 판시하였다. 따라서 "그룹"의 존재를 인정하지 않았다. 정진세(2015), 136면.

279) 清水円香(2010), 460면.

가 인정되기 위해서는 1인 지배가 회사 사이에 존재하는 유일한 관계여서는 안되고, 그 외에 재정상 관계 등 다른 관계가 존재하는 경우에만 그룹의 존재가 인정되는 것으로 해석된다.[280] 다른 출자자의 통제가 아닌 한 사람에 의한 통제가 이루어지는 1인 지배 그룹의 경우에는 회사재산남용죄의 배제를 위해 기업집단 형태가 악용될 우려가 크기 때문이다.[281]

2) 일관된 그룹정책

Rozenblum 원칙은 정당화 요건으로 전체 그룹을 위해 책정된 그룹정책이 존재하고,[282] 회사 재산의 이용이 그룹정책에 비추어 인정되는 것임을 요구한다. 이러한 일관된 정책은 그룹을 구성하는 다양한 회사들의 업무영역을 설정하고, 조정하며, 육성함을 목표로 한다.[283]

그룹정책이 그룹이익추구행위에 대한 허용의 전제가 되기 위해서는 통일성·일관성을 가지고 있어야 한다.[284]

학설과 판례는 일관된 그룹정책을 누가 작성하고 결정해야하는지에 대하여 명확한 해답을 제시하고 있지는 않다.[285] 지배회사의 이사가 그 중추적인 역할을 하는 것은 분명하지만 그것만으로는 충분하지 않다.[286] 그룹정책은 그룹을 구성하는 회사의 이사회 또는 주주총회의 결의를 거

---

280) Boursier(2005), p. 288.

281) Boursier(2005), p. 288.

282) 그룹정책이 존재한다는 것은 그룹 구조에 경제적 통일성을 부여하는 경영의 집중이 있다는 것을 보여주는 것이므로, 회사재산 이용에 대한 정당화의 근거가 될 수 있는 그룹 구조와 그렇지 않은 그룹 구조를 구별하는 데 기여할 수 있다.

283) Forum Europaeum(2007), p. 199.

284) 전체적인 계획에 의하지 않고, 그때그때의 상황에 따라 거래를 행한 경우에는 그 거래의 전제가 되는 그룹정책은 존재하지 않는다고 한다. Cas. Crim. 4 févr. 1985, n° 84-91.581; Cass. crim. 9 déc. 1991, n° 91-80.297.

285) Forum Europaeum(2007), p. 200.

286) Forum Europaeum(2007), p. 200.

쳐야 한다.[287] 프랑스 대법원 판례 중에는 회사 재산을 이용하는 거래를 모두 회사의 업무집행자인 피고인이 결정한 사안에서, 해당 회사의 이사회 또는 주주총회에서 결정된 정책이 존재하지 않기 때문에 정당화 사유를 인정하지 않는다고 판시한 것도 있다.[288]

3) 반대급부의 존재·부담간의 균형성

Rozenblum 판결은 그룹이익을 위한 행위가 적법하기 위해서는 "반대급부를 결하거나 여러 관계회사 각각의 부담간 균형을 깨뜨리지 않을 것"을 요구한다. 따라서 당사자 중 하나의 회사가 일방적으로 불이익을 받는 거래는 손실이 어떠한 형태로든 보전되지 않는 한 정당화될 수 없다.

이 부분은 독일 주식법상 사실상 콘체른에서 불이익 보상 제도와 비교하면 이해가 쉽다. 먼저 사실상 콘체른 대한 불이익 보상 제도와 프랑스 Rozenblum 원칙은 그룹을 구성하더라도 개별 회사로서 경제적 독립성을 가진다는 접근방식을 기초로 하면서,[289] 그룹 전체의 이익을 위해 특정 그룹 구성 회사에게 불이익한 조치를 하려면 그 불이익이 보상되어야 한다는 점에서는 유사하다.[290]

반면 다음과 같은 차이점이 존재한다. 첫째, 독일 주식법에서는 불이익의 보상은 원칙적으로 동일한 사업연도 내에 이루어질 것이 요구된다.[291] Rozenblum 원칙은 이러한 시간적인 제한을 부과하지 않고 회사가 부담하는 손실은 장기적인 그룹정책 범위에서 보상되면 된다.[292]

둘째, 독일 주식법에서는 종속회사의 손실은 개별적으로 구체적인 이익으로 전보되어야 하며, 지배회사에 종속하거나 콘체른에 귀속하는 것

287) 清水円香(2010), 461-462면; 정진세(2015), 144-145면.
288) Cass. crim. 23 avril 1991, n° 90-81.444.
289) Forum Europaeum(2007), p. 199.
290) Forum Europaeum(2007), p. 203.
291) Habersack(2019), § 311 Rn. 62.
292) Forum Europaeum(2007), p. 204.

자체에 따른 시너지 효과는 개별 회사의 손실을 정당화하지 않는다고 해석되고 있다.[293] 이에 반하여 Rozenblum 원칙은 개별 거래를 떠나 그룹 전체로 시야를 넓혀 반대급부의 존재·부담간의 균형을 파악하며, 그룹에 소속되어 있다는 사실 자체로부터 발생하는 이익에 의한 보상도 인정한다.[294] 한편, 보상이 불이익한 지시를 한 회사(예를 들어, 지배회사)가 아닌 제3자(예를 들어, 그룹 내 다른 회사)에 의해 이루어지는 것이 해석상 허용되고 있다는 점은 양국 모두 공통이다.[295]

셋째, 독일 주식법에서는 종속회사의 소수주주가 지배회사의 부당한 영향력 행사를 입증하기 쉽게 하기 위하여 당해 회계연도의 지배회사와 종속회사 간에 이루어진 행위나 지배회사에 의한 불이익 지시가 기재된 종속보고서의 작성이 종속회사 이사의 의무로 되어있으나, 프랑스법은 이러한 제도를 가지고 있지 않다.

4) 부담이 회사의 재정능력을 초과하지 않을 것

마지막으로 Rozenblum 원칙은 해당 거래가 부담을 떠안은 회사의 재정능력을 초과하지 않을 것을 요구한다. 회사재산남용죄의 정당화 사유를 인정하는 실익은 그룹 내 개별 회사를 위험에 빠뜨리는 것을 정당화하는 것이 아니라, 그룹 내 회사의 이익을 유연하게 정의하여 그룹 경영의 현실을 고려하려는 것이기 때문이다.[296]

(다) 이탈리아

이탈리아의 2004년 개정 회사법 제2497조는 프랑스의 Rozenblum 원

293) Habersack(2019), § 311 Rn. 62.

294) Cozian et al.(2010), pp. 1483-1486, 1490; Pariente(2007), pp. 321-330; Boursier (2005), p. 273; Hopt(2015), pp. 18-19.; Forum Europaeum(2007), pp. 200-201.

295) Habersack(2019), § 311 Rn. 62.

296) Boursier(2005), p. 309.

리를 성문법규화 한 가장 대표적인 사례라고 평가 받는다.[297] 이에 관하여 살펴본다.

(1) 책임의 면제-보상적 이익

이탈리아 민법 제2497조 제1문 단서는 지배회사의 지시와 조정의 활동으로 종속회사에 손해(danno)가 발생하였지만, 지시와 조정의 효과를 전체적 결과(risultato complessivo)에 비추어 본 결과 손해가 상쇄되었거나(이익과 손해의 상쇄), 특별히 손해 제거를 위한 조치(operazione, 별도의 보상조치)의 결과로서 손해가 완전히 제거된(integralmente eliminato) 경우에는 배상책임은 발생하지 않는다고 규정한다.

Rozenblum 원칙의 세 가지 요건, 즉 ⅰ) 기업집단 구조의 확립은 지시와 조정의 관계로, ⅱ) 일관된 경영전략 추구는 지시와 조정의 내용을 상세히 공시하는 것으로, 그리고 ⅲ) 이익과 부담의 균형은 보상적 이익의 존재로 구체화한 것이다. 따라서 이러한 조건 하에서 지배회사 이사가 종속회사에는 불리하지만 그룹 전체를 위한 지시를 하고 종속회사 이사가 이에 따라 종속회사에 불이익한 행위를 하더라도 종속회사 이사는 예외적으로 책임이 성립하지 않도록 하는 것이 가능하다.

2004년 개정 이전부터 이미 이탈리아에서는 기업집단에 이익이 되지만 종속회사를 해하는 행위나 거래라도 그룹에 소속함으로써 얻는 이익으로 상쇄될 수 있다고 해석하는 판례 법리("보상적 이익의 이론(teoria dei vantaggi compensativi, theory of compensatory advantages)"이라고 불린다)가 존재하였고, 이탈리아 민법 제2497조의 규정은 이 보상적 이익의 이론을 명문화한 것이라고 이해하는 것이 일반적이다.[298] 즉, 기업집단에 속함으로써 얻는 이익과 불이익을 서로 상쇄시킨다는 접근방식으로, 기업집단 구성 회사를 개별적으로 고려하는 것에서 나아가, 기업집단 전

297) Cariello(2006), p. 337; Kousedghi(2007), p. 221.
298) Cariello(2006), pp. 331-333; Kousedghi(2007), p. 221.

체 이익을 파악하는 사고방식이다.[299)]

그렇다면 불이익에 상응하는 보상적 이익은 어떻게 얻어져야 하는지가 문제 된다. 판례는 기업 그룹에 소속하는 것 자체만으로는 아직 이익으로는 생각할 수 없지만, 그렇다고 회사에 손해를 주는 행위로부터 직접 발생하는 "이익"만이 보상 효과가 있는 이익이라고 보는 것도 아닌 것 같다. 이 중간을 목표로 하여 합리적으로 기대할 수 있는 간접적인 이익을 고려하는 것이라고 분석되고 있다.[300)] 한편 이탈리아 민법 제2497조 제1문에서도 특정한 "행동(acto)"이 아닌 지시와 조정의 "활동(attività)"의 "전체적 결과"를 문제 삼고 있기 때문에, 고려할 수 있는 보상적 이익의 범위는 회사에 손해를 주는 행위로부터 직접 발생하는 이익보다는 넓게 파악해야 하는 것으로 본다.[301)] 증명책임에 관해서는, 지배회사의 행위로 인해 손해가 발생했다는 것은 종속회사(원고)가, 행위로 야기될 수 있는 긍정적인 영향이 회사의 손해를 보상하기에 충분하다는 것 즉, 보상적 이익의 존재에 대해서는 지배회사(피고)가 입증토록 하는 것이 판례의 태도이다.[302)]

보상 효과가 있는 "이익"의 시적 범위와 관련하여, 기존의 보상적 이익 이론은 보상 효과가 있는 이익이 발생하는 시적 한계에 대해서 특별한 제한을 하지 않는다고 해석되고 있었다.[303)] 그런데 이탈리아 민법 제2497조

299) 따라서 독일법이 아닌 프랑스의 Rosenblum의 원칙에 상응한다는 평가를 받는 것이다(Kousedghi(2007), p. 221; Cariello(2006) p. 337; 早川勝(2009), 15면).

300) 早川勝(2009), 16면. 이탈리아 민법 제2497조는 지배회사의 주주에 대한 책임을 인정하고 명문의 규정으로 인정하고 있다는 점에서 형식적으로는 독일 주식법과 유사하다. 그러나 독일 주식법은 지배회사에 종속하거나 콘체른에 귀속하는 것 자체에 따른 시너지 효과는 개별 회사의 손실을 정당화하지 않고, 종속회사의 손실은 개별적으로 구체적인 이익에 의해 전보되어야 한다고 하고 있는데 반해, 이탈리아는 그 중간에 해당하는 이익에 의한 전보도 가능한 것으로 보아 독일보다는 조금 더 유연한 해석을 하고 있다.

301) Cariello(2006), p. 339.

302) Cariello(2006), p. 332.

가 전체적인 "결과(risultato)"를 요건으로 하고 있는 이상, 이미 발생한 이익만을 문제 삼아야 하는 것인지, 합리적으로 예측 가능한 이익도 고려해도 좋다고 해석해야 하는 것인지가 문제 된다. 보상으로 고려할 수 있는 이익이 전자는 이미 생긴 것에 한정되는 것에 반해, 후자는 장기적으로 발생할 수 있음에 불과한 것이라도 상관없다는 것이 되기 때문이다.

이 점에 관하여 이탈리아 민법 제2497조의 도입으로 종전의 법 상황("보상적 이익 이론")이 기본적으로 변경되는 것이 아님을 전제로 한다면, 종래 법원이 제시한 내용은 이탈리아 민법 제2497조의 규정의 해석에도 영향을 미칠 수 있다고 보아, 보상 효과가 있는 이익이 발생하는 시적 한계에 대해서 특별한 제한을 하지 않는다고 해석하는 견해가 있다.[304)]

(2) 공시의무

이탈리아 민법은 기업집단과 관련한 공시의무를 강화하고 있다. 특히 지시와 조정 관계가 성립되면, 종속회사는 회사의 공부에 지배회사에 관한 사항을 기재하고, 회사 등기부에 지배회사와 종속회사 관계임을 밝혀야 한다. 또한 거래시 상대방에게 이를 고지하여야 한다(이탈리아 민법 제2497-2조 제1문). 이를 위반한 종속회사의 이사는 잘못된 정보로 인해 야기된 주주 또는 제3자의 손해에 대해 배상책임을 진다(이탈리아 민법 제2497-2조 제2문). 또한 종속회사는 매년 재무제표에 지배회사의 최근 재무제표상의 중요한 사항을 요약하여 첨부하여야 한다(이탈리아 민법 제2497-2조 제3문).

종속회사의 이사 연차보고서에는 종속회사와 지배회사 간 또는 종속회사와 지배회사의 지배를 받는 다른 회사 간의 거래 등을 기재하고 이러한 거래가 종속회사의 사업에 미칠 영향도 기재하여야 한다(이탈리아 민법 제2497-2조 제4문). 이 연차보고서는 독일의 사실상 콘체른에 적용

303) Cariello(2006), pp. 334-335.
304) Cariello(2006), pp. 333-335.

되는 종속보고서와 유사한데, 차이점은 공개된다는 것이다. 종속회사가 지배회사의 실질적인 영향력 하에 어떤 결정을 내리게 된 경우에는 관련 이해관계와 그러한 결정에 이르게 된 이유를 함께 공시하여야 한다(이탈리아 민법 제2497-3조). 이것은 보상적 이익의 존재 여부에 대한 손해배상 소송에서 결정적인 입증 자료의 역할을 한다.[305)]

(라) EMCA

(1) 그룹이익의 인정

EU 내에서 그룹이익 개념을 인정하는 회원국이 늘어나자,[306)] EMCA에서도 따로 그룹이익 개념을 인정하기 위한 입법적 시도를 하게 된다. 그룹에 관한 것은 EMCA 제15장에서 규율하고 있는데, 그 중 제16조(그룹의 이익)의 내용은 다음과 같다.[307)]

> (1) 지배회사의 지시여부와 관계없이 종속회사의 경영진이 종속회사의 이익에 반하는 의사결정을 하더라도 다음의 조건을 충족하는 경우에는 신인의무 위반으로 보지 않는다.
>
> (a) 그 결정이 그룹 전체의 이익을 위한 것일 것, 그리고
>
> (b) 종속회사 경영진이 입수가능한 정보를 바탕으로 선의로 행위하면서 그 손실/손해/불이익(loss/damage/disadvantage)이 합리적 기간 내에 이득/수익/이익(benefit/gain/advantage)으로 상쇄될 수 있을 것이라고 합리적으로 상정할 수 있을 것, 그리고
>
> (c) 그 손실/손해/불이익은 회사의 존속 자체를 위협하는 것이 아닐 것.

305) Fasciani(2007), p. 222.

306) 그룹이익을 실정법상 인정하는 나라는 이탈리아(2004), 체코(2014), 헝가리(2014), 스페인(2014)이 있고, 판례법상 인정하는 나라로는 프랑스, 아일랜드, 네덜란드, 벨기에, 폴란드, 룩셈부르크, 덴마크, 스위스, 에스토니아 등이 있다(Club des Juristes(2015), p. 27 이하).

307) EMCA(2017), p. 385.

(2) 종속회사가 완전종속회사인 경우, (1)(b)는 적용되지 않는다.

(3) 종속회사의 경영진은 (1)의 요건을 충족하지 않는 경우 지배회사의 지시를 거절할 수 있다.

(2) 그룹이익의 개념

제16조는 제9조(종속회사 경영진에 대한 지배회사의 지시권)에 대한 보충규정으로서의 성격을 가지며 "그룹이익"이라는 개념을 인정하는 근거규정이다.[308] 이 규정은 지배회사가 지시권을 행사하거나 종속회사 이사가 이러한 지시권에 따라 행위를 할 때 법적 확실성을 제공하는 기능을 한다.[309]

다만 제16조는 "그룹이익"의 정의에 관해서는 규정하지 않는다. 그 이유는 그룹에서 이루어지는 거의 무한하고 다양한 상황들을 반영한 충분한 정의를 하기 매우 어렵기 때문에, 사안에 따라 법원이 결정할 수 있도록 하기 위해서이다.[310] 정의규정이 없기 때문에 법원은 제16조를 다소 유연하게 적용할 수 있게 되고, 이것은 소수주주 또는 채권자에 대한 추가적인 보호장치로서의 역할을 하게 될 수도 있다.[311]

(3) 그룹이익 인정의 요건

제16조는 Rozenblum의 원칙의 영향을 받았지만, 더 단순화된 요건을 규정하고 있다.[312] 그동안 프랑스 Rozenblum의 원칙에 대해서는 그 요건

308) EMCA(2017), p. 386.

309) EMCA(2017), p. 386; Reflection Group(2011), p. 60.

310) 이 방법은 불확실성이 존재하지만 그것은 제한적일 것이다. 회사가 파산을 신청하지 않는 한, 법원은 이사의 의사결정을 사후에 판단하지 않으려는 경향이 있기 때문이다(EMCA(2017), p. 386; Reflection Group(2011), p. 60).

311) EMCA의 접근 방법은 여러 나라 회사법에서 회사의 "사회적 이익(social interest)"을 정의하지 않은 것과 유사한 이유라고 설명한다(EMCA(2017), p. 386; Reflection Group(2011), p. 60).

이 모호하고 충족해야할 것도 많아 성공적인 적용을 예측하기 힘들다는 비판이 존재해 왔다.[313] 따라서 EMCA 제16조는 비인위적으로 견고하게 형성된 그룹의 존재에 관한 요건을 제외시킨다.[314] 그룹 경영의 유연성을 제공하고, "비인위적으로 견고하게 형성된"이라는 개념에 대한 엄격한 사법적 해석으로 인해 그룹이익 인정을 제한하는 것을 막기 위해서이다.[315]

(4) 그룹이익의 인정과 지배회사의 지시권

제16조 제1항은 요건이 충족된 경우, 종속회사 이사가 그룹이익을 위해 종속회사의 이익에 반하는 결정을 하더라도 그 종속회사 이사를 종속회사에 대한 책임으로부터 면제시키고 있다. 그런데 과도한 배당이라든가 고위험의 계열회사에 대한 보증과 같이 특별히 종속회사의 이익에 막대한 손해를 줄 수 있는 지시가 이루어진 경우 그룹이익과 관련하여 문제가 발생할 수 있다.[316] 제1항의 요건이 충족되지 않는 경우에도 종속회사 이사는 지배회사의 지시에 구속되는지의 문제인데, 제3항에서는 그러한 경우 종속회사 이사는 지배회사의 지시에 따르지 않아도 되는 것으로 규정하고 있다. 종속회사 소수주주와 채권자의 이익이 보호되어야 하기 때문이다.[317]

2. 소수주주가 존재하지 않는 경우

소수주주가 존재하지 않는 완전지배·종속관계에 있는 기업집단에서는 소수주주 보호 장치를 따로 마련하지 않아도 그룹이익을 추구할 수

312) EMCA(2017), p. 386.
313) EMCA(2017), p. 386.
314) Reflection Group(2011), p. 60; EMCA(2017), p. 387.
315) Conac(2016), p. 312.
316) Conac(2016), p. 312.
317) Conac(2016), p. 313.

있다. 영국, 호주, EMCA에서는 이에 관한 규정이 존재한다.

(가) 영국

영국은 기업집단에 대하여 전통적으로 법인격 독립의 원칙을 고수하는 나라이지만, 그렇다고 이것이 종속회사 이사가 그룹 전체의 이익을 고려하는 의사결정을 할 수 없다는 의미는 아니다.[318]

완전종속회사가 지배회사나 동일한 지배를 받는 다른 완전종속회사와 중요한 재산거래를 할 때에는 주주총회 승인도 요하지 않는 특칙이 존재한다.[319] 지배회사와 종속회사 간 거래에 승인규정을 두는 이유는 지배회사와 종속회사 간의 거래는 종속회사 이사 자신과 종속회사와의 거래와 같은 정도의 이해상충 문제가 발생할 수 있기 때문인데, 완전지배·종속회사 간, 완전종속회사 상호 간의 거래에는 그러한 이해상충 우려가 없다고 보기 때문이다.[320] 따라서 완전지배·종속회사 간, 완전종속회사 상호 간의 거래 시 지급능력이 있는 완전종속회사의 이사는 회사의 잠재적 거래의 이익을 산정할 때 지배회사 또는 그룹의 이익을 고려할 수 있게 된다.[321]

(나) 호주

호주는 유럽에 속해 있는 나라는 아니지만, 완전종속회사 이사의 지배회사 이익 추구를 명문으로 인정하고 있기에 간단히 소개한다.

먼저 호주는 영국과 마찬가지로 기업집단에 대하여 법인격 독립의 원칙을 고수하는 나라이다. 2015년 Australasian Annuities v. Rowley Super Fund 판결에서도 이사는 자신이 속한 회사에 대해서 그 회사의 이익을

---

318) Yasui(2016), pp. 10-11.
319) 2006년 영국 회사법 제192조.
320) Davies(2012), § 16-123.
321) Club des Juristes(2015), p. 42; 천경훈(2016), 34-35면.

위해 행위 할 의무를 부담할 뿐, 그 의무를 그룹이익을 추구할 의무로 대신할 수 없다고 하면서, 그룹이익을 위해 행위 한 이사의 의무 위반을 인정하였다.[322)]

그런데 호주 회사법 제187조는 완전종속회사의 이사에게 지배회사의 이익을 위해 행위하는 것을 허용하는 규정을 마련하고 있어 관심을 끈다.[323)] 무조건 허용하는 것은 아니고 일정한 요건을 만족하는 경우, 완전자회사의 이사는 선의로(in good faith)[324)] 종속회사의 최대 이익을 위해(in the best interests of the company) 행위 한 것으로 간주된다. 그 요건은 다음과 같다.[325)] ⅰ) 종속회사의 정관에서 명시적으로 지배회사의 이익을 위해 행위하는 것을 승인하고, ⅱ) 이사가 선의로 지배회사의 최대 이익을 위해 행위하며, 이사가 행위 할 때 종속회사는 자력이 있어야 하고, ⅲ) 이사의 행위로 인해 도산상태에 이르지 않아야 한다. 세 가지 요건은 모두 만족되어야 한다.[326)] 따라서 제187조를 적용하기 위해서는 종속회사 이사에게 지배회사의 이익을 위해 행위하는 것을 허용하는 명시적인 조항이 들어가도록 종속회사의 정관을 개정해야 한다.[327)]

(다) EMCA

종속회사가 완전종속회사인 경우는 제16조 제2항 (b)의 요건은 충족하

---

322) Australasian Annuities Pty Ltd (in liq) v. Rowley Super Fund Pty Ltd[2015] VSCA 9.

323) Yasui(2016), p. 11.

324) 선의 여부는 객관적인 상황을 기준으로 판단한다. 객관적인 상황을 결하고 주관적으로만 선의였다는 것은 의미가 없다. 예컨대 특정 이사가 연임하는 것이 회사의 최대의 이익이라고 선의로 믿고, 그 이사의 연임을 위하여 회사의 경비를 지출한 경우, 특정 이사가 연임하는 것이 회사의 최선의 이익이라고 믿게 된 판단의 근거가 객관적이지 못하고 특정인의 조언에만 의지한 것이라면 선의의 요건에 부합하지 않는다(Austin/Ramsay(2015), p. 438).

325) PWC(2014), pp. 2-3; Yasui(2016), p. 11.

326) PWC(2014), p. 3.

327) PWC(2014), p. 3.

지 않아도 된다는 규정을 두고 있다. 완전종속회사의 경우에는 소수주주를 보호할 필요가 없으므로 회사의 존속 자체를 위협하지 않는 한 보상을 하지 않고도 그룹이익추구행위를 할 수 있음을 명문화하고 있다.[328)]

3. 시사점

그룹 경영에 있어서는 소수주주 보호를 고려함과 동시에 그룹 경영의 편익이라는 측면도 고려해야 할 필요가 있다는 관점에서, 그룹이익 항변을 인정할 수 있는지를 살펴보기 위해 비교법적 검토를 시도하였다.

검토 결과, 유럽을 중심으로 그룹이익 항변을 인정하는 추세에 있는데, 이를 인정하는 나라들도 무조건 인정하는 것은 아니고, 일정한 조건이 충족되어야만 한다. 즉, ⅰ)종속회사 소수주주 보호를 위해 종속회사의 손해를 보전할 장치가 마련되어 있거나, ⅱ) 아예 종속회사 소수주주 보호의 필요성이 없어야 한다.

ⅰ)에 관해서는 보상이라는 장치를 요구한다. 즉, 종속회사에 대한 손해가 보전되는 것을 조건으로만 그룹이익추구행위가 가능하게 되는데, 그 보상의 방법이나 정도에 있어서는 나라마다 차이가 있다.

먼저, 독일의 사실상 콘체른의 경우 종속회사에 대하여 불이익한 지시를 할 수 있는 요건과 절차를 미리 법으로 정해두고 있는데, 종속회사에 대한 불이익이 보상되는 것을 조건으로만 종속회사에 불이익한 조치를 할 수 있다. 그리고 그 불이익에 대한 보상은 매우 엄격하게 이루어져야 한다. 즉, 동일 사업연도 내에 개별 종속회사를 기준으로 그 종속회사가 입은 불이익과 동일한 보상이 이루어져야만 하고, 기업집단 전체의 관점에서 그룹에 속함으로써 얻게 되는 시너지 등을 고려해서는 안 된다.[329)]

328) Conac(2016), p. 312.

329) Hopt(2015), pp. 15-16.

이에 반하여 프랑스 Rozenblum 원칙은 엄격한 요건과 절차를 통해서만 종속회사 이사가 그룹이익추구행위를 할 수 있다는 것이 아니라, 일단 종속회사에는 손해가 되더라도 그룹 전체적으로 이익이 되는 행위를 한 후, 사후에 법원의 판단을 받게 되었을 때 그 책임이 성립되지 않는 기준으로서의 역할을 한다.[330] 그리고 이때 요건이 되는 보상도 독일과는 달리 그룹에 속함으로써 얻게 되는 시너지 등을 고려하는 등 그룹 전체적인 맥락에서 유연한 판단을 하고 있다.[331]

Rozenblum 원칙이 보상의 존재를 느슨하게 판단하는 대신에, 다음과 같은 고려를 하고 있는 점은 시사하는 바가 크다. ① 정당화 사유의 기초가 되는 "그룹"의 존재를 상세하게 심사한다. ② 그룹이익의 추구를 그룹정책에 따를 경우에 한해 허용한다. 이 그룹정책은 그룹 구성회사(종속회사) 이사회 또는 주주총회의 승인을 받아야 한다. 이들 기관에 의해 보상 가능한 이익이 한정되고, 보상 기간이 결정되어야 한다.[332] ③ 그룹의 정책에 대한 이사회의 승인이 있는 경우라도 그것만을 근거로 이사의 책임을 부정하는 것은 아니고, 당사자간에 상대방 회사의 이익을 위해 부담을 인수하는 것이 자사의 이익에도 연결되는 관계가 존재할 것을 요구한다. ④ 특히 법원에 의한 당사자간의 거래와 부담을 인수한 회사의 재정능력의 심사를 요구한다.

독일의 사전적인 엄격한 규칙 때문에 그룹이익 추구라는 실무의 요

330) 독일의 방식이 사전(ex ante)에 명확히 규칙(rule)을 정해 좋는 방식이라고 한다면, Rozenblum 원칙은 해당 사건이 사후(ex post)에 법원의 판단을 받게 되었을 때 책임을 면하는 기준(standard)을 정하는 방실이라고 할 수 있다(천경훈(2015), 54면).

331) Hopt(2015), p. 16.

332) 지배회사로부터의 독립성이 부족한 종속회사 이사회에 의한 승인은 이사의 개인적 이익의 추구를 배제하는 기능은 있더라도 지배회사의 이익만을 도모하는 행위를 배제하는 기능은 인정할 수 없고, 그 결의의 존재를 근거로 즉시 이사의 책임을 부정하는 것은 바람직하지 않아 보인다.

청은 한계에 부딪힐 수밖에 없다. 따라서 유럽 다른 나라들에서도 좀 더 유연하면서도 그룹 경영의 현실과 소속회사의 이해관계자 보호라는 양자를 고려할 수 있는 Rozenblum 원칙을 선호하게 된 것으로 보인다.

이탈리아 민법 제2497조 이하는 Rozenblum 원칙과 독일 콘체른법의 중간 정도에 위치하고 있다고 생각된다. 형식은 독일 주식법에 가까우면서도 Rozenblum 원칙에 영향을 받은 보상적 이익이라는 사후적 기준에 따라 그룹이익추구행위의 책임 성립 여부가 결정되기 때문이다.[333)]

EMCA는 Rozenblum 원칙의 요건마저도 복잡하고 엄격한 것으로 보아 그 요건을 유연하게 완화해서 받아들이고 있음을 알 수 있다. 대신 이러한 요건을 갖추지 못한 경우 종속회사 이사로 하여금 지시를 거절할 수 있음을 명시적으로 확인함으로써 소수주주 보호를 꾀하고 있는 것도 주목할 만하다.

ii)에 관해서는 아예 종속회사 소수주주 보호의 필요성이 없어야 하는 경우로는 종속회사가 완전종속회사인 경우를 들 수 있다.

영국이나 호주, EMCA는 완전종속회사가 자사의 이익이 아닌 지배회사 또는 그룹의 이익을 위해 행위하는 것을 허용하고 있다. 따라서 지배회사는 완전종속회사에 대하여 불이익한 지시를 할 수 있고, 이때 별도의 보상도 따로 필요 없게 된다. 다만, 그러한 불이익이 회사의 존속을 위협할 정도가 되어서는 안 된다는 점은 분명하다.

각국의 입법례를 통해 효율성의 관점에서 극대화된 지배회사 또는 그룹의 가치 중 일정 부분을 사후적으로 공평의 관점에서 종속회사 또는 종속회사 소수주주에게 분배하는 제도가 보장되어 있다면, 지배회사 이사는 종속회사의 이익을 희생시키지 않으면서도 지배회사 또는 그룹 전체의 이익을 추구하는 것이 가능함을 확인하였다.

기업집단 운영이 보편화된 상황에서 그룹 경영의 효율성과 소속회사

---

333) OECD(2012), p. 112.

의 주주 보호라는 양자를 고려해야 하는 한국에도 종속회사의 그룹이익 추구에 관한 각국의 위와 같은 기준, 특히 i)에 관한 Rozenblum 원칙과 그것을 따르는 각국의 입법, 그리고 ii)에 관한 입법은 시사하는 바가 매우 크다고 생각된다.

IV. 한국

한국에서도 그룹 경영의 효율성의 관점에서 그룹이익의 개념이 인정될 수 있는지 살펴본다. 즉, 그룹이익 개념의 인정에 대하여 한국 현행법, 학설과 판례는 어떠한 태도를 취하는지 검토하고, "그룹이익의 항변"이 인정해야 한다는 입장에서 그룹이익 개념 도입방안에 관하여 연구한다.

1. 현행법의 태도

주지하는 바와 같이 현행 우리 상법은 예외적인 몇 가지 규정을 제외하고는 기업그룹 자체에 관한 인식을 하고 있다고 볼 수 없으므로, 그룹이익이라는 개념도 인식하지 못하고 있다. 따라서 이와 관련한 규정도 존재하지 않는다.

2. 학설과 판례의 태도

(가) 학설

지금까지 한국 회사법 학계에서는 기업집단에 관한 규제는 개별 회사에 관한 규제와는 달라야 한다는 문제의식은 대부분 가지고 있었지만, 그룹이익 개념에 대해서는 관심이 많지 않았다. 기업집단에 대하여 법인격 독립의 원칙을 견지하고 있었기 때문에 당연히 그럴 수밖에 없었을 것이다. 따라서 그룹 전체의 이익을 위하여 종속회사에 불이익한 행위를 하는 종속회사 이사의 의무나 책임에 대해서는 거의 논의가 이루어지지 않았는데, 최근 그룹 운영 현실을 반영하여 기업집단 내에서 이루어지는 거래는 달리 볼 필요가 있다는 주장을 하는 논의가 조금씩 늘어나고 있다. 다만 그룹이익 개념을 인정하지는 않고 손익 판단을 여전히 종속회사를 기준으로 판단하되 그룹 경영의 현실도 고려하고 있는 견해와 그룹 전체의 관점에서 그룹이익을 고려할 필요가 있다는 견해로 나누어 볼 수 있다.

(1) 그룹이익 개념을 인정하는 견해

그룹 전체에 이익이 되고 궁극적으로 사회적 효용을 증대시키는 방향으로 의사결정을 하였음에도 당해 소속회사에 손해라는 이유로 이사들에 대하여 민형사상 책임을 부담시키는 것은 타당하지 않다는 주장이다.[334] 기업집단의 존재를 인정하고, 기업집단이 존재하는 이상, 그 기업집단이 집단으로서의 시너지를 창출할 수 있는 기회를 봉쇄하는 것은 바람직하지 않음을 지적한다.[335] 그룹의 부실계열회사 지원은 다른 계열회사들에게 실질적인 이익이 되는 경우가 있음은 물론 효율적인 구조조정을 통해 사회적 부를 증대시키는 행위이기도 하다는 점을 무시해서는 안 된다고 한다.[336]

한편 이 견해에 의하더라도, 그룹 전체의 이익은 회사의 이익이지 지

334) 송옥렬(2005), 227-257면; 문호준/김성민(2013), 59-77면. 다만 주주의 이해관계가 서로 얽혀 있는 경우에는 이를 적절하게 반영하여야 하며, 그 예로 한화사건의 제1심 법원이 시도한 바와 같이 배임죄의 재산상 손해 발생의 위험을 판단하는 기준을 구체화하여 예측 가능성을 제고하거나 민사상 손해배상책임에 대하여 기존의 손해배상책임 제한 법리를 보다 정교하게 발전시키는 방안과 Rozenblum 원칙을 도입하는 방안을 언급한다.

335) 김상조(2012), 93면.

336) 문호준/김성민(2013), 76면; 이창기(2013), 156-164, 184면.

배주주의 이익이 아니므로 지배주주 및 이사의 사익 추구와 관련된 손해 발생은 그룹이익 항변의 대상이 아님을 분명히 하고 있다.[337]

(2) 그룹이익 개념을 인정하지 않는 견해

이 견해에 따르면 기업집단 개념이 너무 모호하고 추상적이며, 기업집단의 유동성 때문에 그룹이익 자체도 유동적일 수밖에 없어 그룹이익 개념이 무엇인지 파악하기 어렵다고 주장한다.[338] 그룹 전체가 얻을 수 있는 이익은 행위 당시에 파악되지 않고, 시간이 지나야 알 수 있는 것이라는 것을 근거로 하기도 한다.[339] 또한 터널링의 위험성을 지적하기도 한다.[340] 결국 소수주주의 이익을 해할 위험이 크다는 것이다. 이 견해는 종속회사 이사가 지배회사의 이익 또는 그룹 전체의 이익을 우선하지 못한다고 보더라도, 종속회사는 장기적인 경영전략, 그룹의 일원으로서 누릴 수 있는 혜택 등은 고려할 수 있고, 이것들은 개별 기업의 손익으로 환원되어 분석되어야 한다고 주장한다.[341]

한편, 결국은 소수주주 이익이 문제가 되는 것이므로, 이 견해에 의하더라도 소수주주 이익을 보호할 필요가 없는 완전자회사 또는 폐쇄회사인 종속회사와의 관계에 있어서는 그룹이익 개념을 인정한다.[342]

(3) 검토

그룹 경영이 이루어지고 있는 현실을 고려하여 그룹이익 개념을 인정할 필요가 있다. 비교법적 고찰에서 알 수 있듯이, 그룹이익 개념을 인정한다고 해도 무조건 인정하는 것은 아니고, 여기에는 엄격한 조건이

337) 김상조(2012), 94면; 이창기(2013), 164면.
338) 노혁준(2005), 39면; 서정(2016), 170면.
339) 서정(2016), 170면.
340) 천경훈(2015), 63면.
341) 노혁준(2005), 39면; 서정(2016), 172면.
342) 천경훈(2015), 63면; 노혁준(2005), 39면.

따라온다. 따라서 한국에서도 구체적 타당성에 맞게 그룹이익 개념을 인정하되, 그 조건을 명확히 함으로써 행위자들에게 법적 확실성을 제공하는 것이 바람직하다고 생각한다. 경영판단의 원칙도 상당히 모호한 개념이지만, 판례의 해석을 통해 하나의 원칙으로 발전되게 된 것처럼 그룹이익 개념도 판례가 축적되고 다양한 논의가 이루어지다 보면 하나의 원칙으로 자리잡을 수 있게 될 것이다.

(나) 판례

(1) "그룹이익" 항변에 대한 법원의 태도

한국 판례는 기업집단을 법인격 독립의 원칙의 입장에 따라 회사의 손익은 개별 회사를 기준으로 판단하고 있음을 살펴보았다. 그런데 기업집단 내 계열회사 간 지원행위가 그룹 공동이익을 위해 합리적으로 이루어졌다면 업무상배임죄로 처벌할 수 없다는 대법원 판결이 나와 주목을 끈다.

SPP 판결의 내용인데,[343] 해당 판결에서는 합리적인 경영판단의 재량 범위 내에서 이루어진 경우라면 기업집단 내 공동이익을 위한 계열회사 사이의 지원행위도 허용될 수 있다고 하면서, 그 기준으로 다섯 가지를 제시하고 있다. 즉, i) 지원을 주고받는 계열회사들이 자본과 영업 등이 결합된 실체적인 관계에 있을 것, ii) 기업집단에 속한 계열회사들의 공동이익을 추구할 것, iii) 지원 계열회사의 선정 및 지원 규모에 대한 객관적·합리적 결정에 의할 것, iv) 정상적이고 합법적인 방법에 의한 지원행위일 것, v) 적절한 보상을 객관적으로 기대할 수 있을 것을 들고 있다.

판결은 위의 Rozenblum 원칙과 매우 유사함을 알 수 있다. 해당 판결

343) 대법원 2017. 11. 9. 선고 2015도12633 판결. 해당 판결에 대한 구체적인 사실관계, 판결 내용 및 평석에 대해서는 김신영(2018b), 1569-1616면을 참조하라.

ⅰ)의 기준은 Rozenblum 원칙 ①의 요건, ⅱ)의 기준은 ②의 요건, ⅲ)의 기준은 ④의 요건, ⅴ)의 기준은 ③의 요건에 해당한다. 대상 판결은 여기에 더하여 ⅳ) 정상적이고 합법적인 방법에 의한 지원행위 기준을 추가하고 있다. 이러한 기준들을 충족한 계열회사 사이의 지원행위에 대해서는 지원회사에 손해가 발생하였다 하더라도 지시 주체 내지 행위 주체의 배임죄 성립을 부정한다.[344]

(2) 검토

해당 판결은 그룹 경영의 효율성과 회사 이해관계자의 이익을 어떻게 조화시킬 것인가라는 물음에 대하여 Rozenblum 원칙을 원용하여 어떠한 경우에 그룹이익추구행위가 정당화될 수 있는지의 기준을 제시함으로써 그 해결을 시도한 최초의 판결이라는 점에서 의의가 있다.[345]

(다) 소결

(1) 기본입장

지배·종속회사 내지는 기업집단 단위로 경영이 이루어지는 현실에도 불구하고, 단기적으로는 개별 회사에 손해이더라도 그룹 전체의 이익을 위한 행위를 할 수 있는지에 대하여 명확한 기준이 없기 때문에 다음과 같은 문제가 발생할 수 있다. 정작 동반부실을 막기 위한 부실계열사 지원과 같이 때로는 그룹 전체의 이익을 위해 소속회사의 희생이 필요한 순간마저도 지배회사 이사와 종속회사 이사 모두 결정을 망설이고 방어

344) 김신영(2018b), 1601면.

345) 김신영(2018b), 1609면. 김신영(2018b), 1600면에서는 실제 그룹이익 항변의 요건은 기업집단의 형태나 지원의 방향에 따라 완화되기도 하고 엄격해지기도 한다는 점을 밝히고, 구체적으로 기업집단의 형태 및 지원의 방향에 따라 이해관계자들과 관련한 문제는 무엇이며 이에 따라 그룹이익 항변 인정 요건은 어떻게 달라지는지를 표로 정리해 두었다.

적인 경영행위를 할 우려가 있다. 또한 역으로 그룹 간 거래를 한 소속회사 이사들의 임무해태에 대한 책임회피의 수단으로도 악용될 수 있다. 이는 그룹 경영의 시너지를 해하는 요인으로 작용한다.

따라서 지배·종속회사 운영에 있어 구체적 타당성을 고려함과 동시에 법적 명확성을 기하기 위해, 그룹이익 개념을 인정하는 조문을 상법 회사편에 명문화할 필요가 있다.

그러나 이는 자칫 지배주주나 이사의 사적이익을 위한 행위의 면죄부로서 역할을 할 위험이 크므로, 그 인정 조건을 엄격히 할 필요가 있다. 다음에서는 그룹이익 개념 입법 시-입법 전에는 법원의 해석 기준으로서-고려해야할 사항을 살펴본다.

(2) 고려사항

1) 종속회사에 소수주주가 존재하는 경우

a) "그룹이익" 정의 규정

"그룹이익"의 정의에 관해서는 명문의 규정을 두지 않는다. 그 이유는 EMCA에서 밝힌 바와 같이, 그룹에서 형성되는 무한하고 다양한 상황들을 반영하여 충분한 정의를 내린다는 것은 매우 어렵기 때문에, 사안에 따라 법원의 판단에 맡기기 위함이다. 정의규정이 없기 때문에 법원은 그룹이익 개념을 상황에 따라 적절히 해석함으로써 소수주주 보호를 위한 추가적인 장치로서의 역할을 하게 될 수도 있다.

b) 전제로서의 기업집단의 존재

한국에서 그룹의 존재를 판단하는 것은 다른 요소를 파악하는 것보다는 쉬운 일일 수 있다. K-IFRS의 연결재무제표 상의 지배·종속회사이든 또는 공정거래법 상의 대규모 기업집단이든, 지주회사 체제의 기업집단이든 또는 다단계 교차출자 구조의 기업집단이든, 지배주주 또는 지배

회사를 중심으로 한 수직적 통합 경영이 이루어지고 있는 것이 현실적 관행이기 때문이다.[346)]

c) 일관된 그룹정책

기업집단 전체의 목표 중에서 당해 거래가 차지하는 비중이나 다른 거래들과의 관계를 고려하여 회사의 이익과 손실을 장기적으로 파악할 필요가 있다.

개별 거래만을 대상으로 하지 않고, 기업집단 정책을 통하여 이익과 불이익 산정의 대상이 되는 거래의 범위와 기간의 범위를 설정하고, 수식화가 어려운 기업집단의 이익을 이유로 통상적인 조건보다도 일방 당사자에게 불리한 거래를 한다는 사정을 명확하게 하도록 한다.[347)]

그리고 이러한 그룹정책은 종속회사 이사회나 주주총회의 승인이 요구된다. 이 절차에 따라 이사나 지배주주 개인의 이익을 추구하는 행위와 기업전략으로써 기업집단 내 타사의 이익이나 기업집단 전체의 이익을 추구하는 행위를 준별하고, 이해상충적인 요소를 배제하도록 한다.

d) 반대급부의 존재·부담간의 균형 파악

가장 핵심이 되는 요건이다. 만약 지배회사의 지시에 따라 종속회사 이사가 종속회사에는 손실을 초래하는 행위이지만 그룹 전체의 이익을 위한 행위를 하였을 경우, 중요한 것은 어떤 식으로든 반대급부가 주어져야 한다는 것이다. 예를 들어, 그룹에 소속된다는 것 자체에서 생기는

---

346) 김상조(2012), 93면.

347) 이때의 그룹 전체의 이익은 구체적인 것이어야 한다. 기업집단 소속이라는 사실로부터 유래하는 추상적인 것에 그쳐서는 안 되며, 자금조달 상의 '재정적 이익'(financial advantages) 또는 수익창출과 관련된 '경제적 이익'(economic advantages), 또는 장기이윤 극대화를 위한 전제조건으로서 기업의 사회적 책임과 관련된 '사회적 이익'(social advantages) 등의 측면에서 구체화될 수 있어야 한다(Pariente(2007), pp. 323-326).

이익, 즉 그룹이 가지고 있는 판로를 이용할 수 있다거나 그룹 전체에 대한 신뢰를 향유할 수 있는 것, 지배회사의 노하우, 정보, 법률 서비스 등을 무상으로 누릴 수 있는 것 등도 모두 종속회사의 손실에 대한 반대급부로 파악할 수 있을 것이다. 즉, 그룹을 형성함으로써 발생하는 시너지에 의한 종속회사 손실에 대한 보상을 인정한다.

부담간의 균형이라는 요건이 충족되었는지 여부를 판단할 때에는 거래의 대가가 시장가격과 반드시 일치할 필요는 없고, 거래 조건에 합리성이 인정되면 족하다고 할 것이다.

e) 회사의 재정능력 심사

비록 그룹의 정책에 이사회·주주총회의 승인을 요구함으로써 행위의 정당성은 확보할 수 있을지 몰라도, 종속회사를 희생시키는 정책을 저지하기는 힘들다.[348] 그럼에도 불구하고 종속회사의 법인격은 독립성을 잃지 않고 보유하고 있어야 함을 전제로 한다는 것을 간과해서는 안 된다. 따라서 종속회사의 이사는 비록 지배회사의 사실상 영향력 하에 있다고 하여도 독자적인 종속회사에 대한 주의의무를 가지고, 그룹 전체 이익을 위한다는 명목하에 종속회사의 이익을 완전히 무시해서는 안 된다.

그러므로 그룹의 이익추구를 위한 종속회사의 단기의 희생이 회사의 재정능력의 범위 내이어야 하고, 이를 초과하여 회사의 존속이 위태롭게 하는 행위는 정당화의 대상으로부터 배제된다.

f) 종속회사의 지시 거부권

불이익에 상응하는 보상과 같은 전제 조건들이 충족되지 않는 한, 종속회사 이사는 지배회사의 지시를 언제든지 거부할 수 있다고 보아야

348) 종속회사 이사의 지배회사로부터의 독립성이 확보되지 않는다는 점, 주주총회결의로부터 지배회사의 의결권이 배제되지 않는다는 점을 그 이유로 들 수 있다.

한다. 즉, 그러한 경우 종속회사 이사는 지배회사 이사의 지시를 따라야만 하는 것이 아니고(must), 지시를 거절할 수 있는 것으로 한다(may).

2) 종속회사에 소수주주가 존재하지 않는 경우

지배회사와 완전종속회사 간 또는 지배회사의 동일한 지배하에 있는 완전종속회사 간의 거래에는 소수주주를 보호할 필요가 없으므로, 보상을 요건으로 하지 않더라도, 지배회사는 그룹 전체의 이익을 위해 완전종속회사에 불이익한 지시를 할 수 있고, 그 지시에 따른 이사의 책임을 면제하는 것으로 한다. 다만, 이때에도 완전종속회사의 존속 자체를 위협하는 지시는 허용되지 않는다.

(3) 전망

그룹이익 항변을 인정함으로써 얻을 수 있는 효과와 전망을 살펴보면 다음과 같다.

1) 지배·종속회사 간 거래의 투명성과 효율화

기존에 지배·종속회사 간 거래에 대해서는 사익추구를 위한 목적이든 그 밖에 다른 목적이든 구분하지 않고, 내부거래라는 데에 초점을 맞추어 규제가 이루어져 온 것이 사실이다. 그러다 보니 기업들은 내부거래 사실을 숨기고 은폐하기 위해 다른 편법적인 수단들을 동원하게 되었고, 그 결과 거래 자체도 투명하지 못할뿐더러 쓸데없는 비용 낭비로 전체적으로 효율적이지 못한 거래가 이루어져 왔다.

그러나 그룹이익 항변이 인정되면, 사익추구를 위한 목적이 아닌 동반부실을 막기 위한 부실계열회사 지원, 기업집단 브랜드 가치 하락을 막기 위한 부실계열회사 지원, 기업집단 전체의 시너지 창출을 위한 계열회사 지원, 기업집단 내 공통 관리 비용 분배 등의 경우에는 그룹 전체의 이익을 위한 것이면 어느 한 회사에는 손해가 나더라도 드러내놓고 거래를 할 수 있게 됨으로써 지배·종속회사 간 거래의 투명성과 효율화를 꾀할 수 있게 된다.

2) 기업집단 구조의 단순화

모든 기업집단 구조에 그룹이익 항변을 허용하는 것이 아니라, 그룹이익 항변이 인정되는 회사의 범위를 지배·종속회사 또는 지주회사로 한정할 수 있다. 이처럼 적용대상을 한정하는 것은 법적 명확성을 강화하기 위한 이유도 있지만, 순환출자나 피라미드 출자를 통한 지배주주나 이사의 사적 이익 편취라는 기업집단 소유구조상의 문제를 해결하기 위한 이유도 있다. 즉, 지배·종속회사 간 또는 지주회사와 그 계열회사 간에는 일정한 요건을 충족하는 경우 그룹이익추구행위를 할 수 있고 그러한 행위에는 책임이 발생하지 않는다는 것을 보여줌으로써 기업집단 소유구조를 단순화할 유인을 갖게 하는 것이다.

더 나아가 완전지배·종속관계를 형성하는 경우에는 소수주주 보호장치도 필요 없이 지배회사와 완전종속회사 간 또는 완전종속회사 간 그룹이익추구행위를 허용하는 것이 가능하다고 함으로써 소유구조를 더욱더 단순화시키는 유인으로 작용할 수 있을 것이다. 소유구조가 단순화 되면 될수록 경제적 권리와 지배권의 괴리가 줄어들고, 이익충돌 및 사익편취의 가능성이 낮아진다.[349]

물론 이러한 규정 하나로 한국에 뿌리 깊게 박힌 기업집단의 소유구조 문제가 하루아침에 해결되는 것은 아니지만, 하나의 방안은 될 수 있으리라 생각된다.

3) 형사책임에 의한 해결의 감소

앞서 제2장에서 한국 기업집단의 현황과 문제점으로 회사법상 회사

349) 한국 기업집단 구조의 문제와 단순한 기업집단 구조의 긍정적인 효과에 대해서는 천경훈(2016), 11-14, 29-33참조.

들 간의 거래에서 이익충돌이 발생한 경우 그러한 업무에 관여한 자들에 대하여 형사법상 배임죄의 책임을 묻는 경우가 많다는 것을 지적하였다. 그러면서 현실적 손해 발생뿐 아니라 재산상 실해 발생의 위험을 초래하는 경우에도 업무에 관여한 자들에게 배임죄가 성립되는 것은 문제라고 하였다. 이는 소속 회사 이사의 자유로운 지배·종속회사 경영을 방해하고 위축시키게 하는 요인이 되기 때문이다.

지배회사와 종속회사 간 이익충돌거래의 경우 민사적 책임뿐 아니라 형사적 책임에 대해서도 그룹이익 항변이 인정된다. 따라서 지배회사와 종속회사 간 거래에 관여한 자들에 대하여 일률적으로 배임죄의 죄책을 묻는 것이 아니고, 거래의 필요성, 주주 보호 장치를 마련하고 있는 사정 등이 입증되면 배임죄에서 벗어날 수 있도록 함으로써 이사들의 적극적인 경영활동과 그룹의 시너지 창출을 기대할 수 있게 될 것이다.

제6장
결　론

지금까지 기업집단의 주주 보호와 관련하여 문제가 될 수 있는 회사법적 쟁점들을 탐색해 보고, 기업집단의 운영은 법인격 독립의 원칙으로만 해결할 수 없는 영역이 존재하기 때문에 그러한 영역에 대하여 회사법적 수정을 가하는 작업을 진행하였다.

제2장에서는 논의를 위한 기초적인 고찰을 시도하였다. 이 책의 논의의 대상인 기업집단을 정의한 후, 기업집단은 그 범위가 매우 넓기 때문에, 기업집단의 가장 기본형이라고 할 수 있는 지배·종속회사 관계로 그 대상을 좁혀서 논의를 진행하였다. 이에 다시 지배회사·종속회사는 무엇인지에 관해 "지배" 개념을 중심으로 정의를 내린 후, 외국의 지배·종속회사법제를 검토하여 지배·종속회사 운영 시 발생하는 쟁점들에 관한 논의의 흐름을 파악하였다.

제3장에서는 지배회사 주주들의 이익에 영향을 미치는 행위가 종속회사 단계에서 발생하거나 발생할 우려가 있는 경우, 종속회사의 가치 감소 방지나 회복 등을 통해 지배회사 주주를 보호하기 위한 방안을 모색하였다. 먼저, 지배회사 이사에게 종속회사 관리감독의무를 부담하도록 하고, 이를 위반한 경우 의무 위반 책임을 부담시키는 방안을 연구하였다. 종속회사의 주주로서 지배회사는 자신의 권리를 행사할 의무를 지배회사 주주와의 관계에서 부담하지 않지만, 지배회사 이사는 지배회사의 업무집행자로서 지배회사가 보유하는 자산으로서의 종속회사 주식의 가치를 유지 또는 향상시켜야할 의무를 지배회사 주주에 대한 선관주의의무로서 부담하고, 여기에는 법률상의 주주권뿐 아니라 사실상의 영향력을 활용하여야 하는 것도 포함된다고 함으로써 지배회사 이사의 종속회사 관리감독의무를 도출하였다.

한편, 종속회사 관리감독의무를 부담하는 지배회사 이사로서는 자신의 의무의 내용이 무엇인지, 의무의 이행은 어떻게 하면 되는 것인지 막연할 수가 있다. 따라서 그 의무의 내용을 고찰하였는데, 이는 평상시와 유사시, 즉 종속회사에서 부정행위가 이루어졌거나 그럴 우려가 있는 경우로 나누어 살펴보았다. 이에 평상시에는 지배회사 이사가 기업집단 전체에 적용될 수 있는 내부통제장치를 지배회사에 마련하고, 기업집단에서 이러한 내부통제장치가 잘 작동하고 있다면 종속회사 관리감독의무를 이행하고 있다고 볼 수 있음을 밝힌 후, 상법에 지배회사 이사의 기업집단의 내부통제시스템 구축·운용의무를 명문화할 것을 제안하였다. 그리고 유사시에는 부정행위를 저지 또는 시정하거나 피해를 최소화하기 위해 필요하고도 적절한 방식으로 종속회사에 적극적으로 개입하는 것이 그 의무의 내용이 됨을 확인하였다.

이와 더불어 지배회사 이사가 종속회사 관리감독의무를 제대로 이행하기 위한 수단으로써 지배회사 이사에게 종속회사에 대한 지시권, 종속회사에 관한 정보수집권이 인정되어야 함을 주장하고, 입법을 통한 법적 근거를 마련할 것을 제안하였다. 지배회사 이사의 관리감독의무 이행을 감시·감독하기 위해 지배회사 감사에 의한 종속회사에 대한 조사권이 허용되어야 함을 밝히고, 상법 제412조의5의 활용방안을 검토하였다.

제4장에서는 지배회사 이사들이 의무의 이행을 게을리하거나 지배회사 주주의 이익과는 무관하게 행위하는 경우에는 지배회사 이사에게 종속회사 관리감독의무를 부과하는 것만으로는 지배회사 주주 이익 보호라는 목적을 달성할 수 없음을 밝히고, 그 대안으로 지배회사 주주가 직접 지배회사가 종속회사에 대해 가지는 권리를 행사할 수 있도록 하는 방안을 제시하였다. 지배회사 주주의 권한을 법인격이 다른 종속회사에 대하여 확대시킬 수 있는 것은 종속회사의 현금흐름에 대한 실질적인 이해관계를 가지는 지배회사 주주가 종속회사의 이익을 극대화할 인센티브를 가지고 있으므로 종속회사에 관한 업무집행에 참여하고 감독할 수 있는 권한을 가진다는 논리이다.

이와 관련하여, 종속회사에 관한 중요한 의사결정 과정에서 소외될 수 있는 지배회사 주주를 보호하기 위해 지배회사 주주가 종속회사의 중요한 사항에 대해 의결권을 행사할 수 있어야 함을 주장하고, 이를 위한 입법방안을 제시하였다.

종속회사 단계에서 일어나는 종속회사 이사의 위법행위에 대해 지배회사 주주가 이를 직접 시정하기 위해서는 지배회사 주주에게 다중대표소송이 인정되어야 함을 주장하였는데, 마침 이에 관한 입법이 이루어졌는바 다중대표소송에 관한 상법 개정 내용을 검토하였다.

지배회사 주주의 다중대표소송권을 인정한 이상, 그 권한을 행사하기 위한 전제로서 지배회사 주주가 종속회사의 경영 상태에 관한 정보를 취득할 수 있어야 하고, 이를 위해서는 지배회사 주주의 종속회사 회계장부열람청구권이 인정되어야 함을 주장하였다. 이에 관한 입법방안도 함께 제시하였다.

제5장에서는 종속회사 소수주주 보호의 관점에서, 종속회사 이사가 지배회사 이사의 지시에 따라 지배회사 또는 그룹 전체의 이익을 위해 종속회사에 불이익한 행위를 한 경우에 있어 종속회사 이사, 지배회사 이사 및 지배회사의 종속회사에 대한 의무와 책임을 고찰하였다. 종속회사 이사는 그룹의 이익이 아닌 종속회사의 이익만을 추구해야할 의무를 부담하고, 이에 반하여 그룹이익추구행위를 한 경우 종속회사에 대한 손해상책임을 부담하여야 함을 확인하였다. 그리고 비교법적 고찰을 통해 종속회사의 소수주주는 종속회사에 불이익한 지시를 한 지배회사 이사 및 지배회사에도 법인격을 넘어 책임을 추궁할 수 있음을 확인하였다. 특히 한국 상법 제401조의2의 업무집행지시자 등의 책임 규정이 동일한 기능을 수행하고 있어, 이 규정의 활용 방안에 대해서도 검토를 해보았다. 이는 형사적 접근방법에 의존하는 현행 태도에 대한 대안으로써의 역할을 할 수 있다는 점에서도 중요한 의미를 가진다.

한편, 종속회사에 손해가 나더라도 장기적인 관점에서 봤을 때는 지배회사 또는 그룹 전체의 이익을 추구하는 것이 효율적인 경우가 있다. 이러한 경우에 해당하는 거래의 유형들을 분석하고, 지배회사와 종속회사가 그 유형에 해당하는 거래를 한 경우에는 그룹의 실체를 인정하여 지배회사 이사가 종속회사 이사에 대하여 불이익한 지시를 할 수 있음을 주장하였다. 법적 형식에 구애 받지 않고 경제적 실질을 고려한 그룹이익을 인정하자는 것으로 최근 유럽의 많은 나라들이 판례 또는 입법을 통해 이를 인정하고 있기도 하다.

다만, 그러한 거래 유형에 속하기만 하면 종속회사 이사와 지배회사 이사의 그룹이익추구행위에 대한 책임이 성립되지 않는 것이 아니다. 따라서 지배회사와 종속회사가 완전지배·종속관계에 있는 등 소수주주를 보호할 필요가 없거나 반대급부 등을 통한 보상 등 소수주주를 보호할 다른 장치가 마련되어 있는 경우에 한하여, 그룹이익 항변이 인정되어야 함을 강조하였다. 이는 그룹 경영의 효율화를 꾀함과 동시에 종속회사 소수주주 이익 보호도 간과하지 않아야 함을 의미한다. 이를 위해 그룹이익 항변 요건을 입법을 통해 명문화할 것을 주장하였다. 사익추구형 거래에서마저 그룹이익 항변이 악용되는 일이 없도록, 항변 요건의 충족여부에 대해서도 엄격한 심사가 필요함은 물론이다.

한편, 이 책에서는 한국 기업집단에 관한 근본적인 문제로 지적되는 소유지배구조 문제를 깊이 다루지는 않았다. 그러나 가령 완전지배·종속회사관계를 형성하는 경우에는 그룹이익추구행위로 인한 책임을 개별회사에 묻지 않도록 한다거나 지배회사 이사나 지배회사 주주가 종속회사의 경영에 관여할 수 있는 권한이 인정되도록 하는 제도를 도입하는 것은 복잡한 소유구조를 단순화시키는 유인으로 작용할 수 있다. 이는 관련 제도를 통해서도 기업집단의 소유지배구조 개선을 꾀할 수 있다는 것을 의미하므로, 그러한 연관성을 고려하면서 향후 연구를 계속해나가야 할 것이다.

참고문헌

1. 한글 문헌

[단행본 및 학위논문]

권기범, 현대회사법론, 제4판, 삼영사, 2012 [권기범(2012)]

김건식, 회사법, 제7판, 박영사, 2023 [김건식(2023)]

김신영, 지배·종속회사에서의 주주 이익 보호에 관한 비교법적 연구, 서울대학교 법학박사학위논문, 2017 [김신영(2017)]

노일석, 독일주식법의 콘체른에 관한 연구: 사실상의 콘체른을 중심으로, 서울대학교 박사학위논문, 1992 [노일석(1992)]

송옥렬, 상법강의, 제13판, 홍문사, 2023 [송옥렬(2023)]

신현윤, 기업결합법론, 1999 [신현윤(1999)]

이준보/고재종, 기업결합법Ⅱ, 한국학술정보, 2012 [이준보/고재종(2012)]

이창기, 상법상 기업집단법제에 관한 연구, 성균관대학교 박사학위논문, 2013 [이창기(2013)]

이철송, 회사법강의, 제31판, 박영사, 2023 [이철송(2023)]

이형규 역, 독일주식법, 법무부, 2014 [이형규(2014)]

임재연, 미국회사법, 박영사, 2009 [임재연(2009)]

장윤제, 다중대표소송제도의 도입방안에 관한 연구, 한양대학교 석사학위논문, 2015 [장윤제(2015)]

정준우 등, 주식회사법대계(II), 제2판, 법문사, 2016 (한국상사법학회 편) [정준우(2016)]

조지현 등, 주석상법: 회사(VII), 사법행정학회, 2014 (정동윤 등 편) [조지현(2014)]

최수정 등, 주식회사법대계(II), 제2판, 법문사, 2016 (한국상사법학회 편) [최수정(2016)]

최준선, 회사법, 제10판, 삼영사, 2015 [최준선(2015)]

Kraakman, Reinier et al., 회사법의 해부, 김건식 외 역, 소화, 2014 [Kraakman et al., 김건식 외 역(2014)]

[논문 및 발표문]

강동욱/안영수, "회계의 장부와 서류의 범위에 관한 소고 - 경영권 분쟁 사례를 중심으로 -", 인권과 정의 제412호, 대한변호사협회, 2010 [강동욱/안영수(2010)]

강영기, "기업집단법제의 기본적 문제에 대한 소고", 증권법연구 제14권제3호, 2013 [강영기(2013)]

강희철, "영업양수도의 법률관계", BFL 제38호, 서울대학교 금융법센터, 2009 [강희철(2009)]

경규나, "최근 국내 지주회사 증가배경 분석", 주간 KDB리포트 제723호, KDB산업은행 미래전략연구소, 2017 [경규나(2017)]

곽만순, "한국의 기업집단", KERI연구보고서 95-11, 한국경제연구원, 1995 [곽만순(1995)]

곽병훈, "주주의 회계장부열람, 등사청구권", 사법연구자료 제25집, 법원도서관, 1999 [곽병훈(1999)]

권재열, "2020년 상법 개정안의 주요 쟁점 검토 - 다중대표소송제와 감사위원 분리선임제의 도입을 중심으로 -", 상사법연구 제39권 제3호, 한국상사법학회, 2020 [권재열(2020)]

_____, "대표소송의 개선과 다중대표소송의 도입을 위한 2016년 개정안의 검토 - 델라웨어주의 관련 법제 및 판례 비교를 중심으로 -", 경영법률 제27집 제1호, 한국경영법률학회, 2016 [권재열(2016)]

_____, "다중대표소송 관련 국제적인 동향과 그 시사점", 한국법제연구원, 2013 [권재열(2013)]

_____, "미국 회사법의 최근 개정동향 - 모범사업회사법과 델라웨어주 일반회사법을 중심으로 -", 법조 제548호, 법조협회, 2002 [권재열(2002)]

김건식, "기업집단과 관계자거래", 상사법연구 제35권 제2호, 한국상사법학회, 2016 [김건식(2016)]

_____, "기업집단에서의 소수주주보호: 미국회사법을 중심으로", 회사법연구I, 소화, 2010 [김건식(2010a)]

_____, "주주대표소송의 활성화와 관련된 몇 가지 문제점", 회사법연구I, 소화, 2010 [김건식(2010b)]

_____, "지주회사허용과 관련된 법률적 문제점", 회사법연구I, 소화, 2010 [김건식(2010c)]

_____, "재벌총수의 사익추구행위와 회사법", BFL 제19호, 서울대학교 금융법센터, 2006 [김건식(2006)]

김건식 외 2인, "기업집단 규율의 국제비교-우리나라 기업집단의 변화추이와 관련법제의 국제적 정합성 검토-", 서울대학교 금융법센터, 2008 [김건식 외(2008)]

김대연, "지배회사 주주의 경영참가권-종속회사의 중요사항에 대한 의결권 확보 방안을 중심으로-", 기업법연구 제16집, 한국기업법학회, 2004 [김대연(2004)]

_____, "지배회사 주주의 법적 지위", 상사판례연구 제14집, 한국상사판례학회, 2003 [김대연(2003)]

_____, "지배·종속회사에 관한 연구(Ⅰ)-지배회사 주주의 종속회사 회계장부열람권을 중심으로-", 법학연구 제43권 제1호, 부산대학교, 2002 [김대연(2002)]

김민서, "다국적기업의 법적 개념에 관한 연구", 국제법학회논총 48(1), 2003 [김민서(2003)]

김상조, "유럽의 기업집단법 현황 및 한국 재벌개혁에의 시사점", 민주정책연구원, 2012 [김상조(2012)]

김성용, "기업집단과 도산절차-UNCITRAL 도산법 입법 지침을 중심으로, 기업집단의 법리적 재조명", 상사법연구 제35권 제3호, 한국상사법학회, 2016 [김성용(2016)]

김순석, "결합기업의 회사법상 쟁점에 관한 검토", 상사법연구 제32권 제1호, 한국상사법학회, 2013 [김순석(2013)]

김신영, "물적분할과 그 후 자회사 상장 과정에서의 모회사 소수주주 이익 보호 방안에 관한 검토", 재산법연구 제39권 제2호, 한국재산법학회, 2022 [김신영(2022)]

_____, "2020년 개정 상법상 도입된 다중대표소송에 관한 검토", 법과 기업연구 제11권 제1호, 서강대학교 법학연구소, 2021 [김신영(2021)]

_____, "기업집단에서 지배회사 이사의 의무와 책임-지주회사 이사의 의무와 책임을 중심으로-", 상사법연구 제37권 제3호, 한국상사법학회, 2018 [김신영(2018a)]

_____, "기업집단에서 그룹이익 인정에 관한 소고-대법원 2017. 11. 9. 선고 2015도12633 판결을 대상으로-", 비교사법 제25권 제4호, 한국비교사법학회, 2018 [김신영(2018b)]

김영주, "자회사의 경영관리에 관한 지배회사 이사의 책임-일본 최고재판소 2014. 1. 30. 판결의 검토-", 기업법연구 제28권 제4호, 2014 [김영주(2014)]

김용열, "기업그룹의 대리인비용과 기업집단법 논의", 홍익법학 제14권 제2호, 홍익대학교 법학연구소, 2013 [김용열(2013)]

김용진, "자회사의 경쟁법 위반행위에 대한 모회사의 책임", 인권과 정의 제437호, 대한변호사협회, 2013 [김용진(2013)]

김원희, "지배·종속기준의 통일가능성에 관한 연구", 국제회계연구 제25집, 2009 [김원희(2009)]

김재범, "주주 충실의무론의 수용", 비교사법 제22권 1호, 한국비교사법학회, 2015 [김재범(2015)]

______, "이중대표소송제도의 도입-상법에 대한 정합성 여부-", 상사법연구 제25권 제4호, 한국상사법학회, 2007 [김재범(2007)]

김재협, "그룹에 있어 회사재산 남용죄에 관한 프랑스 법원의 태도-로젠불름 판결을 중심으로-", 인권과 정의 제431호, 대한변호사협회, 2013 [김재협(2013)]

김재형/최장현, "지배회사 주주의 종속회사 회계장부열람권-Weinstein Enterprises, Inc. v. George D. Orloff-", 법학논총 제17집 제1호, 조선대학교 법학연구원, 2010 [김재형/최장현(2010)]

김재형/김형호, "다중대표소송의 인정범위에 관한 고찰", 법학논총 제24권 제1호, 조선대학교 법학연구원, 2017 [김재형/김형호(2017)]

김정호, "다중대표소송의 발전방향에 관한 연구", 상사법연구 제33권 제4호, 한국상사법학회, 2015 [김정호(2015)]

김지환, "다중회계장부열람청구권에 관한 소고", 기업법연구 제34권 제4호, 한국기업법학회, 2020 [김지환(2020)]

______, "기업집단에 있어서의 회사 기관의 권한과 책임", 금융법연구 제11권 제3호, 2014 [김지환(2014)]

______, "모회사의 주주보호에 관한 연구", 상사판례연구 제25집 제2권, 한국상사판례학회, 2012 [김지환(2012)]

김학현, "공정거래법상 지주회사 규제", 김건식/노혁준 편저 지주회사와 법, 소화, 2005 [김학현(2005)]

김현종, "한국 기업집단 소유지배구조에 대한 역사적 영향요인 고찰 및 시사점 연구", KERI연구보고서 12-02, 한국경제연구원, 2012 [김현종(2012)]

김현태/김학훈, "자회사에 대한 실효적 지배를 위한 법적 수단", 지주회사와 법, 김건식/노혁준 편저, 소화, 2005 [김현태/김학훈(2005)]

노혁준, "지주회사관계에서 이사의 의무와 겸임이사", BFL 제11호, 서울대학교 금융법센터, 2005 [노혁준(2005)]

문호준/김성민, "부실계열회사의 처리에 관한 법적 쟁점", BFL 제59호, 서울대학교 금융법센터, 2013 [문호준/김성민(2013)]

박신호, "이중대표소송제도 도입의 문제점", CER006-12, 전국경제인연합회(CEO-REPORT), 2006 [박신호(2006)]

서성호/박미정, "모회사 이사의 자회사 경영감시의무 위반과 손해배상금·지연손해금의 법적 성질: 日本 福岡魚市場株主代表訴訟事件의 檢討를 中心으로", 기업법연구 제29권 제1호, 2015 [서성호/박미정(2015)]

서세원, "지주회사의 지휘권과 책임", 기업법연구 제21권 제4호, 한국기업법학회, 2007 [서세원(2007)]

서정, "부실계열회사 지원에 대한 이사의 책임", 기업집단의 법리적 재조명, 상사법연구 제35권 제3호, 한국상사법학회, 2016 [서정(2016)]

___, "복수의 법인격 주체에 대한 경제적 단일체 이론의 적용", 남천 권오승 교수 정년기념논문집 시장경제와 사회조화, 법문사, 2015 [서정(2015)]

설민수, "상장회사 경영진의 경영상 행위에 대한 형사적 규율의 원인, 그 한계 및 대안의 모색 : 배임죄의 확장과 퇴조에 중점을 두고", 저스티스 제127호, 한국법학원, 2011 [설민수(2011)]

손영화, "주주의 열람청구권에 대한 일고찰", 상사법연구 제35권 제1호, 한국상사법학회, 2016 [손영화(2016)]

_____, "기업집단내 내부거래에 관한 연구-2011년 개정상법을 중심으로-", 상사법연구 제32권 제1호, 한국상사법학회, 2013 [손영화(2013a)]

_____, "다중대표소송제도의 도입에 관한 쟁점사항 검토", 경제법연구 제12권 제2호, 한국경제법학회, 2013 [손영화(2013b)]

_____, "모자회사간 이익충돌행위에 대한 규제-지배주주의 충실의무론을 중심으로-", 법조 제569호, 2004 [손영화(2004)]

송옥렬, "계열사 경영과 지주회사 이사의 역할-모회사 이사의 자회사 경영에 대한 권한과 의무-", 경제법연구 제18권 제3호, 한국경제법학회, 2019 [송옥렬(2019)]

_____, "이사책임 법리에 관한 우리나라 최근 동향", 2017년 한국상사법학회 하계학술대회 자료집, 2017 [송옥렬(2017]

_____, "기업집단 내부거래 및 일감몰아주기 규제 근거의 검토", 상사법연구 제33권 제3호, 한국상사법학회, 2014 [송옥렬(2014)]

_____, "기업집단에서 계열사 소액주주의 보호-각국의 입법례를 중심으로-", BFL 제59호, 서울대학교 금융법센터, 2013 [송옥렬(2013)]

_____, "SK 사건일지: 법적 쟁점의 정리", BFL 제3호, 서울대학교 금융법센터,

2004 [송옥렬(2004)]

_____, "企業集團 不當內部去來 規制의 法政策的 理解", 서울대학교 법학 제46권 제1호, 서울대학교 법학연구소, 2005 [송옥렬(2005)]

_____, "현행 상법상 이중대표소송의 허용여부",민사판례연구(XXVIII), 박영사, 2008 [송옥렬(2008)]

송옥렬/최문희, "기업집단에 대한 회사법적 규율의 국제적 동향 및 상법상 도입 방안", 서울대학교 금융법센터, 2012 [송옥렬/최문희(2012)]

송호신, "지배주주의 권리와 책임", 한양법학 제23집, 한양법학회, 2008 [송호신(2008)]

신현윤, "자회사 분리설립에 따른 모회사 소수주주의 보호(독일 연방대법원 1982. 2. 25. Holzmüller 사건판결; BGHZ 83, 122)", 상사판례연구 제6집 제1권, 한국상사판례학회, 1994 [신현윤(1994)]

안수현, "기업지배구조법제 형성에 관한 소고-최근의 의원발의 법률안을 소재로 검토-", 상사법연구 제34권 제3호, 한국상사법학회, 2015 [안수현(2015)]

염미경, "이중대표소송의 도입에 관한 고찰",비교사법 제13권 제4호, 한국비교사법학회, 2006 [염미경(2006)]

유진희, "콘체른에서 모회사 주주의 보호-독일 연방대법원의 "Holzmüller"판결(BGHZ 83, 122)을 중심으로-, 판례연구 vol.5, 고려대학교법학연구원, 1991 [유진희(1991)]

이도경, "주식의 포괄적 교환과 주주총회결의의 하자를 다투는 소의 원고적격 및 확인의 이익-대상판결: 대법원 2016. 7. 22. 선고 2015다66397 판결-, BFL 제81호", 서울대학교 금융법센터, 2017 [이도경(2017)]

이동원, "지주회사에 관한 상법상의 문제", 상사법연구 제17권 제3호, 한국상사법학회, 1999 [이동원(1999)]

이수희 외 2인, "기업집단 관리방식 변화에 관한 연구: 본부조직의 역할 변화를 중심으로", KERI 연구보고서 05-25, 한국경제연구원, 2005 [이수희 외(2005)]

이승희, "다중대표소송 적용 기준에 따른 실효성 분석", ERRI 이슈&분석 2017-4, 경제개혁연구소, 2017 [이승희(2017)]

이준식, "SK 사건의 법률적 쟁점 검토", BFL 제36호, 서울대학교 금융법센터, 2009 [이준식(2009)]

이지수/이은정, "재벌총수 일가 문제성 주식거래에 관한 제5차 보고서(문제성 주식거래 사례와 부의 증식액)", ERRI리포트 2012-20, 경제개혁연구소, 2012 [이지수/이은정(2012)]

이태종, "회계장부열람등사청구권의 행사방법과 가처분성", 판례실무연구 Ⅳ, 박영사, 2000 [이태종(2000)]
이효경, "일본의 내부통제제도 및 사례에 관한 검토", 선진상사법률연구 제79호, 법무부, 2017 [이효경(2017)]
임재연, "주주명부 열람권에 관한 연구 주주명부 열람권에 관한 연구: 미국회사법상 "정당한 목적" 요건을 중심으로", 저스티스 제105호, 한국법학원, 2008 [임재연(2008)]
전규향, 다중대표소송제도 관련 상법개정안에 대한 검토와 도입방안 연구, 상장협 내부연구보고서 2017-3, 한국상장회사협의회, 2017 [전규향(2017)]
전삼현, "이중대표소송제에 관한 소고", 경영법률 제17집 제1-1호, 한국경영법률학회, 2006 [전삼현(2006)]
정경영, "회사법 개정안의 중요쟁점에 관한 고찰: 주식회사의 지배구조를 중심으로", 조세법연구 제12집 제2호, 한국세법학회, 2006 [정경영(2006)]
정대근, "독일주식법상 기업결합에 따른 종속회사 채권자 보호", 법학연구 제52권 제3호, 부산대학교 법학연구소, 2011 [정대근(2011)]
정우영, "기업집단에 있어서 지배회사 주주의 보호", 경제법연구 제14권 제2호, 한국경제법학회, 2015 [정우영(2015)]
정응기, "대표소송의 주체", 법학연구 제26권 제2호, 충남대학교 법학연구소, 2015 [정응기(2015)]
정진세, "집단소속회사 이사에 대한 회사재산남용죄(특별배임죄)의 제한", 선진상사법률연구 제69호, 법무부, 2015 [정진세(2015)]
_____, "회계장부열람등사청구의 이유와 대상", Jurist 제389호, 청림인터렉티브, 2003 [정진세(2003)]
천경훈, "다중대표소송 재론", 법학연구 제28권 제1호, 연세대학교 법학연구원, 2018 [천경훈(2018)]
_____, "실질적 의미의 기업집단법, 그 현황과 과제", 경제법연구 제15권 제3호, 한국경제법학회, 2016 [천경훈(2016)]
_____, "기업집단법제에 관한 연구", 기업법연구 제29권 제3호, 한국기업법학회, 2015 [천경훈(2015)]
_____, 한화 판결의 주요 법적 쟁점, BFL 제64호, 서울대학교 금융법센터, 2014 [천경훈(2014)]
_____, "기업집단의 법적 문제 개관", BFL 제59호, 서울대학교 금융법센터, 2013 [천경훈(2013a)]
_____, "전자투표, 다중대표소송", 법무부 상법개정안 공청회자료, 2013 [천경훈

(2013b)]
최문희, "합병, 주식교환, 주식이전 등 조직재편과 대표소송의 원고적격의 쟁점-대법원 판례에 대한 비판적 고찰과 입법론적 제안-", 상사판례연구 제29집 제3권, 2016 [최문희(2016)]
_____, "주주총회 결의하자소송의 동향과 입법론적 과제", BFL 제74호, 서울대학교 금융법센터, 2015 [최문희(2015)]
_____, "기업집단에서 종속회사의 채권자 보호의 법리-독일의 '회사의 존립침해책임' 법리를 중심으로-", BFL 제59호, 서울대학교 금융법센터, 2013 [최문희(2013)]
최민용, "모자회사와 기업지배구조", 기업법연구 제32권 제3호, 한국기업법학회, 2018 [최민용(2017)]
최정식, "상법상 이중대표소송 도입의 필요성에 대한 검토", 법학연구 제57집, 한국법학회, 2015 [최정식(2015)]
최준선, "회사법상 기업결합법규의 도입문제", 기업법연구 제20권 제3호, 한국기업법학회, 2006 [최준선(2006)]
최진이, "지배회사 주주의 종속회사 이사 등에 대한 이중대표소송 허용에 관한 연구", 기업법연구 제23권 제3호, 한국기업법학회, 2009 [최진이(2009)]
허덕회, "회사의 업무집행에 대한 지배적 지위남용의 규제", 법과 정책 제19집 제2호, 제주대학교 법과정책연구소, 2013 [허덕회(2013)]
홍복기, "주주의 회계장부열람권", 이병태교수화갑기념논문 신세기회사법의 전개, 대전서적, 1996 [홍복기(1996)]
홍영기, "기업 내 배임죄에서 의무위배 요건에 대한 독일판례 분석-특히 브레머 불칸 사례를 중심으로-", 안암법학 제52권, 안암법학회, 2017 [홍영기(2017a)]
_____, "기업집단에서 배임죄의 주체 및 임무에 대한 독일의 논의", 저스티스 제158권 제1호, 한국법학원, 2017 [홍영기(2017b)]
황근수, "다중대표소송의 제도적 수용과 실무적 적용방안에 관한 고찰", 법학논집 제40권 제2호, 전남대학교 법학연구소, 2020 [황근수(2020)]
_____, "미국에서 지주회사의 운영과 주주보호", 법학연구 제53집, 한국법학회, 2014 [황근수(2014)]

[기타자료]

BFL 좌담회, 기업법의 관점에서 바라본 SK 사태, BFL 제3호, 2004 [BFL 좌담회(2004)]

강선아, 지주회사 언제까지 사랑받을 수 있을까?, KB투자증권 리서치센터, 2015. 12. 04. [강선아(2015)]

공정거래위원회 보도자료, 삼양식품(주)의 부당 지원 행위 관련 고등법원 판결, 2016. 11. 3. [공정위 보도자료(2016)]

공정거래위원회 보도자료, 엘에스·엘에스전선의 계열회사 부당 지원 행위 제재, 2017. 4. 6. [공정위 보도자료(2017)]

공정거래위원회, 2020년 공정거래법상 지주회사 현황 분석결, 2010. 11. [공정거래위원회, 지주회사 현황(2020)]

공정거래위원회, 2020년 공시대상기업집단 내부거래 현황 분, 2020. 11. [공정거래위원회, 내부거래 현황(2020)]

관계부처 합동, 공정경제 3법 주요내용 및 기대효과, 공정경제 3법 합동브리핑 자료, 2020. 12. [관계부처 합동(2020)]

국회사무처, 제349회 국회 법제사법위원회회의록 법안심사제1소위원회 제1차, 2017. 2. 20. [제1차 법안심사소위회의록(2017)]

국회사무처, 제349회 국회 법제사법위원회회의록 법안심사제1소위원회 제2차, 2017. 2. 20. [제2차 법안심사소위회의록(2017)]

국회의원 채이배 보도자료, 채이배 의원, 기업지배구조 개선을 위한 『상법』개정 법률안 대표발의, 2016. 8. 9. [채이배 의원 보도자료(2016)]

금융감독원, 2015년 12월결산 상장법인의 연결재무제표 공시현황 (2016. 7. 27.), (http://www.fss.or.kr) [금융감독원, 연결재무제표 공시현황(2016)]

금융감독원, K-IFRS 연결재무제표 관련 Q&A (2012. 7. 11.), (http://www.fss.or.kr) [금융감독원, K-IFRS Q&A(2012)]

법무부, 개정 상법 관련 질의응답, 2020. 12. [법무부(2020)]

장석일, IFRS 도입 관련 주요 현안 설명, '08년 회계현안 설명회 강의자료, 금융감독원 회계제도실, 2008. 12. 18. [장석일(2008)]

2. 일본어 문헌

[단행본 및 학위논문]

江頭憲治郎, 結合企業法の立法と解釋, 有斐閣, 1995 [江頭憲治郎(1995)]
江頭憲治郎, 株式會社法 第6版 有斐閣, 2015 [江頭憲治郎(2015)]
高橋均, グループ會社リスク管理の法務, 中央經濟社, 2015 [高橋均(2015)]
高橋英治, 企業結合法制の將來像, 中央經濟社, 2008 [高橋英治(2008)]
宮島司, 企業結合法の論理, 弘文堂, 1989 [宮島司(1989)]
船津浩司,「グループ」經營の義務と責任, 商事法務, 2010 [船津浩司(2010)]
小林秀之, 內部統制と取締役の責任, 學陽書房, 2007 [小林秀之(2007)]
前田重行, 持株會社法の研究, 商事法務, 2012 [前田重行(2012)]
齊藤眞紀, フランスにおける子會社の少數株主·債權者保護, 森本滋編著 企業結合法の總合的硏究, 商事法務, 2009 [齊藤眞紀(2009)]
志谷匡史, 親子會社と取締役責任, 小林秀之/近藤光男 編 新版 株主代表訴訟大系, 弘文堂, 2002 [志谷匡史(2002)]
河合正二, グループ經營の法的研究－構造と課題の考察, 法律文化社, 2012 [河合正二(2012)]

[논문 및 발표문]

加藤貴仁, グループ企業の規制方法に關する一考察(5), 法學協會雜誌131(11), 2014 [加藤貴仁(2014)]
_______, グループ企業の規制方法に關する一考察(4), 法學協會雜誌130(4), 2013 [加藤貴仁(2013)]
_______, グループ企業の規制方法に關する一考察(1), 法學協會雜誌 129(8), 2012 [加藤貴仁(2012a)]
_______, グループ企業の規制方法に關する一考察(2), 法學協會雜誌 129(9), 2012 [加藤貴仁(2012b)]
_______, グループ企業の規制方法に關する一考察(3), 法學協會雜誌 129(10), 2012 [加藤貴仁(2012c)]
_______, 企業グループのコーポレート・ガバナンスにおける多重代表訴訟の意義(上), 商事法務, 제1926호, 2011 [加藤貴仁(2011)]

______, 企業結合法制に關する調査研究報告書, 商事法務, 2010 [加藤貴仁(2010)]

角田大憲,「連結經營」時代の取締役の責任, JICPAジャーナル 12(5), 2000 [角田大憲(2000)]

江崎滋恒, 親子會社と取締役の責任, 彌永眞生 外 編 現代企業法·金融法の課題, 弘文堂, 2004 [江崎滋恒(2004)]

江頭憲治郎, "新會社法制定の意義", ジュリスト」제1295호, 2005 [江頭憲治郎(2005)]

高橋英治, 現代日本におけ企業結合と企業結合法, 商事法務 제2075호, 2015 [高橋英治(2015)]

______, 企業集團における內部統制, ジュリスト 제1452호, 2013 [高橋英治(2013)]

______, ドイツと日本における株式會社法の改革－コーポレート·ガバナンスと企業結合法制, 商事法務, 2007 [高橋英治(2007)]

高木康衣, 最近の判例における會計帳簿閲覽請求の拒絕をめぐる問題, 九州國際大學法學會法學論集, 제15권 제3호, 2009 [高木康衣(2009)]

______, (判例評釋) 株主が株式會社に對し、取締役らの業務執行によって會社に多額の損害が生じた疑いがあると主張して、商法293條3の6第1項に基づき、會計帳簿及び會計資料の閲覽謄寫を求めて提訴し、認められた事例, 九州國際大學法學會法學論集, 제15권 제1호, 2008 [高木康衣(2008)]

久保田安彦, 福岡魚市場株主代表訴訟事件 判例解說, 監査役 제599호, 2011 [久保田安彦(2011)]

堀田佳文, 商法266 條1 項5號に基づく損害賠償と遲延損害金の利率－福岡魚市場株主代表訴訟事件最高裁判決, ジュリスト제1488호, 有斐閣, 2016 [堀田佳文(2016)]

大杉謙一, 子會社管理に關する取締役の義務－福岡魚市場株主代表訴訟事件福岡地裁判決－福岡地判平成 23.1.26, ジュリスト 제1471호, 有斐閣, 2014 [大杉謙一(2014)]

渡邊邦廣/草原敦夫, "親會社取締役の子會社管理責任", 商事法務 제2158호, 2018 [渡邊邦廣/草原敦夫(2018)]

稻葉威雄, "企業結合法制をめぐる諸問題中", 監査役 제500호, 2005 [稻葉威雄(2005a)]

______, "企業結合法制をめぐる諸問題下", 監査役 제500호, 2005 [稻葉威雄(2005b)]

藤田眞樹, 多重代表訴訟制度を巡る問題, 彦根論叢 제402호, 滋賀大學經濟學會,

2014 [藤田眞樹(2014)]

尾崎安央, "親會社監査役による子會社調査", 商事法務 제1567호, 商事法務研究會, 2000 [尾崎安央(2000)]

彌永眞生, 會社法の下での企業集團における內部統制, 商事法務 제2090호, 2016 [彌永眞生(2016)]

釜田薫子, "アメリカにおける親會社株主保護", 森本滋編著『企業結合法の總合的研究』, 商事法務, 2009 [釜田薫子(2009)]

山口利昭, 福岡魚市場株主代表訴訟 最高裁判決が實務に及ぼす影響, 會社法務 A2Z, Vol. 2014-5, 2014 [山口利昭(2014)]

森まどか, "アメリカにおける子會社の少數株主·債權者保護", 森本滋編著 企業結合法の總合的研究, 商事法務, 2009 [森まどか(2009)]

三菱UFJ信託銀行, 證券代行ニュース No.132, 2016, 그 내용은 https://business.bengo4.com/category1/article92에 기재 [三菱UFJ信託銀行(2016)]

森本大介, "子會社の重要意思決定と親會社株主總會の承認", 商事法務 제1908호, 商事法務研究會, 2010 [森本大介(2010)]

森田多恵子, 裁判例にみる企業集團における內部統制, 商事法務 제2092호, 2016 [森田多恵子(2016)]

相澤哲 外, 新會社法の解說(10) 株式會社の計算等, 商事法務 제1746호, 2005 [相澤哲 外(2005)]

石井裕介/金村公樹, "グループ內部統制システムの構築·運用と監視·監督", 商事法務 제2157호, 2018 [石井裕介/金村公樹(2018)]

船津浩司, 子會社管理義務をめぐる理論的課題, ジュリスト 제1495호, 有斐閣, 2016 [船津浩司(2016a)]

_______, 親子會社關係と損害賠償, 法律時報 88권 10호, 2016 [船津浩司(2016b)]

_______, 欧州における企業グループ法制の動向と日本への法制のあり方, フィナンシャル·レビュー, 통권 제121호, 財務省財務總合政策研究所, 2015 [船津浩司(2015)]

_______, 「グループ」利益の追求と「親會社」の責任規定－中間試案が會社法のがペラダイムシフトの可能性－, 商事法務 제1959호, 2012 [船津浩司(2012)]

_______, "ドイツの親會社株主保護", 森本滋編著『企業結合法の總合的研究, 商事法務, 2009 [船津浩司(2009)]

船津浩司 外, 座談會, "グループ·ガバナンス强化に向けた企業の取組みと法的論点(上)", 商事法務 제2113호, 2016 [商事法務 座談會(2016a)]

_________, 座談會, "グループ·ガバナンス强化に向けた企業の取組みと法的論

点(下)", 商事法務 제2114호, 2016 [商事法務 座談會(2016b)]
笹本幸祐/藤山成二, "完全子會社の取締役に勝手なことをされたら！？ 多重代表訴訟", 法學セミナー ベストセレクション 704호, 日本評論社, 2013 [笹本幸祐/藤山成二(2013)]
松尾剛行, "グルグル回し取引によって經營が破綻した子會社に對する親會社の不正融資等についての親會社取締役の忠實義務善管注意義務違反", 最新金融商事法判例の分析と展開(金融商事判例別冊), 經濟法令研究會, 2013 [松尾剛行(2013)]
松本祥尚, 企業集團における內部統制概念の展開, 商事法務 제2091호, 2016 [松本祥尚(2016)]
柴田和史, "子會社管理における親會社の責任" 別冊商事法務 제206호, 1998 [柴田和史(1998)]
神吉正三, "經營破綻した子會社に對する親會社の融資等について親會社の取締役の忠實義務および善管注意義務の違反が認められた事例", 龍谷法學 제45권 제4호, 2013. [神吉正三(2013)]
神作裕之, "親子會社とグループ經營", 江頭憲治郎編 株式會社法大系, 有斐閣, 2013 [神作裕之(2013)]
______, "純粹持株會社における株主保護[上]", 商事法務 제1429호, 商事法務研究會, 1996 [神作裕之(1996(a))]
______, "純粹持株會社における株主保護[下]", 商事法務 제1431호, 商事法務研究會, 1996 [神作裕之(1996(b))]
岩原紳作, "日本の會社法改正試案の爭点と課題", "일본의 회사법 운영 및 개정 동향을 통해 본 우리 상법의 과제-일본의 종류주식 활용과 2011년도 '회사법개정을 위한 중간시안'을 중심으로-" 세미나 자료집, 2012 [岩原紳作(2012a)]
______, "會社法制の見直しに關する要綱の概要", 別冊商事法務 제372호, 商事法務, 2012. [岩原紳作(2012b)]
野村修也/奥山健志 編, "平成26年改正會社法-改正の經緯とポイント", 有斐閣, 2015. [野村修也/奥山健志(2015)]
永井和之, "子會社の業務內容等の開示", ジュリスト 제1163호, 有斐閣, 1999 [永井和之(1999)]
奥山健志/小林雄介, "親會社株主の保護等に關する規律の見直", 商事法務」 제2059호, 2015 [奥山健志/小林雄介(2015)]
牛丸與志夫 外, "親子會社法制の立法論的檢討(中)", 金融法務事情 제47권 제4호,

金融財政事情硏究會, 1999 [牛丸與志夫 外(1999)]
伊藤靖史, "福岡魚市場株主代表訴訟事件の檢討[上]", 商事法務무 제2034호, 2014 [伊藤靖史(2014a)]
_______, "福岡魚市場株主代表訴訟事件の檢討[下]", 商事法務 제2035호, 2014 [伊藤靖史(2014b)]
長谷川俊明, "今もっとも深刻な會計不正－循環取引は見拔けるか", ビジネス法務 제9권 제10호, 中央經濟社, 2009 [長谷川俊明(2009)]
赤崎雄作, "子會社融資に關する親會社取締役の責任－福岡高裁平成24年4月13日判決", 中央總合法律事務所季刊ニュース 제68호, 中央總合法律事務, 2012. [赤崎雄作(2012)]
畠田公明, "企業グループにおける企業価値向上に對する親會社取締役の責任(1)", 福岡大學法學論叢 60(4), 福岡大學硏究推進部, 2016 [畠田公明(2016)]
前田重行, "持株會社における經營參加權の確保－比較法的觀點からの分析－", 企業結合法の現代的課題と展開, 有斐閣, 2002 [前田重行(2002)]
前田重行, "持株會社による子會社支配と持株會社の責任(1)", 法曹時報 제58권 제3호, 1986 [前田重行(1986)]
町田祥弘, "企業集團における內部統制の整備と運用－實態－", 商事法務 제2091호, 2016 [町田祥弘(2016)]
齊藤眞紀, "子會社管理にかかる親會社取締役の責任(福岡魚市場株主代表訴訟事件控訴審判決)", 商事法務 제2100호, 2016 [齊藤眞紀(2016)]
_______, "企業集團內部統制", 商事法務 제2063호, 2015 [齊藤眞紀(2015)]
早川勝, "企業グループ內部における不利益補償－イタリア企業グループ規制方式を中心として－", 同志社法學 제60권 제7호, 2009 [早川勝(2009)]
周劍龍, "子會社の重要な事項に對する親會社株主の議決權行使", 久保欣哉先生古稀記念『市場經濟と企業法』, 中央經濟社, 2000 [周劍龍(2000)]
重田麻紀子, "親會社の取締役が完全子會社の異常な取引に對する十分な調査を懈怠したこと等につき忠實義務及び善管注意義務違反が認められた事例－福岡地裁平成23. 1. 26 判決－", 法學硏究 제85권 제10호, 慶應義塾大學法學硏究會, 2012 [重田麻紀子(2012)]
中村康江, "イギリスにおける子會社の少數株主·債權者保護", 森本滋編著企業結合法の總合的硏究, 商事法務, 2009 [中村康江(2009)]
中村直人 外, 平成26年改正會社法對応 內部統制システム構築の實務, 商事法務, 2015 [中村直人 外(2015)]
川島いづみ, "結合企業における少數派株主保護とイギリス法上の不公正な侵害

行爲の救濟制度", 早稻田法學 73卷 3號, 1998 [川島いづみ(1998)]
淸水円香, "グループ利益の追求と取締役の義務·責任(2)", 法政研究 78(1), 2011 [淸水円香(2011)]
_______, "グループ利益の追求と取締役の義務·責任(1)", 法政研究 77(3), 2010 [淸水円香(2010)]
淸水眞, 子會社に對する救濟融資と取締役の善管注意義務, 金融·商事判例 제1411호, 2013 [淸水眞(2013)]
塚本英巨, 平成26年改正會社法と親會社取締役の子會社監督責任, 商事法務 제2054호, 2014. [塚本英巨(2014)]
秋坂朝則, 完全子會社に對する融資等に係る親會社取締役の責任が認められた事例, 法學セミナー增刊 速報判例解說Vol.12, 新·判例解說Watch 商法 No.2, 日本評論社, 2013 [秋坂朝則(2013)]
土岐薫, "日本における多重代表訴訟と會社法理論", ビジネス&アカウンティングレビュー제13호, 關西學院大學經營戰略硏究科, 2014 [土岐薫(2014)]
坂本三郎 外, 平成26年改正會社法の解說 V, 商事法務 제2045호, 2014 [坂本三郎 外(2014)]
片木晴彦, "結合企業の株主保護と情報開示", 森本滋編著『企業結合法の總合的硏究, 商事法務, 2009 [片木晴彦(2009)]
疋田正彦/樋口周一, "グループ・ガバナンス・システムに關する實務指針(グループガイドライン)の解說 (上)", 商事法務 제2204호, 2019 [疋田正彦 外(2019a)]
疋田正彦/大草康平/樋口周一, "グループ・ガバナンス・システムに關する實務指針(グループガイドライン)の解說 (中)", 商事法務 제2204호, 2019 [疋田正彦 外(2019b)]
河合正二, 會社法改正と判例にみる親會社取締役の子會社監督責任, 金沢星稜大學論集 제49권 제2호, 2016 [河合正二(2016)]
_______, 法改正にみる親會社取締役の子會社監督責任と企業集團內部統制, 金沢星稜大學論集 제48권 제2호, 2015. [河合正二(2015)]

[기타자료]

21世紀政策硏究所 報告書, 多重代表訴訟についての硏究報告－米·佛の實地調査を踏まえて－」, 21世紀政策硏究所, 2012 [21世紀政策硏究所(2012)]

法制審議會會社法制部會, 第20回會議議事錄, 2012. 5. 16. [部會第20回會議議事錄(2012)]

法制審議會會社法制部會, 第24回會議議事錄, 2012. 8. 1. [部會第24回會議議事錄(2012)]

日本法務省, 會社法制の見直しに關する中間試案の補足說明, 2011. 11 http://www.moj.go.jp/content/000082648.pdf [日本法務省 補足說明(2011)]

日本法務省, 會社法制部會資料 18, 親子會社に關する規律に關する個別論点の檢討(1), 2012 [會社法制部會資料18]

日本取引所グループ金融商品取引法研究會, 平成 26 年會社法改正－親子會社關係(2), 2015 [日本取引所(2015)]

3. 구미어 문헌

[단행본 및 학위논문]

Altmeppen, in: Münchener Kommentar zum Aktiengesetz, 3. Auflage, 2010 [Altmeppen (2010)]

Antunes, José Engrácia, Liability of corporate groups : Autonomy and control in parent-subsidiary relationships in US, German and EU law, Kluwer Law and Taxation Publishers, 1994 [Antunes(1994)]

Austin, Rovert P./Ian M. Ramsay, Principles of Corporations Law, 16th edition, LexisNexis, 2015 [Austin/Ramsay(2015)]

Bennett, David, A., Palmer's company law : annotated guide to the Companies Act 2006, Sweet & Maxwell, 2009 [Bennett(2009)]

Blumberg, Phillip I., The Multinational Challenge to Corporation Law, Oxford University Press, 1993 [Blumberg(1993)]

Blumberg, Phillip I. et al., Blumberg on Corporate Groups, 2nd ed., Wolters Kluwer Law & Business, 2016 [Blumberg(2016)]

Böckli, Peter et al., A proposal for reforming group law in the European Union – Comparative Observations on the way forward, European Company Law Experts(ECLE), 2016 [ECLE(2016)]

Boursier, Marie-Emma, Le fait justificatif de groupe de sociétés dans l'abus de biens sociaux : entre efficacité et clandestinité. Analyse de vingt ans de jurisprudence criminelle, 2 Rev.soc. 273(2005) [Boursier(2005)]

Cahn, Andreas/David C. Donald, Comparative Company Law, Cambridge University Press, 2010 [Cahn/Donald(2010)]

Cheffins, Brian R., The Undermining of UK Corporate Governance (?), ECGI - Law Working Paper No. 203, 2013 [Cheffins(2013)]

Clagg Jr., Robert K., An "Easily Side-Stepped" and "Largely Hortatory" Gesture?: Examining the 2005 Amendment to Section 271 of the DGCL, 58 Emory L.J. 1305(2009) [Clagg(2009)]

Cozian, Maurice/Alain Viandier/Florence Deboissy, DROIT DESSOCIÉTÉS, 22e éd., Paris 2010 [Cozian et al.(2010)]

Davies, Paul L. et al., Gower and Davies' Principles of Modern Company Law, Sweet & Maxwell, 9ed., 2012 [Davies(2012)]

Dine, Janet, The Governance of Corporate Groups, Cambridge University Press, 2000 [Dine(2000)]

Emmerich, in: Volker Emmerich/Mathias Habersack, Aktien- und GmbH-Konzernrecht, 9 Aufl. München : C.H. Beck, 2019 [Emmerich(2019)]

Gerner-Beuerle, Carsten et al., Annex to Study on Directors' Duties and Liability, LSE, 2013 [Gerner-Beuerle(2013)]

Habersack, in: Volker Emmerich/Mathias Habersack, Aktien- und GmbH-Konzernrecht, 9 Aufl. München : C.H. Beck, 2019 [Habersack(2019)]

________, in: Bruno/Johannes Semler, Münchener Kommentar zum Aktiengesetz, Verlag C.H. Beck/F. Vahlen, 2007 [Habersack(2007)]

Hannigan, Brenda, Company law, Oxford University Press, 3rd ed., 2012 [Hannigan (2012)]

Hannigan, Brenda et al., Hannigan and Prentice : the Companies Act 2006 - a commentary, LexisNexis Butterworths, 2007 [Hannigan(2007)]

Hüffer, Uwe, Beck'sche kurz Kommentar Aktiengesetz, 9.Aufl., Verlag C.H.Beck, 2010 [Hüffer(2010)]

Joffe QC, Victor et al., Minority shareholders : law, practice and procedure, Oxford University Press, 4th ed., 2011 [Joffe(2011)]

Koppensteiner im Schmidt, Karsten/ Marcus Lutter, Aktiengesetz : Kommentar, Köln, 2004 [Koppensteiner(2004)]

Krieger, in Marcus, Holding-Handbuch : Recht, Management, Steuern, 4.Aufl. Köln : O.

Schmidt, 2004 [Krieger(2004)]

Kropff, Bruno/Johannes Semler, Münchener Kommentar zum Aktiengesetz, Verlag C.H. Beck/F. Vahlen, 2007 [Kropff(2007)]

Kubis, in: Bruno/Johannes Semler, Münchener Kommentar zum Aktiengesetz, Verlag C.H. Beck/F. Vahlen, 2007 [Kubis(2007)]

Löbbe, Marc, Unternehmenskontrolle im Konzern, Heidelberg 2003 [Löbbe(2003)]

Locascio, David W., "Comment: The Dilemma of the Double Derivative Suit", 83 Nw. U.L. Rev. 729(1988) [Locascio(1988)]

Lower, Mike, The Regulation of Intra-Group Transactions, The Reform of United Kingdom Company Law, J. de Lacy (ed), Cavendish Publishing, London, 2002 [Lower(2002)]

Lutter, Marcus, Holding-Handbuch : Recht, Management, Steuern, 4.Aufl. Köln : O. Schmidt, 2004 [Lutter(2004)]

Mertens im Schmidt, Karsten/ Marcus Lutter, Aktiengesetz : Kommentar, Köln, 2004 [Mertens(2004)]

Pacces, Alessio M., Controlling the Corporate Controller's Misbehaviour, 11 J. Corp. L. Stud. 177(2011) [Pacces(2011)]

Painter, William H., Double Derivative Suits and Other Remedies With Regard to Damaged Subsidiaries, 36 Ind. L. J. 143 (1961) [Painter(1961)]

Prentice, Dan/ Jenny Payne, Director's Fiduciary Duties, 122 Law Quarterly Review 558 (2006) [Prentice/Payne(2006)]

Romano, Robert R., Foundations of Corporate Law, 2nd ed., Foundation Press, 2010 [Romano(2010)]

Solomon, Lewis D./Alan R. Palmiter, Corporations, Aspen Law & Business, 1999 [Solomon(1999)]

Spindler, in: Münchener Kommentar zum Aktiengesetz Band 2: § § 76-117, 6. Auflage, 2023 [Spindler(2023)]

[논문 및 발표문]

Andersen, Paul Krüger et al., European Model Companies Act(EMCA) 2017, 1st Edition, Nordic & European Company Law Working Paper No. 16-26 (2017) [EMCA(2017)]

Conac, Pierre-Henri, The Chapter on Groups of Companies of the European Model Company Act (EMCA), 2 ECFR 301, 2016 [Conac(2016)]

Cariello, Vincenzo, "The "Compensation" of Damages with Advantages Deriving from Management and Co-ordination Activity (Direzione e Coodinamento) of the Parent Company (article 2497, paragraph 1, Italian Civil Code) - Italian Supreme Court 24 August 2004, no. 16707-", 3 ECFR 330(2006) [Cariello(2006)]

Conac, Pierre-Henri, Director's Duties in Groups of Companies-Legalizing the Interest of the Group at the European Level, 2 ECFR 194(2013) [Conac(2013)]

Conac, Pierre-Henri et al., Constraining Dominant Shareholders' Self-dealing: The Legal Framework in France, Germany, and Italy, 4 ECFR 491(2007) [Conac et al.(2007)]

Delfino, Maurizio, Rules Finally Address Corporate Group Control, 23 Int'l Fin. L. R. 85(2004) [Delfino(2004)]

Easterbrook, Frank H./Fischel, Daniel R., Voting in Corporate Law, 26J. L. & Econ.395(1983) [Easterbrook/Fischel(1983)]

Eisenberg, Melvin Aron, Megasubsidiaries: The Effect of Corporate Structure on Corporate Control, 84 Harv. L. Rev. 1577(1971) [Eisenberg(1971)]

Enriques, Luca, Related Party Transactions: Policy Options and Real-World Challenges(With a Critique of the European Commission Proposal), Law Working Paper N° 267/2014, ECGI(2014), [Enriques(2014)]

Fasciani, Paola, Groups of Companies: The Italian Approach, 4 ECFR 195 (2007) [Fasciani(2007)]

Forum Europaeum on Company Groups, Proposal to Facilitate the Management of Cross-Border company Groups in Europe, 2ECFR 299, 2015. [Forum Europaeum(2015)]

Forum Europaeum Corporate Group Law, Corporate Group Law for Europe, 1 EBOLR 165(2000) [Forum Europaeum(2000)]

Haas, Steven M., Toward A Controlling Shareholder Safe Harbor, 90 Virginia L. R. 2245(2004) [Haas(2004)]

Hadari, Yitzhak, The Structure of the Private Multinational Enterprise, 71 Michigan Law Reviews (1973) [Hadari(1973)]

Hansmann, Henry/Reinier Kraakman, Toward Unlimited Shareholder Liability for Corporate Torts, 100 Yale L. J. 1879(1991) [Hansmann/Kraakman(1991)]

Harris, Jason/Anil Hargovan, Corporate groups: the intersection between corporate and tax law Commissioner of Taxation v BHP Billiton Finance Ltd, 32 Sydney L. R. 723, 2010 [Harris/Hargovan(2010)]

Hommelhoff, Peter, Protection of Minority Shareholders, Investors and Creditors in Corporate Groups: the Strengths and Weaknesses of German Corporate Group Law, 3 EBOLR 61(2009) [Hommelhoff(2009)]

Hopt, Klaus J., Groups of Companies A Comparative Study on the Economics, Law and Regulation of Corporate Groups, ECGI Working Paper N° . 286/2015, ECGI, 2015 [Hopt(2015)]

Kim, Hicheon et al., The evolution and restructuring of diversified business groups in emerging markets: The lessons from chaebols in Korea, 21 Asia Pacific Journal of Management 25, 2004 [Kim et al.(2004)]

Kitchen, Mattew A., The Right of A Parent's Shareholders to Inspect the Books and Records of Subsidiaries : None of Their Business?, 74 U. Cin. L. R. 1089(2006) [Kitchen(2006)]

Kleinberger, Daniel S., Direct Versus Derivative and the Law of Limited Liability Companies, 58Baylor L. R.63, 2006. [Kleinberger(2006)]

Kort, Michael, Informationsrecht des Gesellschafters der Konzernobergesellschaft, ZGR Vol.16, 1987 [Kort(1987)]

Kousedghi, Samira, "Protection of Minority Shareholders and Creditors in Italian Corporate Group Law", 4 European Company Law 217 (2007) [Kousedghi (2007)]

Langenbucher, Katja, Do we need a law of corporate groups?, Working Paper Series No. 147, ILF, 2016 [Langenbucher(2016)]

Le Club des Juristes, Towards recognition of the group interest in the European Union?, 2015 [Club des Juristes(2015)]

Löbbe, Marc, Corporate Groups: Competences of the Shareholders' Meeting and Minority Protection - the German Federal Court of Justice's recent Gelatine and Macrotron Cases Redefine the Holzmiiller Doctrine, 5 German L. J. 1057(2004) [Löbbe(2004)]

Mescher, Barbara/Brett Bondfield, Corporate Groups and the Duty of Directors, 8 JARAF 2, Sydney Univ.(2013) [Mescher/Bondfield(2013)]

Murray, J. Haskell, 'Latchkey Corporations': Fiduciary Duties in Wholly Owned, Financially Troubled Subsidiaries, 36 Del. J. Corp. L. 577(2011) [Murray(2011)]

OECD, Related Party Transactions and Minority Shareholder Rights, OECD Publishing

(2012) [OECD (2012)]

Pariente, Maggy, The Evolution of the Concept of "Corporate Group" in France, 4 ECFR 317(2007) [Pariente(2007)]

Radin, Stephen A., The New Stage of Corporate Governance Litigation: Section 220 Demands-Reprise, 28 Cardozo L. Rev. 1287(2006) [Radin(2006)]

Recent Cases, Delaware Supreme Court Endorses Business Judgment Review for Going-Private Mergers with Dual Procedural Protections.-Kahn v. M&F Worldwide Corp., 88 A.3d 635 (Del. 2014)., 128 Harv. L. R. 1818(2016) [Recent Cases(2016)]

Righi, Alex, Shareholeders on Shaky Ground: Section 271's Remaining Loophole, 108 Nothwest Univ. L. R. 1451(2014) [Righi(2014)]

Rosenberg, Jonathan/Alexandra Lewis-Reisen, Controlling-Shareholder Related-Party Transactions Under Delaware Law, Harvard Law School Forum on Corporate Governance and Financial Regulation, 2017 available at https://corpgov.law.harvard.edu/2017/08/30/controlling-shareholder-related-party-transactions-under-delaware-law/ [Rosenberg/Lewis-Reisen(2017)]

Safa, Rachid, Directors' and Officers' Liability Insurance and the Theory of Abuse of Corporate Assets under French Law, 21 Int'l Bus. Law. 365(1993) [Safa(1993)]

Semler, Johannes, "Die Rechte und Pflichten des Vorstands einer Holdinggesellschaft im Lichte der Corporate Governance-Diskussion", ZGR 2004 [Semler(2004)]

Shukairy, Yaman, Note: Mega subsidiaries and Asset Sales under Section 271: Which Shareholders Must Approve Subsidiary Asset Sales, 104 Mich. L. Rev. 1809(2006) [Shukairy(2006)]

Siegel, Mary, The Erosion of the Law of Corporate Shareholders, 24 Del. J. Corp. L. 27(1999) [Siegel(1999)]

Tan, Zhong Xing, Unfair Prejudice from Beyond, Beyond Unfair Prejudice: Amplifying Minority Protection in Corporate Group Structures, 14 Journal of Corporate Law Studies 367(2014) [Tan(2014)]

Won, Yong-Soo, "Etude sur la responsabilité pénale des dirigeants sociaux en droit français des sociétés", 현대사회발전연구소 논문집 제4집, 숙명여자대학교 현대사회발전연구소, 1991 [Won(1991)]

Yasui, Takahiro, Corporate Governance of Financial Groups, OECD Corporate Governance Working Papers, No. 20, OECD Publishing(2016) [Yasui(2016)]

[기타자료]

Companies and Securities Advisory Committee(2000), 'Corporate Groups: Final Report', http://www.camac.gov.au/camac/camac.nsf/byHeadline/PDFFinal+Reports+2000/$file/Corporate_Groups,_May_2000.pdf [Companies and Securities Advisory Committee(2000)]

EMCA, European Model Company Act (EMCA), First Edition, 2017, Nordic & European Company Law Working Paper No. 16-26, 2017 [EMCA(2017)]

EU Company Law, European Commission Internal Market and Services(2011), http://ec.europa.eu/internal_market/company/docs/modern/reflectiongroup_report_en.pdf. [Reflection Group(2011)]

High Level Group of Company Law Experts, A Modern Regulatory Framework for Company Law in Europe(2002) at ⟨http://ec.europa.eu/internal_market/company/docs/modern/report_en.pdf⟩. [High Level Group(2002)]

INFORMAL EXPERT GROUP ON COMPANY LAW (ICLEG) AGENDA, Subject: Agenda of the ICLEG meeting on 15/10/2014, http://ec.europa.eu/internal_market/company/docs/expert-group/141015-agenda_en.pdf [ICLEG(2014)]

Law Commission, Shareholder Remedies, UK Law Commission, 1997 http://www.lawcom.gov.uk/wp-content/uploads/2015/03/lc246_Shareholder_Remedies.pdf [Law Commission(1997)]

Linklaters, Cross-border company directors, well informed, 2014 [Linklaters(2014)]

PWC, Directors' duties: Competing interests in closely-held groups, Legal Talk, 2014 (https://www.pwc.com.au/legal/assets/legaltalk/legaltalk-alert-17mar14.pdf) [PWC(2014)]

Reflection Group, Report of the Reflection Group on the Future of

UNCITRAL, Legislative Guide on Insolvency Law Part three: Treatment of enterprise groups in insolvency, 2012 [UNCITRAL(2012)]

김 신 영

한양대학교 법학과 졸업
서울대학교 대학원 법학박사
중앙대, 서울시립대, 강원대, 상명대, 세종대, 한성대 강사
한국법학원 연구위원
한국거래소 부연구위원
서울대학교 법학연구소 조교
한국법정책학회 재무이사
(現) 광운대학교 조교수
(現) 한양법학회 여성이사

주요 논문 및 저서

개정 벤처기업육성에 관한 특별조치법상 복수의결권제도에 관한 비판적 검토(상사판례연구 제36권 제3호, 2023)
물적분할과 그 후 자회사 상장 과정에서의 모회사 소수주주 이익 보호 방안에 관한 검토(재산법연구 제39권 제2호, 2022)
기업의 ESG 공시제도에 관한 유럽연합 지침의 소개 및 그 시사점 - 환경 정보의 공시를 중심으로 -(환경법연구 제43권 제2호, 2021, 공저)
전자주주총회 개최 · 운영을 위한 회사법적 과제(기업법연구 제35권 제2호, 2021)
2020년 개정 상법상 도입된 다중대표소송에 관한 검토(법과기업연구 제11권 제1호, 2021)
영국 해상보험법상 Warranty제도의 한국 상법상 도입 방안에 관한 연구(보험법연구 제15권 제1호, 2021)
국내 차등의결권제도 도입 방안에 관한 연구 - 일본, 홍콩, 싱가포르, 상하이 차등의결권제도와의 비교를 중심으로 -(금융법연구 제17권 제1호, 2020)
미국에서의 차등의결권주식에 관한 논의 동향과 우리나라에서의 시사점(기업법연구 제34권 제1호, 2020)
기업집단에서 지배회사 이사의 의무와 책임 -지주회사 이사의 의무와 책임을 중심으로-(상사법연구 제37권 제3호, 2018)
기업집단에서 그룹이익 인정에 관한 소고 - 대법원 2017. 11. 9. 선고 2015도12633 판결을 대상으로 -(비교사법 제25권 제4호, 2018)
주석 상법: 회사 편(한국사법행정학회, 2021, 공저)
소비자의 집단적 구제 절차에 관한 EU 지침(2020)의 내용과 시사점(한국법학원,

2021, 공저)

종합자산관리 수단으로서 상사신탁의 활용을 위한 법제도 개선방안 연구(한국법학원, 2021, 공저)

우리나라 징벌적 손해배상제 판례 분석 및 활용상 한계와 개선방안(한국법학원, 2020, 공저)

상법상 소멸시효 제도의 개선 방향 검토- 민법 개정논의와의 관계를 고려하여(한국법학원, 2020, 공저)

업무집행에 관한 주주간계약의 효력 및 한계에 대한 연구(한국법학원, 2020, 공저)

가계부채 해소를 위한 개인파산제도 및 개인회생제도 활성화 방안(한국법학원, 2020, 공저)

상사법 정비시리즈 I : 상법상 유한회사 및 유한책임회사 규정 정비 필요성에 관한 연구(한국법학원, 2019, 공저)

상사법 정비시리즈 II : 영국 해상보험법상 Warranty 제도의 한국 상법에의 도입에 관한 연구(한국법학원, 2019, 공저)

국내 도산절차에서의 ADR 도입가능성에 관한 연구(한국법학원, 2019, 공저)

최근 해외 보험법 개정 동향(한국법학원, 2018, 공저)

다중대표소송 관련 최근 논의 동향(한국법학원, 2018, 공저)

신주인수선택권 및 차등의결권 제도 최근 논의 동향(한국법학원, 2017, 공저)

소수주주 보호제도의 활성화 방안(한국법학원, 2017, 공저)

기업집단의 주주 보호

초판 1쇄 인쇄 | 2024년 01월 26일
초판 1쇄 발행 | 2024년 01월 31일

지 은 이 김신영

발 행 인 한정희
발 행 처 경인문화사
편 집 김지선 유지혜 한주연 이다빈 김윤진
마 케 팅 전병관 하재일 유인순
출판번호 제406-1973-000003호
주 소 경기도 파주시 회동길 445-1 경인빌딩 B동 4층
전 화 031-955-9300 팩 스 031-955-9310
홈페이지 www.kyunginp.co.kr
이 메 일 kyungin@kyunginp.co.kr

ISBN 978-89-499-6758-5 93360
값 28,000원

서울대학교 법학연구소 법학 연구총서

1. 住宅의 競賣와 賃借人 保護에 관한 實務硏究
閔日榮 저 412쪽 20,000원
2. 부실채권 정리제도의 국제 표준화
鄭在龍 저 228쪽 13,000원
3. 개인정보보호와 자기정보통제권 ●
권건보 저 364쪽 18,000원
4. 부동산투자회사제도의 법적 구조와 세제
박훈 저 268쪽 13,000원
5. 재벌의 경제력집중 규제 ●
홍명수 저 332쪽 17,000원
6. 행정소송상 예방적 구제 ●
이현수 저 362쪽 18,000원
7. 남북교류협력의 규범체계
이효원 저 412쪽 20,000원
8. 형법상 법률의 착오론 ●
안성조 저 440쪽 22,000원
9. 행정계약법의 이해 ●
김대인 저 448쪽 22,000원
10. 이사의 손해배상책임의 제한 ●
최문희 저 370쪽 18,000원
11. 조선시대의 형사법 –대명률과 국전– ●
조지만 저 428쪽 21,000원
12. 특허침해로 인한 손해배상액의 산정 ●
박성수 저 528쪽 26,000원
13. 채권자대위권 연구
여하윤 저 288쪽 15,000원
14. 형성권 연구 ●
김영희 저 312쪽 16,000원
15. 증권집단소송과 화해 ●
박철희 저 352쪽 18,000원
16. The Concept of Authority
박준석 저 256쪽 13,000원
17. 국내세법과 조세조약
이재호 저 320쪽 16,000원
18. 건국과 헌법
김수용 저 528쪽 27,000원
19. 중국의 계약책임법
채성국 저 432쪽 22,000원
20. 중지미수의 이론 ●
최준혁 저 424쪽 22,000원
21. WTO 보조금 협정상 위임·지시 보조금의 법적 의미 ●
이재민 저 484쪽 29,000원
22. 중국의 사법제도 ▲
정철 저 383쪽 23,000원
23. 부당해고의 구제
정진경 저 672쪽 40,000원
24. 서양의 세습가산제
이철우 저 302쪽 21,000원
25. 유언의 해석 ▲
현소혜 저 332쪽 23,000원
26. 營造物의 개념과 이론 ●
이상덕 저 504쪽 35,000원
27. 미술가의 저작인격권 ●
구본진 저 436쪽 30,000원
28. 독점규제법 집행론
조성국 저 376쪽 26,000원
29. 파트너쉽 과세제도의 이론과 논점
김석환 저 334쪽 23,000원
30. 비국가행위자의 테러행위에 대한 무력대응
도경옥 저 316쪽 22,000원
31. 慰藉料에 관한 硏究 –不法行爲를 중심으로– ●
이창현 저 420쪽 29,000원
32. 젠더관점에 따른 제노사이드규범의 재구성
홍소연 저 228쪽 16,000원
33. 親生子關係의 決定基準
권재문 저 388쪽 27,000원
34. 기후변화와 WTO = 탄소배출권 국경조정 ▲
김호철 저 400쪽 28,000원
35. 韓國 憲法과 共和主義 ●
김동훈 저 382쪽 27,000원
36. 국가임무의 '機能私化'와 국가의 책임
차민식 저 406쪽 29,000원
37. 유럽연합의 규범통제제도 – 유럽연합 정체성 평가와 남북한 통합에의 함의 –
김용훈 저 338쪽 24,000원
38. 글로벌 경쟁시대 적극행정 실현을 위한 행정부 법해석권의 재조명
이성엽 저 313쪽 23,000원
39. 기능성원리연구
유영선 저 423쪽 33,000원
40. 주식에 대한 경제적 이익과 의결권
김지평 저 378쪽 31,000원
41. 情報市場과 均衡
김주영 저 376쪽 30,000원
42. 일사부재리 원칙의 국제적 전개
김기준 저 352쪽 27,000원
43. 독점규제법상 부당한 공동행위에 대한 손해배상청구 ▲
이선희 저 351쪽 27,000원

44. 기업결합의 경쟁제한성 판단기준
- 수평결합을 중심으로 -
이민호 저 483쪽 33,000원

45. 퍼블리시티권의 이론적 구성
- 인격권에 의한 보호를 중심으로 - ▲
권태상 저 401쪽 30,000원

46. 동산·채권담보권 연구 ▲
김현진 저 488쪽 33,000원

47. 포스트 교토체제하 배출권거래제의 국제적 연계 ▲
이창수 저 332쪽 24,000원

48. 독립행정기관에 관한 헌법학적 연구
김소연 저 270쪽 20,000원

49. 무죄판결과 법관의 사실인정 ▲
김상준 저 458쪽 33,000원

50. 신탁법상 수익자 보호의 법리
이연갑 저 260쪽 19,000원

51. 프랑스의 警察行政
이승민 저 394쪽 28,000원

52. 민법상 손해의 개념
- 불법행위를 중심으로 -
신동현 저 346쪽 26,000원

53. 부동산등기의 진정성 보장 연구
구연모 저 388쪽 28,000원

54. 독일 재량행위 이론의 이해
이은상 저 272쪽 21,000원

55. 장애인을 위한 성년후견제도
구상엽 저 296쪽 22,000원

56. 헌법과 선거관리기구
성승환 저 464쪽 34,000원

57. 폐기물 관리 법제에 관한 연구
황계영 저 394쪽 29,000원

58. 서식의 충돌
-계약의 성립과 내용 확정에 관하여-
김성민 저 394쪽 29,000원

59. 권리행사방해죄에 관한 연구
이진수 저 432쪽 33,000원

60. 디지털 증거수집에 있어서의 협력의무
이용 저 458쪽 33,000원

61. 기본권 제한 심사의 법익 형량
이민열 저 468쪽 35,000원

62. 프랑스 행정법상 분리가능행위 ●
강지은 저 316쪽 25,000원

63. 자본시장에서의 이익충돌에 관한 연구 ▲
김정연 저 456쪽 34,000원

64. 남북 통일, 경제통합과 법제도 통합
김완기 저 394쪽 29,000원

65. 조인트벤처
정재오 저 346쪽 27,000원

66. 고정사업장 과세의 이론과 쟁점
김해마중 저 371쪽 26,000원

67. 배심재판에 있어서 공판준비절차에 관한 연구
민수현 저 346쪽 26,000원

68. 법원의 특허침해 손해액 산정법
최지선 저 444쪽 37,000원

69. 발명의 진보성 판단에 관한 연구
이헌 저 433쪽 35,000원

70. 북한 경제와 법
- 체제전환의 비교법적 분석 -
장소영 저 372쪽 28,000원

71. 유럽민사법 공통참조기준안(DCFR) 부당이득편 연구
이상훈 저 308쪽 25,000원

72. 공정거래법상 일감몰아주기에 관한 연구
백승엽 저 392쪽 29,000원

73. 국제범죄의 지휘관책임
이윤제 저 414쪽 32,000원

74. 상계
김기환 저 484쪽 35,000원

75. 저작권법상 기술적 보호조치에 관한 연구
임광섭 저 380쪽 29,000원

76. 독일 공법상 국가임무론과 보장국가론 ●
박재윤 저 330쪽 25,000원

77. FRAND 확약의 효력과 표준특허권 행사의 한계
나지원 저 258쪽 20,000원

78. 퍼블리시티권의 한계에 관한 연구
임상혁 저 256쪽 27,000원

79. 방어적 민주주의
김종현 저 354쪽 25,000원

80. M&A와 주주 보호
정준혁 저 396쪽 29,000원

81. 실손의료보험 연구
박성민 저 406쪽 28,000원

82. 사업신탁의 법리
이영경 저 354쪽 25,000원

83. 기업 뇌물과 형사책임
오택림 저 384쪽 28,000원

84. 저작재산권의 입법형성에 관한 연구
신혜은 저 286쪽 20,000원

85. 애덤 스미스와 국가
이황희 저 344쪽 26,000원

86. 친자관계의 결정
양진섭 저 354쪽 27,000원

87. 사회통합을 위한 북한주민지원제도
정구진 저 384쪽 30,000원

88. 사회보험과 사회연대
장승혁 저 152쪽 13,000원

89. 계약해석의 방법에 관한 연구
- 계약해석의 규범적 성격을 중심으로 -
최준규 저 390쪽 28,000원

90. 사이버 명예훼손의 형사법적 연구
박정난 저 380쪽 27,000원

91. 도산절차와 미이행 쌍무계약
– 민법·채무자회생법의 해석론 및 입법론 –
김영주 저 418쪽 29,000원

92. 계속적 공급계약 연구
장보은 저 328쪽 24,000원

93. 소유권유보에 관한 연구
김은아 저 376쪽 28,000원

94. 피의자 신문의 이론과 실제
이형근 저 386쪽 29,000원

95. 국제자본시장법시론
이종혁 저 342쪽 25,000원

96. 국제적 분쟁과 소송금지명령
이창현 저 492쪽 34,000원

97. 문화예술과 국가의 관계 연구
강은경 저 390쪽 27,000원

98. 레옹 뒤기(Léon Duguit)의
공법 이론에 관한 연구
장윤영 저 280쪽 19,000원

99. 온라인서비스제공자의 법적 책임
신지혜 저 316쪽 24,000원

100. 과잉금지원칙의 이론과 실무
이재홍 저 312쪽 24,000원

101. 필리버스터의 역사와 이론
– 의회 의사진행방해제도의 헌법학적 연구 –
양태건 저 344쪽 26,000원

102. 매체환경 변화와 검열금지
임효준 저 321쪽 24,000원

103. 도시계획법과 지적
– 한국과 일본의 비교를 중심으로 –
배기철 저 267쪽 20,000원

104. 채무면제계약의 보험성
임수민 저 308쪽 24,000원

105. 법인 과세와 주주 과세의 통합
김의석 저 304쪽 22,000원

106. 중앙은행의 디지털화폐(CBDC)
발행에 관한 연구
서자영 저 332쪽 24,000원

107. 국제거래에 관한 분쟁해결절차의 경합
– 소송과 중재
이필복 저 384쪽 27,000원

108. 보건의료 빅데이터의 활용과 개인정보보호
김지희 저 352쪽 25,000원

109. 가상자산사업자의 실제소유자 확인제도
차정현 저 332쪽 24,000원

110. 비용편익분석에 대한 법원의
심사 기준 및 방법
손호영 저 378쪽 28,000원

111. 기후위기 시대의 기후·에너지법
박지혜 저 347쪽 26,000원

112. 프랑스의 공무원 파업권
이철진 저 396쪽 30,000원

113. 토지보상법과 건축물
– 건축물 수용과 보상의 법적 쟁점 –
박건우 저 327쪽 24,000원

114. 의약발명의 명세서 기재요건 및 진보성
이진희 저 372쪽 28,000원

115. 공정거래법상 불공정거래행위의 위법성
정주미 저 260쪽 19,000원

116. 임의제출물 압수에 관한 연구
김환권 저 304쪽 23,000원

117. 자금세탁방지의 법적 구조
이명신 저 386쪽 29,000원

118. 독립규제위원회의 처분과 사법심사
유제민 저 358쪽 28,000원

119. 부작위범의 인과관계
김정현 저 300쪽 23,000원

120. 독일의 회사존립파괴책임
김동완 저 369쪽 27,000원

121. 탈석탄의 법정책학 – 삼부의 권한배분과
전환적 에너지법에 대한 법적 함의 –
박진영 저 299쪽 23,000원

122. 공식배분법의 입장에서 바라본 Pillar 1 비판
노미리 저 254쪽 19,000원

● 학술원 우수학술 도서
▲ 문화체육관광부 우수학술 도서